Politikwissenschaft

Die Europäische Union
-
Eine politische Herausforderung
für nationale Sportorganisationen?

Dissertation

zur Erlangung des Doktorgrades

am Fachgebiet Politikwissenschaft

des Fachbereichs Sozialwissenschaften

der Universität Osnabrück.

Vorgelegt von Stephan Klaus aus Osnabrück, 2011.

Tag der mündlichen Prüfung: 13. Dezember 2011

1. Gutachter: Prof. Dr. rer. pol. Ralf Kleinfeld
2. Gutachter: Prof. Dr. phil. Christian Wopp

Stephan Klaus

Die Europäische Union

Eine politische Herausforderung
für nationale Sportorganisationen?

Verlag Dirk Koentopp

Klaus, Stephan:
Die Europäische Union
Eine politische Herausforderung
für nationale Sportorganisationen?
Osnabrück: Verlag Dirk Koentopp, 2013
ISBN 978-3-938342-29-9
Foto: © koya79 - Fotolia.com

ISBN 978-3-938342-29-9

Inhaltsverzeichnis

Teil A: Politiktheoretische Grundlagen

Teil B: Das politische System der Europäischen Union

Teil C: Politikfeld Sport – theoretische Politikfeldanalyse

Teil E: Bilanz und Ausblick

Vorwort

Die gesellschaftspolitische Diskussion über Sport wird seit mehr als einhundert Jahren durch eine Metapher geprägt: „Sport überwindet Grenzen". So gründete nicht nur Pierre de Coubertin die olympische Bewegung auf der Vorstellung von einer völkerverbindenden sozialen Bewegung. Auch gemeinsame Initiativen des Bundes, der Länder und des organisierten Sports greifen, etwa im Rahmen des Nationalen Integrationsplans (NIP), auf die integrativen Potenziale des Sports zur Verbesserung sozialer Chancengleichheit und gesellschaftlicher Teilhabe zur sozialen Integration heterogener Gesellschaften zurück.

Was auf den Sport als soziales Phänomen zutrifft, zeigt sich zunehmend auch im Hinblick auf seine Eigenschaft als politischer Gegenstand: Es kommt zu seiner zunehmenden Verflechtung mit einer Vielzahl gesellschaftlicher Teilbereiche. Die Ursache hierfür liegt in der inhaltlichen Ausdifferenzierung des Sports. So haben sich neben der sozialen Integration, Themen wie die Förderung bürgerschaftlichen Engagements, der Gesundheitsprävention sowie die Entwicklung des wertschöpferischen und beschäftigungsfördernden Potenzials des Sports als zunehmend eigenständige Zweige der Sportentwicklung etabliert. Zu berücksichtigen ist hierbei, dass sich mit dem professionellen Leistungs- und Spitzensport sowie dem an individuellen Bedürfnissen und Interessen der Bürgerinnen und Bürger ausgerichtete „Sport für alle" zwei Bezugssysteme im Verhältnis von Sport und Gesellschaft entwickelt haben. So zeigt eine Betrachtung der Sportentwicklung, dass es in den vergangenen Jahrzehnten durch die Öffnung des Sports gegenüber Staat, Markt und Zivilgesellschaft immer stärker zu einer Überwindung sektoraler Grenzen und zunehmenden Interdependenzen zwischen öffentlichen, marktwirtschaftlichen sowie zivilgesellschaftlichen Interessen im Sport gekommen ist.

Schließlich kann das Überwinden von Grenzen aus einer dritten und letzten Perspektive betrachtet werden: Sportpolitik entwickelt sich zu einem zunehmend transnationalen Politikfeld. Dabei ist der Blick nicht darauf beschränkt, dass im Zusammenhang mit Internationalisierung und Globalisierung der grenzüberschreitende und völkerverbindende Charakter des Sports als symbolisches Potenzial für die Vorstellungen über eine „europäische Einheit in nationaler Vielfalt" betrachtet wird. Losgelöst von territorialen Grenzen ist es die Kommerzialisierung des Sports, die die wirtschaftliche Dimension des Sports zu einem europäischen wie globalen

Phänomen hat werden lassen. Dies trifft vor allem auf die Krisenphänomene des internationalen Sports zu. Probleme wie der Missbrauch von Medikamenten im Sport, die Bekämpfung von Korruption oder Wettbetrug sind sporthistorisch junge Erscheinungen, die letztlich auf die wertschöpferische Instrumentalisierung des Leistungs- und Spitzensports zurückzuführen sind.

Der Europäischen Union kommt im Kontext dieser Entwicklung in dreifacher Hinsicht Bedeutung zu: Erstens, bietet das europäische Integrationsprojekt einer immer engeren Union der Völker Europas, wie sie die Grundrechte Charta der EU als Ziel ausweist, eine Anschlussfähigkeit an den Sport. Er steht für gegenseitigen Respekt und Fair Play als soziale Werte und Normen, die über Nationen hinweg von den Mitgliedern der europäischen Sportbewegung geteilt werden. Zweitens, versteht sich die Europäische Union als regulierende Instanz zum Ausgleich der Unterschiede zwischen ihren Mitgliedstaaten sowie als Garant der von ihnen gemeinsam definierten Grundrechte. So ist es die direkte und unmittelbare Gültigkeit des Gemeinschaftsrechts, auf dem die EU – vor allem in Gestalt der Europäischen Kommission – ihre funktionale Rolle in der Regulierung der wirtschaftlichen Dimension des Sports entwickelt. Auch wenn sich beide Ansätze in ihren Intentionen und Einflussmöglichkeiten unterscheiden, wird mit der Europäischen Union oberhalb des Nationalstaates zum ersten Mal eine Institution mit verbindlichem Einfluss auf den Sport etabliert. Dieser Fakt stellt den dritten Aspekt dar, mit der die Europäische Union in der Lage ist, Bedeutung für den Sport in den Mitgliedstaaten zu erlangen.

Die Entwicklung, hin zu einer Veränderung institutioneller Rahmenbedingungen in der Sportpolitik, ist auf allen Seiten mit Herausforderungen verknüpft. Dies gilt sowohl für die EU, die sich zunächst ein eigenes Sportverständnis aneignen muss, um anschließend eine politische Strategie für die gestalterische wie regulative Einflussnahme auf den Sport zu definieren. Auch für die Mitgliedstaaten und ihre sportpolitischen Institutionen stellt sich die Frage nach ihrer Rolle im Sport, bedeutet die Übertragung sportpolitischer Kompetenzen auf die europäische Ebene doch eine selbstgewählte Einschränkung ihrer Hoheitsrechte und Verpflichtung gegenüber einer europäischen Sportpolitik. Für die Bundesrepublik Deutschland bedeutet dies, dass neben Bund, Ländern und Kommunen nun eine vierte Ebene in das Politikfeld eingezogen wird. Deren Bedeutung liegt zum einen in der übergeordneten Gültigkeit des Gemeinschaftsrechts und der daraus resultierenden Rekontextualisierung institutioneller Rahmenbedingungen politischen Handelns. Zum anderen liegt sie in der Entstehung einer neuen sportpolitischen Kultur, deren Entwicklung aus vielfältigen Einflüssen der unterschiedlichen Sportsysteme in der Europäischen Union und ihrer jeweils variierenden Beziehungen zwischen Sport und Gesellschaft sowie der zivilgesellschaftlichen Selbstorganisation und staatlicher Einflussnahme gespeist wird. Nicht zuletzt sorgen die unterschiedlichen Auffassungen über eine „europäische Dimension des Sports" und dass, was Sport als solchen definiert, für eine hohe Komplexität im politischen Diskurs. So zeigen sich zwischen den skandinavischen Staaten, deren Sportverständnis einen ausgeprägten Bezug zu einem an vielfältigen individuellen Motiven ausgerichteten „Sport für alle" besitzt und den osteuropäischen Staaten, deren Sportsysteme und -kulturen, aufgrund der ehemaliger Zugehörigkeit zur Sowjetunion eine stark wettkampforientierte Prägung besitzen, prinzipielle Unterschiede. Diese Unterschiede bleiben für die jeweilige organisatorische Struktur nationaler Sportsysteme nicht ohne Konsequenz: Während erstere sich als Sportsysteme mit weitgehend autonomen Organisationsstrukturen präsentieren, zeichnen sich letztere durch eine stärkere Zentralisierung und höheren staatlichen Einfluss aus. Beide bilden die Polen, zwischen denen sich eine Vielfalt an Organisationsformen und -prinzipien in den nationalen Sportkulturen der Mitgliedstaaten finden lässt.

Vor allem für Deutschland, dessen Sportsystem durch eine starke autonome Rolle der zivilgesellschaftlichen Verbände geprägt ist, bedeutet die zunehmende sportpolitische Relevanz der Union eine Entwicklung mit potenziell weit reichenden Implikationen: Die Beziehungen des Sports zu Staat, Markt und Zivilgesellschaft müssen nicht nur im veränderten rechtlichen Rahmen des Gemeinschaftsrechts neu interpretiert werden, auch die funktionale Rolle des Sports und der ihn tragenden Organisationen innerhalb der gesellschaftlichen Entwicklung tragen dazu bei, dass die Sportpolitik der Union Fragen über das eigene Selbstverständnis und das gesellschaftliche Selbstverständnis von Sportverbänden stellt. In der Konsequenz kommt es dazu, dass die EU politische Impulse zur Auseinandersetzung mit zentralen Konzepten wie der Autonomie und Subsidiarität innerhalb des Sportsektors gibt.

Sowohl die Urteile des Europäischen Gerichtshofs (EuGH) wie auch die Politik von Kommission, Parlament und den Gremien der Mitgliedstaaten bieten nicht mehr die Gewährleistung, in der europäischen Entscheidungsfindung die spezifischen Merkmale des Sports und die Autonomie seiner Organisationen als unveränderlich zu akzeptieren. Sie beziehen sich auf eine veränderte Realität des Sports als soziales

Phänomen mit einem ausgeprägten gesellschaftlichen Querschnitt. Die autonome Selbstregulierung und -organisation der Sportorganisationen ist aufgrund ihrer Rekontextualisierung durch neue politische Rechte und Pflichten im politischen System der EU zu einer zentralen Herausforderung für ihre Politikfähigkeit geworden. Begründet wird dies dadurch, dass die europäische Sportpolitik normative Grundsätze sportpolitischer Kulturen in den Mitgliedstaaten um transnationale Einflüsse ergänzt und so etablierte Denk- und Handlungsmuster hinterfragt. In der Konsequenz ist die Europäische Union als politische wie rechtliche Institution in der Lage, Einfluss auf nationale Sportsysteme zu nehmen. Als politisches Forum ermöglicht sie die Interaktion verschiedener Stakeholder und eröffnet Möglichkeiten politischen Lernens. Als rechtliche Instanz ist sie über das Gemeinschaftsrecht in der Lage, Rahmenbedingungen in der Sportentwicklung zu beeinflussen und Grenzen verbandlicher Handlungsfreiheit zu ziehen.

Die Europäische Union ist ein zentraler Gegenstand politikwissenschaftlicher Forschung und hat mit den „Europäischen Studien" einen eigenen Forschungszweig begründet, indem der Sport bisher noch wenig Resonanz erfährt. Die Auseinandersetzung mit Sport findet primär aus sportwissenschaftlicher Perspektive statt und berücksichtigt hierbei vor allem (organisations-)soziologische Ansätze. Die Sportpolitik im Allgemeinen und die Europäische Union im Speziellen bleiben dabei bisher noch weitgehend unberücksichtigt. Dabei geht es deshalb nicht nur darum, zu klären, ob der primär im nationalen Kontext organisierte Sport auf europäischer Ebene politisch zu gestalten und rechtlich zu regulieren ist. Auch der Status des Sports für das politische Integrationsprojekt EU ist noch weitgehend ungeklärt.

Die vorliegende Arbeit „Die Europäische Union – eine politische Herausforderung für nationale Sportorganisationen?" zielt auf die Überwindung dieses Defizits durch die Verknüpfung von politik- und sportwissenschaftlicher Forschung. In einem integrativen Ansatz werden die Konsequenzen der Europäisierung von Sportpolitik analysiert und in ihrer Bedeutung nachvollzogen. Die Schnittstelle zwischen beiden Wissenschaftsdisziplinen erfordert die Kombination forschungsmethodischen und erkenntnistheoretischen Interessen: Erstens, ist es das Ziel aus politikwissenschaftlicher Sicht ein analytisches Instrumentarium zu entwickeln, das auf die Analyse des sozialen Systems Sport angewendet werden kann. Zweitens, geht es bei seiner Anwendung darum, das sportwissenschaftliche Interesse an Wissen über die Bedeutung der Europäischen Union für den Sport generieren zu können.

Kapitel 1:
Grundlagen der Politikfeldforschung

1.1. Einordnung der Thematik

Ob es sich bei der Europäischen Union um eine Herausforderung für die nationalen Sportorganisationen handelt, ist grundsätzlich an drei Bedingungen geknüpft: Die erste ist die Erfassung und Strukturierung der vielfältigen Facetten europäischer Politik innerhalb eines komplexen politischen Systems, das sich über mehrere Ebenen erstreckt. Die zweite ist deren prinzipielle Bedeutung für den Sport im Allgemeinen. Als dritte Bedingung ist die Ermittlung der politischen Bedeutung „Europas" für den in Verbänden organisierten Sport zu nennen.

Bei der Europäischen Union handelt es sich um einen neuen sportpolitischen Akteur, dessen Rolle als Mit- oder Gegenspieler der Sportverbände in Europa und den Nationalstaaten aufgrund seiner kurzen Entwicklungsgeschichte noch nicht abschließend definiert ist. Seine „Spielzüge" und ihr Einfluss auf die nationale Sportpolitik sind noch weitgehend unbekannt, was eine strategische Reaktion in der Organisationsentwicklung des Sports erschwert. Aus dieser Problemstellung ergibt sich folgendes Ziel: Die Identifikation konstitutiver Faktoren der europäischen Sportpolitik und die empirische Erforschung ihrer Wirkung auf die Entwicklung des Sports. Auf dieser Grundlage soll Orientierungswissen für die nationalen Sportorganisationen als elementare Träger der Sportbewegung im Sinne einer zukunftsorientierten Politikfähigkeit und Organisationsentwicklung formuliert werden.

Der Sport als Gegenstand europäischer Politik hält bereits die Einsicht in eine große Anzahl an Fragestellungen bereit: Das Urteil im Fall Bosman – die Aufhebung der Ablösepflicht für vertragsfreie Spieler sowie die gerichtliche Beendigung des eingeschränkten Einsatzes von Profisportlern aus der Union – und sein Effekt auf die Strukturen des organisierten Sports ist, genauso wie die angestrebte Öffnung des Sports und seiner Organisationen für die Entwicklung einer europäischen Identität ein Beispiel für viele. Die unklare Abgrenzung von Belangen des Sports zu anderen europäischen Politikfeldern und Rechtsbereichen bildet nur den Auftakt und kann durch weitere Ansätze aus der Entwicklungsgeschichte des Verhältnisses zwischen der EU und dem organisierten Sport ergänzt werden. Die Akteurs- und Interessenvielfalt innerhalb des Sports erweitert den Kreis möglicher Fragestellungen noch einmal, denn der Blick in den Organisationsalltag offenbart eine ausgeprägte Heterogenität von Interessen und Strukturen im Kontext unterschiedlicher sportpolitischer Themen. Im Gegensatz zur mitgliedstaatlichen Ebene wird die Aggregation dieser verschiedenen Interessen zu „einer Stimme des Sports" auf der europäischen Ebene durch ihre Bindung an unterschiedliche nationale Sportkulturen erschwert.

Die Herausforderung dieser Arbeit liegt nicht nur im Erkenntnisgewinn, sondern auch darin, den dazu notwendigen Weg systematisch zu strukturieren. Das Fehlen politikwissenschaftlicher Primäranalysen im Sektor europäischer Sportpolitik stellt dabei spezifische Ansprüche, die primär mit Grundlagenforschung befriedigt werden müssen. Ihre Berücksichtigung bei der Erschließung und Strukturierung der Thematik führt zu drei Themenkomplexen:

Sport als europäisches Phänomen: Die Vielfältigkeit der heutigen Erscheinungsformen von Sport – er reicht heute vom traditionellen Wettkampfsport über fitness- und gesundheitsorientierte Bewegungsformen hin zum pädagogisch orientierten Schulsport – und seine Verflechtung mit unterschiedlichsten Politikbereichen stellt die Frage nach einer inhaltlichen und strukturellen Definition von Sport. Gleiches gilt für seine Beziehung zur Politik. Als Synergie einer Auseinandersetzung mit der Reichweite und dem Inklusionsgrad des Sportverständnisses lassen sich zunächst inhaltliche Ansätze zur systemischen Verknüpfung von Sport und Politik herausstellen und als Folge dessen letztlich auch die Schnittbereiche mit europäischer Politik benennen.

Sport in der Europäischen Union – Strukturen, Akteure und Prozesse: Um die Politik der Europäischen Union in Bezug auf nationale Sportorganisationen zu diskutieren, ist es notwendig zu wissen: Wer agiert in welchen Strukturen und in welchen Prozessen vollzieht sich das Handeln der einzelnen Akteure? Es sind dabei sowohl institutionelle Aspekte des politischen EU-Systems als auch die Präferenzen und Interaktionen der Akteure zu berücksichtigen. Um das Profil der Europäischen Union als sportpolitischer Akteur herauszuarbeiten, wird der Fokus der Betrachtung auf das Mehrebenensystem europäischer Politik zu richten sein – die nichtstaatlichen Institutionen werden als Teil des europäischen wie nationalen Sportsystem jedoch immer mit einbezogen. Erst wenn ein Profil erkennbar wird, sind auch Rolle und Bedeutung der Europäischen Union im Sport kalkulierbar und als Einflussfaktor von politischen Entwicklungen erkennbar darzustellen.

Sportorganisationen als politische Akteure: Analog zur Fokussierung des politischen Systems der Europäischen Union gilt es, die nationalen Organisationen des Sports sowohl als Rezeptor der europäischer Sportpolitik, als auch in ihrer Eigenschaft als eigenständig handelnde Akteure begreiflich zu machen. Es ist zu klären, welches Rollenverständnis Sportorganisationen als Träger der Sportbewegung prägt und sich in ihr Handeln als politischer Akteur überträgt. Unter Berücksichtigung der Schnittbereiche zwischen Sport und europäischer Politik wird nicht nur die Frage nach der Rolle von Verbänden als europapolitische Akteure zu beleuchten sein. Auch die politischen Auswirkungen des gesellschaftlichen Wandels sind in ihrem Einfluss auf das Handlungsfeld Sport deutlich zu machen. Sie legen den Unterschied zwischen einem historischen Funktionsverständnis und den aktuellen Ansprüchen offen.

Die Ansprüche, die eine Politikfeldanalyse des Sports in der Europäischen Union stellt, sind durch die Komplexität des Themas hoch: Zunächst sind die Integration von Sport in die europäische Politik und ihre Folgen zu thematisieren. Hier steht vor allem der prozedurale Aspekt der Erschließung eines europäischen Politikfelds und dessen dialogischer Ausgestaltung durch die beteiligten Akteure im Mittelpunkt. Anhand einer solchen Verlaufsanalyse lassen sich sportpolitische Gravitationsfelder, die EU und Sportorganisationen umgeben, zusammenführen. Die Handlungsfelder beider sportpolitischen Akteure überschneiden sich in bestimmten Bereichen. Die wechselseitigen Interaktionsprozesse sind in der Lage, im Sport Entwicklungen zu initiieren, zu dirigieren aber auch zu blockieren.

1.2 Ausgangslage und Problemstellung

Als Politikfeld steht der Sport für Akteure, Strukturen und Prozesse, die ihre Wirkung in einem gemeinsamen Handlungsfeld entfalten. Die europäische Sportpolitik ist jedoch keine ausschließlich supranationale Politik. Sie wird von der lokalen bis zur europäischen über sämtliche Ebenen des politischen Systems der EU produziert. Sie durchzieht eine große Anzahl an Politikbereichen, weshalb Sportpolitik in ihrem Inhalt und in ihrer Struktur eine Querschnittspolitik ist.

Für die Beziehung zwischen der Europäischen Union und dem organisierten Sport ist zunächst festzustellen, dass erst mit der Entscheidung des EuGH im Fall Walrave und Koch vs. UCI[1] Berührungspunkte zwischen den Akteuren aus Politik und Sport entstanden sind. Ein dauerhaftes Interaktionsfeld existiert, als Folge des Bosman-Urteils, jedoch erst seit Mitte der 1990er Jahre. Seitdem bestimmte vor allem die Kontroverse um die Interpretation der Besonderheiten bei der Regulierung des Sports im Kontext des europäischen Gemeinschaftsrechts den politischen Diskurs. Im Zuge der Erweiterung und Vertiefung der Gemeinschaftspolitik sowie der Entwicklung des Sports haben sich die Schnittbereiche in vielen, vor allem den rechtlichen Bereichen, vergrößert. Die Interaktionen zwischen der EU und den Sportverbänden sind häufiger und komplexer geworden. Ausreichend verbindliche Rahmenbedingungen – wie eine seitens des organisierten Sports geforderte rechtliche Anerkennung seiner Strukturen und Organisationspraktiken – für den formalen Umgang miteinander fehlen jedoch, beziehungsweise befinden sich in einer frühen Entwicklungsphase. Fest steht lediglich, dass heute nahezu alle Bereiche des Sports von EU-Politik und Rechtsprechung betroffen sind. In dieser komplexen Konstellation fürchtet der organisierte Sport die Gefahr des Autonomieverlusts. Die als Folge des Bosman Urteils notwendig gewordene Reform des europäischen Transfersystems im professionellen Leistungssport wurde seitens der internationalen und kontinentalen Fußballverbände beispielsweise zunächst als Eingriff in die autonomen Organisationsstrukturen des Sports betrachtet; europäisches Recht und die daraus abgeleitete Politik oft als Verletzung des Subsidiaritätsprinzips und Eingriff in die geschützten Interessen der Sportorganisationen gesehen. Primär handelt es sich bei dieser Beziehung um einen rechtspolitischen Konflikt um die Verteilung von Entscheidungs- und Machtkompetenzen, der über politische Prozesse zu lösen ist.

Die Verbindung zwischen Europäischer Union und den Organisationen des Sports ist jedoch vielschichtiger: Europäische Bildungspolitik fördert die Stärkung von Sport in Schule und Erziehung. Als Instrument der Sozial- und Wirtschaftspolitik bietet der Sport Städten, Kommunen und Ländern Möglichkeiten der regionalen Entwicklung. Über die EU-Gesundheitspolitik werden die Steigerung körperlicher Aktivität und damit eine Verbesserung der europäischen Volksgesundheit angestrebt. Europäische Sportpolitik ist aber auch Außenpolitik und wird von der Union explizit als politisches Instrument der Entwicklungshilfe eingesetzt.

Auch wenn diese Inhalte und Ziele nicht primär auf die Akteure des organisierten Sports gerichtet sind, sind Sportverbände bei Formulierung und Implementierung

---

[1] Ursachen, Hintergründe und Konsequenzen werden in Kapitel 14.1.5 beschrieben.

dieser EU-Politik wichtige Akteure: Aufgrund ihrer Sachkompetenz und als gemeinnütziger Träger der Sportbewegung ist der organisierte Sport vom lokalen Verein über die Bezirks-, Landes- und Bundesverbände bis hinein in seine europäischen Föderationen in die europäische Politik eingebunden.

Grundsätzlich gilt, dass im Politikfeld Sport heute eine Vielzahl an Akteuren aus Staat, Markt und Zivilgesellschaft agiert. Die Handlungsgrundlage der EU ist nicht mehr ausschließlich ein regulativer, sondern ein zunehmend kooperativer und gestalterischer Ansatz, der auf die Partizipation sportpolitischer Stakeholder setzt. Aufgrund unterschiedlicher Handlungslogik von Staat, Wirtschaft und Zivilgesellschaft in den Schnittbereichen gemeinsamer Handlungsfelder kommt es bei der Politikfindung zu komplexen Konstellationen verschiedener Interessen; oftmals auch zu Konflikten in unterschiedlichen Entscheidungs- und Machtsituationen. Ihre Auflösung wird zumeist in sachspezifischen Netzwerken angestrebt. Global betrachtet, handelt es sich bei der Beziehung zwischen Europäischer Union und dem Sport damit keinesfalls um einseitige Beziehungen, denn transnationale Politikprozesse gehen nicht nur von den Gemeinschaftsorganen aus. Auch die Vertreter des organisierten Sports und im Bereich des Sports agierende Wirtschaftsakteure initiieren ihrerseits Politikprozesse und beziehen dabei die Union mit ein. Dabei kommt es durch die Spezifik europäischer Politik zu Veränderungen in einer sportpolitischen Kultur, die historisch von einem dominanten Einfluss der zivilgesellschaftlichen Sportorganisationen charakterisiert wird.

Bei der politischen Kultur handelt es sich um ein „set of fundamental beliefs, values and attitudes that characterize the nature of the political system and regulate the political interactions among its members" (Patrick 1984: 279). Der politische Kulturbegriff hilft, sich den veränderten politischen Realitäten im Sport zu nähern. Da sich die europäische Dimension von Sportpolitik gerade erst entwickelt, kann jedoch gegenwärtig noch nicht von einer etablierten sportpolitischen Kultur in Europa gesprochen werden. Vielmehr ist die Identifikation von Merkmalen, die helfen, ihre Entwicklung zu prognostizieren, Ziel dieser Arbeit. Als analytischer, strukturierender Begriff gibt die politische Kultur Auskunft darüber, wonach zur Erklärung von Europäisierungseffekten zu fragen ist. Wo danach zu suchen ist, impliziert das aus dem anglo-amerikanischen entliehene Begriffsverständnis und seine Dimensionen der institutionellen Ordnung und konstitutionellen Grundlagen (polity), der Verfahren, Mechanismen und Stile politischen Handelns (politics) sowie Ergebnisse, Inhalte und Formen (policy) als Ergebnisse des politischen Handelns.

1.3 Stand der Forschung

Als Gegenstand wissenschaftlicher Forschung ist Sport im Kontext der Europäischen Union relativ jung. Seine wissenschaftliche Erschließung setzt im deutschsprachigen Raum Mitte der 1990er Jahre ein. Sie erfolgt in verschiedenen Disziplinen, die sich zum Teil sehr unterschiedlich positionieren. Vor allem die Wirtschafts- und Rechtswissenschaften haben über die Interpretation des Gemeinschaftsrechts gegenüber sportpolitischen Belangen erfolgreich Zugang zur Thematik gefunden. Andere, hierunter auch die Sport- und Politikwissenschaften, bemühen sich noch um eine europäische Perspektive auf den Sport in Europa.

Die Quantität der wissenschaftlichen Forschung und die Qualität ihrer Ergebnisse sind über die einzelnen Disziplinen unterschiedlich verteilt. Die jeweilige Perspektive ist meist thematisch eng auf bestimmte Teilaspekte des Sports fokussiert und wird dem Querschnittscharakter von Sportpolitik so kaum gerecht. In der Konsequenz ergibt sich ein asymmetrisches Bild über die wissenschaftliche Erkenntnissituation zur europäischen Dimension des Sports: In der Sportwissenschaft ist der größte Beitrag zur Exploration seiner europäischen Dimension der Soziologie zu verdanken. Ihre Ansätze einer vergleichenden Forschung mit dem Fokus auf den soziokulturellen Aspekten des Sports in den europäischen Nationalstaaten haben ein Bewusstsein über die jeweiligen Sportlandschaften und -kulturen geschaffen (Anders, Mrzaek, Norden & Weiss 2004). Gleichzeitig haben sie dazu beigetragen, das gesellschaftspolitische Potenzial des Sports in Europa anzudeuten. Eine stärkere Berücksichtigung der vielfältigen Auswirkungen eines zusammenwachsenden Europas und der daraus entstehenden Herausforderungen, beispielsweise Initiativen der Sportwissenschaft zur Vernetzung wissenschaftlicher Disziplinen zum Nutzen der eigenen Arbeit, befinden sich ebenfalls in einem frühen Entwicklungsstadium.

Gleiches gilt für die Politikwissenschaft. Trotz einer Vielzahl transnationaler Konflikte und politischer Kontroversen im Bereich der Sportpolitik steht eine grundlegende systematische Auseinandersetzung mit der politischen Bedeutung des Sports – nicht nur in Bezug auf Europa – noch weitgehend aus. Der Handlungsbedarf ist jedoch groß, wie öffentliche Diskussionen um ein transnationales policy-making wie in der Anti-Doping-Politik oder der generelle Anstieg sportbezogener Rechtsstreitigkeiten mit tief greifenden Folgen für nationale Sportsysteme vor dem Europäischen Gerichtshof zeigen.

Wird berücksichtigt, dass Sport erst spät in den Fokus der europäischen Politikforschung gerückt ist und auf Seiten der EU-Kommission bis Mitte der 1990er Jahre ein ausschließlich instrumentelles Verständnis von Sport als Kommunikationsplattform für die europäische Idee vorherrschte (Tokarski & Steinbach 2001: 69), erscheint das späte Einsetzen seiner wissenschaftlichen Aufarbeitung auf europäischer Ebene noch erklärbar. Schwerer zu deuten ist jedoch die nach wie vor geringe Forschungsaktivität auf diesem Sektor, wenn die aktuelle Politisierung des Sports im Zusammenhang mit seiner gesellschaftspolitischen Bedeutung betrachtet wird.

Von den Sportverbänden werden ein vermeintlich fehlendes Bewusstsein über die Besonderheiten des Sports und unzureichende sportpolitische Kompetenz seitens der Gemeinschaftsorgane als Ursachen für politische Meinungsverschiedenheiten und rechtliche Unsicherheiten gesehen. Auf der anderen Seite hat die fehlende Erwartungssicherheit gegenüber dem sportpolitischen Handeln der EU auf nationaler Ebene eine nachhaltige, auf die Europäische Union ausgerichtete, verbandspolitische Entwicklung gehemmt. Infolgedessen kommt es nur sehr vereinzelt zu einem dauerhaften strategischen Engagement einzelner nationaler Sportverbände in europäischen Politikprozessen.

Wird gezielt nach wissenschaftlichen Arbeiten zum Thema der europäischen Sportpolitik gesucht, ist festzustellen, dass die Forschungsintensität sehr stark von Schlüsselereignissen abhängig ist. Ein unmittelbarer Sportbezug muss dabei nicht zwingend vorliegen. So kann vor allem für die Phase nach der Einführung des Europäischen Binnenmarkts 1993 eine Belebung der sportpolitischen wie -rechtlichen Diskussion konstatiert werden. Innerhalb der Zeitspanne von 1999 bis 2002 standen tendenziell ökonomische Aspekte im Fokus europäischer Sportforschung. Beispielhaft für Veröffentlichungen aus dieser Zeit, analysieren Riedl & Czachay (2002) als Folge des Bosman-Urteils in einer deskriptiv angelegten Studie dessen Auswirkungen auf die Förderung von Nachwuchsspielern in den Teamsportarten. Einen ähnlichen Ansatz wählt Tettinger (2001), der die Problematik jedoch aus rechtswissenschaftlicher Perspektive betrachtet.

Beiträge, die politikwissenschaftliche Faktoren des Sports und seiner Organisation in ihr Zentrum stellen, lassen sich auf die Arbeiten von Tokarski & Petry (1993),

Tokarski (1993), Tokarski & Steinbach (2001) sowie Tokarski, Petry, Groll & Mittag (2009) beschränken. Sie streben einen ganzheitlichen Ansatz zur Erfassung relevanter Akteure, Strukturen und Prozesse für die europäische Ebene an: Fassen die Sammelbände von Tokarski & Petry (1993) und Tokarski (1993) jeweils einzelne Aspekte europäischer Sportpolitik zusammen, um einen sehr umfassenden Überblick über zukünftige sportpolitische Herausforderungen zu geben, legen Tokarski & Steinbach (2001), auf dieser Grundlage, erstmals eine ganzheitliche Darstellung des Sports in Europa vor. Im ersten deutschsprachigen Versuch einer systematischen sportpolitischen Profilierung der EU, geben die Autoren einen Überblick über die Funktionsweise der Union. Sie zeichnen dabei einzelne Wegpunkte für die Entwicklung der EU-Sportpolitik nach. Zudem versuchen sie sich an einer Überblicksdarstellung der Sportstrukturen in den Mitgliedstaaten. Ihre analytische Arbeit konzentriert sich aufgrund der Komplexität und des Umfangs der gewählten Thematik auf die deskriptive Darstellung einer sportpolitischen Makroebene. Sie erhebt explizit nicht den Anspruch einer detaillierten Politikfeldanalyse. Die auf den Sport bezogene Auseinandersetzung mit der Europäischen Union endet mit dem Jahr 1997 und der Erwähnung des Sports im Protokoll des Vertrags von Amsterdam. Dies hat zur Folge, dass zur sportpolitischen Entwicklung in Europa für den Zeitraum nach 1997 keine vergleichbaren Veröffentlichungen in deutscher Sprache vorliegen. Die englischsprachige Aufarbeitung der Fragestellung „A Perfect Match? Sport in the European Union" von Tokarski, Petry, Groll & Mittag (2009) beinhaltet dagegen die Entwicklung bis zum Vertrag von Lissabon und führt den analytischen Überblick im Verhältnis von Sport und Europäischer Union zeitlich fort.

Trotz der verhältnismäßig geringen Menge an verfügbaren wissenschaftlichen Erkenntnissen, gibt es Veröffentlichungen, die die mit der vorliegenden Arbeit angestrebte Auseinandersetzung ergänzen können. Im Kontext transnationaler Sportpolitik ist dabei auf die Arbeit von Groll (2005) zu verweisen, der sich neben einer Begriffsdefinition von Sportpolitik daran versucht, den Bereich des Sports als konkretes Handlungsfeld von Politik zu definieren und Ansätze eines Steuerungsmodells zu erarbeiten. Auch die Aufsätze von Lösche (2002), zur politischen Dimension des Fußballs sowie von Güldenpfennig (2002), der die Frage „Was ist das politische am Sport?" erörtert, lassen sich, bezogen auf die Europäische Union, zu einer konstruktiven Analyse des Verhältnisses von Sport und Politik verwenden. Sie skizzieren grundlegende Prinzipien einer politikwissenschaftlichen Auseinandersetzung mit dem Sport und zeigen Leitentwürfe für eine wissenschafts- und erkennt-

13

nistheoretische Annäherung an die Thematik auf. Hieran anknüpfend ist das von Tokarski & Petry (2010) herausgegebene Handbuch zur Sportpolitik zu nennen. In grundlegender Weise werden darin politische Aspekte des Sports aufgearbeitet, teilweise auch mit europäischem Bezug. Auch die rechtswissenschaftliche Arbeit von Krogmann (2001) hilft, den Sport in die Sphäre europäischen Rechts einzuordnen und so die Grundlagen der regulativen Dimension europäischer Sportpolitik zu beleuchten.

Gerade die bisher kaum erforschte Zeitspanne von 1997 bis 2004 ist jedoch eine wichtige und wissenschaftlich erkenntnisträchtige Phase: Die Erwähnung des Sports in den Protokollen der Verträge von Amsterdam (1997) und Nizza (2000), im Bericht von Helsinki (1999) sowie dem abgelehnten Entwurf des Europäischen Verfassungsvertrages (2004) sind konstitutive Wegmarken für die angestrebte Entwicklung einer kohärenten Sportpolitik der Europäischen Union. Alle beschäftigen sich mit der institutionellen Einordung des Sports als transnationales Politikfeld. Gleichzeitig repräsentieren sie die Grundlage des von der Kommission veröffentlichten Weißbuchs Sport (2007), das zum ersten Mal in einem ganzheitlichen Ansatz das sportpolitisch relevante Handeln der Union zusammenfasst und mit einem Aktionsplan zu konkreten Zielen verbindet. Gleiches gilt für die anschließende und bis in die Gegenwart reichende Phase, in der die institutionellen Grundlagen für eine europäische Sportpolitik mit Aufnahme des Sports in das europäische Vertragswerk ausdifferenziert und richtungweisend weiterentwickelt wurden (Europäische Kommission 2010, Rat der Europäischen Union 2011).

Die englischsprachige Forschung über die Konsequenzen der sportbezogenen EU-Politik für den organisierten Sport bietet dagegen ein differenzierteres Bild. Es reicht von der Überblicksforschung bis hin zur analytischen Aufarbeitung einzelner Themen. Im Bereich der Überblicksforschung gilt die von Gardiner, Parrish & Siekmann (2009) herausgegebene Aufsatzsammlung „EU, Law and policy: regulation and re-regulation and representation" als Standardwerk sportbezogener policy-Forschung. Durch die Thematisierung des politischen wie rechtlichen Einflusses auf den Sport, gelingt es, die Union als sportpolitische Institution zu profilieren und in einzelnen Sachthemen auszudifferenzieren. Einen weiteren wesentlichen Bezugspunkt für die vorliegende Politikfeldforschung stellt zudem die Arbeit von Parrish (2003) dar, der sich auf Grundlage des akteurzentrierten Institutionalismus mit der Europäischen Union auseinandersetzt. In Bezug auf die Auswirkungen europäischer

Sportpolitik auf die Handlungsbedingungen von Sportverbänden ist Garcia (2010, 2009a, 2009b) als Referenz zu nennen. Aspekte der Transformation nationaler Sportpolitik durch Einflüsse internationaler oder europäischer Sportpolitik finden sich schließlich bei Houlihan (2009). Spezialisiert auf Fragen einer durch die Europäische Union veränderten Governance des Politikfelds bieten Groeneveld, Houlihan & Ohl (2010) in ihrer Arbeit „social capital and governance in European sport" einen Zugang zu Fragestellungen der Koordination und Steuerung sportpolitischer Prozesse unter den durch die EU gewandelten Kontextbedingungen.

Die europäische Sportpolitik steht in Abhängigkeit zu der übergeordneten Verfasstheit ihres politischen Systems. Sie ist immer Produkt eines komplexen Systemprozesses. Die Bestimmung und Analysen ihrer vielfältigen Aspekte sind komplex und auf den ersten Blick oft nicht trennscharf zu realisieren. Sie müssen ihren Ausgang deshalb zunächst aus einer vereinfachten Struktur nehmen: Der generellen Konzeption von polity, politics und policy. Da das Politikfeld Sport eine spezifische Ausdifferenzierung des institutionellen EU-Systems darstellt, bedeutet dies: Die grundlegende Systementwicklung der Union ist zum Zweck der spezifischen Beschäftigung mit dem Sport mit dessen Politikfeldentwicklung zu koppeln. Nur so gelingt es, übergeordnete systemische Einflüsse als Erklärungen für die sportpolitische Entwicklung heranzuziehen und diese gleichzeitig von politikfeldspezifischen Variablen zu unterscheiden.

Die Forschung zur Systemanalyse der Europäischen Union hat umfangreiche Ergebnisse geliefert. Basierend auf etablierten wie neuen theoretischen Modellen hat sich eine Vielzahl von Autoren mit ihr auseinandergesetzt. Den „ganzen Elefanten" (Puchala 1971) zu erfassen, ist dabei nur wenigen gelungen. Um diesem Vorhaben möglichst nah zu kommen, konzentriert sich die Auswahl der zur vorliegenden Thematik ausgewählten Veröffentlichungen auf Arbeiten mit einem ganzheitlichen Analyseansatz. Konkret sind dies die Veröffentlichungen von Tömmel (2008a), Kohler-Koch, Conzelmann & Knodt (2004) sowie Wessels (2008). In ihrem Mittelpunkt steht die „Gemeinschaftsbildung" durch politische Integration. Die Arbeiten differenzieren in ihrer analytischen Perspektive die Wechselwirkungen zwischen System und Umfeld. Dabei werden entwicklungsrelevante Prozessdynamiken aufgedeckt, analysiert und anhand der historischen Kontextbedingungen begründet. Gleiches gilt für Tömmel (2002) und Beichelt (2009), die sich jedoch bewusst und damit noch konkreter dem Werden einer politischen Union in Europa widmen. In

unterschiedlichen Beiträgen zeigen sie, wie institutionelle, prozesshafte und inhaltliche Aspekte nationaler Politik durch EU-Politik beeinflusst, gesteuert und durch
Europäisierungsprozesse transformiert werden.

1.4 Methodisch-struktureller Ansatz

Für die Arbeit wird ein methodischer Aufbau gewählt (Abb. 1), der sie in vier Teilbereiche strukturiert und dabei in der Lage ist, die analytische Komplexität des
Themas pragmatisch-konstruktiv zu reduzieren.

Abb. 1: Teilbereiche der Forschungsarbeit

Jeder analytischen Ebene ist ein eigener inhaltlicher Schwerpunkt zugewiesen.
Zwischen diesen bestehen funktionale Beziehungen, da jeweils Wissen mit unterschiedlichen Qualitäten für die Beantwortung der Forschungsfrage gewonnen wird.

1.5 Inhaltliche Begründung

In der Europäischen Union existieren systemspezifische Eigenschaften im Hinblick
auf institutionelle Grundlagen, politische Prozesse sowie Inhalte. Sie unterscheiden
sich nicht nur durch ihren transnationalen Charakter von denen nationalstaatlicher
Systeme, sondern differenzieren sich je nach Politikfeld bzw. -bereich auch unterschiedlich aus. Die in den europäischen Verträgen definierte Rechtslage ist dafür
genauso entscheidend, wie die Problemqualität eines Themas im politischen Alltag.
In Teil A werden die für einen analytischen Umgang mit diesen Besonderheiten
notwendigen politiktheoretischen Grundlagen geschaffen. Die Analyse der Europäi-

schen Union in Teil B soll darauf aufbauend Grundzüge der systemischen Zusammenhänge innerhalb und zwischen den institutionellen, prozeduralen und inhaltlichen Dimensionen dieser spezifischen Form eines politischen Systems herausarbeiten. Die Definition und Charakterisierung des Sports als eigenes Politikfeld in der Europäischen Union hat das Ziel auf Basis des Integrationsprozesses Besonderheiten des Politikfelds in die übergeordneten Rahmenbedingungen der Gemeinschaftspolitik einzuordnen, mit Blick auf ihren Herausforderungscharakter zu thematisieren und zu bilanzieren, so dass sich hieraus die Teile C und D als eigenständige Themenfelder ergeben. Abschließend bildet Teil E das Fazit, indem die theoretischen wie empirischen Ergebnisse synthetisch bilanziert und in einem Ausblick auf die Bedeutung der Europäischen Union im Politikfeld Sport aufbereitet werden.

1.6 Didaktische Begründung

Die Begriffe Erklärungsreichweite und -genauigkeit begründen durch ihre wissenschaftstheoretischen Implikationen den methodisch-strukturellen Aufbau dieser Arbeit. Der differenzierende und problembezogene Umgang mit den wissenschaftsmethodisch oft gegensätzlich positionierten Begriffen ermöglicht sowohl abstrakte Makrobezüge mit Blick auf ihre theoretische Erklärungskraft zu betrachten als auch Mikrobezüge spezifischer sportpolitischer Aspekte zu thematisieren. Hohe Erklärungsgenauigkeit und -reichweite sollen sich in der vorliegenden Arbeit nicht gegenseitig ausschließen. In einem gegenläufigen Prozess der stufenweisen Erhöhung der Erklärungsgenauigkeit durch Eingrenzung der Erklärungsreichweite kann der Komplexität des Themas Rechnung getragen werden, ohne konstitutive Makrobezüge für die Politikfeldanalyse zu vernachlässigen.

1.7 Forschungsmethoden

Zur Analyse der EU und ihrer Sportpolitik werden drei methodische Verfahren eingesetzt. Sie verfolgen jeweils unterschiedliche Ziele und begründen dadurch ihre Auswahl: Die Auseinandersetzung mit der Europäischen Union als politischem System sowie dem Sport als europäischem Politikfeld basiert auf einer Literaturanalyse. Diese beinhaltet eine synthetische Komponente und geht deshalb über die reine Beschreibung dokumentierter Entwicklungen hinaus. Zentrum der systemanalytischen Zielstellung ist die Beschreibung und Erklärung des Entstehungs- und Entwicklungsprozesses der Europäischen Union sowie später der durch sie betriebenen Sportpolitik. Die Literaturanalyse ist gleichzeitig Grundlage für die Einsicht in die Herausforderungen von Europäisierungseffekten in der Sportpolitik, ihrer Konsequenzen für nationale Sportorganisationen und deren Herausforderungscharakter für die Organisationsentwicklung. Mit Blick auf die strategische Ausrichtung nationaler Verbände auf die EU gilt deren Wahrnehmung als wichtiger Indikator für die Rezeption der Europäischen Union als sportpolitischer Akteur. Beides, Wahrnehmung wie politische Reaktion, wird mit einer repräsentativen Organisationsanalyse ermittelt. Die Ergebnisse der Literaturanalyse und der Organisationsanalyse bilden die Grundlage für den Versuch der zusätzlichen Genese qualitativer Erkenntnisse zur Politikfeldentwicklung des Sports auf der europäischen Ebene durch Experten aus verschiedenen Bereichen der EU-Sportpolitik.

Kapitel 2:
Zentrale Begriffe im Themenfeld „Sport &EU"

2.1. Die Europäische Union im Kontext des politischen Systembegriffs

Die Europäische Union ist ein politisches System eigener Art. Seine Beschreibung erfolgt meist über die Form der Abgrenzung. In der Regel erfolgt dies durch eine vergleichende Analyse von Unterschieden zum politischen System des National-staats (Almond, Powel & Mundt 1996: 26). Die Union weist jedoch Merkmale auf, die im traditionellen Nationalstaatskonzept unbekannt sind. Allerdings sind auch Vergleiche mit internationalen Organisationen kaum hilfreich, da die EU im Gegen-satz zu ihnen staatsähnliche Qualitäten besitzt.

Einen anderen Zugang bietet die Sichtweise eines politischen Systems als konzepti-oneller Begriff, der institutionelle Grundlagen, Prozesse und Inhalte politischer Entscheidungen voneinander unterscheidet und strukturiert (Schmidt 2004: 557). Wird ein solches Verständnis auf die Europäische Union übertragen, liefert das politische System als Ordnungsbegriff analytische Kategorien, um systembedingte Spezifika und ihre Konsequenzen verorten zu können.

Einer Analyse der Europäischen Union kann sich aus drei verschiedenen Richtun-gen genähert werden: Aus dem System-, dem Struktur- oder dem Funktionskonzept politischer Systeme lassen sich drei unterschiedliche Perspektiven konstruieren (Almond, Powel & Mundt 1996: 28-35). Das Systemkonzept steht für ein Objekt mit eigenständigen Teilobjekten, die sowohl untereinander als auch jenseits der Systemgrenze mit ihrer Umwelt interagieren. Auf diese Weise bilden sich Struktu-ren. Systeme entwickeln sich jedoch nur unter der Voraussetzung eines benennba-ren Ziels, aus dem sie ihren funktionalen Charakter beziehen. Für politische Syste-me kann angenommen werden, dass ihre Funktion in der Herstellung und Umset-zung kollektiv verbindlicher Entscheidungen in der Gesellschaft liegt. Hierzu sind politische Akteure, wie Parteien, Parlamente, Ministerien, Gerichtshöfe aber auch gesellschaftliche Interessenverbände nötig. Unter bestimmten Bedingungen agieren sie untereinander sowie gegenüber ihrer Umwelt. Politische Systeme untergliedern thematisch in Politikfelder. Im Sport kommt es aufgrund seiner vielfältigen thema-tischen Bezüge zu anderen Gesellschaftsbereichen zu einer komplexen Ausdiffe-renzierung des Politikfelds in einzelne politische Themen, die als Politikbereiche eigene politische Arenen konstruieren.

Die jeweiligen Perspektiven des Struktur-, System- und Funktionskonzepts bilden den Politikbegriff in seinen drei Dimensionen der polity, politics und policy ab. Wird Politik funktional als Herstellung kollektiver und verbindlicher Entscheidungen zur Definition und Realisierung gesellschaftlicher Ziele definiert, müssen nicht nur Strukturen gebildet werden, die dies ermöglichen. Interaktion ist eine wesentliche Voraussetzung zur Funktionserfüllung von Politik. Sie ermöglicht erst die Produktivität von Strukturen. Politische Akteure werden dann zur entscheidenden Verbindung zwischen Strukturen und Prozessen. Zur Nutzung des Politikbegriffs als analytisches Instrument müssen die Dimensionen des polity, politics und policy jedoch genauer definiert werden (Tab. 1).

Dimension	Erscheinungsformen	Merkmale
Struktur (polity)	– Verfassung – Normen – Institutionen	– Organisation – Verfahrensregelungen – Ordnung
Prozess (politics)	– Interessen – Konflikte – Kampf	– Einseitige Machtausübung – Hierarchie – Verhandlung – Tausch – ein-/wechselseitige Anpassung
Inhale (policy)	– Aufgaben – Ziele – politische Programme	– Problemlösung – Aufgabenerfüllung – Wert- und Zielorientierung – Gestaltung

Tab. 1: Analytische Kategorien des Politikbegriffs (Schubert & Bandelow 2009: 5)

Bei der Unterscheidung von polity, politics und policy handelt es sich um konzeptionelle Differenzierungen, die in der Realität zusammenhängend gedacht werden müssen. Mit Blick auf die angestrebte Beantwortung der Frage nach dem Herausforderungscharakter der Europäischen Union und ihrer Sportpolitik lassen sich über die drei Politikdimensionen verschiedene Fragen stellen. Bei der Analyse politischer Entscheidungen und Inhalte ist stets nach den zugrunde liegenden institutionellen Rahmenbedingungen sowie prozeduralen Aspekten zu fragen. Zur Erklärung politischer Prozesse eignet sich die Beantwortung durch ihre institutionelle Einbettung sowie der politischen Ziele der am Politikprozess beteiligten Akteure. Für die Analyse des Wandels institutioneller Grundlagen von Politik helfen die Klärung der Einflüsse von Wandlungsprozessen sowie verschiedener inhaltlicher Interessen der

Beteiligten. Über diese Fragen können verschiedene Konfigurationen für eine empirische Untersuchung bereitgestellt werden (Abb. 2).

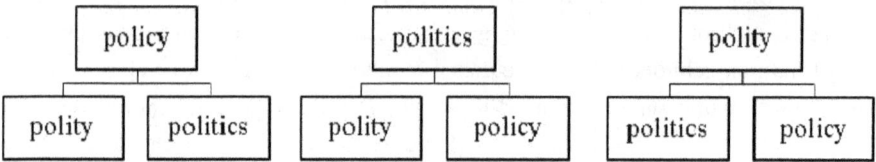

policy			politics			polity	
polity	politics		polity	policy		politics	policy

Abb. 2: Konfigurationen von Erklärungszielen und erklärenden Zusammenhängen

Es waren vor allem die Effekte europäischer Rechtspolitik, die den Sport vor große Herausforderungen gestellt haben. Kontinentale und nationale Sportverbände wie die Europäische Fußball Union (UEFA) oder der Deutsche Fußball Bund (DFB) haben auf das Bosman-Urteil reagiert, weil mit den Ablösesummen für vertragsfreie Spieler sowie dem Wegfall der Einsatzbeschränkung ausländischer Profis zentrale Inhalte der Regulation sportlicher Wettkämpfe durch die Verbände tangiert waren. Entscheidungen wie das Bosman-Urteil können durch institutionelle Strukturen und Prozesse der Gemeinschaftspolitik erklärt werden (Almond, Powel & Mundt 1996: 31; Schubert & Bandelow 2009: 5). Soll die EU und ihre Sportpolitik in ihrer Bedeutung für nationale Verbände untersucht werden, bieten strukturelle und prozessorientierte Kenntnisse sowie solche über inhaltliche Aspekte verschiedene Zugänge.

Die Europäische Union wird oft als ein politisches System über mehrere Ebene beschrieben, in dem die europäische Politik im Zusammenhang mit nationalen, regionalen und lokalen Aspekten zu betrachten ist. Die Perspektive eines Mehrebenensystems ist für die Auseinandersetzungen mit den strukturellen und prozeduralen Besonderheiten europäischer Politik besonders wichtig. Die Besonderheit des politischen EU-Systems beschreibt sich metaphorisch wie folgt:

„Das Bild des Marmorkuchens weist die klare und strenge horizontale Abgrenzung der Ebenen der europäischen Entscheidungsstrukturen zur Charakterisierung des europäischen Raums zurück. Es zieht die Grenzen vielmehr entlang funktionaler Politikbereiche und nicht entlang territorialer Grenzen. Somit wird die Abschottung der Ebenen überwunden und deren Durchdringung in den Vordergrund gestellt (Knodt 2005: 33)."

Im Nationalstaatsmodell ist politische Interaktion über etablierte Kriterien definiert, die sich stärker als in der EU an territorialen (Föderalismus) und funktionalen Aspekten (Politiksektoren) orientieren. Aus der besonderen Struktur der Europäischen Union entstehen neue Qualitäten in der Beziehung politischer Akteure:

> „Die legitime Beteiligung an der Politikgestaltung entspringt somit nicht der territorialen Zugehörigkeit, sondern der Problemlösungskapazität der Akteure, was legale mit materiellen Kompetenzen verknüpft. Es ist eine Vielzahl an Akteuren beteiligt, so dass die relevanten Akteure nicht auf Regierungen beschränkt bleiben (Knodt 2005: 33)."

Für die Auseinandersetzung mit der Europäischen Union und ihrer Sportpolitik sind deshalb drei Aspekte zentral. Erstens, geht es um die Besonderheit der Systemstruktur, zweitens, die Beziehung der Akteure zueinander sowie, drittens, die Prozesse der politischen Willensbildung, Entscheidungsfindung und Ausgestaltung.

2.2 Der Sport im Kontext des Politikbegriffs

Die Sportsoziologie bemüht sich seit Langem um eine Definition von Sport (vgl. Haverkamp & Willimczik 2005; Dieckert & Wopp 2002; Wopp 2006). Aus der politikwissenschaftlichen Forschung gibt es mit Ausnahme der grundlegenden Überlegungen Lösches (2002) und der Problembeschreibung Güldenpfennigs (1996b), die jedoch eher den Sportwissenschaften zuzuordnen ist, zu dieser Frage bisher keine Aussage. Verfügbar sind Ansichten über die politische Erscheinungsform des Sports (Tokarski 2006) und sozialwissenschaftliche Reflektionen seiner Bedeutung in der Gesellschaft (vgl. Blecking 2010; Braun 2011; Peiffer 2009).

Sport ist nach Heinemann (1998b) immer in einen gesellschaftlichen Kontext eingebettet, mit dem er in einer Austauschbeziehung steht. Weiterführend sind die exemplarischen Überlegungen von Wopp (2006), die bei der Sportentwicklung von einer grundsätzlichen Wechselbeziehung von Sport und Gesellschaft ausgehen: Ausgehend von einem „engen Verständnis", das Sport als leistungsorientiertes Wettkampfhandeln in traditionellen Sportarten mit eindeutig definierten und messbaren Zielen sowie einem international standardisierten Regelwerk definiert, hat sich ein weites „Sportverständnis" entwickelt. Es differenziert Sport und Bewegung etwa nach Sinnrichtungen (Kurz 1990) und wird infolge dessen in verschiedenen Sportmodellen wirksam. Dieckert & Wopp (2002) präsentieren hierzu einen detaillierten Überblick. Aufgrund seiner individuellen Kontextbindung ist das Monopol der Definition über das, was Sport ist, von zentralen Institutionen (wie etwa den Sportverbänden und -vereinen) auf den handelnden Menschen übergangen. Sport ist deshalb nicht mehr das ausschließlich an Leistung orientierte, an Vereine und Verbände gebundene und von ihnen geregelte Wettkampfhandeln. Vielmehr gilt: Sport ist „die Lösung von Bewegungsaufgaben, die von den Handelnden als Sport bezeichnet werden" (Wopp 2006: 24). Auf diese Weise präsentiert sich Sport heute als Sammelbegriff für ein vielfältiges, sich durch Anschlussfähigkeit an und Koppelung mit gesellschaftlichen Entwicklungen und individuellen Kontexten ausdifferenzierendes Bewegungshandeln (Güldenpfennig 1980: 35-41; 1996a: 199-213; Wopp 2006: 23ff.). In einem weiten Sportverständnis ist das individuelle Lösen von Bewegungsaufgaben nicht institutionell gebunden, kann daher sowohl innerhalb wie auch außerhalb von Vereinen, im Rahmen kommerzieller Angebote oder auch privat ausgeübt werden und durch beliebige Sinnbezüge motiviert sein. Auf der individuellen Ebene der Sportaktiven kommt es zur Ausdifferenzierung und Dezentralisierung von Interessen, die an die Sportverbände als politische Akteure neue Ansprüche an die repräsentative Inklusion gesellschaftlicher Belange stellen.

Konsequenz der institutionellen Ausweitung des Sports und Differenzierung seines gesellschaftlichen Kontexts ist die Abkehr von der konzeptionellen Modellierung des Sports nach dem Pyramidenmodell. Dabei kommt es zu einer Veränderung der institutionellen Grundlage des Sports. Ihre Unterscheidung in verschiedene Säulen ist der Ausdifferenzierung von Motiven sportlichen Handelns, beispielhaft an den Erscheinungsformen des Gesundheits-, Abenteuer- und Risiko- oder Wettkampfsports verdeutlicht, geschuldet. Das anhand verschiedener Sinnbezüge von Sport aufgestellte Säulenmodell hat das klassische Pyramidenmodell abgelöst und im Sinne eines „Sports für alle" unterschiedliche institutionelle Bezugssysteme von Sport und Bewegung hervorgebracht: Vormals die Spitze der Pyramide, hat sich der Leistungs- und Hochleistungssport zu einem eigenen System entwickelt, das im Zuge von Prozessen der Professionalisierung und Kommerzialisierung immer stärker einer rational-ökonomischen Logik folgt und sich auf diese Weise vom „Sport für alle" sowohl in seinen Sinninhalten wie auch Organisationsformen emanzipiert. Die Ausdifferenzierung der institutionellen Ordnung des Sports lässt sich in Abbildung 3 nachvollziehen.

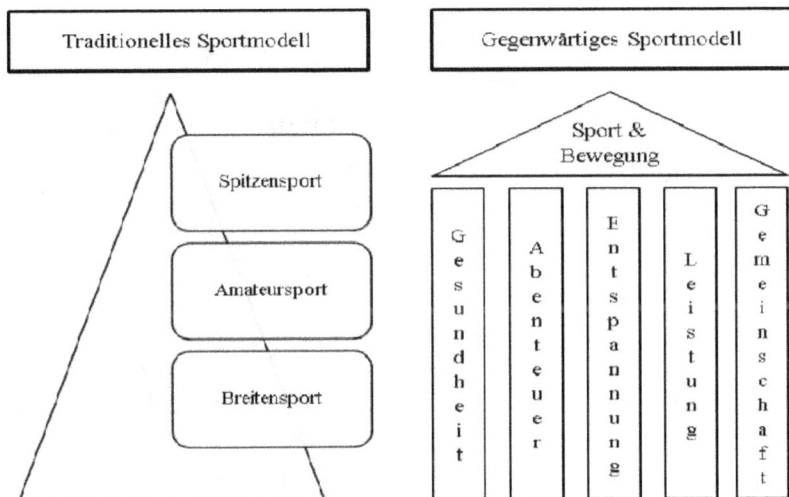

Abb. 3: Strukturmodelle des Sports im Wandel

Für zivilgesellschaftliche Verbände und Vereine, als zentrale Instanzen in der Entwicklung und Regulation des organisierten Sports, stellt der Umgang mit den Folgen einer solchen Entwicklung handlungsstrategisch ein inner-organisatorisches Dilemma dar, das sich nach Weatherill (2009b: 111) folgendermaßen darstellt:

> „Professional sport has little to do with the social function of sport [...] recreational sport normally has no economic motivation: It is far from clear that what is at stake here is a tension within 'sport'; it may more plausibly simply involve two quite distinctive types of activity that happen to fall under the very loose and wide label of 'sport'."

Die Entwicklung des Sports in (s)einem gesellschaftlichen Kontext hat zur Entstehung eines „struggle of two competing policy agendas" (Parrish 2003: 246) geführt. Der politische Umgang mit ihr stellt die Sportpolitik im Allgemeinen und die Sportverbände im Speziellen vor Herausforderungen. Die Komplexität aus gewandelter Sportnachfrage, sich verändernden Inhalten, neu entstehender Akteurskonstellationen und der Bewältigung daraus resultierender Interdependenzen ist die größte Herausforderung, die in Güldenpfennigs (1992) politischen Diskurs des

Sports die Forderung nach einer politikwissenschaftlichen Betrachtung des Sports begründet.

Dieser ist bisher mit Blick auf die individuelle Ebene des Sportlers als tätigkeitsorientiertes System beschrieben worden. Ihm kann jedoch eine weitere Dimension verliehen werden (Güldenpfennig 1992: 47; 2002: 68): Sport ist ein Phänomen, das in unterschiedlichsten gesellschaftlichen Kontexten stattfindet. Es besitzt eine breite Anschlussfähigkeit an multiple soziale Umfelder. An der Schnittstelle sportlichen Handelns mit seinem gesellschaftlichen Umfeld ist nach „dem Politischen" des Sports zu suchen. Die Konsequenz dieser Suche muss die Erweiterung des bisher verwendeten Sportbegriffs sein.

Sport ist nach Heinemann (1998b) ein gesellschaftliches Phänomen, das heute, wie zuvor dargestellt, als individuelle Lösung von Bewegungsaufgaben definiert wird, die sich Menschen selbst gestalten. Politik bezeichnet im Rahmen des zuvor erarbeiteten Begriffsverständnisses „jegliche Art der Einflussnahme und Gestaltung sowie die Durchsetzung von Forderungen und Zielen, sei es in privaten oder öffentlichen Bereichen" (vgl. Schubert & Klein 2006). Werden Sport- und Politikbegriff zusammengeführt, ergeben sich Fragen nach den Implikationen in Bezug auf die drei Dimensionen einer Sportpolity, -politics und -policy.

Beide Perspektiven – die tätigkeitsorientierte des sportaktiven Handelns sowie die politiktheoretische Einordnung – sind unmittelbar aufeinander bezogen. Der Wandel bezüglich der Ziele und Inhalte des Sports verändert die mit ihm verknüpften Werte und Normen. Die „Vergesellschaftung des Sports"[2] (vgl. Heinemann 1998b) wie die „Versportung der Gesellschaft"[3] (vgl. Weiß 1999) erhöht die Anzahl an Akteuren, die im und über den Sport ihre Interessen verwirklichen möchten. Diese Ausdifferenzierung besitzt in der Sportentwicklung drei Erscheinungsformen: Individualisierung, Pluralisierung und Spezifizierung. Alle drei führen zu einer Hetero-

---

[2] In Bezug auf die „Versportung der Gesellschaft" beschreibt Heinemann (2007) mit der Vergesellschaftung des Sports einen Prozess, der in umgekehrter Richtung verläuft und die Frage nach den sinngebenden Elementen von Sport und Bewegung über den steigenden Einfluss des gesellschaftlichen Kontexts im Sport stellt. Eine Vergesellschaftung des Sports entspricht den inhaltlichen und strukturellen Entgrenzungstendenzen, die in Kapitel 2.2 mit dem Begriff des „weiten Sportverständnisses" umschrieben wurden.

[3] Die Versportung der Gesellschaft wird von Weiß (1990: 53) folgendermaßen umschrieben: „Indem der Sport Fernsehprogramme füllt, Unterhaltung biete, Modetrends beeinflusst und Vorstellungen davon liefert, was sportlich oder fair ist, bestimmen seine Sinn- und Handlungsmuster das übrige kulturelle Leben mit."

genität der Politikfeldstruktur und neuer Formen kollektiver Koordination und verbindlichen Abstimmung durch akteurzentrierte Interaktionsformen. Übersetzt ins „Politische" bedeutet dies: Die Veränderung der policy des Sports führt zur Veränderung seiner gesellschaftlichen Bedeutung und institutionalisierten Organisationsprinzipien – seiner polity. Veränderte Ziele und Inhalte und der daran orientierte Wandel des institutionellen Kontextes führen zu einer zentralen Herausforderung für politische Akteure: Der Anpassung eigener Handlungsstrategien an sich verändernde Handlungskontexte.

Der Deutsche Olympische Sportbund (DOSB) hat sich aufgrund der Veränderungen im Sport zur Interpretation seines Tätigkeits- und Bezugsfeldes damit beschäftigt, Sport zu definieren (www.dosb.de, 04.01.2009). Er kommt dabei zu dem Ergebnis, dass der Sportbegriff zentrale Aspekte eines Phänomens fokussiert und sich über seine Umweltbezüge thematisch auskristallisiert. Sport bekommt seine Bedeutung damit über seinen Kontext. Der politische Bezug lässt sich über das Leitbild des deutschen Sports (DOSB 2000) explizieren, das in seinem Sinn und Zweck, der Ableitung und Formulierung von Zielen in Bezug auf den Sport und seine gesellschaftliche Umwelt, dem entspricht, was zuvor als policy definiert wurde.

Die Thematisierung der Kontextbedingungen ist wichtig für die Entwicklung der analytischen Perspektive auf die Sportpolitik. Sowohl der Gegenstandsbezug als auch die Bedeutung von Sport sind im Kontext von Politik prägend (Haverkamp & Willimczik 2005). Sport kann politisch letztlich aus vier verschiedenen Perspektiven betrachtet werden (vgl. Ronge 2006).

Sport als politisches Symbol	Sport als Gegenstand politischen Handelns
Sport als Raum politischen Handelns	Sport als Instrument politischen Handelns

Abb. 4: Vier politische Perspektiven auf den Sport

Als politisches Symbol, kann Sportpolitik beispielsweise als vermeintlicher Ausdruck der Güte gesellschaftlicher und politischer Strukturen eingesetzt werden. Die erhöhte Aufmerksamkeit für den Medaillenspiegel, die dem sportlichen Wettkampf bei internationalen Großereignissen zukommt, gilt hierfür als Beispiel (vgl. De Bosscher, Bingham, Shibli, Van Bottenburg, De Knop 2008). Als Wirkungsbereich politischer und gesellschaftlicher Interessen außerhalb wie innerhalb seiner Grenzen ist er einmal Gegenstand, ein anderes Mal Raum politischen Handelns. Der Raum politischen Handelns bezeichnet die nach innen gerichteten Prozesse hinsichtlich der Verhandlung und Definition von Zielen und Wegen der organisierten Sportbewegung. Als Objekt ist Sport ein durch politisches Handeln zu gestaltender Gegenstand. Die Akteurskonstellationen sind hierbei weiter zu fassen und beziehen öffentliche wie private Akteure ein. Letztlich kann Sport aufgrund seiner Eigenschaften und breiten gesellschaftlichen Anschlussfähigkeit als politisches Instrument eingesetzt werden. Beispiele der sozialen Integration durch Sport, Entwicklungshilfe oder Gesundheits- und Sozialpolitik stehen dafür.

Eine infolge gesellschaftlichen Wandels ausgeweitete inhaltliche Agenda des Sports hat Folgen für die Akteure und ihre Konstellationen. Die Erweiterung von Bezügen zu anderen Politikfeldern und -bereichen hat einer Vielzahl von Akteuren mit mittelbaren Interessen im Sport den Zugang zu seiner politischen Arena geöffnet. Sie verfügen über Ressourcen, die von anderen Akteuren nachgefragt werden und sind damit in der Lage, sportpolitischen Einfluss zu gewinnen. Verändern sich die Konstellationen und Einflusspotenziale der einzelnen Stakeholder, ändern sich auch ihre Beziehungen untereinander. Die ausgeprägte Autonomie der deutschen Verbände (Kornbeck 2009) führt bei der Anpassung an die veränderte politische Realität zu besonderen Herausforderungen in den Sportpolitics.

2.3 Sportorganisationen, europäische Integration und Europäisierung

Die organisierte Sportbewegung ist Mitspieler im politischen Wettbewerb gesellschaftlicher Interessen. Als Teil einer der größten zivilgesellschaftlichen Bewegung sind seine Organisationen selbst eine politische Kraft. Auch wenn die Zahl der knapp 27 Mio. Mitgliedschaften in deutschen Sportvereinen umstritten ist, gilt sie als Nachweis für hohes zivilgesellschaftliches Engagement und verbandspolitische Ressource bei der Verfolgung und Legitimation der Interessen des organisierten Sports.

Das gegenseitige Rollenverständnis zwischen dem Sport und seinem politischen Bezugssystem gibt immer wieder Anlass zu Kontroversen. Für das Verhältnis von Sport, Gesellschaft und Staat gilt:

„Gesellschaftliche und sportliche Entwicklungen müssen aufeinander abgestimmt werden. Hierzu sind vermittelnde Institutionen erforderlich, also geistige, ethisch-moralische oder materielle, praktisch handelnde individuelle oder kollektive Akteure, die wechselseitige Vermittlung zwischen gesellschaftlichen und sportlichen Entwicklungen durch gegenseitige Beobachtung, Beurteilung, Kommunikation und Auswahlentscheidung leisten. Solche Vermittlungsprozesse können mehr oder weniger bewusst, zielgerichtet, geplant, organisiert und kontrolliert ablaufen. Eines dieser ‚Relais', dieser verschiedenen Vermittlungsebenen bzw. -institutionen, kann mit dem Begriff Politik gefasst werden" (Güldenpfennig 2002: 71).

Historisch vertreten die Verbände des Sports den Anspruch der kollektiven Interessenvertretung sportpolitischer Belange. Die Kommerzialisierung des Sports hat jedoch zum Eintritt marktwirtschaftlich orientierter Akteure geführt und die Kräfteverhältnisse zwischen zivilgesellschaftlichen und kommerziellen Akteuren verschoben. Auch die gesellschaftliche Durchdringung des Sports hat bisher sportfernen Akteuren Zugang zur sportpolitischen Arena verschafft. Die Pluralisierung von Interessen verändert damit den institutionellen Kontext von Sportpolitik.

Das Spannungsverhältnis zwischen der kommerziellen und den vielfältigen zivilgesellschaftlichen Aspekten des Sports ist vor allem in der EU zum Kristallisationspunkt des Wandlungsprozesses im Organisationsgefüge des Sports geworden. Die historisch mit einem Deutungs- und Organisationsmonopol ausgestatteten Verbände sehen sich aufgrund der Trends in der Sportentwicklung einer veränderten politischen Realität gegenüber. Sie müssen ihre funktionale Rolle innerhalb des Sports sowie gegenüber Gesellschaft und Staat neu bestimmen. Ausgehend von einer Definition von Sportverbänden als bewusst gestaltete soziale Architektur, zur Verwirklichung vorgegebener Ziele, die über eine an der jeweiligen Aufgabe ausgerichtete formale Struktur verfügt, arbeitsteilig und hierarchisch aufgebaut ist und über feste Koordinations- und Kontrollmechanismen sowie klar benennbare Mitglieder verfügt (Heinemann 2006: 16-17), wird die Auseinandersetzung mit den Folgen der europäischen Integration und der Europäisierung der Sportpolitik hierzu einen wichtigen Beitrag leisten.

Die Abgrenzung zwischen Europäisierung und europäischer Integration (vgl. Beichelt 2009) erfolgt über ihre Wirkungsrichtung. Europäisierung ist als eine Form institutionellen Wandels nationaler Politik zu begreifen. Ausgelöst wird dieser durch Impulse, die von der europäischen Ebene ausgehen (Axt, Miloski & Schwarz 2007). Zentraler Effekt ist die Entgrenzung und Öffnung nationaler politischer Strukturen. Zur Interpretation der Qualität dieses Wandels konkurrieren zwei Perspektiven miteinander (vgl. Haas 1968, Radaelli 2003): Die des Konvergenzeffektes auf nationale Politik sowie die einer unterschiedlichen Rezeption und Umsetzung der Gemeinschaftspolitik in den Mitgliedstaaten. Gegenwärtig, also nach mehr als 50 Jahren der Europäisierung, lässt sich zwar eine Harmonisierung nationaler Politiken feststellen, eine Homogenisierung jedoch nicht. Vielmehr kommt es im Sinne nationaler Färbungen von Europäisierungseffekten zu Unterschieden im internationalen Vergleich (Houlihan 2009). Als Folge der Europäisierung durchlaufen nationale Sportorganisationen einen Prozess der Neuorientierung in Form und Inhalt ihrer politischen Handlungsstrategie. Der notwendige Grad institutioneller Anpassung hängt davon ab, inwieweit die politischen und wirtschaftlichen Impulse aus der Europäischen Union Funktion und Ziele nationaler Politik beeinflussen.

Teil A: Politiktheoretische Grundlagen

Im Folgenden werden die politiktheoretischen Grundlagen für die wissenschaftliche Auseinandersetzung mit der Europäischen Union als politischem System und dem Sport als dessen politisches Teilsystem geleistet. Dabei werden sowohl konzeptionelle Grundlagen in Form eines analytischen Rahmens gelegt, als auch theoretische Erklärungszusammenhänge zur Analyse von politischen Akteuren und ihrem Handeln sowie der Koordination von Politikprozessen in komplexen Systemumwelten thematisiert.

Kapitel 3:
Das politische System als analytischer Rahmen

Für die Analyse der Europäischen Union und ihrer Politik wurde einleitend die Notwendigkeit vergleichender Kategorien festgestellt, mit denen die Eigenheiten der EU erfasst und den Bedingungen nationaler Politik gegenübergestellt werden können. David Easton (1965a, 1965b) konstruiert ein funktionales Konzept, dessen Systemverständnis das Vorhandensein von Komponenten impliziert, über die politische Prozesse zu systematisieren sind. Hierzu werden die Kategorien der Political Community, des Regimes und der authorities als Binnenstruktur politischer Systeme identifiziert. Über input, output und feedback entstehen Interaktionsbeziehungen zur Systemumwelt (Abb. 5).

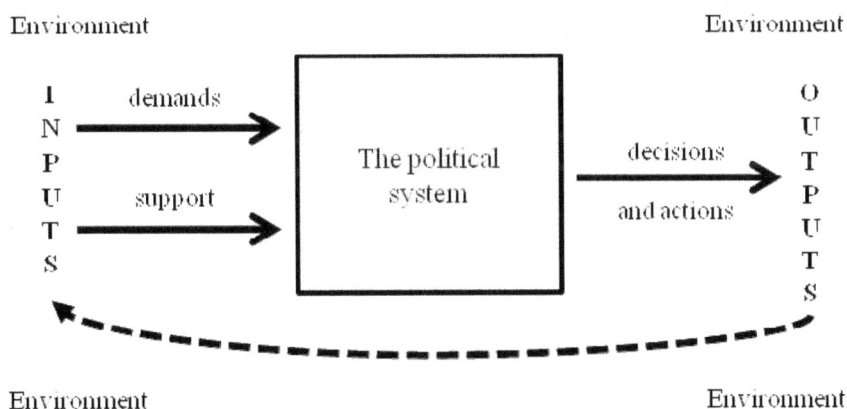

Environment   Environment

I   demands   O
N   ──────────────►   U
P   The political   decisions   T
U   support   system   ──────────────►   P
T   ──────────────►   and actions   U
S   T
                                                                   S

◄ ─

Environment   Environment

Abb. 5: Vereinfachtes Modell eines politischen Systems (Easton 1965b: 32)

Trotz ihres ausgeprägten Gegenstandsbezugs wird die allgemeine Theorie politischer Systeme dem Anspruch einer metatheoretischen Verallgemeinerung gerecht. Jede der vergleichenden Kategorien übernimmt die Funktion eines Teilkonzepts zur Abstraktion struktureller Zusammenhänge von Politik. Im Gegensatz zu Parsons (1959, 1961) und Luhmann (1968), die ihre systemtheoretischen Überlegungen in den weiten Rahmen und die Vielfalt sozialer Systeme einordnen, konzentriert sich Easton auf das „Politische" an sozialen Systemen. Folglich reflektiert Fuhse (2005: 31-33) in Bezug auf Eastons Überlegungen die Frage, was das politische von anderen sozialen Systemen abgrenze. Er identifiziert dabei Zweck und Ziel als entscheidende Differenzierungsmerkmale. Sie können mit Meyer (2000) als Gesamtheit aller Aktivitäten zur Vorbereitung, Herstellung und Umsetzung gesamtgesellschaftlich verbindlicher Entscheidungen benannt werden.

3.1 Das Inputkonzept

Politische Systeme werden in ihrer Funktion durch Forderungen und Unterstützung aktiviert. Eine politische Forderung entsteht meist in der Systemperipherie und hängt in ihrer erfolgreichen Realisierung von diversen Faktoren ab. Easton beschreibt die Erfordernisse für einen erfolgreichen Gang:

> „where it is voiced, who articulates it, who hears it, how widely it is defused are all matter of signal importance for the future stages of the demand's career" (Easton 1965b: 81).

Zwei Mechanismen sind hierfür relevant: Der erste zielt auf die funktionale Rolle kollektiver gesellschaftlicher Akteure, die als Mitgliederorganisationen in der Lage sind, politische Forderungen einzelner zu aggregieren und zu regulieren. Das so genannte gatekeeping ist eng mit der funktionalen Rolle intermediärer Akteure als Agent und Multiplikator politischer Forderungen in einem politischen System verknüpft. Gesellschaftliche Werte übernehmen als normative Selektionskriterien jedoch schon vor den Gatekeepern eine Filterfunktion. Durch politische Akteure interpretiert, definieren sie die Opportunität politischer Anliegen (Easton 1965b: 100-116). Als zweite Inputform beschreibt die politische Unterstützung gegenüber den Entscheidungsträgern, die zur Meinungsbildung und Entscheidungsfindung genutzten Verfahren sowie die politischen Werte, Normen und Ziele, auf denen das politische System beruht. Unterstützung für das politische System ist immer ein „Netto-Inputfaktor" und setzt sich aus aktiven Elementen, wie etwa der Beteiligung an Wahlen oder passiven Formen, wie unterstützender oder ablehnender Geisteshaltung, zusammen. Wenige, jedoch gesellschaftlich bedeutende und gut organisierte Akteure, können für die politische Unterstützung bedeutender sein, als eine hohe Anzahl weniger gut organisierter Mitglieder des Systems. Die politische Bedeutung hängt damit wesentlich von den Ressourcen einzelner Akteure ab. Sie können im Kontext politischer Forderungen zur Interessenvermittlung instrumentalisiert werden. Politische Forderungen und Unterstützung sind Grundvoraussetzungen für die Existenz politischer Systeme. Fehlen sie, entfällt aufgrund mangelnder Funktion oder Ressourcen die Notwendigkeit ihrer Existenz.

3.2 Das binnenstrukturelle Konzept politischer Systeme

Kollektiv verbindliche Entscheidungen werden innerhalb des politischen Systems getroffen. In der Regel geschieht dies durch öffentliche Instanzen mit einer gesellschaftlichen Hoheitsgewalt. Sie werden im folgenden Abschnitt als Autoritäten (Kap. 3.2.1) thematisiert, deren Handlungen durch die Grundsätze des Regimes (Kap. 3.2.2) reglementiert und legitimiert werden und das politische Leben innerhalb der politischen Gemeinschaft (Kap. 3.2.3) prägen.

3.2.1 Das Autoritätenkonzept

Autoritäten werden mit den alltäglich in einem politischen System anfallenden öffentlichen Aufgaben betraut. Zudem werden sie als für die formale Regelung und Gestaltung des politischen Lebens verantwortliche Akteure akzeptiert und Ergebnisse ihrer Aufgabenwahrnehmung werden darüber hinaus als verbindlich anerkannt (Easton 1965b: 212). Die funktionale Differenzierung und Gewaltenteilung moderner politischer Systeme stellen mit Legislative, Exekutive und Judikative drei Kategorien zur Unterscheidung von Autoritäten bereit. Wie Fuhse (2005: 40) anmerkt, müssen politisch verantwortliche Entscheidungsträger primär in Form einer funktionalen Rolle und erst danach als jeweils handelnde Akteure wahrgenommen werden. Das Rollenkonzept entspricht einer institutionellen Einbettung des Handelns von Akteuren und reglementiert dadurch ihren Handlungsspielraum. Es ist grundsätzlich als Prinzip auf andere funktionale Rollen innerhalb eines politischen Systems übertragbar. Politisch verantwortliche Entscheidungsträger verfügen zwar über eine exklusive Hoheitsgewalt, sind zu ihrer Anwendung jedoch auf den Input aus ihrem gesellschaftlichen Umfeld angewiesen, so dass

„The influence of the occupants of the authority roles in the conversion of demands into outputs will depend upon the specific relationships between them and all the other members in a system (Easton 1965b: 215)."

Gesellschaftliche Akteure werden auf diese Weise in die Binnenstruktur des politischen Systems inkorporiert. Agieren sie bei der Formulierung von Forderungen noch in der Peripherie, werden sie in solchen Situationen zu systeminternen Gatekeepern und erhalten ebenfalls Einfluss auf die Formulierung politischer Handlungsoptionen (Easton 1965a, b). Bereitstellung oder Entzug von Ressourcen sowie demokratischer Legitimation können gesellschaftlichen Interessenvertretern helfen, eine solch privilegierte Position zu entwickeln. Speziell in neu entstehenden und komplexen Politikfeldern kann auch die Expertise gesellschaftlicher Akteure diese zu systeminternen Gatekeepern machen und ihnen über diese Ressource Einfluss auf die Politik der politisch verantwortlichen Entscheidungsträger geben.

Für Deutschland diskutieren Groll & Hepp (2010) die zentrale Bedeutung quasi-korporatistischer Beziehungsstrukturen im Politikfeld Sport und attestieren den deutschen Sportverbänden einen hohen Einfluss auf die Politikgestaltung und Entscheidungsfindung von Bund und Ländern. Grundsätzlich bleibt deshalb festzuhalten: Öffentliche und private Akteure sind im politischen Systemkonzept Komplementäre, da die einen etwas besitzen, was die jeweils anderen benötigen. Die Ressource politische Unterstützung ermöglicht es privaten Interessen auf die Entscheidungen politisch verantwortlicher Entscheidungsträger Einfluss zu nehmen. Es kann der Fall eintreten, dass die Handlungsfähigkeit der Autoritäten von der Unterstützung politisch bedeutsamer Akteure abhängt (Easton 1965b: 215-216) und diese zu einflussreichen „Schaltstellen" (Fuhse 2005: 40-41) im policy-making werden.

3.2.2. Das Regimekonzept

Das Regime beschreibt die grundsätzliche Organisation politischer Systeme und ihre Funktion als „sets of implicit or explicit principles, norms, rules and decision making procedures around which actors expectations converge in a given area of international relations" (Krasner 1983: 2). Es wird von drei Elementen gebildet (Abb. 6):

```
┌─────────────────────┐
│    Bestandtiele     │
│    Regimekonzept    │
└─────────────────────┘
```

| regime values and principles | regime structure | regime norms |

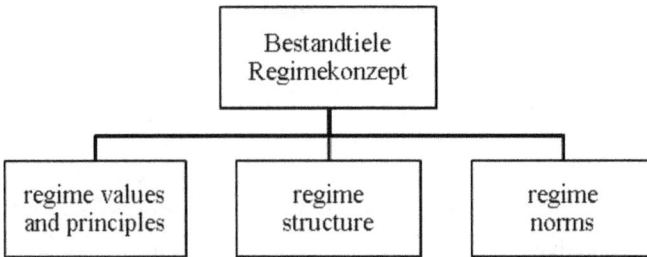

Abb. 6: Analytische Differenzierung des Regimekonzepts

Regime values and norms können als normative Vorstellungen über die politische Kultur (Almond, Powel & Mundt 1996) übersetzt werden. In Form von Verfassungen, Grundgesetzen oder internationalen Völkerrechtsverträgen können sie formalisiert werden. Dadurch können sie eine einklagbare Verbindlichkeit bekommen. Auch die Verteilung von Einflusspotenzialen auf die politische Entscheidungsfindung basiert auf der Formalisierung normativer Prinzipien und führt zur strukturellen Programmierung einer Konstellation aus politisch verantwortlichen Entscheidungsträgern einerseits und privaten Akteuren andererseits. Sie können als regime structure zusammengefasst werden. Die Prinzipien und Werte sowie die Struktur eines Regimes definieren nach Böhret, Jann & Kronenwett (1988: 7) zusammen die polity-Dimension des Politikbegriffs.

Die regime norms sind die Spielregeln für politisches Handeln. Wie bei der institutionellen Ordnung gehen ihre Wurzeln von einem normativen Wertekonsens aus, der ein politisches System trägt. Neben den formalen Gesetzgebungsverfahren sind auch informelle Aspekte relevant. Als solche gelten in demokratischen Systemen beispielsweise das Prinzip des politischen Wettbewerbs, die Notwendigkeit des Verhandelns und der Kompromissfähigkeit in Meinungsbildungs-, Entscheidungs- und Umsetzungsprozessen sowie die Akzeptanz und Toleranz politischer Niederlagen ohne eine Aufkündigung der Unterstützung für das System. Gemeinsam bilden diese informellen Faktoren ein normatives Fundament, das z.B. in Form von Verfassungen, Gesetzen, Verordnungen oder Erlassen in verschiedenen Graden operationalisiert und formalisiert wird. Da politisches Leben ein dynamisches Phänomen ist, gelten die formalisierten Spielregeln umgekehrt als Maßstab für die Toleranz, in der eine „gelebte" von der „geschriebenen Praxis" abweichen darf, bevor sie zu sanktionieren ist (Easton 1965b: 201-203).

3.2.3. Das Konzept der politischen Gemeinschaft

Die politische Gemeinschaft ist nicht mit dem politischen System gleichzusetzen, denn ohne sie „[...] the political system itself may never take shape or if it does, it may not survive (Easton 1965b: 176; Fuhse 2005: 38-39)." Ihre Bedeutung gewinnt die Gemeinschaft als Quelle spezifischer Identität eines politischen Systems. Sie besitzt mit einer affektiven und einer strukturellen zwei Komponenten. Easton umschreibt die affektive Bindung an ein politisches System als „sense of political community" (1965b: 177). Dabei handelt es sich um die geteilten normativen Wertvorstellungen über Politik. Ein solcher Gemeinschaftssinn gilt als Ausdruck des Grads an Zugehörigkeitsgefühl und politischer Unterstützung gesellschaftlicher Akteure gegenüber dem politischen System. Die strukturelle Dimension beschreibt deren formale Einbindung in einen gemeinschaftlichen Kontext. Oft geschieht dies über die Form einer formalen und für alle verbindlichen Rechtsordnung. Für die Europäische Union und die nationalen Sportorganisationen ist diese Unterscheidung besonders relevant, denn die Verbände zeigen eine zurückhaltende affektive Bindung an die Union. Strukturell sind sie jedoch durch die unmittelbare und übergeordnete Gültigkeit des Gemeinschaftsrechts vollständig in die politische Gemeinschaft Europas integriert.

Politische Gemeinschaftsbildung kann zum einen durch die Identifikation mit geteilten Werten und Normen aus sich selbst heraus entstehen. Ist dies der Fall, sind beispielsweise gemeinsam er- und gelebte Traditionen, genauso wie neu entstehende politische oder soziale Bewegungen deren Grundlage. Die Effizienz und Effektivität der politisch verantwortlichen Entscheidungsträger als kompetente Akteure bei der Bewältigung gesellschaftlicher Herausforderungen kann diesen Prozess beschleunigen. Durch Anreize oder die Nutzung des autoritativen Gewaltmonopols kann die Akzeptanz und Unterstützung des politischen Systems über die Schaffung einer politischen Gemeinschaft zudem auf eine andere Art und Weise erreicht werden. Beide Varianten sprechen die affektive und strukturelle Dimension der Gemeinschaftsbildung jedoch unterschiedlich an.

3.3 Das Outputkonzept

Bei den outputs eines politischen Systems handelt es sich um Formen kollektiver Entscheidungsergebnisse. Getroffen von den politisch verantwortlichen Entscheidungsträgern, diffundieren sie in die Gesellschaft. Die als Folge politischer Entscheidungen eintretenden Effekte werden als outcomes bezeichnet. In Tabelle 2 werden verschiedene Formen des outputs in Sub-Kategorien differenziert. Alle werden durch die policy-Dimension von Politik erfasst.

Verlautbarungen	Handlungen
autoritativ α verbindliche Entscheidungen ∞ Gesetze ∞ Dekrete ∞ Vorschriften / Bestimmungen ∞ Anordnungen ∞ Rechtsbeschlüsse	∞ verbindliche Handlungungen
begleitend ∞ Strategien und Zielformulierungen ∞ Begründungen ∞ Verpflichtungen	∞ politische Beihilfen und Gefallen

Tab. 2: Sub-Kategorien, Typen und Modi des outputs politischer Systeme

Verbindlichkeit und Informalität sind die Kriterien, anhand derer sich die einzelnen Formen unterscheiden. Autoritative Verlautbarungen sind eine Verbalisierung verbindlicher Leitlinien politischen Handelns. Sie beschränken sich nicht nur auf inhaltliche Zielformulierungen, sondern können als Durchführungsbestimmungen auch ihre Umsetzung programmieren. Als autoritative Handlung erfolgt diese in Form materieller Leistungen oder immaterieller Dienste. Beide outputs können aufgrund ihrer formalen Verbindlichkeit als „hard politics" bezeichnet werden, da die Autoritäten über Sanktionsmöglichkeiten gegenüber Dritten ihre Umsetzung durchsetzen können. Bei begleitenden Verlautbarungen und begleitenden Handlungen ist dies anders. Durch ihren informellen Charakter werden sie im policy-making als weiche Formen der öffentlichen Politikgestaltung eingesetzt. Folglich werden sie als „soft politics" charakterisiert. Begleitende Verlautbarungen dienen oftmals als kommunikative Unterstützung bei der Vermittlung autoritativer outputs. Oft werden sie auch in Politikfeldern eingesetzt, in denen öffentliche Akteure nur geringen formalen Einfluss verfügen, aber dennoch ihre Interessen und Erwartungen formulieren wollen. Als „thematische Brücken" öffnen sie den Zugang zu entsprechenden politischen Arenen. Gleiches gilt für die begleitenden Handlungen. Als politische Beihilfen und Begünstigungen sollen sie einerseits zu politischer Unterstützung und andererseits zu erhöhtem Einfluss auf die Politikentwicklung führen.

Outcomes und outputs bilden eine eigene konzeptionelle Analysestruktur. Sie verbinden das politische System mit seiner dynamischen Umwelt. Politische Systeme sind keine mechanistischen Strukturen. Als Folge gesellschaftlicher Entwicklungsprozesse und der Funktion von Politik als Interdependenz zwischen „Regierenden" und „Regierten" gelten Strukturen, Prozesse und Inhalte in politischen Systemen als offen und adaptiv. Politische Akteure werden deshalb als lernfähig betrachtet.

Die politisch verantwortlichen Entscheidungsträger betreiben über outputs ein instrumentelles Politikmanagement zur Lösung gesellschaftlicher Probleme:

> „If we view outputs as the mechanism through which the authorities in a system reach out to cope with the problems created by external changes as they are reflected through changing demands and support, we are led to see the outputs in their true, dynamic terms (Easton 1965b: 346)."

Gleichzeitig erfolgt über die Wechselbeziehung zwischen output und outcome politisches Lernen, denn „in short, an output is the stone tossed into the pond and its first splash; the outcomes are the ever widening and vanishing pattern of concentric ripples" (Easton 1965b: 352). Mit Bezug auf politische Systeme definiert Easton Politiklernen als Ausbildung einer „memory bank". Akteurbezogen entwickeln sich über politische Lernprozesse Veränderungen im „belief system" (vgl. Sabatier 1993), auf dessen Grundlage inhaltliche Präferenzen gebildet und Strategien zu ihrer Realisierung entwickelt werden. Politische Präferenzen und Informationen über den outcome sind grundlegende Voraussetzungen „to adjust future conduct by past performances" (Easton 1965b: 368). Dem feedback aus der politischen Gemeinschaft kommt deshalb eine wichtige Bedeutung in der Politikfeldentwicklung zu.

3.4 Das Feedbackkonzept

Auch das feedback verbindet das politische System mit seiner Umwelt. Verglichen mit den outputs jedoch in umgekehrter Richtung. Als Reaktion auf politische Entscheidungen kann es in Form politischer Forderungen auch in das Inputkonzept integriert werden. Seine Funktion für das Politiklernen macht es jedoch zu einem eigenen Bestandteil politischer Systeme:

> „First, the information will need to describe the general state of the system and its environment. But second, they must also have information about the effects that flow from any specific kinds of action that they may hazard in the way of outputs (Easton 1965b: 364)."

Als Prozess vermittelt das feedback Informationen zwischen den Entscheidungsträgern politischer Systeme und den übrigen Mitgliedern. Ob, in welchem Maß und in welcher Qualität Informationen ausgetauscht werden, hängt zum einen von den zur Verfügung stehenden Kommunikationskanälen und zum anderen von der institutionellen Beziehung zwischen den jeweiligen Akteuren ab. Informationen werden über verschiedene feedback-Schleifen ausgetauscht. Der feedback-Prozess diffundiert daher in die politische Gemeinschaft. Das politische System wird zu einem Informationsnetzwerk, dessen Knotenpunkte durch intermediäre Akteure und Autoritäten gebildet wird (Abb. 7).

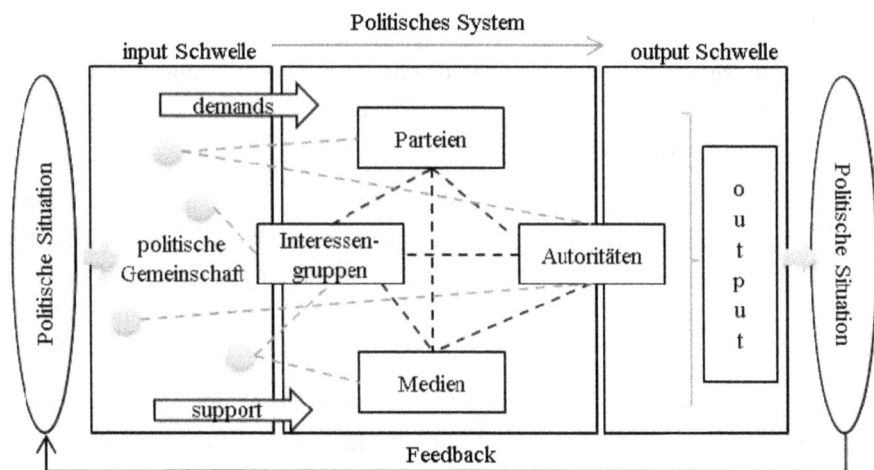

Abb. 7: Das politische System als Informationsnetzwerk

Vier Komponenten kennzeichnen die Verarbeitung von Informationen im feedback-Prozess. Hierbei handelt es sich um den feedback-Impuls, die feedback-Reaktion, die feedback-Information sowie die output-Reaktion: Auslösender Impuls des feedback-Prozesses sind individuelle Wahrnehmungs- und Interpretationsprozesse einer politischen Situation. Die Interpretations- und Bewertungsgrundlage politischer Akteure ist mit Bezug auf Scharpf (2006: 47-48) nicht ausschließlich objektiv. Vielmehr wird die Beurteilung von Ursachen und ihren Wirkungen durch normative Vorstellungen geprägt. Nicht immer kann oder soll feedback evidenzbasiert gegeben werden, denn die Dynamik sozialer Entwicklungen führt zu

> „[…] an increasingly greater number of instances, especially in modern complex societies, it has become virtually impossible to trace through confidently the consequences that flow from an output or even a set of them. Nor is it any simpler to begin with any given social conditions and to link these in a backward flowing chain of causation to any individual output or series of prior outputs (Easton 1965b: 392)."

Die Rückmeldung von Informationen muss deshalb oft auf Basis antizipierter, komplexer und miteinander verflochtener Situationen gegeben werden. Die Bedeutung von normativen Präferenzen der politischen Akteure ist für die Konstruktion von Erwartungen und Hoffnungen und damit für die Qualität des feedbacks besonders zu berücksichtigen.

Die feedback-Reaktion wird als Veränderung des Inputs an politischen Forderungen und Unterstützung verstanden. Auf diese Weise können einzelne funktionale Rollen weiter differenziert werden, denn:

> „[…] the essential point is that in their roles as demand makers and support-givers, the relevant members of the system stand at a critical point in the whole feedback loop. How they respond to the stimuli will determine the extent to which outputs have proved effective in maintaining a minimal level of support for the various political objects (Easton 1965b: 402)."

Politische Prozesse können so als Zyklen definiert werden. In ihnen werden Forderungen entweder erneut geäußert, modifiziert oder aufgegeben und in politische Unterstützung umgewandelt sowie in das politische System eingebunden. Neben der Art und der Gewichtung, gilt es auch die Form des Informationstransfers zu differenzieren. Dies geschieht unter der Überschrift des Information feedback. Zwei zentrale Aspekte helfen dabei: Erstens, ist der instrumentelle Aspekt des Transfers entscheidend für die Qualität von Informationen. Zweitens bestimmt der Umgang mit Informationen von eventuellen Gatekeepern die output-Reaktion der politisch verantwortlichen Entscheidungsträger.

Die Qualität von Informationen ergibt sich primär aus ihrer Exaktheit und Objektivität. Strukturelle Barrieren, wie Länge, Komplexität, zeitliche Verzögerung und Intensität des Informationstransfers sorgen genauso die Subjektivität von Äußerungen und Wahrnehmungen dafür, dass beide Faktoren variieren. Vor allem im Hinblick auf die strukturellen Barrieren rückt die Bedeutung der feedback-Kanäle in den Fokus der analytischen Betrachtung. Politisch verantwortliche Entscheidungsträger betreiben ein feedback-Management. Sie müssen auf der einen Seite die Abhängigkeit von einer Informationsquelle vermeiden und auf der anderen die Objektivität der ihnen übermittelten Informationen sicherstellen. Dafür müssen die zur Verfügung stehenden feedback-Kanäle kontrolliert werden.

„If information feedback is to be minimally effective, however, it must not only enable the authorities to estimate their distance from their objectives but it must also suggest the kind of corrective actions that may be necessary to maintain a minimal level of support (Easton 1965b: 430)."

Das feedback muss die politischen Entscheidungsträger nicht zu einer unmittelbaren Reaktion veranlassen. Da sie als politische Akteure ebenfalls über ein eigenes belief system verfügen und mit Bezug auf das Prinzipal-Agenten-Theorem (vgl. Laffont 2002, Michalowitz 2004) unabhängig handeln, hängt ihre Reaktionsbereitschaft von der Überzeugungskraft politischer Forderungen und des feedbacks sowie den Folgen für ihre politische Unterstützung ab. Drei Aspekte sind für die Reaktion der Entscheidungsträger in politischen Systemen zu berücksichtigen: soziale und politische Distanz, Ressourcen und die bereits erwähnte „memory bank" (Easton 165b: 438-466). Eigene normative Präferenzen sowie unzureichende Informationen über die politische Situation können zwischen den Autoritäten und den übrigen Mitgliedern des politischen Systems eine soziale Distanz entstehen lassen. Sie würde sich im output als politische Distanz zu den Forderungen aus der politischen Gemeinschaft niederschlagen. Die Fähigkeit zur Vermeidung von sozialer und politischer Distanz ist eng mit den Ressourcen politischer Entscheidungsträger verbunden. Sie unterscheiden sich in interne und externe Ressourcen. Letztere werden vor allem über das feedback aus der politischen Gemeinschaft als sachbezogene Informationen generiert. Interne Ressourcen beziehen sich dagegen auf strukturelle wie kognitive Voraussetzungen und Verfahrensabläufe zur adäquaten Verarbeitung politischer Forderungen.

Moderne politische Systeme reagieren auf die Pluralisierung gesellschaftlichen Lebens mit einer institutionellen Strukturierung politischer Funktionsbereiche in Politikfelder. Spezialisierung und Arbeitsteilung erhöht einerseits die Kapazität und die Expertise zur Bearbeitung einzelner politischer Themen. In stark miteinander verflochtenen politischen Themen führt diese Ausdifferenzierung jedoch auch zu einer besonderen Herausforderung, die Easton folgendermaßen beschreibt (1965b: 453):

> „The fact and responsibility for production of output rests, therefore, in more than one set of hands, increasing as a function of numerical size of the authorities and reflecting a proliferation of differentiated output structures. [...] Such heterogeneity means that outputs may conflict at least over sub goals and frequently over their primary objectives as well. If this is so, the effectiveness of outputs in meeting demands and generating support cannot remain independent of their complementarity, coordination, or incompatibility."

Wird berücksichtigt, dass die Integration von politischen Kompetenzen auf eine überstaatliche Ebene bedeutet, dass weder ein gemeinsames Verständnis, noch etablierte Strukturen und Verfahrensordnungen vorausgesetzt werden können, wird das akteurbezogene Politiklernen zum Schlüssel für das Verständnis der Entwicklung von EU-Politik. Soll die Qualität der Europäischen Union als politischer Akteur analysiert werden, muss für die Politikanalyse deshalb folgende Perspektive berücksichtigt werden:

> „Each performance of the authorities has given added knowledge about the nature of the system, its constraints, and capabilities and helps to clarify for the authorities the apparent limits of action for the attainment of objectives. [...] This becomes the systems memory bank from which the members may selectively draw as they confront present experiences (Easton 1965b: 457)."

Die Entwicklung einer solchen „memory bank" ist eng mit der Rolle und Funktion intermediärer Akteure in der Realisierung gesellschaftlicher Interessen verknüpft. Sie vertreten diese gegenüber den politisch Verantwortlichen und formulieren sie als Forderungen, stellen politische Unterstützung bereit und geben feedback.

3.5 Gesellschaftliche Interessen und intermediäre Akteure

Politische Wünsche werden auf der individuellen Ebene durch Bürgerinnen und Bürger geäußert. Gleichgelagerte Interessen werden auf einer intermediären Ebene gebündelt. Auf diese Weise konzentrieren die dadurch als Organisationen entstehenden kollektiven Akteure individuelle Ressourcen, mit denen sie Einfluss auf die politisch verantwortlichen Entscheidungsträger nehmen können. Neben der Regulation von politischer Unterstützung und der Äußerung von Forderungen, verfügen solche Interessenverbände mit ihrer fachlichen Expertise für die von ihnen vertretenen Inhalte über eine weitere zentrale Ressource. Für den politischen Prozess ergibt sich folgendes Schema, aus dem die funktionalen Rollen individueller, intermediärer und kollektiver Interessenvertretung, wie in Abbildung 8 dargestellt, resultieren:

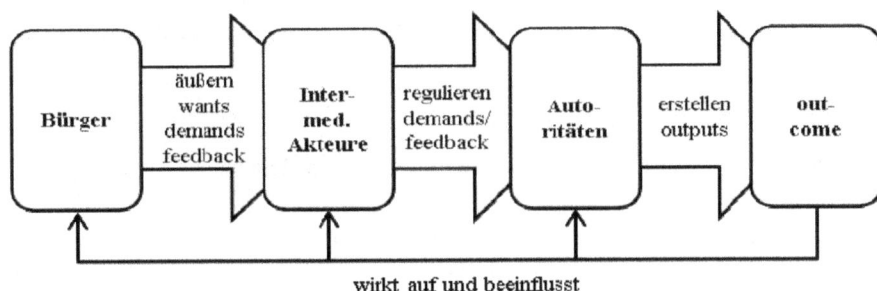

Abb. 8: Funktion und Position intermediärer Akteure im politischen System

Sportverbände lassen sich aus zwei Perspektiven betrachten: Zum einen, ergibt sich aus der Aggregation individueller politischer Wünsche und Forderungen eine nach innen gerichtete Funktion als Mitgliederorganisation. Aus der Eigenschaft als Repräsentant ihrer Mitglieder leitet sich, zum anderen, eine nach außen gerichtete Funktion gegenüber anderen politischen Interessen in der Gesellschaft sowie staatlichen Institutionen ab. Intermediäre Organisationen sind als kollektive Akteure deshalb stets nach ihrer innenorientierten Mitgliederlogik sowie ihrer außenorientierten Einflusslogik zu analysieren (vgl. Schmitter & Streeck 1999).

Aus der Perspektive der Mitgliederlogik zeigen sich Sportverbände in ihrer intermediäre Eigenschaft zwischen Staat, Gesellschaft und Mitgliedern als spezifische soziale Architektur. Diese dient der Strukturierung der Zusammenarbeit mehrerer Individuen und damit der Steigerung ihrer Effizienz und Effektivität in der Vertretung gleichgelagerter Interessen (Heinemann 2006). Zusammengefasst ergibt sich ihre zentrale Eigenschaft aus der strukturellen Verflechtung von Funktion und Verhalten (Abb. 9).

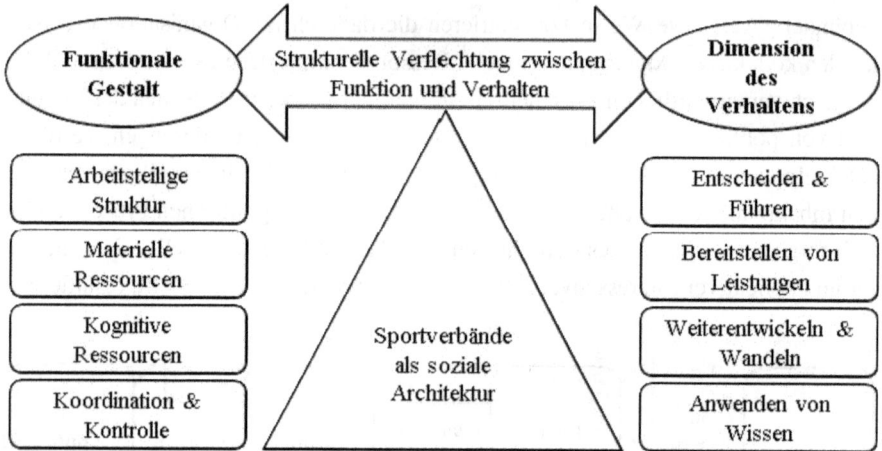

Abb. 9: Sportorganisation als soziale Architektur (nach Heinemann 2006: 17)

Das Verhalten von Sportverbänden folgt entsprechend der bisherigen Argumentation nicht ausschließlich der Mitgliederlogik. Denn, „regardless of whether or not want conversion is dominant, one of the characteristic activities of the occupants of these roles and members of these organizations is that they reflect the wants of others as well as their own, by voicing them as demands (Easton 1965b: 95-96)." Hieraus ergibt sich die so genannte Gatekeeper-Funktion intermediärer Organisationen. Ihre Funktion ist es, die Interessen ihrer Mitglieder zu bedienen (Braun 2009: 2-3). Dazu ist Einfluss auf die politisch verantwortlichen Entscheidungsträger nötig. Möglicherweise müssen hierzu auch Interessenskoalitionen mit anderen Organisationen gebildet werden. Dabei kann es passieren, dass Mitglieder- und Einflusslogik in ein widersprüchliches Verhältnis gelangen. Dies geschieht dann, wenn Einfluss auf externe Akteure über Verhandlungen und Kompromisse aufgebaut werden muss und die dafür zu treffenden Entscheidungen von den aggregierten Mitgliederinteressen (wenn auch nur minimal) abweichen. Fehlende Kompromiss- und Verhandlungsbereitschaft gegenüber Dritten kann jedoch zum Einflussverlust auf politische Entscheidungen führen und letztendlich ebenfalls die Interessen der Mitglieder bedrohen, so dass die Balance aus Sicherung politischen Einflusses und Entsprechung der Mitgliederinteressen stets ausbalanciert werden müssen.

Neben dem funktionalen Auftrag als Repräsentant Einfluss zu nehmen, entwickeln intermediäre Organisationen als selbständige politische Akteure ebenfalls eigene politische Präferenzen. Zu ihrer Durchsetzung und Legitimation kann die Einflusslogik auch für das Verhalten von Organisationen gegenüber ihren Mitgliedern eingesetzt werden. Als kollektive Akteure verfügen sie mit den gebündelten Ressourcen und dem Mandat zur Vertretung ihrer Mitglieder sowohl über Ressourcen als auch über einen diskretionären Handlungsspielraum, der ihnen ein gewisses Maß an Eigenständigkeit und Handlungsfreiheit gibt.

Letztlich hängt die Daseinsberechtigung intermediärer Akteure jedoch von der Effektivität und Effizienz ihrer Performanz für ihre Mitglieder ab. Dies bedeutet folgendes: Interessenverbände sorgen durch die Einspeisung von input in das politische System für dessen Legitimation, gleichzeitig übernehmen sie die Funktion der Vermittlung und Durchsetzung politischer Entscheidungen gegenüber ihren Mitgliedern. Aus deren Sicht müssen sie sich durch erfolgreiche Einflussnahme auf politische Prozesse von innen heraus legitimieren. Interessenverbände sind deshalb stets auf der Suche nach bewussten und unterbewussten politischen Wünschen ihrer Mitglieder. Teilweise müssen sie diese zu ihrer eigenen Legitimation sogar selbst erzeugen. Aus der Übertragung von Entscheidungs- und Führungskompetenz in diesem Prozess ergibt sich eine Verantwortung gegenüber den Mitgliedern, die als Prinzipale Kompetenzen und Vertrauen an ihren Agenten abtreten. Die Aspekte der Weiterentwicklung, des Wandels und der Anwendung von Wissen müssen deshalb sowohl im Verhältnis von privaten gegenüber öffentlichen Interessen, als auch zwischen kollektiven Organisationen und ihren Mitgliedern gesehen werden.

Arbeitsteilige Strukturen, materielle wie kognitive Ressourcen und interne Kontroll- und Koordinationsmechanismen sind Instrumente kollektiver Akteure mit denen sie die thematisierte eigenständige wie auch funktionale Handlungsfähigkeit erreichen. Aufgrund ihrer Position in politischen Systemen als Schnittstelle von externen, eigenen und Mitgliederinteressen werden sie zu Akteuren der Weiterentwicklung und Arenen des politischen Wandels. Auf der einen Seite, lautet ihr Auftrag öffentliche Politik an die Interessen ihrer Mitglieder anzupassen. Auf der anderen Seite, müssen sie veränderte politische Realitäten nach innen vermitteln und die Anpassung ihrer Mitglieder fördern (Abb. 10).

44

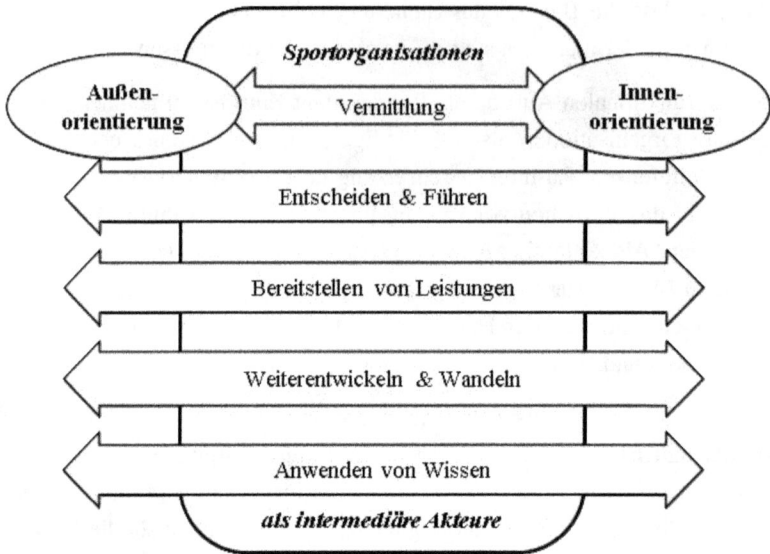

Abb. 10: Sportorganisationen zwischen Innen- und Außenorientierung

Die Anwendung von Wissen ist bei der Gestaltung von Wandel im Spannungsfeld von Einfluss- und Mitgliederlogik zentral. Politikrelevantes Wissen lässt sich nach Schubert & Bandelow (2009: 2-3) in verschiedene Bezüge differenzieren, die sie als einzelne Bestandteile die Politikfähigkeit politischer Akteure definieren (Abb. 11).

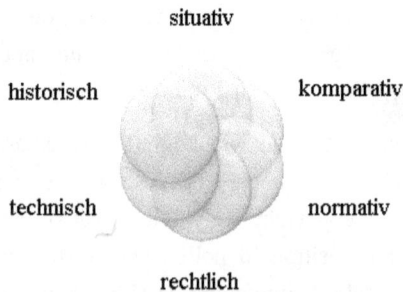

Abb. 11: Dimensionen von Informationen (Schubert & Bandelow 2009: 2-3)

Die Durchsetzung politischer Interessen und Ziele ist eng mit dem Konzept der Politikfähigkeit verflochten. Die Ausprägung ihrer einzelnen Aspekte stellen Ressourcen für die Entwicklung von Handlungsstrategien politischer Akteure dar. Für den Umgang mit der Europäischen Union und ihrer Sportpolitik müssen nationale Sportverbände neues Wissen generieren und umsetzen. Politische Ziele werden nicht losgelöst von ihren Kontextbedingungen (situativer Bezug) verfolgt. Diese haben sich durch Europäisierung und den Wandel in den gesellschaftlichen Bezügen des Sports verändert. In der Regel existieren bei ihrer Verfolgung alternative Handlungsstrategien (komparativer Bezug), die im Hinblick auf eigene und allgemeine Werte und Normen (normativer Bezug) überprüft werden sollten. Für das Mehrebenensystem der EU und die heterogene Vielfalt politischer Interessen in Europa gilt dies besonders. Die dafür notwendigen Instrumente und Verfahren müssen sowohl rechtskonform sein (rechtlicher Bezug), als auch praktische Aspekte der Strategieumsetzung (technischer Bezug) berücksichtigen. Handelt es sich bei Interessenpolitik um die Lösung spezifischer politischer Probleme, muss ebenfalls deren Entstehungsgeschichte (historischer Bezug) in die avisierte Problemlösung einbezogen werden.

Im Zentrum der Weiterentwicklung und des Wandels von Politikfähigkeit im Sport steht der mögliche Kontrast von nationalen und europäischen Anforderungen. Er resultiert aus Unterschieden in der gelebten sportpolitischen Praxis. Die nationale sportpolitische Kultur ist entscheidend für die Wahrnehmung und Bewertung von Europäisierungsprozessen. Sie bestimmt den Umgang mit politikrelevantem Wissen in der Organisations- und Politikentwicklung nationaler Sportverbände in Bezug auf die Europäische Union.

3.6 Das Verhältnis von öffentlichen und privaten Akteuren

Politische Prozesse wurden bisher weitestgehend abstrakt dargestellt. Die Äußerung politischer Wünsche, ihre Formulierung als konkrete Handlungsaufforderung an die politischen Entscheidungsträger, deren Reaktion sowie die Rückmeldung über Effekte durch gesellschaftliche Akteure sind unzureichend, wenn qualitative Merkmale in den institutionellen Beziehungen zwischen öffentlichen und privaten Akteuren genauer betrachtet werden sollen. Sie wandeln sich an den verschiedenen Gateways politischer Prozesse, so dass „given the staggering complexity of the policy process, the analyst *must* find some way of simplifying the situation in order to have any chance of understanding it (Sabatier 1999: 4)." In ihrem Aufsatz über die Bedeutung funktionaler Phasen in politischen Prozessen haben Jann & Wegrich (2009) mit dem Politikzyklus eine analytische Struktur präsentiert, die sich für eine prozessorientierte Politikfeldanalyse eignet (Abb. 12).

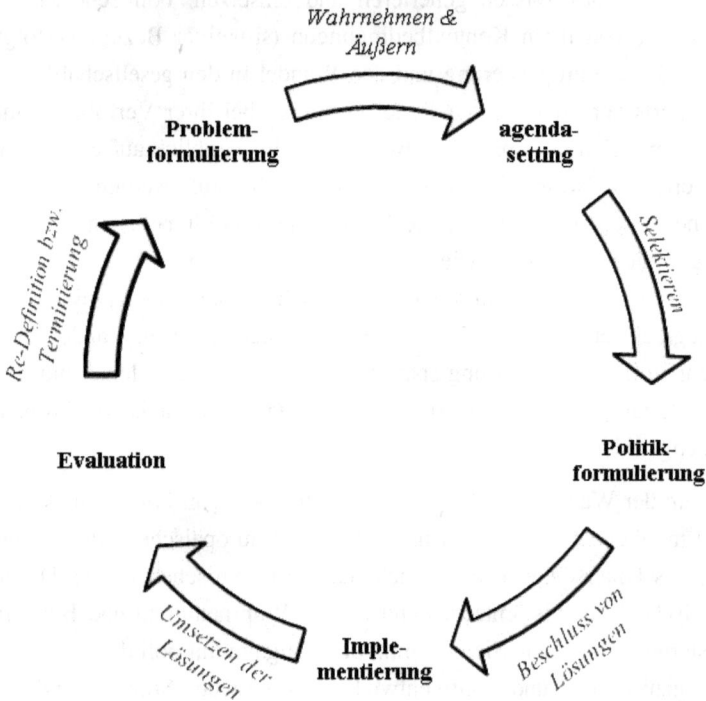

Abb. 12: Phasenstruktur politischer Prozesse (nach Jann & Wegrich 2009)

Die Phasenstruktur gliedert sich in Problemdefinition, agenda-setting, Politikformulierung und Entscheidung, Implementierung und Evaluation. Wahrgenommene Herausforderungen bzw. Probleme sind die Grundlage zur Formulierung politischer Forderungen. Wahrnehmungs- und Bewertungsprozesse stellen dabei bereits Anforderungen an die Politikfähigkeit. Öffentliche wie private Akteure sind in der Lage, politische Prozesse zu initiieren und tun dies vor dem Hintergrund ihrer eigenen Präferenzen sowie deren Abgleich mit der gegebenen Situation. Normative Prinzipien, eine historische Rückschau und vergleichende Analysen fungieren dabei als jeweils spezifische Blickwinkel. Die objektive oder intersubjektive Identifikation politischen Handlungsbedarfs ist die notwendige Vorstufe für das folgende agenda-setting bzw. die Zusammenstellung eines politischen Arbeitsprogramms.

Das agenda-setting dient der Selektion, Schwerpunktsetzung und Strukturierung des politischen Handlungsbedarfs. Die politischen Entscheidungsträger besitzen die exklusive Entscheidungskompetenz darüber, welche politischen Themen auf die Tagesordnung kommen und zu einer politischen Lösung geführt werden sollen. Formal ergibt sich daraus eine hierarchische Konstellation zwischen ihnen und allen anderen Akteuren. Wird berücksichtigt, dass politische Entscheidungsträger auf deren Unterstützung angewiesen sind, kann dies zur Einbettung des agenda-settings in kooperative Strukturen und Mechanismen führen. Aufgrund der zunehmenden Komplexität gesellschaftlicher und politischer Herausforderungen gewinnen „multi-Stakeholder"-Ansätze als politische Netzwerke und kooperative Interaktionsformen zunehmend an Bedeutung.

Instrumente, Mechanismen und Selektionskriterien sind in dieser Phase von besonderem Interesse. Während erstere, wie das Nutzen öffentlicher Aufmerksamkeit oder Stimmungsbilder, die strategische Beeinflussung öffentlicher Berichterstattung (spinning) oder die Frage nach einer strategischen Auswahl des Zugangs zu agenda-settern (venues) im Kontext einer gezielten Einflussnahme aus der Perspektive gesellschaftlicher Akteure von besonderer Bedeutung sind (Jann & Wegrich 2009: 87), betreffen die beiden übrigen Punkte öffentliche wie private Akteure gleichermaßen. Hinsichtlich der Selektionskriterien bei der Erstellung politischer Agenden haben Baumgartner & Jones (1993: 2005) für die USA in zwei Untersuchungen darauf hingewiesen, dass weniger ökonomische und soziale Kontextbedingungen die Themenauswahl beeinflussen. Ihrem Dafürhalten kommen Ideen und Diskursen eine größere Bedeutung zu. Die Dominanz von Inhalten über Strukturen führt zum einen zur Auflösung von Deutungsmonopolen und ihren institutionellen Konsequenzen. Zum anderen öffnet sie politische Opportunitätsstrukturen. In einer pluralistischen Gesellschaft werden Diskurse durch die Aktivierung neuer Stakeholder zusätzlich belebt. Sie beeinflussen durch neue Sichtweisen letztlich sowohl die Wahrnehmung als auch die Prioritäten der agenda-setter und sorgen für einen zunehmenden Wettbewerb politischer Interessen.

Ausgehend von der politischen Agenda werden optionale Lösungsstrategien generiert. Aus der entstehenden Auswahl wird durch die politisch verantwortlichen Entscheidungsträger eine policy ausgewählt und in ein verbindliches Handlungsziel überführt. Erarbeitung und Formulierung alternativer Optionen und die Auswahl konkreter Maßnahmen sind analytisch formal voneinander zu trennen. Da sie sich im politischen Alltag jedoch als iterativer Prozess darstellen, sind Interdependenzen zu berücksichtigen (Jann & Wegrich 2009: 89).

Die Bedeutung von multi-Stakeholder-Ansätzen gilt gleichermaßen für die Formulierung von Politikoptionen. Im Rahmen einer outcomeorientierten Steuerung und Koordination von Politik kommt Netzwerken aus öffentlichen und privaten Akteuren und kooperativen Interaktionsstrategien, gegenüber der hierarchischen Intervention öffentlicher Akteure, ebenfalls eine steigende Bedeutung zu (Marin & Mayntz 1991).

Das Selektionskriterium für die Formulierung und verbindliche Auswahl einer Handlungsoption ist nach den Erkenntnissen von Mayntz & Scharpf (1995) primär das Machtverhältnis zwischen den Akteuren. Über Formen ein- oder wechselseitige Anpassungsprozesse oder Verhandlungen zum Ausgleich von unterschiedlichen Interessen können am Gemeinwohl orientierte, rationale Kriterien überlagert werden. Die verbindliche Auswahl einer policy wird durch die unterschiedlichen Einflusspotenziale und Gewaltenteilung zwischen öffentlichen Akteuren auf der vertikalen ebenso wie auf der horizontalen Achse beeinflusst. Scharpf (1985) hat für die europäische Integration dafür den Effekt einer „Politikverflechtungsfalle" nachgewiesen.

Die Phase der Implementierung dient über die Formulierung von konkreten Zielvorgaben, Handlungsprogrammen oder Gesetzen der Umsetzung einer ausgewählten policy. Die zunehmend begrenzte Steuerungsfähigkeit von Politik durch öffentliche Akteure sowie ihre Bedeutung für die vor- und nachgelagerten Funktionen politischer Prozesse haben die Implementierung zum Kern der policy-Forschung gemacht (Jann & Wegrich 2009: 95). Politisch-administratives Handeln stößt aufgrund seines hierarchischen Charakters und begrenzter Ressourcen der Entscheidungsträger bei der Durchführungskontrolle oft an Grenzen. Vor allem die Problematik ungenügender Informationen veranlassen politische Entscheidungsträger die Implementierung ihrer Entscheidungen zu delegieren bzw. Stakeholdern ein ausgeprägtes Mitspracherecht einzuräumen. Diese Akteure können eigenständige Präferenzen besitzen und diese bei der Realisierung kollektiver Willensbildung umsetzen. Beide Aspekte müssen aus Effektivitäts- und Effizienzgesichtspunkten bereits bei der Politikformulierung und -entscheidung berücksichtigt werden.

Abschließend müssen politische Entscheidungen und ihre Effekte einer Wirkungskontrolle unterzogen werden. Die Bewertung der Zielerreichung entscheidet darüber, ob politisches Handeln erfolgreich war, ob Ziele erfüllt und aufgegeben oder
erneut aufgegriffen werden müssen. Eine Re-Definition macht Politik zu einem
zyklischen Prozess. Die Berücksichtigung der Variabilität von Umweltbedingungen
ist bei der Wirkungskontrolle ein zentrales Evaluationskriterium. Ein zweites ist das
mögliche Auftreten von nicht-intendierten Effekten. Die Möglichkeit hierfür ist
durch die Problematik einer verlässlichen Prognose über die exakte Wirkung einer
policy während der Formulierungs- und Entscheidungsphase gegeben. Hinsichtlich
des Mechanismus liefert das feedback-Konzept einen hilfreichen Zugang zur Evaluation und Bewertung politischen Outputs. Es strukturiert den Informationsfluss
über die Wirkung von politischem Handeln und weist dabei einzelnen Akteuren des
politischen Systems interdependente Funktionen zu. Es beinhaltet ebenfalls analytische Anhaltspunkte für den Umgang mit den rückgemeldeten Informationen durch
die öffentlichen Instanzen und intermediären Akteure. Erstere sind im Besitz der
Interpretations- und Bewertungshoheit und verfügen je nach Ergebnis des feedback-
und Evaluationsprozesses über die Optionen der Aufgabe oder erneuten Bearbeitung des politischen Handlungsbedarfs. Die gesellschaftlichen Interessen können
bei Nicht-Erfüllung ihrer Interessen und Ziele über die Regulation von Unterstützung Einfluss auf diese Bewertung nehmen.

Mit der Funktion verschiedener Phasen wandelt sich die Struktur politischer Prozesse. Mit Blick auf die EU und ihre Sportpolitik entstehen daraus besondere Anforderungen. Als soziale Architektur sind Sportverbände in ihrer funktionalen Gestalt sowie der Dimension ihres sozialen Verhaltens durch die Europäisierung des
nationalen politischen Systems (vgl. Beichelt 2009) von einem institutionellen
Wandlungsprozess betroffen. Unter funktionalen Gesichtspunkten stellt sich die
Frage nach den materiellen und kognitiven Ressourcen, mit denen politische Prozesse im Umfeld der Organisation durch diese koordiniert werden. Mit Blick auf
das Verhalten korrespondieren die funktionalen Kriterien mit dem Aspekt des Umgangs mit politikrelevantem Wissen, der binnenorganisatorischen Weiterentwicklung und des Veränderungsmanagements durch das Bereitstellen von Leistungen.
Zusammenfassend ergeben sich deshalb aus den aufgrund der Verschiedenartigkeit
der politischen Systeme zu erwartenden Kontrasten zwischen einer nationalen und
europäischen Politikfähigkeit zentrale Fragen für die Organisationsentwicklung und
das Umfeldmanagement nationaler Sportverbände. Ihre Beantwortung in dieser

Arbeit erfordert die Berücksichtigung verschiedener Einflussfaktoren, die auf Sportorganisationen einwirken.

Kapitel 4:
Akteurzentrierte Ansätze des Institutionalismus und politische Prozesse in der Politikfeldanalyse

Soziale Kontexte wirken als prägende Faktoren für die Handlungsbedingungen und -optionen einzelner Akteure sowie innerhalb von Konstellationen aus mehreren Beteiligten. Sie führen dazu, dass politische Akteure nicht losgelöst von ihren Umweltbedingungen handeln (können). Akteurzentrierte Ansätze berücksichtigen diese als institutionelle Kontexte und nutzen sie als analytisches Merkmal zur Erklärung von Politik.

Verlauf und Ergebnis politischer Prozesse lassen sich über die Interaktion der an ihnen beteiligten Akteure erschließen. Das dafür notwendige Ordnungsschema besteht aus akteur- und politikfeldspezifischen Wertvorstellungen, Kausalannahmen und Problemwahrnehmungen (Schimank 2007). Hierzu eignet sich der 1995 von Mayntz & Scharpf entwickelte und 2006 von Scharpf ausdifferenzierte Ansatz des akteurzentrierten Institutionalismus. Politisches Handeln ist darin keine Konstante, sondern in die individuellen Lernprozesse politischer Akteure eingebunden. Die Konzeption des adcvocacy coalition frameworks (Sabatier 1993, 1999) fokussiert diesen Aspekt in der Erklärung politischer Wandlungsprozesse und ergänzt den Ansatz.

Die generelle Bedeutung von Institutionen für das Handeln politischer Akteure wie auch für die kollektive Politikproduktion lässt sich folgendermaßen herleiten:

„Institutions constrain choice through their capacity to shape actors' perceptions of both problems and acceptable solutions. As such, the emphasis on institutions is a valuable corrective to the tendency of much pluralist theory to treat organizations as arenas in which politics takes place rather than as independent or intervening variables in the process (Houlihan 2009: 56)."

Die Aussage von Schubert & Bandelow (2009: 3), nach der sich individuelle politische Ziele kaum noch ohne die Interaktion mit anderen realisieren lassen, trifft besonders auf die EU zu. In ihrer Mehrebenenstruktur sind die Entscheidungsprämissen und Handlungsoptionen politischer Akteure eng mit denen anderer verwoben (Schimank 2007: 30), so dass Interdependenzen zwischen nationalen, intergouvernementalen und supranationalen Institutionen genauso entstehen wie jene zwi-

schen privaten und öffentlichen Bereichen. Sie entwickeln sich zwar auf jeder Ebene des Systems auf unterschiedliche Weise, sind dabei jedoch zunehmend miteinander verflochten (Houlihan 2009: 56). So können Ergebnisse europäischer Politik

> „[…] nicht von einem unitarischen Akteur produziert werden, der über alle
> benötigten Handlungsressourcen verfügt und dessen Interesse sich aus-
> schließlich auf das Gemeinwohl richtet. Vielmehr ist es wahrscheinlich, dass
> sie das Produkt strategischer Interaktionen zwischen mehreren oder einer
> Vielzahl an politischen Akteuren sind, von denen jeder ein eigenes Ver-
> ständnis von der Natur des Problems und der Realisierbarkeit bestimmter
> Lösungen hat, und die weiter mit je eigenem individuellen und institutionel-
> len Eigeninteressen sowie normativen Präferenzen und eigenen Handlungs-
> ressourcen ausgestattet sind." (Schimank 2007: 34)

Nicht allein die formalen Institutionen der europäischen Verträge, auch die informellen Institutionen innerhalb der Akteurskonstellationen nehmen Einfluss auf die
Politik. Das von Sabatier (1988) konzipierte „belief system" zeigt dies. Es besteht
aus drei Elementen mit jeweils verschiedenen Bedeutungen für politische Handlungsstrategien der Akteure (Tab. 3).

Bestandteil	Eigenschaften	Reichweite	Elastizität
normativer Kern (deep core)	Grundlegende normative und ontologische Prinzipien	Bezieht sich auf grundsätzli-ches Verständnis über Auf-gaben, Funktion und Ziel von Politik	äußerst gering
thematischer Kern (policy-belief)	Themenspezifi-sche Ausprä-gung der grund-legenden norma-tiven und onto-logischen Prin-zipien	Auf das jeweilige Themen-gebiet politischen Interesses bezogen	gering
sekundäre Aspekte (secondary aspects)	Instrumentelle Aspekte der zur Umsetzung des themenspezifi-schen policy-beliefs	Abhängig von spezifischen Inhalten des Themengebiets und Handlungsoptionen	mittelmäßig

Tab. 3: Komponenten und Bedeutung des „belief systems" (nach Sabatier 1988)

Das belief system ist Teil des advocacy coalitions frameworks, in dem politische Akteure mit gleichgelagerten politischen Zielen Interessenkoalitionen bilden. Die Koalitionen bilden sich ausschließlich über inhaltliche Kriterien individueller Handlungsstrategien. Angehörige solcher advocacy coalitions teilen in Bezug auf ihr belief system grundsätzliche normative Vorstellungen (deep core) und Ansichten über die Strategien, mit denen politische Ziele erreicht werden sollen (policybelief). Abweichungen können sich hinsichtlich der Vorstellungen über die Umsetzung ergeben. Koalitionen mit unterschiedlichen deep cores oder policy beliefs konkurrieren um die erfolgreiche Durchsetzung ihrer Interessen. Sie tun dies in der Regel themenbezogen, so dass sich ein politisches System in Politikfelder (policy systems) unterteilt, die wiederum als Bezugsrahmen für eine weitere inhaltliche Differenzierung in Politikbereiche (policy subsystems) dienen (Abb. 13).

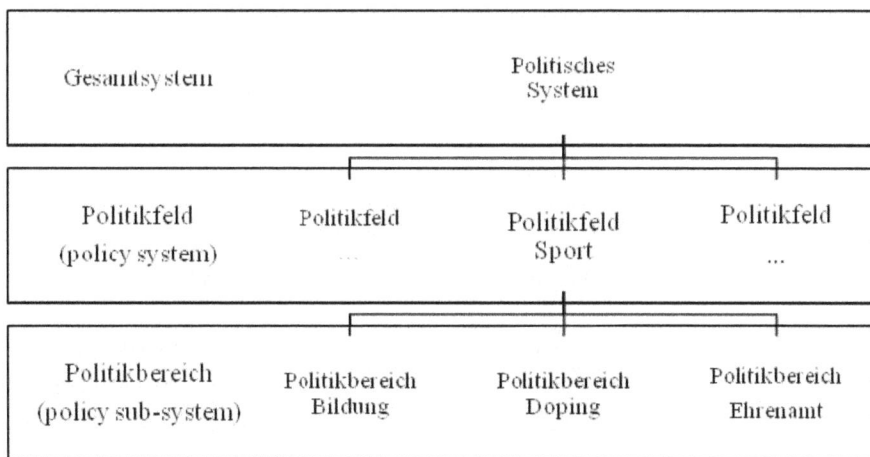

Gesamtsystem	Politisches System		
Politikfeld (policy system)	Politikfeld ...	Politikfeld Sport	Politikfeld ...
Politikbereich (policy sub-system)	Politikbereich Bildung	Politikbereich Doping	Politikbereich Ehrenamt

Abb. 13: Struktur politischer Systeme nach dem advocacy coalition framework

Nach Scharpf (2006: 47-48) ist es, erstens, eine begrenzte Anzahl von Akteuren, die ziel- und zweckgerichtet handelt und als Ergebnis einzelner Entscheidungen politischen output produziert. Zweitens, sind sich die einzelnen Akteure der Existenz aller weiteren Beteiligten bewusst, weshalb sie vor dem Hintergrund ihrer eigenen Ziele deren Handlungen antizipieren beziehungsweise auf diese reagieren. Antizipation und Reaktion erfolgen auf Basis intentionaler Handlungen, die weniger auf der objektiven, als auf der wahrgenommenen Realität und normativen Vorstellungen basieren. Damit entsprechen die grundlegenden Annahmen Scharpfs den Überle-

54

gungen Sabatiers (1988, 1993, 1999), der die Funktionsweise von themenspezifischen Politikbereichen (policy subsystems) entsprechend Abbildung 14 skizzierte.

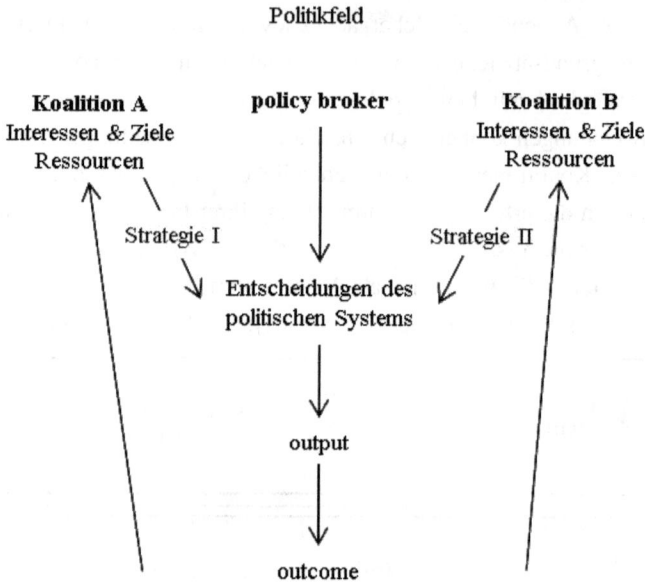

Politikfeld

Koalition A   policy broker   **Koalition B**
Interessen & Ziele   Interessen & Ziele
Ressourcen   Ressourcen

        Strategie I   ↓   Strategie II

                    Entscheidungen des
                    politischen Systems

                           ↓

                        output

                           ↓

                        outcome

Abb. 14: Funktionsschema von Politikfeldern (nach Sabatier 1988: 132)

Zentral sind die Rollen der verschiedenen Koalitionen, gebildet aus Akteuren mit gleichgelagerten Sets politischer Normvorstellungen, Problemwahrnehmungen und Lösungsvorstellungen zur Koordination gemeinsamer politischer Aktivitäten sowie die der policy broker. Das Zusammenspiel von advocacy coalitions zur Politikproduktion und die Rolle der policy brokers darin, ist folgendermaßen zu beschreiben:

> „At any particular point in time, each coalition adopts a strategy envisaging one or more institutional innovations which it feels will further its policy objectives. Conflicting strategies from various coalitions are normally mediated by a third group of actors, here termed 'policy brokers,' whose principal concern is to find some reasonable compromise which will reduce intense conflict (Sabatier 1988: 133).

In akteurzentrierten Ansätzen des Institutionalismus werden Problem- und Interaktionsorientierung zu Schlüsselbegriffen. Die Fähigkeit zu problemlösenden Entscheidungen hängt letztlich von der Qualität des zu lösenden Problems (Sabatier 1988: 135), der Politikfähigkeit beteiligter Akteure (Schubert & Bandelow 2009: 2-3) sowie des institutionellen Kontexts ab:

> „In unserem Ansatz hat deshalb das Konzept des ‚institutionellen Kontexts' nicht den Status einer theoretisch definierten Anzahl von Variablen, die systematisiert und operationalisiert werden könnten, um als erklärende Faktoren in der empirischen Forschung eingesetzt werden zu können. Vielmehr benutzen wir es als Sammelbegriff zur Beschreibung der wichtigsten Einflüsse auf jene Faktoren, die unsere Erklärung eigentlich bestimmen – nämlich Akteure mit ihren Handlungsorientierungen und Fähigkeiten, Akteurskonstellationen und Interaktionsformen (Scharpf 2006: 78)."

Die Koppelung von Akteurskonstellationen und Interaktionsformen ist damit in der Lage, handlungstheoretische und strukturalistische Paradigmen zusammen zu führen. Wird politisches Lernen als dritter Aspekt integriert, erklärt sich die evolutionäre Dynamik und Veränderlichkeit von Politik. Politische Akteure versuchen über die Akkumulation, Aufbereitung und Anwendung von Wissen die Erfolgsaussichten ihrer politischen Ziele zu verbessern. Die wechselseitigen Beeinflussungsprozesse innerhalb des Politikfelds bzw. seiner einzelnen Bereiche ermöglichen Erfahrungen, die zu „relativ stabilen Veränderungen des Denkens oder von Verhaltensintentionen" (Sabatier 1993: 121-122) führen können.

4.1 Akteurskonstellationen

Politik wird in der Regel von kollektiven Akteuren gemacht. Nach Scharpf (2006) existieren sie in vier Erscheinungsformen und unterscheiden sich hinsichtlich der Ebenen, auf denen politische Präferenzen gebildet und Handlungsressourcen gebündelt werden (Tab. 4).

Typus kollektiver Akteur	Ebene Präferenzbildung	Ebene Handlungsressourcen
Koalition	Individual	individual
soziale Bewegung	Individual	individual
Club	Individual	kollektiv
Verband	Kollektiv	kollektiv

Tab. 4: Ebenen der Präferenzbildung und Ressourcenallokation kollektiver Akteure

Koalitionen sind als verhältnismäßig dauerhafte Arrangements politischer Akteure mit dem Ziel einer gemeinsam dominierten Einflussposition bekannt. Sie werden zur Verwirklichung individueller, jedoch gleichgelagerter Interessen geschlossen. Dies geschieht immer dann, wenn einzelne Akteure ihre Ziele nicht allein realisieren können. Dabei verbleiben sowohl die Bildung von Präferenzen, als auch die Mobilisierung von Handlungsressourcen auf der Individualebene. Beide Kriterien gelten auch für soziale Bewegungen. Wie in Koalitionen interagieren deren einzelnen Akteure auf freiwilliger Basis miteinander. Aufgrund der hohen Reichweite sozialer Bewegungen – der Zusammenhalt zwischen Akteuren entsteht aus geteilten, jedoch relativ abstrakten und damit weiten Deutungsmustern – und der dezentralen Verteilung ihrer Mitglieder ist die strategische Kooperation zwischen ihnen erschwert. Dies hat Konsequenzen: Beteiligte Akteure können soziale Bewegungen leicht verlassen, da sie lediglich vor dem informellen Hintergrund geteilter normativer Werte miteinander verbunden sind. Clubs dagegen dienen zur Verwirklichung individueller Interessen über kollektivierte Handlungsressourcen. Um diese Möglichkeit nutzen zu können, leisten Clubmitglieder einen Beitrag, mit dem die kollektive Handlungsfähigkeit hergestellt wird. Sieht der einzelne Akteur seine Präferenzen nicht mehr befriedigt, kann er seine freiwillige Mitgliedschaft jederzeit beenden und sich anderen Clubs anschließen. Verbände gelten im Idealfall als bottom-up-Organisation: In ihr schließen sich Mitglieder zusammen und definieren auf kollektiver Ebene ein gemeinsames Interesse. Auch die Handlungsressourcen werden auf der kollektiven Ebene gebündelt, um die gemeinschaftlichen Präferenzen umzusetzen. Im Vergleich zu Clubs sind Verbände verständigungsorientierter und weniger individualistisch geprägt. Es ergibt sich ein subsidiäres Verhältnis zwischen dem Verband (Agent) auf der kollektiven Ebene gegenüber seinen Mitgliedern (Prinzipale) auf der individuellen Ebene.

Auch wenn kollektive Akteure in der interaktionsorientierten policy-Forschung als eigenständige Handlungseinheiten gesehen werden (Scharpf 2006: 112), hilft die Kenntnis ihrer Binnenstruktur bei der Auseinandersetzung mit der von heterogenen Interessen gekennzeichneten Organisationslandschaft des Sports. Für das Politikfeld gilt die Feststellung von Hix (1999: 9-14), dass die politischen Akteure und ihr interdependentes Handeln in verschiedenen politischen Themenbereichen eine eigene institutionelle Ordnung und Interaktionsstruktur begründen.

4.2 Akteurskonstellationen und Interaktionsformen

Zur Strukturierung der Interaktion politischer Akteure eignen sich nach Scharpf (2006: 91) vier grundlegende Kategorien, die als anarchisches Feld, Netzwerk, Organisation und Verband definiert werden. Sie repräsentieren jeweils unterschiedliche institutionelle Settings, in denen verschiedene Interaktionsformen zur Politikproduktion möglich sind (Tab. 5).

Interaktionsformen	Institutionelle Settings			
	Anarchisches Feld	Netzwerk	Verband	Organisation
einseitiges Handeln	X	X	X	X
Verhandlung	(X)	X	X	X
Mehrheitsentscheidung	-	-	X	X
Hierarchische Steuerung	-	-	-	X

Tab. 5: Institutionelle Settings und Interaktionsformen politischer Akteure

Mit Bezug auf die Aussage Scharpfs wird die Auseinandersetzung mit der Verflechtung von Interaktionsformen und institutioneller Ordnung über die horizontalen Ebenen der Tabelle geführt. Begonnen wird mit dem Modus des einseitigen Handelns.

4.2.1. Einseitiges Handeln

Einseitiges Handeln beschreibt eine Form von Interaktion, in der Akteure auf jede ihnen zur Verfügung stehende Handlungsoption zurückgreifen können. Belange anderer spielen eine untergeordnete Rolle. Einschränkungen in der Wahl von Handlungsoptionen ergeben sich lediglich aus potenziellen Sanktionsmöglichkeiten durch andere Akteure. Da der akteurzentrierte Institutionalismus über die Spieltheorie modelliert wird, ist der Modus einseitigen Handelns mit nicht-kooperativen Spielen gleichzusetzen. Ihre Ergebnisse stellen ein Nash-Gleichgewicht dar, in dem kein Akteur seinen individuellen Nutzen durch eine einseitige Handlung verbessern kann: Verändern die beteiligten Akteure ihre Strategien unter Bezug auf alle übrigen solange, bis jeder das unter den gegebenen Bedingungen für sich beste Ergebnis erzielt hat, ist das Nash-Gleichgewicht und damit eine stabile Lösung der Situation erreicht. Einseitiges Handeln ist in jedem institutionellen Setting möglich, jedoch unterschiedlich wahrscheinlich. Im Kontext der eben beschriebenen anarchischen Felder ist es am wahrscheinlichsten. Sie sind frei von institutionellen Regelungen und beinhalten keine unabhängigen Sanktionsmöglichkeiten. Mit einseitigem Handeln ist die Annahme verbunden, dass Akteure ausschließlich egoistisch-rational zur unmittelbaren Maximierung ihres Nutzens handeln. Kooperations- und Konsensbereitschaft stehen dahinter zurück.

Sind grundlegende Rechte der Akteure geschützt, etwa durch das Vorhandensein einer formalen Rechtsordnung oder verinnerlichter Traditionen, Werte und Normen, werden so genannte minimale Institutionen in anarchische Felder eingeführt (Scharpf 2006: 192-193). Sie ermöglichen die unabhängige Sanktionierung bestimmter Formen einseitigen Handelns und werden aus der Notwendigkeit des Schutzes Dritter bei individuellen Entscheidungen abgeleitet. Ausgeübt werden sie durch eine formale Veto-Option. Die Interaktion unter Bedingungen minimaler Institutionen wird als negative Koordination politischer Interessen bezeichnet. Sie hat den Vorteil, dass eine Verschlechterung des Status quo am Veto der Betroffenen scheitern würde. Politische Entscheidungen sind damit aus wohlfahrtstheoretischer Gesamtperspektive ausschließlich positiv. Nachteil negativer Koordination ist ihr geringer innovativer Charakter. Die Konsequenzen innovativer Lösungen sind nicht vorhersehbar und damit risikoreicher, so dass oftmals ein „inkrementeller Konservatismus" aus Sicht der betroffenen Akteure bevorzugt wird. In den Settings Netzwerk, Verband und Organisation kommt es weit weniger zur Anwendung einseitigen Handelns. Die Gewährleistung einer langfristigen Erwartungssicherheit spielt eine wichtigere Rolle, als kurzfristige Vorteile durch einseitiges Handeln (Schimank 2007: 38). Netzwerke basieren zwar auf einem hohen Maß individueller Autonomie der Akteure, jedoch auch einem gleichfalls hohen Maß an gegenseitigem Vertrauen (Wald & Jansen 2007: 97), während sich Verbände und Organisationen als kollektive Akteure durch einen hohen Grad an formaler Verhaltensregulation gegenüber ihren Mitgliedern charakterisieren lassen. Einseitiges Handeln ist dabei jedoch explizit nicht ausgeschlossen. Aufgrund der Abhängigkeit von anderen Akteuren für die eigenen politischen Ziele werden potenzielle Sanktionen gegen möglichen Nutzen einseitigen Vorgehens intensiv abgewogen.

4.2.2. Verhandlung

Auch Verhandlungen sind nach spieltheoretischer Diktion kooperative Spiele, da die Akteure ihre Aktionen in Bezug auf eine gemeinsame Entscheidungsfindung bewusst koordinieren. Unter dem garantierten Schutz ihrer grundlegenden Rechte interagieren sie mit dem Ziel wohlfahrtsoptimaler gemeinsamer Lösungen. Jeder Einzelne würde diesen nicht zustimmen, sollten sie subjektiv nicht attraktiver sein als der Status quo (Scharpf 2006: 197). Das höhere Schutzniveau und durch Kooperation gesteigerte Wohlfahrtspotenzial grenzen den Modus der Verhandlung institutionell von einseitigem Handeln ab. Der politische Output wird jedoch nicht nur durch die verhandlungsbasierte Entscheidungsfindung determiniert. Die Implementierung von Verhandlungsergebnissen ist ebenso wichtig. Entscheidungen zu treffen, ist lediglich ein Aspekt, ihre Umsetzung wird oft durch opportunistisches Verhalten beeinträchtigt (Heinelt 2004: 33), so dass kooperative Problemlösungsprozesse durch das Verhandlungsdilemma geprägt sein können. Seine Erklärung macht die Auseinandersetzung mit der Produktions- sowie der Verteilungsdimension von Nutzen und asymmetrischen Informationen der Verhandlungsteilnehmer notwendig. Sie sind Schlüsselelemente von Verhandlungen.

Kooperative Verhandlungslösungen zur Steigerung der Gesamtwohlfahrt gehen nicht zwangsläufig mit einer Verbesserung des Status quo für jeden Beteiligten einher. Im politischen Alltag lassen sich jedoch Situationen beobachten, in denen Akteure Verhandlungslösungen zustimmen, deren Ergebnis sie potenziell benachteiligen würde. Eine ausgeprägte Gemeinwohlorientierung ist dafür weniger verantwortlich, als Möglichkeiten der Umverteilung des kollektiven Nutzens. Benachteiligte Akteure können für ihre Nachteile kompensiert werden. Hierfür eignen sich so genannte Paketlösungen, in denen neben dem konkreten Verhandlungsgegenstand weitere politische Interessen integriert und mit besonderen Zugeständnissen an die „Verlierer" von Verhandlungslösungen realisiert werden. Auch klassische Tauschgeschäfte wie Ausgleichszahlungen oder das so genannte „logrolling" (Stimmentausch in aufeinanderfolgenden Entscheidungsverfahren) erfüllen diesen Zweck. Die Verteilung von Produktions- und Verteilungsnutzen bei der Problemlösung wird zum entscheidenden Merkmal bei der Differenzierung verschiedener Verhandlungsmodi (Tab. 6).

60

Bedeutung der Produktionsdimension	Bedeutung der Verteilungsdimension	
	Gering	hoch
gering	*Spotverträge*	*distributives bargaining*
hoch	*Problemlösen*	*positive Koordination*

Tab. 6: Problemorientierte Verhandlungsmodi

Spotverträge beziehen sich auf eng abgegrenzte Verhandlungsgegenstände, die für alle Beteiligten mit einem klaren „Preis" ausgezeichnet sind. Im politischen Alltag spielen sie eine untergeordnete Rolle, da Aspekte der Produktion und Verteilung von Nutzen von geringer Bedeutung sind. Politische Prozesse definieren sich über eine Konstellation, die den Verteilungscharakter des politischen Produktionsprozesses explizit betont. Verhandlungen im Modus des distributiven bargainings spielen dagegen eine größere Rolle. Dies wird dadurch erklärt, dass der Verhandlungsgegenstand zwar ebenfalls klar umrissen, die Verteilung seines Nutzens jedoch umstritten ist. Blockaden angestrebter Ergebnisse durch einzelne Teilnehmer können durch Tauschgeschäfte kompensiert werden. Überwiegen die kollektiven die individuellen Interessen, finden kooperative Verhandlungen im Modus des Problemlösens statt. Ist der eigene Nutzen einer solchen Problemlösung unabhängig von dem der anderen Verhandlungsteilnehmer, sinkt die Bedeutung von Verteilungsproblemen. Die Chance auf effektive und effiziente Problemlösungen erhöht sich (Scharpf 2006: 221-222).

„Dennoch hängt das Problemlösen von speziellen psychologischen Bedingungen oder institutionellen Arrangements ab, die Verteilungsprobleme neutralisieren, und in diesem Sinne bleibt es unter den Verhandlungstypen die Ausnahme. Im Normalfall müssen sich die Verhandlungsteilnehmer gleichzeitig mit Verteilungs- und Produktionsproblemen auseinandersetzen (Scharpf 2006: 225)."

Eine mögliche, wenn auch lediglich analytische Lösung dieses Dilemmas, liegt in der sequentiellen Trennung beider Probleme durch „Argumentieren" und „Verhandeln". Wenn beide Problemstellungen erfolgreich gelöst werden, dann liegt der Verhandlungsmodus einer positiven Koordination vor. Die analytische Trennung ist im realen Verhandlungsprozess kaum aufrechtzuerhalten und asymmetrische Informationen können die offene Kommunikation und das gegenseitige Vertrauen aller Akteure durch den Opportunismus Einzelner negativ beeinflussen. Theoretisch sind in jedem institutionellen Setting kooperative Interaktionsformen möglich. Realistisch sind sie in Netzwerken, Organisationen und Verbänden. In anarchischen Feldern kann kooperatives Verhalten aufgrund des fehlenden Schutzes individueller Rechte jederzeit durch sanktionsloses einseitiges Handeln konterkariert werden. Auch minimale Institutionen bieten wenig Potenzial für erfolgreiche Verhandlungslösungen. Zwar können Ergebnisse aufgrund des Vorhandenseins minimaler Standards als negative Koordination erzielt werden, ihre Implementierung ist durch die ungestrafte Möglichkeit einseitigen Handelns jedoch in Frage zu stellen (Scharpf 2006: 230-231).

Netzwerken wird in der Politikproduktion zunehmende Aufmerksamkeit geschenkt (vgl. Schneider 2009). Im politikwissenschaftlichen Kontext diskutiert Scharpf (2006: 231-232) ihre strukturellen und prozessorientierten Merkmale: Zweck von Netzwerken ist die gegenseitige Unterstützung zwischen Akteuren, die versuchen, komplexe politische Entscheidungen nach ihren Interessen zu beeinflussen. Die dabei entstehenden Beziehungsmuster sind freiwillig, semipermanent und kooperativ. So genannte Netzwerkeffekte, die als „langer Schatten der Vergangenheit und Zukunft" (Schimank 2007: 41) und hohe Transparenz von Interaktionen für Dritte bezeichnet werden, betonen die Bedeutung von Vertrauen und Kooperation. Soziale Akteure können sich an frühere Interaktionen und das Verhalten anderer erinnern. Sie entwickeln dadurch Erwartungen an zukünftige Handlungen. Vertrauen und Verlässlichkeit werden in Netzwerken zu sozialem Kapital. Es entfaltet seine Wirkung durch die Reziprozität politischen Handelns, die mit dem Begriff der „structural embedded action" (Granovetter 1985) begrifflich gefasst werden kann. Er bezeichnet die Einbettung sozialen Handelns in multiple Bezüge. Über sie wird der individuelle Nutzen einzelner Akteure mit dem ihrer Interaktionspartner verknüpft. Gegenseitiges Vertrauen, gemeinsames Wissen über das zu behandelnde politische Problem und das zu erwartende Handeln werden zu wichtigen Eigenschaften der Politikfähigkeit.

4.2.3. Hierarchische Steuerung

Hierarchische Steuerung beinhaltet die Möglichkeit eines Akteurs, die Entscheidungsprämissen anderer zu beeinflussen. Überlegene Fähigkeiten, Tradition, religiöser Glaube, Charisma oder rechtliche Grundlagen wie formalisierte Weisungsbefugnis können solche Möglichkeiten schaffen (Scharpf 2006: 282). Probleme können sich in ihrer Legitimation ergeben, da zum einen Belange betroffener Akteure mangels Kenntnis übergangen werden können und zum anderen im Gegensatz zu den Interessen des Beeinflussten stehen können (Wald & Jansen 2007: 96). Scharpf spezifiziert dies noch einmal, indem er feststellt,

> dass die informationellen Probleme der hierarchischen Koordination von zwei Faktoren abhängen: erstens von der Menge der Entscheidungsprämissen auf den unteren Ebenen, die durch hierarchische Steuerung [durch die jeweils übergeordnete Ebene, SK] ersetzt werden müssen, und zweitens von der Vielfalt und Variabilität der lokalen Informationen, die für die optimale Bestimmung dieser Entscheidungsprämissen gebraucht werden." (2006: 288).

Dialog und selektive Intervention sollen über die Partizipation betroffener Akteure aus den untergeordneten Ebenen helfen, die Defizite hierarchischer Steuerung zu kompensieren. Sie sind die Grundlage des Subsidiaritätsprinzips, das vor allem in politischen Mehrebenensystemen zum Einsatz kommt. Input- und feedback-Prozesse werden damit zu wichtigen Aspekten in der Politikentwicklung.

Der akteurzentrierte Institutionalismus begründet und zeigt auf, wie mit dem analytischen Rahmen einer allgemeinen politischen Systemtheorie auf einer geringeren Abstraktionsebene umgegangen werden kann. Er präzisiert ihre theoretischen Implikationen für die realpolitischen Prozesse. Das von Easton als analytische Meta-Ebene modellierte System und das Konzept einer interaktionsorientierten Auseinandersetzung mit politischen Prozessen von Scharpf basieren letztlich auf den gleichen Grundlagen. Beide sind in ihren Annahmen, der Bedeutung von Akteuren und ihrer institutionellen Einbettung in systematische Zusammenhänge, kompatibel, setzen analytisch jedoch auf unterschiedlichen Ebenen an. Während Eastons Konzept auf einer Meta-Ebene über die Definition und Systematisierung konstitutioneller Zusammenhänge politischen Lebens einen empirisch-analytischen Zugang konzeptioniert, kann dieser mit dem akteurzentrierten Institutionalismus, nach Scharpf fokussiert, differenziert und theoretisch angereichert werden. Die Konsequenz ist eine deutlich schärfere politikfeldanalytische Kontur. Politische Prozesse sowie Akteure und ihre Interaktionen stehen im Zentrum der Erklärung europäischer

Sportpolitik und können als zentrale Einflussfaktoren auf die Koordination und Steuerung in politischen Prozessen identifiziert werden. Diese Faktoren sind eingebettet in das politische System der Europäischen Union, dessen institutionelles Design ihnen Konturen verleiht und Akteuren spezifische funktionale Rollen zuweist (Abb. 15).

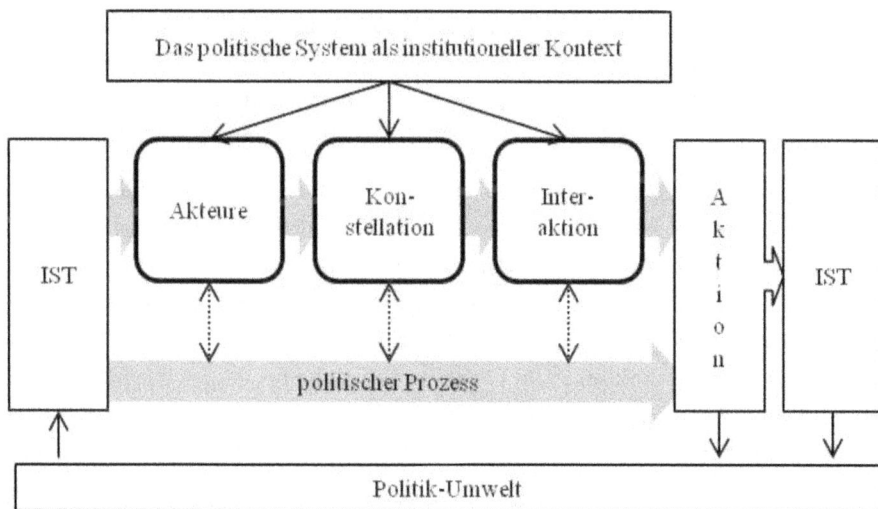

Abb. 15: Analytisches Schema zur interdependenten Faktorenanalyse politischer Prozesse (nach Scharpf 2006: 85)

Wenn über Interaktionen und politische Prozesse gesprochen wird, stellt sich neben der Frage nach Einflussfaktoren auch die nach einem Steuerungszentrum: Wer ist in der Lage, den Prozess zu lenken und Akteure in ihren Handlungsoptionen zu beeinflussen? Der politische Alltag beweist, dass bestimmte Akteure mehr Einfluss nehmen als andere. In hierarchischen Strukturen fällt die Identifikation dieser Akteure relativ leicht. In allen übrigen institutionellen Kontexten gilt dies weniger. Benz (2004: 17) stellt bei der Suche nach ihnen fest, „dass man bei der Erfüllung komplexer gesellschaftlicher Aufgaben immer weniger auf die Durchsetzungsmacht des vermeintlich souveränen Staates vertrauen kann". Veränderungen in der Beziehung zwischen Staat, Wirtschaft und Gesellschaft haben dazu geführt, dass politische Probleme und die zu ihrer Lösung initiierten Prozesse sich über nationale Grenzen hinwegsetzen. Doch nicht nur territoriale, auch sektorale und funktionale Grenzen lösen sich zunehmend auf. Der Staat stößt bei der hierarchischen Steuerung und

Koordinierung von Politik an seine Grenzen und sieht sich einer neuen Herausforderung zur Handlungskoordination gegenüber. Hieraus ist folgende Konsequenz zu ziehen:

> „In modernen Gesellschaften, die ohne ein Steuerungszentrum funktionieren, muss Politik generell als Management von Interdependenzen verstanden werden. Steuerung und Kontrolle sind nicht einseitige Tätigkeiten einer zuständigen Institution (des Staates), sondern Prozesse der Interaktion zwischen kollektiven Akteuren, wobei Steuerungssubjekt und Steuerungsobjekt nicht mehr eindeutig unterschieden werden kann." (Benz 2004: 17)

In Bezug auf politische Akteurskonstellationen und Interaktionsformen bedeutet dies, dass hierarchische Formen gegenüber den verschiedenen Arten von Netzwerken und kooperativen Handlungsformen in den Hintergrund treten. Sie verlieren jedoch nicht an Bedeutung. Ähnlich wie Benz kommt auch Scharpf (2006: 323) zu der Erkenntnis, dass Hierarchien immer weniger in der Lage sind, effektive und effiziente Lösungen politischer Probleme herbeizuführen. Sie gewinnen jedoch in einer anderen Funktion neue Bedeutung (vgl. Döhler 2007): Über die hierarchische Autoritätsstruktur als institutioneller Rahmen kooperativer und wettbewerbsorientierter Prozesse. Während öffentliche Akteure aufgrund zunehmender Komplexität politischer Probleme immer weniger auf hierarchische Intervention zurückgreifen, kann die Autoritätsstruktur einen Rahmen für ein effektiveres und effizienteres policy-making bereitstellen. Granovetters (1997: 197-204) „structural embedded action" meint genau dies. Die Einbettung in hierarchische Strukturen ist in der Lage, andere Interaktionsformen potenziell zu beeinflussen und dennoch deren Potenziale im Sinne des Gemeinwohls zu nutzen sowie durch Partizipation im Willensbildungs- und Entscheidungsprozess Transaktionskosten hierarchischer Intervention zu minimieren (vgl. Williamson 1975). Hierarchische Akteure übernehmen dabei weniger die Rolle des letztinstanzlichen Entscheidungsträgers, als die des policy brokers.

Bei der EU handelt es sich im Vergleich zum Nationalstaat um einen entgrenzten politischen Raum. Bei der Analyse und Erklärung politischer Prozesse und ihrer Ergebnisse kommt daher dem zuvor lediglich umrissen Phänomen der Governance als Koordination politischer Prozesse in entgrenzten Regelsystemen zentrale Bedeutung zu.

Kapitel 5:
Prozesskoordination in entgrenzten politischen Kontexten

Die Entgrenzung politischer Regelsysteme ist einer gewandelten funktionalen Beziehung zwischen Staat, Markt und Zivilgesellschaft geschuldet (vgl. Mayntz 2005, 2006). Wenn festgestellt wird, dass bei der Erfüllung gesellschaftlicher Aufgaben immer weniger auf die Durchsetzungsmacht des Staates vertraut werden kann, verweist genau dies auf Veränderungen im Verhältnis der Einfluss- und Problemlösungspotenziale zwischen den gesellschaftlichen Sphären Staat, Markt und Zivilgesellschaft. Staatlichkeit und die mit ihr traditionell mitgedachte hierarchische Weisungskompetenz sind heute weniger als übergeordnetes Prinzip gesellschaftlicher Organisation zu verstehen (Benz 2009: 13). Vielmehr haben sich Markt und Zivilgesellschaft emanzipiert (Braun & Giraud 2009: 160) und mit Preis und sozialem Kapital alternative Prinzipien kollektiven Handelns begründet (Abb. 16).

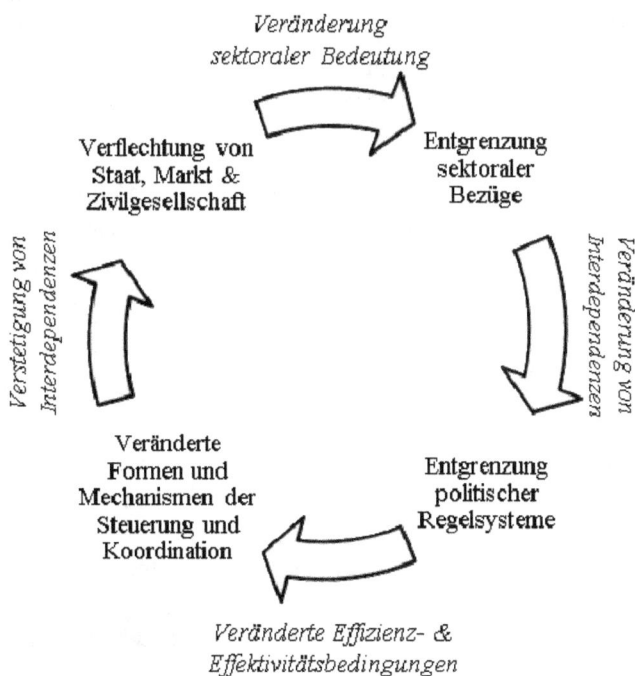

Abb. 16: Veränderung kollektiven politischen Handelns

In einem politischen System wie der Europäischen Union kommt es nicht nur zu einer territorialen Entgrenzung. Als politisches Regelsystem über mehrere Ebenen sind neben europäischen und nationalen auch regionale und lokale Akteure mitsamt ihren Interessen involviert. Hierbei handelt es sich sowohl um öffentliche wie private Akteure. Die Auflösung von eindeutig definierten Macht- und Steuerungszentren und der Bedeutungsverlust hierarchischer Interaktionsmodi zugunsten eingebetteter und hybrider Formen führen zu der Frage, wie die entstehenden Interdependenzen zwischen Akteuren und ihren Interessen problem- und lösungsorientiert koordiniert werden, denn auch für die EU-Sportpolitik gilt,

> „[…], dass sich Ebenen nicht in einer gestuften Ordnung befinden, in der auf jeder Ebene autonom regiert wird, sondern dass Regieren im Wesentlichen in der Koordination zwischen Ebenen besteht. Der Begriff berücksichtigt zudem, dass neben den Beziehungen zwischen Regierungen auf unterschiedlichen Ebenen auch ‚horizontale' Beziehungen von Akteuren innerhalb der Ebenen die Politik beeinflussen. Politische Mehrebenensysteme werden also weder von einem Zentrum aus regiert, noch werden öffentliche Aufgaben nach Ebenen getrennt innerhalb von staatlichen Gebietseinheiten erfüllt (Benz 2009: 15)."

In modernen Gesellschaften kommt es zur zunehmenden Verflechtung von Staat, Markt und Zivilgesellschaft. Politische Interaktion findet in komplexen und miteinander gekoppelten institutionellen Kontexten statt. Sie stellen gegenüber einer eher sektoralen Politik neue Anforderungen an die beteiligten Akteure. In ihrer Konsequenz führt die Entgrenzung politischer Prozesse zu einer Differenzierung, Spezialisierung und Kombination von Steuerungsformen und -modi (vgl. Wald & Jansen 2007: 94). Zu ihrer Beschreibung kann der von Mayntz (2006) abgeleitete Begriff des kooperierenden politischen Systems verwendet werden. Das hinter dem Begriff stehende Konzept impliziert die zurückgehende Bedeutung hierarchischer Steuerungsmodi auf staatlicher Seite hin zu einer stärker kooperativen und inklusiven Vorgehensweise in Netzwerken aus Staat, Markt und Zivilgesellschaft.

5.1 Governance zwischen hierarchischer Steuerung und Netzwerkkooperation

Der auf einer veränderten Rolle öffentlicher Instanzen basierende Bedeutungsrückgang hierarchischer Steuerungsformen wurde bereits mehrfach skizziert. Er hat für die Veränderung von Staatlichkeit zentrale Auswirkungen: Aufgrund einer zentralistischen Struktur auf der nationalen Ebene fehlen zur adäquaten Problemlösung häufig ausreichende Informationen und Expertise. Die Verflechtung politischer Prozesse über die verschiedenen Ebenen der EU führt zu einer Komplexität, die mit einer hohen Wahrscheinlichkeit funktionale Defizite hierarchischer Steuerungsformen hervorruft. Die Politik der EU vollzieht sich deshalb in einem komplementären Mix aus Formen der Hierarchie, des Marktes und der Gemeinschaft. Innerhalb dieser Formen finden sich Modi des Wettbewerbs, des Tausches, der einseitigen Machtausübung, von Verhandlungen, des Vertrauens und ein- sowie wechselseitiger Anpassung (Benz 2004: 5). Mit ihnen werden kollektive Handlungsfähigkeit zur Verfolgung gesellschaftlicher Ziele, die verbindliche Auswahl und Legitimation entsprechender Programme sowie die Bewältigung von politischen Herausforderungen angestrebt. Schimank (2007: 35-38) definiert über diese kombinatorische Vielfalt die Grundlagen des Governance-Ansatzes. Auch wenn Fragen der Governance grundsätzlich denen der politischen Steuerungstheorie entsprechen, handelt es sich nicht um ihre Weiterentwicklung. Beide Ansätze beschäftigen sich mit Zusammenhängen des „Wer steuert?", „Wer wird gesteuert?" und „Wie wird gesteuert?" (vgl. Mayntz 1997). Gleichzeitig unterscheiden sich beide aufgrund der ihnen zugrunde liegenden Annahmen in ihren Antworten. Vor dem Hintergrund des zuvor Skizzierten, können vier Bezugspunkte für die Unterscheidung benannt werden: Erstens, das Steuerungssubjekt, zweitens, das Steuerungsobjekt, drittens, der Dualismus aus Steuerungsform und -modus sowie, viertens, das Steuerungsziel. Der Governance-Perspektive wohnt ein immanenter Gestaltungsanspruch inne, der sich in einer veränderten sozialen Ordnung vollzieht:

> „Eine Konstellation von Gestaltungsakteuren steht einem Gestaltungsgegenstand, der ebenfalls eine Akteurskonstellation darstellt, gegenüber und beide lassen sich über das Gestaltungshandeln in relationären Konstellationen hinsichtlich der in ihnen waltenden sozialen Ordnungsmuster betrachten (Schimank 2007: 30)."

Damit vereint Governance explorativ-fragende und theoretisch-rekonstruktive Perspektiven. Den Schwerpunkt bilden erstere. Die sozialen Ordnungsmuster werden durch den institutionellen Kontext der Akteurskonstellation und die verschiedenen belief systems gebildet. Sie konstituieren die Spielregeln, nach denen Interdependenzen präformiert und bewältigt werden. Im Kontext der europäischen Integration ist vor allem die Entwicklung junger Politikfelder durch die Implikationen des Governance-Ansatzes geprägt.

Die Entstehung und Entwicklung des Politikfelds Sports basiert sowohl auf Formen der hierarchischen Intervention, indem Kommission und EuGH auf Basis des Gemeinschaftsrechts indirekt Sportpolitik betreiben. Gleichzeitig zeigen sich verhandlungs- und konsensorientierte Gestaltungsprozesse zwischen den Mitgliedstaaten, lange Zeit ohne dass für diese eine formalrechtliche Grundlage bestand. Die Politikfeldentwicklung folgt zudem der Auseinandersetzung über einzelne sportpolitische Themen und lässt sich mit Hilfe fragmentierter bzw. integrierter Politikbereiche erklären. Auch hier wechseln sich hierarchische und netzwerkartige Akteurskonstellationen in ihrem Einfluss ab. Nach der grundsätzlichen Argumentation von Rosenau (1992: 4) eignet sich der Governance-Ansatz zur Politikfeldanalyse des Sports, denn er zielt auf die Erklärung:

> „der Gesamt aller nebeneinander bestehenden Formen der kollektiven Regelung gesellschaftlicher Sachverhalte von der institutionalisierten zivilgesellschaftlichen Selbstregelung über verschiedene Formen des Zusammenwirkens staatlicher und privater Akteure bis hin zu hoheitlichem Handeln staatlicher Akteure." (Mayntz 2005: 46)

Über seine Gebundenheit an Akteure berücksichtigt er die Bedeutung von Institutionen und ermöglicht dadurch die Integration des akteurzentrierten Institutionalismus als Erklärungsansatz für die Einflüsse verschiedener Stakeholder auf die Entwicklung und Koordination von Politikfeldprozessen. Den Entscheidungsträgern im politischen System stehen bei der Koordination politischer Prozesse verschiedene Politikinstrumente zur Verfügung (Tab. 7). Ihre jeweilige Bedeutung bei der Koordination politischer Prozesse variiert mit deren institutionellem Setting.

Sicherstellung öffentlicher Güter und Ressourcen		Beeinflussung gesellschaftlichen Handelns			
		direkt	Indirekt		
Hoheitsrechte	öffentliche Güter	regulative Politik	Finanzierung	Strukturierung	Überzeugung

Tab. 7: Typen von Politikinstrumenten (Braun & Giraud 2009: 162)

Bei zurückgehender Durchsetzungsmacht des Staates ist die Beeinflussung gesellschaftlichen Handelns von besonderer Bedeutung. Dies kann direkt, über Zwang, oder indirekt, über die Veränderung von Handlungskontexten durch Anreize, geschehen. Zwang drückt sich in der Anwendung exklusiver Hoheitsgewalt aus. In Form regulativer Politik besteht so die Möglichkeit zur verbindlichen Umsetzung politischer Entscheidungen. Über finanzielle Anreize können Akteure zur Kooperation animiert werden. Die Entscheidung über Annahme oder Ablehnung eines solchen Anreizes liegt ausschließlich in der Hand des Adressaten. Strukturierung bezieht sich auf die Schaffung bestimmter institutioneller Rahmenbedingungen, die Konstellationen und intendierte Effekte zwischen bestimmten Akteuren prädestinieren. Vor allem die Verfahrensmodi der politischen Interaktion (z.B. gemeinsames Lernen oder Wettbewerb zwischen den Akteuren über best-practice-Modelle) sind hier zu nennen. Über Information, Werbung und Argumentation, also verschiedene Formen der Kommunikation, verfügen politische Akteure auch über das Instrument der Überzeugung.

Der Governance-Ansatz bezieht sich auf alle Dimensionen des Politikbegriffs. Er stellt einen systemischen Zusammenhang zwischen politischen Institutionen (polity), Prozessen (politics) und Zielen bzw. Inhalten (policy) her. Auch wenn das Steuern und Koordinieren von Politik den Kern von Governance ausmacht, nimmt dieser jedoch nicht die Tätigkeit allein in den Blick (Benz 2004: 14). Als analytischer Ansatz kombiniert Governance diese mit dem qualitativen Aspekt der Art und Weise. Die soziale Ordnung zwischen Akteuren und die Bewältigung der daraus entstehenden Interdependenzen bilden deshalb einen erweiterten Schwerpunkt (Schimank 2007: 30). Zusammengefasst können nach Benz (2004: 16-17) folgende Merkmale als Charakteristika formuliert werden: Das Fehlen eindeutiger hierarchischer Über- und Unterordnungsverhältnisse und klarer Abgrenzung der Herrschaftsbereiche, die Steuerung und Kontrolle politischer Prozesse durch einen Mix aus einseitiger Machtausübung und Kooperation einerseits sowie Kommunikation und Verhandlungen andererseits. Das abschließende Merkmal bildet die Dominanz von Prozessen über Strukturen und deren kontinuierliche Veränderung. Inwieweit der Governance-Ansatz die Auseinandersetzung mit der Sportpolitik der Union und der Vielzahl ihrer Akteure hilfreich ist, lässt sich aus folgendem Zitat ableiten:

„Ein Akteur kann also seine Handlungsziele nur dann zu erreichen hoffen, wenn bestimmte andere Akteure auf mehr oder weniger bestimmte Weise

handeln oder nicht handeln: ihn zum Beispiel unterstützen, mit ihm koope-
rieren, sich mit ihm absprechen, ihn nicht sanktionieren oder sein Handeln
dulden." (Schimank 2007: 30)

Da die Europäische Union ihre Bürger lediglich über die Mitgliedsstaaten sowie die
intermediäre Organisationen der Zivilgesellschaft erreichen kann, kommt diesen als
Adressaten ihrer Politik eine besondere Bedeutung zu. Europäische und nationale
Sportverbände fungieren innerhalb der organisierten Sportbewegung dabei als Multiplikatoren europäischer Politikziele. Sie werden zu den strukturellen Knotenpunk-
ten im Europäisierungsprozess von Sportpolitik. Netzwerke sind dabei zentrale
Akteurskonstellationen für ihre Entwicklung.

5.2 Governance als Programmatik netzwerkartiger Politikfeldentwicklung

Da Politikkoordination nicht mehr auf öffentliche Akteure beschränkt ist, sind private Interessenvertreter ebenfalls hinsichtlich ihres Einflusses auf die kollektive
Willensbildung zu beleuchten. Unter den gewandelten Bedingungen stehen sie nicht
mehr in einer einseitigen Abhängigkeit zu staatlichen Instanzen. Ihre, primär hierarchische, gegenseitige Beziehung wandelt sich durch die Einbettung alternativer
Kooperationsformen in netzwerkartige Strukturen. In ihnen wechseln Akteure, je
nach eigenen politischen Interessen, zwischen Assoziierung und Konkurrenz. Als
Folge entstehen kollektiv verbindliche Entscheidungen nach dem Modus des Konsens, des Verhandelns oder des Wettbewerbs (vgl. Benz 2007b). Die formale institutionelle Ordnung politischer Systeme wandelt sich zu hierarchisch beeinflussten
Verhandlungssystemen. Sie sind das Sinnbild eines kooperativen politischen Systems. Verhandlungen erfolgen über sämtliche Ebenen der EU. Die belief systems
der beteiligten Akteure geben den Verhandlungen ihren institutionellen Rahmen.
Die so entstehenden netzwerkartigen Konstellationen lassen sich in verschiedene
Formen unterschieden.

Professional networks: Die Konzentration liegt auf dem Produktionsaspekt politischer Entscheidungen. Sie werden durch eine hohe Kontinuität, Interdependenzen
zwischen den beteiligten Akteuren sowie einer hohen sytemintegrativen Wirkung
charakterisiert.

Intergouvernemental networks: Im Zentrum stehen Konfliktlösungen und der Ausgleich heteorgener zwischenstaatlicher Interessen. Dieser Netzwerktyp variiert

jeweils in seiner Kontinuität. Ist diese hoch, steigt auch die systemintegrative Wirkung.

Issue networks: Spezifischer als der zuvor behandelte Typus dienen issue Netzwerke dem objektbezogenen Interessenausgleich und der Konfliktbearbeitung. Sie haben meist eine hohe Zahl an staatlichen wie nicht-staatlichen Akteuren und aufgrund ihres Problembezugs eine geringe Kontinuität. In der Folge sind auch die Interdependenzen zwischen den Beteiligten geringer ausgeprägt.

Policy networks: Policy Netzwerken liegt oft eine hohe Übereinstimmung über das von allen Beteiligten zu erreichende Ziel zu Grunde. Folglich kommen neben dem Interessenausgleich und der Konfliktbewältigung auch Aspekte der Steuerung von Politik zur Zielerreichung als charakteristische Merkmale hinzu.

Die politikrelevanten Aspekte von Netzwerken lassen sich näher bestimmen (Dinter 2001: 37-39): Sozialintegration, Macht, Interessenausgleich und Konfliktbewältigung sowie Systemintegration durch Steuerungsleistung und -wirkung sind die Kriterien, anhand derer sich die einzelnen Varianten unterscheiden lassen. Sie alle verfügen jedoch über eine Gemeinsamkeit, indem sie auf die zunehmende Selbstorganisation gesellschaftlicher Akteure in politischen Systemen zielen.

Die EU kann, ebenso wie die organisierte Sportbewegung, als institutionalisiertes Netzwerk zur Koordination politischer Interessen begriffen werden. Sie ist nicht nur der Rahmen solcher Netzwerke. Als politischer Akteur betrachtet, besitzt sie eine spezifische Funktion:

> „Eine ,Orientierungsfunktion', eine ,Organisationsfunktion' und eine ,Vermittlungsfunktion' werden zu den zentralen Bestandteilen des kooperativen *politischen Systems* [Änderung durch den Verfasser, SK], das aber sehr wohl die Trumpfkarte der hoheitlichen Letztendscheidung behält und damit nach wie vor eine Sonderstellung unter den Teilnehmern an den Netzwerken einnimmt." (Braun & Giraud 2009: 161)

Im Kontext des Governance-Ansatzes muss die Europäische Union damit einerseits als eigenständiger politischer Akteur in seiner Beziehung zu anderen gesehen werden. Als institutioneller Rahmen von Netzwerken in der transnationalen Politikproduktion muss sie dagegen als politisches System analysiert werden, in dem sich politischen Akteuren als Folge des institutionellen Wandels ihres Handlungskontextes neue Herausforderungen stellen.

TEIL B: Das politische System der Europäischen Union

Entsprechend seiner strukturellen Untergliederung in Politikfelder und Politikbereiche fungiert das politische System als übergeordneter institutioneller Rahmen. Je nach politischem Themenfeld differenzieren sich dessen politischer Werte- und Normenkanon, die institutionellen Ordnungsprinzipien und Interaktionsstrukturen aus. Da dies auch für den Sport angenommen wird, werden in den folgenden Kapiteln grundlegende Aspekte des EU-Systems thematisiert, um die institutionellen Besonderheiten der Europäischen Union herausstellen zu können.

Für die Entstehung und Entwicklung der Europäischen Union wird oft der Begriff der europäischen Gemeinschaftsbildung verwendet. Mit diesem Synonym lässt sich auf einen Prozess der Entwicklung transnational geteilter Werte- und Normenvorstellungen einer neuen politischen Kultur verweisen (vgl. Patrick 1984, Almond, Powel & Mundt 1996). Auch wenn sich dieser Prozess oberhalb der nationalstaatlichen Ebene vollzieht, sind sein Ursprung und seine Wirkung auf der nationalen Ebene anzusiedeln. Mit der europäischen Integration wurde bewusst eine institutionelle Struktur geschaffen, die mit einer eigenen Funktionslogik ausdrücklich in nationale Politik hineinwirkt.

Die ausführliche Beschäftigung mit den politiktheoretischen Grundlagen dieser Forschungsarbeit gibt dem Vorhaben der politischen Systemanalyse seine Struktur. Zur Identifikation von Transformationseffekten nationaler Politik liefert das politische Systemkonzept eine analytisch-empirische Struktur. In ihrem Mittelpunkt steht der politische Prozess. Dieser wird entsprechend des Governance-Ansatzes durch seine Akteure geprägt. Ihre Konstellationen und individuellen Einflusspotenziale sind von der institutionellen Beschaffenheit ihres Handlungskontextes abhängig und können entsprechend durch die Berücksichtigung akteurzentrierter Ansätze des Institutionalismus betrachtet werden: Die Union wird als ein politisches System eigener Art bezeichnet, so dass zum Verständnis seiner institutionellen Grundlage der Prozess der europäischen Integration nachvollzogen werden muss: Aus ihm erklärt sich die spezifische Beschaffenheit der Europäischen Union als Mehrebenensystem, genauso wie die Aufgaben und Funktionen von politischen Akteuren, die Spezifika des gemeinschaftspolitischen Prozesses und die Bedeutung des institutionellen Wandels für die inhaltliche Entwicklung von EU-Politik.

Kapitel 6:
Europäische Integration und politische Systembildung

Ziel dieses Kapitels ist es, systembildende Qualitäten des europäischen Integrationsprozesses zu identifizieren. Als erste Aufgabe stellt sich dabei die Bestimmung von Ursachen und Auslösern des Transfers nationaler Kompetenzen „nach Europa".

Die Ursachen der Bemühungen um eine europäische Gemeinschaft sind vielfältig und differenziert. Das Europa des 20. Jahrhunderts war durch kulturelle, sprachliche, religiöse und wirtschaftliche Spaltung gekennzeichnet. Entlang dieser Trennlinien verhinderte ein zunehmender Nationalismus die Ausbildung einer europäischen Identität und förderte die nationale Segregation, die in einem Jahrhundert politischer Konflikte, einer Vielzahl an regionalen politischen wie militärischen Konflikten und zwei Weltkriegen gipfelte. Europäische Integration ist deshalb phänomenologisch zunächst als Prozess zu beschreiben, dessen Ziel die geregelte Kontrolle politischer Instabilität im Europa des 20. Jahrhunderts ist.

Zur Interpretation der Hintergründe bieten sich vier Ansätze (Nugent 2006: 11-23). Der erste betrachtet die „Idee Europa" als historisches Phänomen, das durch konkurrierende nationale Interessen überlagert wurde. Der am Ende des Zweiten Weltkriegs formulierte Gedanke einer politischen Gemeinschaft Europas wird so als Wiederbelebung einer tief in der Geschichte des Kontinents verwurzelten gemeinsamen Identität der europäischen Völker gesehen. Eine zweite Interpretation rückt die weltpolitisch veränderte Situation nach 1945 in den Fokus. Nicht nur der Kampf gegen den Nationalismus und die Bewältigung des wirtschaftlichen Wiederaufbaus im zerstörten Europa standen dabei im Mittelpunkt. Die veränderte machtpolitische Landkarte und der auf ihr ablesbare Ost-West-Konflikt verlangte neue Formen politischer Kooperation, um Westeuropa zu schützen. Hinzu kamen neue Anforderungen in der wirtschaftspolitischen Kooperation als Konsequenz der Neuordnung des Weltfinanzsystems durch das Abkommen von Bretton-Woods. Der dritte Ansatz greift auf Notwendigkeiten der wirtschaftlichen und gesellschaftlichen Modernisierung und zunehmende internationale und europäische Interdependenzen zur Erklärung für eine notwendige Intensivierung zwischenstaatlicher Koordination zurück. Als vierte und weniger spezifische Perspektive werden veränderte nationale Präferenzen mit Bezug auf die Ziele internationaler Politik angeboten.

In der Präambel des Vertrages über die Europäische Union (EU-V) finden sich Hinweise auf alle vier Deutungsmöglichkeiten. Letztlich überlagern, bedingen und verstärken sie sich gegenseitig und wirken so gemeinsam als Sinnperspektiven des Integrationsprozesses. Ihre analytische Trennung ist der notwendigen Mehrperspektivität bei der Erklärung und Deutung der europäischen Integrationsgeschichte geschuldet und arbeitet die zentralen Aspekte ihres historischen Kontexts heraus.

Als politikwissenschaftlicher Begriff weist die Integration eine Besonderheit auf. Er beinhaltet neben der Beschreibung einer Entwicklung immer auch die eines Zustands (Giering 1997: 24). Mit Bezug auf Europa zielt er auf eine größer werdende Gruppe an Staaten ab, die

> „[...] freiwillig gemeinsame Institutionen schafft und weiterentwickelt, die es in zunehmenden Maße gestatten, innerstaatliche Entscheidungen der beteiligten Staaten vorherzusagen, oder denen zunehmend Entscheidungskompetenzen überlassen werden, wobei er bezüglich dieses Sachverhalts in einem gegebenen Zeitpunkt den Grad der Integration anzeigt (Zimmerling 1991: 55)."

Über seine prozessorientierte Dimension wird die Entwicklung eines eigenen institutionellen Charakters der Union nachvollziehbar. Über den statischen Integrationsgrad lässt sich punktuell ihre institutionelle Beschaffenheit abbilden. Eine theoretisch konsistente Erklärung beider Dimensionen ist nicht ohne Probleme. Sie ist mit der selektiven Funktion von Theorien verbunden, die auch die vorliegende Forschungsarbeit prägt: Das Gleichnis vom Elefanten und den Blinden[4] (vgl. Puchala 1971) ist dafür zur Metapher geworden. Die Erklärung europäischer Integration konzentriert sich heute mit dem neoliberalen Institutionalismus (vgl. Keohane 1984) und dem Neo-Funktionalismus (vgl. Sandholtz 1998, Stone Sweet 2002) im

---

[4] In Puchalas Gleichnis „Of Blind Men, Elephants and International Integration" treffen einige Blinde auf einen Elefanten. Sie haben ein solches Tier noch nie zuvor gesehen und beginnen ihn zu ertasten, um eine Vorstellung über sein Aussehen zu bekommen. Jeder tut dies an einer unterschiedlichen Stelle des Tiers. Derjenige, der den Rüssel des Elefanten ertastet, schließt daraus, dass dieser schlank und groß sein müsste. Ein anderer, der das Ohr ertastet, kommt zu dem Schluss, dass ein Elefant flach und schmal aussehen müsste. Die Metapher der Problematik der theoretischen Erklärung des europäischen Integrationsprozesses liegt darin, dass jeder der Blinden ausreichend empirische Informationen über den von ihm ertasteten Teil des Elefanten gesammelt hat, um zu einem begründeten Unterschied in der Einschätzung der Gestalt des Tieres zu kommen. Diese lässt sich also weder einzeln, noch in der Verbindung der gemachten Erfahrungen erklären.

Wesentlichen auf zwei etablierte Ansätze.[5] Während im neoliberalen Institutionalismus primär die Nationalstaaten über ihr gemeinschaftliches Handeln die System- und Politikentwicklung bestimmen, geht der Neo-Funktionalismus von einer zunehmenden Eigendynamik des begonnen Integrationsprozesses aus. In beiden Fällen sind Interdependenzen zwischen den beteiligten Akteuren die entscheidende Voraussetzung für politische Integrationsprozesse. Die beiden integrationstheoretischen Stränge finden in der Union ihren Ausdruck in miteinander konkurrierenden Erklärungsmustern: Während der Intergouvernementalismus in den Mitgliedstaaten die entscheidenden Akteure für die Erweiterung und Vertiefung der europäischen Politikgemeinschaft sieht, geht der supranationale Neo-Funktionalismus von einer gewissen Selbständigkeit der überstaatlichen Ebene aus (zur vergleichenden Analyse beider Ansätze vgl. Faber 2005). Ursache für den Verlust von Entscheidungsmacht der Mitgliedstaaten ist demnach die willentliche Übertragung verbindlicher Handlungskompetenzen an autonome überstaatliche Institutionen, womit nationale, zwischenstaatliche und europäische Interessen später ein integrationspolitisches Spannungsfeld bilden können.

Die europäische Integration und Versuche ihrer theoretischen Erklärung haben sich zeitgleich und in unmittelbarem gegenseitigem Bezug entwickelt (Giering 1979: 7-9). Dabei sind jedoch nicht seine fortlaufenden Prozesse, sondern seine Zyklen und Phasenverschiebungen erklärungsrelevant (Kohler-Koch, Conzelmann & Knodt 2004: 35). In ihnen wechseln sich Phasen der Vertiefung und der Ausweitung von Integration ab. Es kommt zu Abschnitten des Fortschritts und der Stagnation. Die kohärente Verknüpfung der widersprüchlichen Charakteristika aus intergouvernementalen und supranationalen Aspekten zu einem synthetischen Ansatz ist nicht möglich. Tömmel stellt fest, dass „die jeweiligen Erklärungsansätze nicht in Anspruch nehmen können, den ‚ganzen Elefanten' zu erfassen, sondern sich allenfalls auf Teilaspekte beziehen (2008: 7)." Dieser vermeintlichen Schwäche steht eine analytische Stärke gegenüber: Zentrale, oft gegensätzlich erscheinende Systemmerkmale lassen sich unter Rückgriff auf intergouvernementale und supranationale Ansätze differenziert und mit höherer Erklärungsgenauigkeit darstellen. Werden polity, politics und policy als analytische Kategorien zur historischen Aufarbeitung des Integrationsprozesses definiert, gelingt es, diesen sowohl ganzheitlich als auch

---

[5] Einen Überblick über die verschiedenen integrationstheoretischen Erklärungsansätze geben Kohler-Koch & Jachtenfuchs (2003).

mit Blick auf einzelne Details zu skizzieren. Hierzu wird im Folgenden an die einleitende Ausführung über Ursprung und Auslöser angeknüpft.

6.1. Verlauf des europäischen Integrationsprozesses

Die Strukturierung des Verlaufs europäischer Integration erfolgt über seine einzelnen Wegmarken (Wessels 2008: 23). Die formalen Akte zur Konstitutionalisierung der europäischen Gemeinschaftsbildung zur Schaffung, Entwicklung und Ausdifferenzierung des europäischen Vertragswerks übernehmen im Folgenden diese Funktion. Sie lassen Veränderungen in den integrationspolitischen Motiven und Zielen sowie ihren jeweiligen Kontexten ebenso erkennen wie deren Auswirkungen auf die jeweils anschließende Systemgestaltung (Nugent 2006: 135).

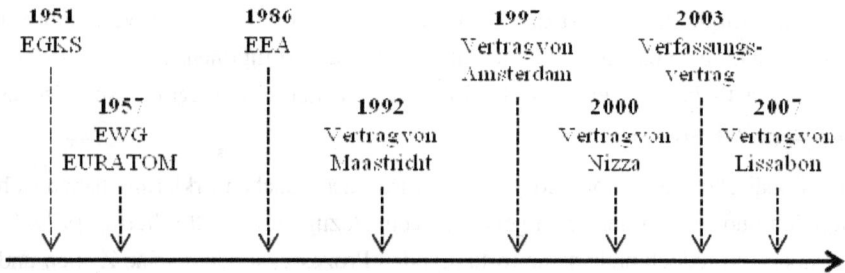

1951		1986		1997		2003	
EGKS		EEA		Vertrag von Amsterdam		Verfassungsvertrag	
	1957		1992		2000		2007
	EWG EURATOM		Vertrag von Maastricht		Vertrag von Nizza		Vertrag von Lissabon

Abb. 17: Wegmarken der politischen Integration in Europa

Sicherheits- und wirtschaftspolitische Stabilität waren die beiden dringlichsten Ziele der unmittelbaren Nachkriegszeit. Ein von einseitigen nationalen Interessen befreites politisches System internationaler Zusammenarbeit sollte dem europäischen Kontinent dauerhaften Frieden bringen (vgl. Mitrany 1943). Diese Überlegungen, funktionalistischer Prägung, mündeten 1951 in die Europäische Gemeinschaft für Kohle und Stahl (EGKS). Eine mit autonomen Entscheidungsbefugnissen ausgestattete Hohe Behörde, besaß das alleinige Vorschlagsrecht für wirtschaftspolitische Maßnahmen in den beiden damaligen Basisindustrien der sechs Mitgliedstaaten[6]. Diese konnten als Ministerrat einstimmig über deren Annahme oder Ablehnung entscheiden und auf diese Weise nationale Interessen wahren. Die Parlamente der Mitgliedstaaten entsandten Abgeordnete in eine parlamentarische Versammlung, die der EGKS eine demokratische Legitimation geben sollte, dafür je-

---

[6] Belgien, Deutschland, Frankreich, Italien, Luxemburg und die Niederlande

doch nur über geringe Einflussmöglichkeiten verfügte. Im Konfliktfall hatte ein eigens eingerichteter Gerichtshof auf Basis einer autonomen Rechtsordnung zu vermitteln. Aufgrund der politischen Situation herrschte auf Seiten der Gründerstaaten eine hohe Integrationsbereitschaft, die von folgender Erwartungshaltung und Logik getragen wurden: Neben sicherheitspolitischen Aspekten wurde das Ziel der Wohlfahrtssteigerung als „Mehrwert" funktional in das Integrationskonzept eingeflochten. Entsprechend kann der Argumentation von Tömmel (2008: 15-21) gefolgt werden, die davon ausgeht, dass eine Ausweitung der politischen Integration auf weitere Politikfelder unter dem Aspekt der Wohlfahrtssteigerung impliziter Bestandteil der EGKS war.

Der eigentliche Beginn dessen, was sich heute als Europäische Union darstellt, liegt im Jahr 1957. Die Vergemeinschaftung des Kohle- und Stahlsektors hatte bei den EGKS-Staaten aufgrund von Auswirkungen auf die nationalen Güter-, Kapital-, Arbeits- und Dienstleistungsmärkte zur Einsicht in die Notwendigkeit eines sektorübergreifenden gemeinsamen Marktes und der wechselseitigen Anpassung weiterer Bereiche nationaler Wirtschaftspolitik geführt. Zur Realisierung des Gemeinsamen Marktes durch die Abschaffung von Zollschranken, mengenmäßigen Ein- und Ausfuhrbestimmungen, Gewährung des freien Dienstleistungs-, Personen- und Kapitalverkehrs sowie einer gemeinsamen Handelspolitik gegenüber Drittstaaten, einigten sich die EGKS-Staaten auf die Ausweitung der sektoralen Integration durch die Schaffung zusätzlicher europäischer Institutionen. In Form der Europäischen Wirtschaftsgemeinschaft (EWG) und der Europäischen Atomgemeinschaft zur Koordinierung nationaler Programme zur friedlichen Nutzung von Kernenergie (EURATOM) wurden sie mit den „Römischen Verträgen" sechs Jahre nach Gründung der EGKS realisiert.

Für die Entwicklung transnationaler Regelsysteme nach Prägung der drei europäischen Gemeinschaften konnte zwar auf Ideen und Konzepte, nicht aber auf realpolitische Erfahrungen zurückgegriffen werden. Mitte der 1960er Jahre zeigten sich daher erste funktionale Defizite des Systems. Sie ergaben sich aus den sich zunehmend ausweitenden Gemeinschaftsinteressen und dem gleichzeitigen Wunsch nach Wahrung nationaler Interessen, deren gegenseitige Blockade („deadlock") im Integrationsprozess (vgl. Héritier 1999) erst mit der Einheitlichen Europäischen Akte (EEA) überwunden werden konnte: Die bis 1969 angestrebte Verwirklichung des Gemeinsamen Marktes war stufenweise aufgebaut. Sie sah neben einer Zollunion

(1. Stufe) die Entwicklung einer gemeinsamen Agrarpolitik (2. Stufe) und durch den Übergang vom Einstimmigkeitsprinzip hin zur qualifizierten Mehrheitsentscheidung im Ministerrat eine Verbesserung dessen Entscheidungsfähigkeit vor (3. Stufe). Der Abbau nationaler Schutzzölle sowie die Zollunion konnten rasch nach Gründung der EWG erreicht werden. Der anfängliche, vom parallel verlaufenden „Wirtschaftswunder" getragene, Fortschritt geriet Mitte der 1960er ins Stocken. Ursache war der Konflikt um die Ausgestaltung des Verfahrens zur qualifizierten Mehrheitsentscheidung. Sein Hintergrund war eine notwendig gewordene Neuverteilung der politischen Einflusspotenziale auf die gemeinsamen Entscheidungen der Mitgliedstaaten, um diese nicht mehr ausschließlich nach dem Einstimmigkeitsprinzip treffen zu müssen. Der Konflikt um die Entwicklung einer gemeinsamen Agrarpolitik zu ihrer Anpassung an liberalisierte Märkte machte dies offenkundig. Zum Schutz des nationalen Agrarsektors blieb die französische Regierung den Sitzungen des Ministerrats von Juni 1965 bis Januar 1966 fern. Aufgrund der zu diesem Zeitpunkt noch notwendigen Einstimmigkeit bei Ministerratsbeschlüssen führte diese „Politik des leeren Stuhls"[7] zur vollständigen Handlungsunfähigkeit der EWG. Sie konnte auf dem Gipfeltreffen in Luxemburg dadurch beseitigt werden, dass der Übergang vom Einstimmigkeits- auf das Mehrheitsprinzip zwar formal vollzogen wurde, faktisch jedoch ein Veto-Recht bei Bedrohung vitaler nationaler Interessen garantierte („Luxemburger Kompromiss"). Vetopositionen waren durch Verhandlungen aufzulösen und stärkten so das Konsensprinzip intergouvernementaler Gemeinschaftspolitik.

Loth (2001) und Knipping (2004) sehen im „Luxemburger Kompromiss" einen Wendepunkt, der zwei Entwicklungen auslöste. Beide führten zur Überwindung der integrationspolitischen Stagnation (Tömmel 2008: 21): Zum einen wurde oberhalb des Ministerrates ein informelles Gremium der Staats- und Regierungschefs installiert. Die Erweiterung der institutionellen Ordnung sollte die Beilegung nationaler Differenzen vereinfachen und wurde deshalb außerhalb der formalen Rechtsordnung der Gemeinschaften vollzogen. Zum anderen wurden durch den Beitritt weiterer Mitgliedstaaten neue politische Herausforderungen offenkundig. Die Gemeinschaften wurden zwischen 1974 und 1983 in drei Beitrittsrunden verdoppelt. In der ersten Beitrittsrunde 1974 traten Dänemark, Irland und Großbritannien als neue

---

[7] Die Arbeit von Palayret, Wallace & Winand (2006) bietet einen ausführlichen Überblick über die erste Krise der europäischen Gemeinschaftsbildung und ihre Auswirkungen auf den weiteren Verlauf.

Mitglieder bei. Sie wurden 1981 durch Griechenland sowie 1983 durch Portugal und Spanien begleitet. Die neuen Herausforderungen ergaben sich vor allem durch die zunehmende wirtschaftliche und soziale Ungleichheit zwischen den Mitgliedstaaten und ihren sozialen Folgen. Zusammen gaben beide Aspekte der Entwicklung einer europäischen Regionalpolitik zum Ausgleich struktureller Nachteile neue Impulse und hatten eine weitreichende Entgrenzung der marktschaffenden Gemeinschaftspolitik zur Folge (Tömmel 1992a). So erfuhr der 1957 gegründete Europäische Sozialfond (ESF) eine Neudefinition und wurde als Instrument zur sozialpolitischen Intervention in nationale Arbeitsmärkte, etwa zur Gleichstellung von Mann und Frau oder der Durchführung von Schulungs- und Umschulungsmaßnahmen, genutzt. In diesem Kontext etablierte sich die Kommission mit der Vorlage des Weißbuchs zur Vollendung des Binnenmarkts (Europäische Kommission 1985) als „Motor der Integration" (Tömmel 2008: 21). Sie bereitete damit die ein Jahr später verabschiedete Einheitliche Europäische Akte (EEA) als Revision der „Römischen Verträge" vor, um die Problemlösungscharakter europäischer Politik zu steigern.

Die EEA hatte neben der nachträglichen Formalisierung der sozialpolitischen Entwicklungen in der Gemeinschaftspolitik die Aufgabe, ihre institutionelle Struktur zu reformieren. Neben dem demokratischen Defizit standen vor allem effizientere Entscheidungsverfahren im Fokus. Sie mussten der zunehmenden Verflechtung von Politikfeldern und den heterogenen Interessen der Mitgliedstaaten Rechnung tragen. Der Problemlösungsdruck wurde von außen durch das wirtschaftliche Erstarken des nordamerikanischen (USA) und asiatischen Raums (Japan) verstärkt. Mit einem Set institutioneller Anpassungen zur Verwirklichung des Binnenmarkts sieht die EEA die Zunahme an Politikbereichen vor, in denen der Rat mit qualifizierter Mehrheit entscheiden konnte. Die neue Dynamik in seiner Verwirklichung wurde wesentlich durch eine Übertragung weiterer politischer Kompetenzen auf die supranationale Ebene getragen: Mit dem Verfahren der Zusammenarbeit wurde eine neue Form der Rechtsetzung eingeführt. Dabei wurde das demokratische Element im interinstitutionellen Dialog gestärkt. Das Parlament erhielt dadurch die Möglichkeit zur Einflussnahme auf vorgeschlagene Rechtsakte. Es kam dort zum Einsatz, wo der Ministerrat fortan mit qualifizierter Mehrheit beschließen konnte. Die revidierten vertraglichen Grundlagen verliehen der europäischen Ebene nicht nur einen größeren Spielraum in der Politikgestaltung. Das Leitprojekt Binnenmarkt bot darüber hinaus ausreichend Anreize für die Mitgliedstaaten, den wirtschaftlichen Mehrwert für die nationale Ökonomie gegen die Bereitschaft zur Vertiefung der Systementwicklung und Stärkung ihrer Effizienz und Effektivität eintauschten (Nugent 2006: 81). Während die Gründung von EGKS, EWG und EURATOM auf marktschaffenden Politiken basierte, wurde bei der Verwirklichung des Binnenmarkts die Notwendigkeit einer marktbegleitenden Politik deutlich. Dies geschah mit der Übertragung nationaler Kompetenzen aus regional-, umwelt- und technologiepolitischen Feldern. Integrationstheoretisch reflektiert, finden sich in dieser Entscheidung sowohl Aspekte der Argumentationslogik des neoliberalen Institutionalismus als auch solche des Neofunktionalismus: Die interdependente Verflechtung marktschaffender und -begleitender Politik liefert aus wohlfahrtsorientierter Sicht die funktionalen Argumente für die politische Integration entsprechender Kompetenzen, die allein durch die Mitgliedstaaten vollzogen werden kann. Die Folgen der Einheitlichen Europäischen Akte wurden kurz nach ihrem in Kraft treten zu einem Gegenstand kontroverser Debatten. Die seitens der Kommission angestrebte Harmonisierung nationaler Steuersysteme sowie eine Wirtschafts- und Währungsunion schienen aus mitgliedstaatlicher Perspektive ein zu großer Autonomieverlust zu sein. Es kam zu einer Stagnation des Integrationsprozesses, der erst 1993 mit dem Vertrag von Maastricht über die Europäische Union wiederbelebt wurde. Die Beschlüsse des Maastrichter Gipfels sind, wie die EEA, als integrationspolitische Pfadabhängigkeit zu analysieren. Um die Potenziale des Gemeinsamen Binnenmarkts auszuschöpfen, war eine Vergemeinschaftung der Wirtschafts- und Währungspolitik unumgänglich. Aus den negativen Erfahrungen der Liberalisierung und Deregulierung des Gemeinsamen Marktes – vor allem aufgrund der Furcht vor einem Sozialdumping zwischen den Mitgliedstaaten – erwuchs deren prinzipielle Akzeptanz für Europas „soziale Dimension". Zudem hatte die Aufhebung von Grenzkontrollen („Schengener Abkommen") zu innenpolitischen Problemen, wie grenzüberschreitender Kriminalität geführt. Vor dem Hintergrund der demokratischen Transformation Osteuropas wurde zudem die massenhafte Migration aus Staaten des ehemaligen Warschauer Paktes und der nordafrikanischen Länder in die Gemeinschaft befürchtet. Auch das durch die EEA nur teilweise gemilderte demokratische Defizit der Gemeinschaften nährte die integrationspolitische Diskussion. Zentral für die neue Organisationsstruktur und den veränderten institutionellen Charakter der EU ist ihre Differenzierung in drei Säulen. Unter dem Dach der Union wurden unterschiedliche Formen und Intensitäten politischer Integration und intergouvernementaler Kooperation betrieben. Die erste Säule wurde durch die Europäischen Gemeinschaften (EG) gebildet. Sie ist eine Zusammenführung von EGKS, EWG und EURATOM, die mit einer eigenen Rechtsgrundlage ausgestattet wurde. Während Kommission, Parlament und EuGH entscheidende Akteure in den entsprechenden Politikfeldern waren, wurden die Säulen zwei und drei durch das intergouvernementale Prinzip und multilaterale Politikkoordination geprägt. Kern der zweiten Säule war die Gemeinsame Außen- und Sicherheitspolitik (GASP) während die dritte Säule die polizeilich-justizielle Zusammenarbeit (PJSZ) der Mitgliedstaaten in innen- und sicherheitspolitischen Aspekten enthielt. Politik, deren gemeinschaftliche Entwicklung einen Mehrwert für die Mitgliedstaaten versprach, wurden einem starken Einfluss der supranationalen Gemeinschaftsorgane unterstellt. Aus nationaler Sicht sensible Politikfelder wurden dagegen ihrem Zugriff weitgehend entzogen und in einer rein intergouvernementalen Arena angesiedelt (Tömmel 2006: 32). Werden die politischen Zuständigkeiten der neu geschaffenen Europäischen Union inhaltlich bilanziert, zeigt sich, dass seit 1957 ein umfassendes Spektrum an außen-, wirtschafts-, sicherheits- und sozialpolitischen Kompetenzen in die supranationale Ebene integriert wurde. In Maastricht kamen Ressorts wie allgemeine und berufliche Bildung, Kultur, Gesundheit, Verbraucherschutz sowie der Ausbau transnationaler Netze hinzu. Auch wenn die europäischen Zuständigkeiten in ihrer Reichweite teilweise eng begrenzt erscheinen, löst sich die strikte Trennung zwischen europäischen und nationalen Politikfeldern über die Verflechtung einzelner Teilaspekte zugunsten einer Diffusion von europäischer Politik in nationale Souveränitätsbereiche auf. Diese ist sachlogisch bedingt und in ihrer Wirkung mit dem Grad an Politikfeldkompetenzen der Union verknüpft.

Die Säulenkonstruktion wurde mit dem Reformvertrag von Lissabon 2007 aufgelöst. Als Nachfolgevertrag des 2004 aufgrund von negativen Referenden in Frankreich und den Niederlanden gescheiterten Verfassungsvertrages führte er die drei Säulen als Europäische Union zu einem ganzheitlichen Konstrukt zusammen. Bedeutungsvoll waren seit 1993 vor allem der Vertrag über die Europäische Union (EU-V) und der Vertrag zur Gründung der Europäischen Gemeinschaft (EG-V). Heute bilden der „Vertrag über die Europäische Union" (EU-V) sowie der „Vertrag über die Arbeitsweise der Europäischen Union" (AEU-V) die primärrechtliche Grundlage der EU. Die Namensänderung spiegelt die veränderte Struktur der Union wider. Die Europäische Gemeinschaft existiert seither nicht mehr als eigenständige Institution, sondern wurde mit sämtlichen Funktionen von der EU übernommen. Diese hatte zuvor ausschließlich die intergouvernementalen Säulen der GASP und PJZ beinhaltet.

6.2. Europäische Integration und politische Systementwicklung

Für das Ziel der Identifikation von systembildenden Merkmalen des Integrationsprozesses lassen sich vier zentrale Aspekte herausarbeiten: Erstens, zeigt sich das Merkmal eines „europäischen Mehrwerts", der zur Ausbildung politischer Strukturen oberhalb der nationalstaatlichen Ebene führt. Die wahrgenommenen Vorteile gegenüber nationalen Lösungen sind entscheidend für die Bereitschaft, nationale Politikkompetenzen auf die supranationale Ebene zu transferieren. Zweitens, existieren neben diesen endogenen auch exogene Faktoren, die die subjektiv empfundene Notwendigkeit der Nationalstaaten zur Kompetenzübertragung auf die europäische Ebene beeinflussen. In der Regel sind dies grenzüberschreitende Herausforderungen und Probleme in Wirtschaft und Gesellschaft. Drittens, wird der Nutzen gemeinsamen Handelns gegenüber der Gefährdung nationaler Interessen und Autonomie abgewogen. Fortschritt und Intensität der europäischen Integration sind daher eng mit dem Vorhandensein politischer Herausforderungen grenzüberschreitenden Charakters verbunden. Sie können entweder im nationalen Kontext nicht adäquat gelöst werden oder ihre Lösung auf gemeinschaftlicher Ebene übersteigt den Nutzen nationalen Handelns. Viertens, hat sich die Frage „Was wird integriert?" zunehmend zu „Wie wird integrierte Politik in ihrer Auswirkung auf die nationale Ebene gestaltet?" gewandelt. Hinter dieser Entwicklung steckt die Annahme, dass weniger die Notwendigkeit einer transnationalen Politikgestaltung, sondern vielmehr der Grad nationalen Einflusspotenzials auf ihre Ausgestaltung kontestiert wird. Institutionelle Aspekte der polity und politics rücken so bei der Systemgestaltung durch die Akteure der Mitgliedstaaten ins Zentrum nationaler Einflussstrategien.

Grundsätzlich gilt, dass Mitgliedstaaten Kompetenzen der Willensbildung, Entscheidungsfindung und Politikgestaltung freiwillig auf die europäische Systemebene transferieren. Der Integrationsprozess ist damit unmittelbar an die nationale politische Arena gebunden, in der die Abwägung über den Nutzen kollektiver transnationaler Handlungsfähigkeit und möglicher Folgen der Aufgabe nationaler Souveränität erfolgt. Zum Verständnis der Bildung entsprechender Präferenzen sind die Kontextbedingungen der nationalen Politikarena zu berücksichtigen. Zu diesen gehört nicht nur eine im Zuge von Internationalisierung und Globalisierung erfolgte territoriale Entgrenzung politischer Themen. Wird die nationale Ebene als Betrachtungsgegenstand europapolitischer Prozesse isoliert, ist die EU als einflussreicher

Aspekt ihrer Systemumwelt zu konzipieren (Beichelt 2009: 33). Integrationspolitischer Fortschritt und Stillstand lassen sich damit von ihrem Ergebnis her aus der nationalen Ebene des EU-Systems erklären (Nugent 2006: 22-23). Prozessorientiert muss der integrationspolitische Diskurs jedoch als Mehrebenenspiel betrachtet werden, in dem nationale Politikprozesse durch die europäische Ebene beeinflusst werden. Dieser Europäisierungseffekt ist umso stärker, je höher der Grad politikfeldspezifischer Integration ist. Bei Politikfeldern, die formal im Souveränitätsbereich der Mitgliedstaaten geblieben sind, jedoch einen hohen sachlogischen Verflechtungsgrad mit der Gemeinschaftspolitik besitzen, tritt dieser Effekt indirekt ein.

Die Dissoziierung und Re-Integration politischer Einflusspotenziale begründen eine spezifische institutionelle Qualität der Union; eine Eigendynamik der Systementwicklung, die sich im Spannungs- und Schnittfeld von Neo-Funktionalismus, Intergouvernementalismus und nationalen Präferenzen vollzieht. Ziel des Integrationsprozesses ist die Auflösung ihrer Gegensätzlichkeit durch die Herstellung und Aufrechterhaltung einer institutionellen Balance in der systemischen Beziehung von europäischen und nationalen Präferenzen und Interessen (Kohler-Koch, Conzelmann & Knodt 20044: 109-110). Die sich aus ihrem Verflechtungscharakter ergebende Gegensätzlichkeit (Tömmel 2008: 2) hat zur Ausbildung eines speziellen institutionellen Designs geführt, das trotz der relativen Handlungsautonomie der Gemeinschaftsorgane durch die nationalen Präferenzen seiner Mitglieder konstituiert wird. Die zentralen Aspekte dieses eigendynamischen Prozesses der politischen Systementwicklung werden im Folgenden hinsichtlich ihrer Konsequenzen für die institutionelle Ordnung und politische Interaktion sowie die inhaltliche Politikentwicklung diskutiert.

6.3. Folgen für die institutionelle Ordnung und politische Interaktion

Hinsichtlich einer strukturellen Auflösung des zuvor skizzierten Spannungsfeldes sind drei Merkmale beachtenswert: Erstens, Gemeinschafts- und Partikularinteressen sind relativ autonom organisiert und müssen durch den Willensbildungs- und Entscheidungsprozess nach dem Prinzip des „power-sharing and consensus" (Bomberg, Cram & Martin 2004: 65-66) zusammengebunden werden. Dies führt dazu, dass es sich bei der EU, zweitens, um ein institutionalisiertes Verhandlungssystem handelt, das, drittens, der supranationalen Dimension durch die Möglichkeit zur

Initiierung und Entwicklung europäischer Legislativakte einen exklusiven Status zuweist. Bei der Entscheidungsfindung und Beschlussfassung wird dagegen nationalen Akteuren eine hervorgehobene Stellung verliehen (Kohler-Koch, Conzelmann & Knodt 2004: 130-131).

Alle drei Punkte lassen sich in die von Tömmel (2008: 2-3) postulierte Charakterisierung der EU als ein System mit „schwachen" Strukturen und „starken" Akteuren einordnen. Es sind weniger die formalen institutionellen Strukturen, die die Funktion des Verhandlungssystems sicherstellen. Dem durch sie schwach strukturierten Verhalten der Akteure kommt eine weit größere Bedeutung zu, so dass deren individuelle Politikfähigkeit und Handeln bedeutenderen Einfluss auf die Politikentwicklung nimmt. Kompromiss- und Konsensfähigkeit sind in einem entgrenzten System wie der EU eine der zentralen Eigenschaften dieser Politikfähigkeit.

Der Integrationsprozess zeigt eine kontinuierliche Umverteilung autoritativer Kompetenzen zwischen der Kommission, dem Parlament und dem Rat. Die Einführung neuer Entscheidungsverfahren stärkt die Position des Parlaments und verändert damit das Kräfteverhältnis im institutionellen Dreieck. Gleichzeitig wurden neue Politikfelder integriert. Hierzu wurde die Kommission mit jeweils spezifischen Kompetenzen ausgestattet. In miteinander verflochtenen Politikbereichen hat dies zur Folge, dass sich die indirekten Einflussmöglichkeiten der Kommission durch neue thematische Bezüge zu angrenzenden politischen Themen erhöhen. Mit einem starken Parlament verfügt die Kommission zudem über einen potenziellen Partner zur stärkeren „Supranationalisierung" gemeinschaftlicher Politik. Die aus Gründen der Entscheidungseffizienz zunehmend aufgegebene Einstimmigkeitsregel innerhalb des Rates hat vor allem die Binnenstruktur des Gremiums verändert. Nationale Interessen sehen sich in der intergouvernementalen Arena einem stärkeren Wettbewerbsdruck ausgesetzt und müssen im Sinne ihrer Konsensfähigkeit intensiver begründet und legitimiert werden. Vor dem theoretischen Konstrukt des akteurzentrierten Institutionalismus bedeutet die immanente Dynamik des Integrationsprozesses einen wiederholten Wechsel der institutionellen Bedingungen politischen Handelns. Aufgrund des parallelen politischen Lernprozesses innerhalb der europäischen Integration vollzieht sich dieser Wandel nicht nur im Bereich der strukturellen Rahmenbedingungen, sondern auch der Werte und Normen von Politik.

Aufgrund unterschiedlichem staatlichem Zugriff und zivilgesellschaftlicher Autonomie in der Selbstorganisation kommt es je nach Politikfeld zu unterschiedlichen

Integrationsprozessen (Heinelt 2009). Im Ergebnis variieren Verfahren der Willensbildung und Entscheidungsfindung innerhalb der Gemeinschaftspolitik. Aufgrund
der Ungleichzeitigkeit politikfeldspezifischer Integration kommt es im Gesamtkontext zu einer komplexen Vielfalt an Interaktionsformen, -modi und -stilen, die sich
unter der Bezeichnung des „joint decision-making" zusammenfassen lassen und auf
den Ansatz der multi-level-Governance beziehen.

Die von Easton (1965a, 1965b) hervorgehobene Bedeutung einer „political community" kann anhand der Europäischen Union exemplarisch verdeutlicht werden.
Als Rechtsgemeinschaft besitzt die Union ein klares strukturelles und ausdifferen-
ziertes Profil. Das Primat und die unmittelbare Gültigkeit von EU-Recht machen
die Zugehörigkeit mitgliedstaatlicher Akteure verbindlich. Deren affektive Bindung
an die transnationale Politikgemeinschaft ist dazu vergleichsweise unterentwickelt.
Eine transnationale europäische Öffentlichkeit oder Verbandslandschaft befindet
sich – vor allem im Sport – in der Entstehungsphase und ist lediglich rudimentär
ausgeprägt. Gleiches gilt für das europäische Parteiensystem, das aus der nationalen
Ebene gespeist wird. Dieser Umstand bedingt die Notwendigkeit der institutionellen
Ausdifferenzierung und Fragmentierung, um aus divergierenden nationalen Interessen auf der einen sowie nationalen und gemeinschaftlichen Interessen auf der anderen Seite einen gemeinsamen Willen aggregieren zu können. Indem die daraus
entstehende Vielfalt interessenpolitischer Gegensätze die innerhalb der Union verlaufenden organisations-strukturellen und politisch-kulturellen Trennlinien betont,
wirkt sie gleichzeitig hemmend auf die Entwicklung einer kollektiven affektiven
Dimension im Sinne einer geteilten europäischen Identität.

6.4. Konsequenzen für die europäische Politikfeldentwicklung

Für die inhaltlich-gestaltende Dimension der EU-Politik lassen sich sowohl eine
quantitative Ausweitung als auch eine qualitative Vertiefung feststellen. In seiner
Auseinandersetzung mit dem Neo-Funktionalismus als Begründung für den spill-
over von Integrationsprozessen hat Busch (2003) über die Identifikation von Hin-
tergrundvariablen eine differenzierte Erklärung zur Ausweitung politischer Integration auf eine Vielzahl an nationalen Politikfeldern geliefert. Die auf die Arbeiten
von Schmitter (1971) gestützten Aussagen bieten eine Verfeinerung der neofunktionalistischen Integrationstheorie. Neben ihren sachlogischen Annahmen greifen sie auch intergouvernementale und nationale Aspekte auf. Vereinfachen lässt

sich diese Synthese durch die Modifikation der von Wessels (2001: 212-214) entworfenen Integrationskaskade (Abb. 18). Ausgehend von der Erklärung policyorientierter Integration wird dabei der institutionelle Wandel sowie die dadurch induzierte Veränderung politikfeldspezifischer Interaktionsstrukturen thematisiert.

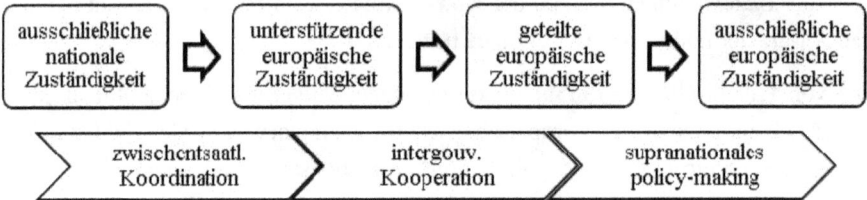

ausschließliche nationale Zuständigkeit	⇨	unterstützende europäische Zuständigkeit	⇨	geteilte europäische Zuständigkeit	⇨	ausschließliche europäische Zuständigkeit

zwischenstaatl. Koordination	intergouv. Kooperation	supranationales policy-making

Abb. 18: Etappen im europäischen Integrationsprozess

In der ersten Stufe realisieren nationale Regierungen die Vorteile zwischenstaatlicher Kooperation. Sie liegen vor allem in der Bewältigung politischer Probleme und Herausforderungen. Zur Wahrung eigener Autonomie erfolgt dies meist auf informeller, zwischenstaatlicher Basis, also außerhalb oder an den Zuständigkeitsgrenzen der Union. Erweist sich diese Form der losen Kooperation als nicht mehr ausreichend, erfolgt die Integration des betreffenden Politikbereichs in den institutionellen Kontext der EU. Hieraus ergibt sich in der schwächsten Form eine unterstützende Tätigkeit der Union bei der intergouvernementalen Kooperation. Je nach Integrationsbereitschaft der Mitgliedstaaten, dem durch die Umwelt erzeugtem Handlungsdruck oder in Folge neo-funktionalistischer Effekte kann der Integrationsgrad erhöht werden und in seiner weitreichendsten Form in eine ausschließliche Zuständigkeit der Gemeinschaftsorgane münden. Die politikfeldspezifische Integration wird aus analytischen Gründen in verschiedene Stufen eingeteilt, um die „trigger effects" sichtbar werden zu lassen. Letztlich muss jedoch der Aussage von Bauer & Voelzkow (2004: 12) zugestimmt werden, die politische Integration in quantitativer wie qualitativer Dimension analog zur Argumentation dieses Kapitels als sich selbstverstärkenden Prozess bilanzieren.

Die Ausweitung und die Vertiefung der politischen Agenda stehen in engem Zusammenhang mit der institutionellen Ausgestaltung und Funktionsweise der Union. Der Vertrag von Maastricht hat dies gezeigt: Die Inkorporation gemeinsamer außen- und innenpolitischer Kooperation hat nicht nur zur Ausdifferenzierung der Gemeinschaftskompetenzen in drei unterschiedliche Säulen geführt, sondern innerhalb dieser ebenfalls Interaktionsformen institutionalisiert, die je nach Ausprägung der nationalen Präferenzen neo-funktionale und liberal-intergouvernementale Entscheidungslogik unterschiedlich stark betonten. Trotz ihrer formalen Trennung in eigenständige Säulen hat die Ausweitung politikfeldspezifischer Kompetenzen über die sachlogische Verflechtung politischer Inhalte zur ihrer Vernetzung geführt. Auch wenn die politischen Säulen nach unterschiedlichen institutionellen Prinzipien konzipiert sind, kommt es bei allen Teilnehmern im politischen Verhandlungssystem zu einem Bewusstsein gegenseitiger Abhängigkeit im Sinne von Granovetters (1985) „structural embedded actions". Das Beharren auf eigene Interessen stößt für alle innerhalb der EU agierenden Akteure dort an seine Grenze, wo Gefahren für eine zukünftige vertrauensvolle Kooperation, auch in anderen Politikarenen, erkennbar werden. Hier liegt die Begründung für das genannte Prinzip des „power-sharing and consensus".

Kapitel 7:
Institutionelle Ordnung und Funktionsprinzip der EU

Der europäische Integrationsprozess hat das politische Nationalstaatsprinzip verändert. Die institutionelle Ordnung der Europäischen Union hat aus ihm prinzipiell ein erweitertes Mehrebenensystem gemacht, in das nationalstaatliche Aspekte in besonderer Weise integriert sind (König, Rieger & Schmitt 1996: 15). Drei Aspekte helfen dabei, diese in die Funktionsweise der Union einzuordnen. Grundlage europäischer Gemeinschaftspolitik ist der gemeinsame Besitzstand des europäischen Rechts. Sein konstitutioneller Charakter begründet das Mehrebenensystem über die Verteilung politischer Kompetenzen zwischen der gemeinschaftlichen und mitgliedstaatlichen Ebene und offenbart dadurch einen differenzierten Einblick in den institutionellen Charakter und das Funktionsprinzip der EU.

7.1. Der gemeinsame Besitzstand europäischen Rechts

Der Vertrag über die Europäische Union (EU-V) sowie jener über die Arbeitsweise der Europäischen Union (AEU-V) sind das Primärrecht der Union. Mit ihm wird den Gemeinschaftsorganen im völkerrechtlichen Sinn eine eigenständige Handlungsfähigkeit übertragen. Der damit einhergehende Grad an Unabhängigkeit gegenüber den Mitgliedstaaten bildet den institutionellen Unterschied zwischen der Union als politischem System und internationalen Organisationen. Das in europäischen Rechtsetzungsverfahren produzierte Sekundärrecht leitet sich aus dem europäischen Vertragswerk und den dort kodifizierten Kompetenzen und Zielen der Gemeinschaft ab. Bei europäischen Legislativprozessen handelt es sich damit um eine staatsähnliche Funktion der Union. Sie bildet das zweite Abgrenzungsmerkmal zu internationalen Organisationen. Ergänzt durch Entscheidungen des Europäischen Gerichtshofs über die Interpretation und Anwendung des Primär- und Sekundärrechts sowie Empfehlungen, Stellungnahmen und Abkommen der Union hat sich neben dem „geschriebenen Vertragstext" eine „gelebte Vertragspraxis" (Wessels 2008: 18) als gemeinschaftlicher Besitzstand etabliert. Dieser acquis communitaire bildet das grundlegende Setting für Produktion, Gestaltung und Management europäischer Politik.

Die hohe Komplexität der europäischen Verträge überträgt sich in die institutionelle Ordnungsstruktur (Wessels 2008: 13). Einerseits besteht der Anspruch, das Kompetenzverhältnis zwischen der EU und den Mitgliedstaaten klar voneinander abzugrenzen. Andererseits ist die angestrebte Funktionsfähigkeit der EU nur durch die integrative Verflechtung teils widersprüchlich anmutender Interessen multipler Akteure und konkurrierender Handlungsprinzipien möglich. Aufgrund dessen zeigen sich die Vertragsinhalte oft als vage Formulierungen, die im politischen Alltag nur begrenzte Orientierung, dafür aber weite Interpretationsspielräume, bieten. Der EU-Vertrag definiert für die Union

> „[...] einen institutionellen Rahmen, der zum Zweck hat, ihren Werten Geltung zu verschaffen, ihre Ziele zu verfolgen, ihren Interessen, denen ihrer Bürgerinnen und Bürger und denen der Mitgliedstaaten zu dienen sowie die Kohärenz, Effizienz und Kontinuität ihrer Politik und ihrer Maßnahmen sicherzustellen (Artikel 13 Vertrag über die Europäische Union)."

In seiner Debatte über einen möglichen Verfassungsstatus des europäischen Vertragswerks kommt Nugent (2006: 283-284) zu dem Schluss, dass es formalen Kriterien zwar nicht genügt, jedoch ausreichend funktionale Merkmale aufweist, um im Sinne einer Verfassung behandelt zu werden.

Im Zuge der Charakterisierung der europäischen Integration als Suchprozess nach einer institutionellen Ordnung, die sowohl nationalen Interessen, als auch den Anforderungen gemeinschaftlicher Handlungsmacht gerecht wird, erstreckt sich das mit den Verträgen geschaffene politische System der EU aufgrund der Verflechtung europäischer, nationaler und subnationaler Institutionen über mehrere Ebenen, die nachfolgend erläutert werden.

7.2. Die EU als politisches Mehrebenensystem

Mit dem Begriff des Mehrebenensystems bietet sich die Möglichkeit, die Entwicklung zu politischer Eigenständig wie auch das Bestreben der Mitgliedstaaten nach Aufrechterhaltung innerer Handlungsfreiheit und äußerer Souveränität als simultane Entwicklungsstränge in der EU zu analysieren. Die vermeintliche Gegensätzlichkeit europäischer Gemeinschaftsbildung bei gleichzeitiger Wahrung nationaler Autonomie fügt dem Mehrebenensystem mit dem Ineinandergreifen unterschiedlicher Handlungssysteme eine weitere Lesart hinzu (Kohler-Koch, Conzelmann & Knodt 2004: 170). Es dient damit der Beschreibung der besonderen strukturellen Rahmenbedingungen der EU-Politik und bezieht dazu die Gemeinschaftsorgane und ihre Ordnung anhand supranationaler und intergouvernementaler Prinzipien ebenso mit ein, wie Akteure und Funktionen der nationalen und subnationalen Ebene.

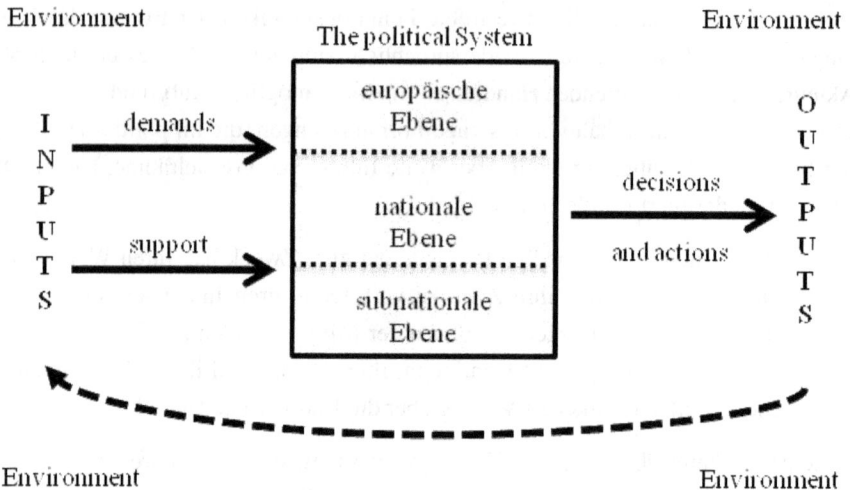

Abb. 19: Die Europäische Union als Mehrebenensystem

Die europäische Ebene wird durch die Gemeinschaftsorgane gebildet. Aspekte neofunktionaler und liberal-intergouvernementaler Integrationslogik lassen sich an ihnen am deutlichsten identifizieren. In der Politikgestaltung stehen sich der intergouvernemental geprägte Rat der Europäischen Union sowie das supranational orientierte Europäische Parlament als entscheidungsbefugte Instanzen gegenüber. Die ebenfalls supranational ausgerichtete Europäische Kommission besitzt das exklusive Recht der Initiierung und Formulierung legislativer Akte. Sie muss jedoch die Zustimmungsfähigkeit ihrer Vorlagen berücksichtigen. Das heißt, europäische und nationale Interessen müssen in ein für alle Beteiligten zustimmungsfähiges Verhältnis gebracht werden.

Die strategische Führung der Union obliegt dem Europäischen Rat, der von den Staats- und Regierungschefs der Mitgliedstaaten gebildet wird. Er ist damit, trotz der Mitgliedschaft des Kommissionspräsidenten, eindeutig intergouvernemental geprägt. Kontrollfunktionen werden dagegen ausschließlich von supranationalen Gemeinschaftsorganen wahrgenommen. In erster Linie sind dies der EuGH und die Kommission.

Beratungsfunktionen werden durch den Ausschuss der Regionen sowie den Wirtschafts- und Sozialausschuss ausgeübt. Ersterer besteht aus gewählten Vertretern der regionalen und kommunalen Gebietskörperschaften Europas. Der Ausschuss wird in Bereichen, die die kommunale und regionale Verwaltung betreffen gehört, bevor Maßnahmen auf EU-Ebene ergriffen werden. Regionalpolitik, Umweltschutz, Bildung und Verkehr sind hierfür entsprechende Beispiele. Der Wirtschafts- und Sozialausschuss wurde als Vertretung einer organisierten Bürgergesellschaft bereits mit den Römischen Verträgen (1957) eingesetzt und versucht deren Interessen in Bezug auf wirtschafts- und sozialpolitische Initiativen der EU zu bündeln. Seine Mitglieder werden jeweils durch die Mitgliedstaaten benannt. Bei beiden Institutionen handelt es sich nicht um Gemeinschaftsorgane, sondern um beratende Einrichtungen.

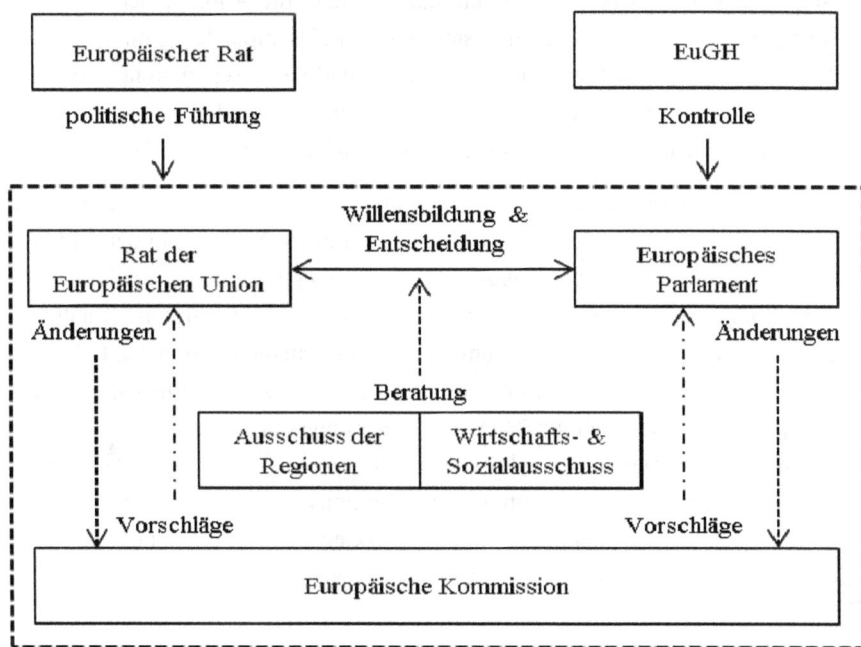

Abb. 20: Institutionelle und funktionale Ordnung der europäischen Systemebene

Rat und Parlament verfügen lediglich über Entscheidungskompetenzen, jedoch nicht über Initiativ- und Formulierungsrechte im Legislativprozess. Aufgrund dieser einzigartigen Zuständigkeitsverteilung ist einseitiges Handeln zur Durchsetzung von Interessen formal kaum möglich. Europäisches policy-making wird schlechtesten Falls als negative Koordination, einer Politik des kleinsten gemeinsamen Nenners, betrieben. Bevor dieses in den folgenden Kapiteln näher thematisiert wird, gilt es, die nationale und subnationale Ebene in das europäische Mehrebenensystem einzuordnen: Sowohl nationale als auch regionale Akteure nehmen über ihre Rollen auf der europäischen Systemebene politikgestaltende Funktionen wahr. Beide Systemebenen entsenden politische Akteure, die nationale sowie regionale und kommunale Interessen gegenüber der Gemeinschaft vertreten. Im Vergleich zur europäischen Ebene verfügen beide über ausdifferenzierte institutionelle Ordnungsstrukturen, die einer anderen Funktionslogik folgen. Entscheidungen der Europäischen Union werden in und durch die Mitgliedstaaten bzw. deren subnationale Einheiten umgesetzt und durchgeführt. Nach König, Rieger & Schmitt (1996: 14-15, 21-23) herrscht weitgehende Übereinstimmung darüber, dass die Auseinandersetzung mit der europäischen Ebene in einem systematischen Zusammenhang mit nationalen wie regionalen Strukturen von Staat, Wirtschaft und Gesellschaft steht. Sie besitzt deshalb nicht nur eine nationale politische Dimension, sondern ist auch auf der subnationalen Ebene zu einer Einflussgröße regionaler Politik geworden.

Die nationale Ebene wird aufgrund ihrer unmittelbaren Betroffenheit zu einer wichtigen Sphäre der Willensbildung für die europapolitische Strategie in den Mitgliedstaaten. Unter Berücksichtigung neo-funktionaler Integrationslogik sowie der Wirkungsrichtung europäischer Politik kann unter Rückgriff auf das in Kapitel 2.3 diskutierte Konzept der Europäisierung eine Transformation nationaler Politik angenommen werden (Houlihan 2009). Konsequenz ist eine mehrdimensionale Verflechtung der Systemebenen über Akteure, Gestaltungs- und Durchführungskompetenzen, deren Klammer durch politische Inhalte gebildet wird. Wird das europäische Mehrebenensystem als institutioneller Gesamtkontext verstanden, lässt sich dieser mit Blick auf die Interaktion politischer Akteure nach Tömmel (2008: 22-23) mit fünf zentralen Besonderheiten füllen:

Erstens, ist die europäische Systemebene nicht souverän. Zwar sind ihr durch die Mitgliedstaaten Kompetenzen für bestimmte Politikfelder zugewiesen, eine Kompetenz-Kompetenz fehlt jedoch. Zweitens, ist die Politik der Europäischen Union auf die nationale und subnationale Systemebene gerichtet. Mangels Kompetenzen in der direkten Implementierung ihrer Politik wendet sie sich jedoch nicht primär an den Bürger als Endadressaten. Dieser soll vielmehr über die intermediären Akteure, die Regierungen und zivilgesellschaftlichen Organisationen in den Mitgliedstaaten, erreicht werden. Zu diesem Zweck ist der Fokus europäischen policy-makings primär auf die Steuerung und Regulierung von Politikprozessen zwischen den für gesellschaftliche und ökonomische Prozesse relevanten nationalen Stakeholdern gerichtet. Drittens, die spezielle Kompetenzverteilung über die verschiedenen Ebenen der Union hat zur Folge, dass die aus dem nationalstaatlichen Kontext bekannten Steuerungsmechanismen von Politik (Recht- und Regelsetzung, finanzielle Anreize) weniger ausgeprägt sind. Stattdessen haben sich im Kontext der Einschränkungen und Möglichkeiten der Systemstruktur alternative Verfahren der politischen Koordination entwickelt. Viertens, ist die Interaktion der verschiedenen Systemebenen durch das europäische Vertragswerk geregelt. Aufgrund der eingeschränkten Weisungsbefugnis der supranationalen gegenüber der nationalen und subnationalen Ebene ist erstere gezwungen alternative Verfahren zur Strukturierung der Interaktion in ihr politisches Handeln zu integrieren. Aufgrund der netzwerkartigen institutionellen Ordnungsstruktur erfolgt dies vor allem über kooperative Verfahren der Koordination gegenseitiger Interessen. Fünftens, im Kontext des Koordinierungsziels mitgliedstaatlicher Politiken und ihrer entsprechenden Akteure müssen diese auf ein Ziel hin ausgerichtet werden. Notwendig ist dies vor allem unter Berücksichtigung der stark eingeschränkten Kompetenzen der europäischen Ebene im Bereich der Politikimplementierung.

7.3 Politische Zuständigkeiten und institutionelle Ordnung

Für die Zuweisung politischer Zuständigkeit an die Union gilt das Prinzip der Einzelermächtigung nach Artikel 5 EU-V. Danach kann die EU nur in Politikbereichen rechtsetzend tätig werden, die dort genannt sind. Mit der Übertragung von Kompetenzen ist eine, wenn auch vage, Formulierung von Zielen verbunden. Die einzelnen Zuständigkeiten unterscheiden sich in drei unterschiedliche Grade (Tab. 8).

Zuständigkeits- grad der EU	Verteilung der Rechtssetzungskompetenz
ausschließliche Zuständigkeit	∞ ausschließliche Rechtssetzungskompetenz der EU ∞ Rechtssetzung der Mitgliedstaaten durch Ermächtigung
geteilte Zustän- digkeit	∞ grundsätzliche Rechtssetzungskompetenz bei der EU ∞ Rechtssetzung der Mitgliedstaaten bei Verzicht der EU
unterstützende Zuständigkeit	∞ exklusive Rechtssetzungskompetenz der Mitgliedstaaten ∞ EU kann ergänzend bzw. koordinierend tätig werden

Tab. 8: Politische Zuständigkeitsgrade der EU (nach Artikel 3, 4, 6 AEU-V)

Der Kontrolle integrationspolitischer Verflechtungseffekte von Politikfeldern wurde im Vertrag von Maastricht mit der Säulenstruktur europäischer Politikfelder Rechnung getragen. Gleiches gilt für die Integration der „unterschiedlichen Geschwindigkeiten". Mit ihr wurde dem Wunsch integrationsfreudiger Staaten Rechnung getragen, in einem kleineren Kreis von Mitgliedstaaten zu beginnen und später weiteren den Beitritt zu den gemeinsamen Integrationsprojekten zu ermöglichen.

Der Vertrag von Lissabon hat die Funktion der Europäischen Union als Dachorganisation für verschiedene Säulen gemeinschaftlicher Kooperation aufgelöst. Alle drei Bereiche sind seither Teil einer einheitlichen Rechtspersönlichkeit. Während die PJZS durch die Einführung supranationaler Entscheidungsverfahren einen neuen Charakter bekommen hat, wird die GASP weiterhin auf rein zwischenstaatlicher Basis betrieben. Die Zuständigkeiten der Union lassen sich gegenwärtig folgendermaßen zusammenfassen:

Ausschließliche Zuständigkeit der Europäischen Union:

∞ Zollunion

∞ Wettbewerbsregeln des Binnenmarkts

∞ Währungspolitik für die Mitgliedstaaten der Euro-Zone

∞ Erhaltung der biologischen Meeresschätze

∞ gemeinsame Handelspolitik

Geteilte Zuständigkeiten zwischen Europäischer Union und Mitgliedstaaten:

∞ Binnenmarkt

∞ Sozialpolitik

∞ wirtschaftlicher, sozialer und territorialer Zusammenhalt

∞ Landwirtschaft und Fischerei

∞ Umwelt

∞ Verbraucherschutz

∞ Verkehr

∞ transeuropäische Netze

∞ Energie

∞ Raum der Freiheit, der Sicherheit und des Rechts

∞ öffentliche Gesundheit

Unterstützende Zuständigkeiten der Europäischen Union:

∞ Schutz und Verbesserung der menschlichen Gesundheit,

∞ Industrie

∞ Kultur

∞ Tourismus

∞ allgemeine und berufliche Bildung, Jugend und Sport

∞ Katastrophenschutz

∞ Verwaltungszusammenarbeit

Die Verteilung unterschiedlicher Politikfeldkompetenzen und Zuständigkeitsgrade aktiviert unterschiedliche Elemente der institutionellen Ordnung des EU-Systems. Ziel des weiteren Verlaufs der politischen Systemanalyse ist deshalb der Nachweis, dass je nach institutioneller Grundlage von Politikfeldern die Grade supranationalen und intergouvernementalen Einflusses auf die Willensbildung und Entscheidungsfindung variieren und den EU-Organen in unterschiedlichen Kontexten verschiedenartige funktionale Rollen zugewiesen sind.

7.4 Systemcharakter und -funktionsweise

Der Verflechtungscharakter sowie das Lösen politischer Probleme durch Verhandlungen sind als zentrale Merkmale der Europäischen Union herausgearbeitet worden. Der Kontext dieser Verhandlungen wird aus der Koppelung der Faktoren Interessen, Akteure, Gestaltungs- und Durchsetzungskompetenzen sowie politischer Inhalte gebildet. Entscheidend ist jedoch die institutionelle Art und Weise ihrer Verbindung, die zu Interdependenzen über die verschiedenen Ebenen der EU führt.

Die Notwendigkeit von kooperativen Strategien für den Umgang mit dieser Interdependenz ergibt sich aus der fehlenden Kompetenz-Kompetenz der EU. Die Bildung einer europäischen Politikgemeinschaft zielt über die strukturelle Zugehörigkeit der Mitgliedstaaten hinaus. Sie zielt auf die Entwicklung eines affektiven „sense of community" ab. Gleiches gilt auch für die Gemeinschaftsorgane. Das Ziel dieser immer engeren Union der Völker Europas kann mit der Reduktion von Transaktionskosten im Vergleich zur themenspezifischen und damit selektiven zwischenstaatlichen Kooperation benannt werden. Kohler-Koch, Conzelmann & Knodt (2004: 107) verallgemeinern dieses Ziel unter Bezug auf eine neofunktionalistische Perspektive, indem sie die konstitutiven Elemente einer institutionalisierten transnationalen Gemeinschaft herausarbeiten: Sie fördert die Identifikation gemeinsamer Probleme und erleichtert die Mobilisierung kollektiver Ressourcen zur Erarbeitung innovativer Lösungsstrategien, die zu einem „benefit for all" führen. Wichtig ist die Annahme, dass nicht von vornherein gleichgelagerte Interes-

sen vorhanden sind, sondern diese über die Dauerhaftigkeit der politischen Gemeinschaftsbildung entdeckt werden sollen. Dies schließt die Entwicklung neuartiger
Formen der Regelung politischer Interaktion ein.

Institutionen sind jedoch lediglich die notwendige Voraussetzung für gemeinsames
geregeltes politisches Handeln. Bei ihnen handelt es sich um statische Konzeptio-
nen zur Handlungskoordinierung. Zu ihrer Übersetzung in politische Prozesse werden handlungsfähige Einheiten als hinreichende Bedingung benötigt. Sie sollen im
Folgenden anhand der Gemeinschaftsorgane der Europäischen Union genauer betrachtet und profiliert werden.

Kapitel 8:
Politische Akteursstrukturen in der Europäischen Union

Der spezifische institutionelle Charakter der EU und ihrer Gemeinschaftsorgane wird im Folgenden anhand von Akteursprofilen auf die Handlungsebene herunter gebrochen. Die von Easton (1965b) entwickelte komplementäre Struktur, aus politischen Entscheidungsträgern und gesellschaftlichen Akteuren, wird dabei berücksichtigt, indem im Anschluss an die funktionalen Rollen der einzelnen EU-Organe die Rolle organisierter Interessen in der Europäischen Union beleuchtet wird.

In der Folge werden der Rat der Europäischen Union, der Europäische Rat, das Europäische Parlament sowie der Europäische Gerichtshof als politische Akteure profiliert. Im Sinne charakterisierender Merkmale werden dafür drei Kriterien definiert: Zum einen die Funktion innerhalb des politischen Systems, die über die jeweiligen institutionellen Aufgaben und Kompetenzen abgebildet wird. Zum anderen besitzen die Gemeinschaftsorgane als kollektive Akteure jeweils unterschiedliche Organisations- und Prozessstrukturen. Die Beziehung zu den übrigen Akteuren im politischen System der Union bildet den abschließenden dritten Aspekt. Sie bezieht sich sowohl auf die Verbindung zu den übrigen Gemeinschaftsorganen und Gremien, als auch auf das jeweilige Verhältnis zu organisierten Interessen.

8.1. Der Rat der Europäischen Union

Nach Artikel 16 EU-V verfügt der Rat der Europäischen Union über eine herausgehobene Stellung im Rechtsetzungsprozess (Bomberg, Cram & Martin 2004: 19). In der Komitologie obliegen ihm wichtige Exekutivfunktionen in der Umsetzung europäischer Gemeinschaftspolitik. Die Komitologie steht für ein weit verzweigtes Netzwerk aus Verwaltungs- und Expertenausschüssen. Sie sind von Vertretern der Kommission und Ministerialbeamten der Mitgliedstaaten besetzt und erlassen die Durchführungsbestimmungen für die Umsetzung von EU-Politik in den Mitgliedstaaten. Neben politikgestaltenden und durchführenden Aufgaben hat der Ministerrat eine wichtige Steuerungs- und Forumsfunktion. Mit dem Begriff der Mediation beschreibt Nugent (2006: 191) die Rolle des Rates bei der Aggregation nationaler Interessen zu einer gemeinsamen Position. Der Rat selbst kann keine Legislativakte vorschlagen. Er hat jedoch nach Artikel 241 AEU-V die Möglichkeit, die Kommission dazu aufzufordern, „die nach seiner Ansicht nach zur Verwirklichung der gemeinsamen Ziele geeigneten Untersuchungen vorzunehmen und ihm entsprechende Vorschläge zu unterbreiten."

Die Organisationsstruktur des Rates orientiert sich an politischen Inhalten, so dass je nach Themenfeld unterschiedliche Formationen ministerieller Treffen existieren (Artikel 16, Abs. 6 EU-V). Sie sind die Spitze einer institutionellen Architektur, der die Ebenen der ständigen Vertretung der Mitgliedstaaten (COREPER, Art 16 (7) EU-V) sowie die darunter angesiedelten politikfeldspezifischen Ratsausschüsse nachgeordnet sind. Unterhalb der Ausschussebene finden sich Arbeitsgruppen zur Bearbeitung grundlegender Fragestellungen (Nugent 2006: 198-202). Die Gremienstruktur unterhalb der ministeriellen Ebene ist für das Verständnis der hierarchischen Funktionsweise des Rates von großer Bedeutung, weil sich in ihnen der intergouvernementale europapolitische Alltag vollzieht.[8] Die hierarchische Verflechtung dient der mehrstufigen Reduktion von intergouvernementalen Konflikten und folgt einer konsensorientierten Logik der Politikproduktion. Sie dient zugleich einer stärkeren Legitimation (Nugent 2006: 211-216). Entscheidungen des Ministerrates werden je nach Politikfeld mit einfachen bzw. qualifizierten Mehrheiten getroffen.[9] Welche Entscheidungsregel jeweils anzuwenden ist, legt das europäische Vertragswerk im Rahmen der Einzelermächtigung fest. Grundsätzlich folgt die Entscheidungsfindung zwischen den Mitgliedstaaten jedoch einer Konsensorientierung. Dies zeigt sich daran, dass Entscheidungen in den meisten Fällen auch dann einstimmig gefällt werden, wenn einfache oder qualifizierte Mehrheiten ausreichen. Die Bedeutung von Verhandlungen und Kompensationsleistungen steigt dadurch. Letztlich bildet der Rat der Europäischen Union letztlich den Rahmen für aktuell zehn Formationen:

1. Allgemeine Angelegenheiten,

2. Auswärtige Angelegenheiten,

3. Wirtschaft und Finanzen,

---

[8] Hayes-Renshaw & Wallace (2006: 53) beziffern den Prozentsatz von Entscheidungen, die bereits auf Ausschussebene zur Entscheidungsreife verhandelt wurden auf 70% Weitere 15-20% werden auf der Ebene der ständigen Vertreter zu einem Konsens geführt.

[9] Während erste Entscheidungsregel dem Prinzip „one country one vote" folgt, kommt im letztgenannten Fall der Stimmengewichtung der Mitgliedstaaten eine besondere Bedeutung zu. Sie orientiert sich an der Bevölkerungszahl der jeweiligen Nationen, bildet diese jedoch nur annähernd ab, so dass kleine Mitgliedstaaten über ein verhältnismäßig größeres Stimmengewicht verfügen (Tömmel 2006: 65-66).

4. Justiz und Inneres

5. Beschäftigung, Sozialpolitik, Gesundheit und Verbraucherschutz

6. Wettbewerbsfähigkeit

7. Umwelt

8. Bildung, Jugend, Kultur und Sport

9. Verkehr, Telekommunikation und Energie

10. Landwirtschaft und Fischerei

Der Rat teilt sich seine legislativen Entscheidungskompetenzen zunehmend mit dem Parlament. In solchen Fällen erhöht sich gleichzeitig die Abhängigkeit von der Kommission, die das alleinige Recht zur Formulierung legislativer Vorschläge besitzt. Die verschiedenen Entscheidungsverfahren in der Gemeinschaftspolitik verändern damit immer auch die Beziehungen zwischen den Gemeinschaftsorganen. Sie sorgen so für eine inter-institutionelle Konkurrenz (Bomberg, Cram & Martin 2004: 62-63). Diese endogene Dynamik der System- und Politikentwicklung kann durch den Rat der Europäischen Union blockiert werden, wenn dieser legislative Vorschläge ablehnt oder die Mitgliedstaaten keinen Konsens finden.

Gegenüber der Einflussnahme von Lobbyisten ist der Ministerrat kaum offen. Organisierte Interessenvertreter treten dafür auf nationaler Ebene an die einzelnen Regierungen heran. Die organisierte Interessenvertretung muss sich damit ebenfalls an der Logik des institutionellen EU-Designs orientieren und eine transnationale Mehrebenenstrategie entwickeln. Zusammenfassend ist der Ministerrat über sein belief system wie folgt zu charakterisieren: Der normative Kern besteht darin, über die Koordination gemeinsamer nationaler Interessen auf der überstaatlichen Ebene, eine Steigerung der Wohlfahrt in den Mitgliedstaaten herbeizuführen. Daraus abgeleitet, kann der thematische Kern als Maximierung gemeinschaftspolitischen Nutzens bei gleichzeitigem Schutz eigener Interessen in der Gemeinschaftspolitik bezeichnet werden. Entsprechend kommt es im Ministerrat zu Strategien, bei denen die Mitgliedstaaten ihre eigenen Einflusspotenziale egoistisch-rational im transnationalen Aushandlungsprozess gemeinschaftlicher Entscheidungsfindung einsetzen. Hinzu kommt, dass auf der nationalen Umsetzungseben der EU-Politik opportunes Verhalten zum Schutz binnenstaatlicher Interessen praktiziert wird.

8.2. Der Europäische Rat

Der Europäische Rat entstand Mitte der 1970er Jahre aufgrund des Fehlens eines politischen Führungszentrums in der Gemeinschaft. Die verschiedenen Formationen des Ministerrats waren aufgrund ihrer fachspezifischen Fragmentierung nicht in der Lage, die notwendige strategische Lenkung zu übernehmen (Nugent 2006: 221-222), so dass sich das neue Gremium zunächst als informeller „Club der Staats- und Regierungschefs" entwickelte. Heute besitzt er formal eine übergeordnete Orientierungs-, Leitlinien- und Lenkungsfunktion für die Union (Wessels 2008: 163-174), wird dabei jedoch nicht rechtsetzend tätig (Artikel 15 EU-V).

Das Konsensprinzip ist auch auf höchster europäischer Ebene die grundsätzliche Entscheidungsregel der Staats- und Regierungschefs, die durch die Vertreter des Rates für Wirtschaft und Finanzen sowie den Kommissionspräsidenten unterstützt werden. Die Zusammensetzung folgt dabei sowohl dem historischen wirtschaftspolitischen Kern europäischer Integration, als auch der realpolitisch zunehmenden Bedeutung wirtschaftlicher und finanzpolitischer Aspekte für die allgemeine Politikentwicklung. Die Aussagen Wessels (2008: 175-179) zu den intergouvernementalen Beschlussmodalitäten stehen in Einklang mit den spieltheoretisch begründeten Erkenntnissen des akteurzentrierten Institutionalismus. Sie lassen sich in ihren Grundlagen zudem auf den Ministerrat übertragen: Die Staats- und Regierungschefs favorisieren aufgrund ihrer interdependenten Beziehung Kompromissfähigkeit und Solidarität als langfristige und vertrauensbildende Strategie in der Europapolitik. Verstetigung und Institutionalisierung der Gipfeltreffen haben letztlich zur Entwicklung eines kooperativen Verhandlungsnetzwerkes beigetragen. Auch die Muster der Konsensfindung orientieren sich an den unterschiedlichen Formen der Verhandlung: arguing und bargaining sowie Paketlösungen und wechselseitiges Politiklernen sind zentrale Merkmale der Willensbildung und Entscheidungsfindung. Da die Staats- und Regierungschefs als „letzte Instanz" Entscheidungen mit weitreichender Tragweite fällen, können sie sich keine taktischen Rückzugsoptionen offen halten, sondern müssen zu einer verbindlichen Entscheidung kommen. Folglich ist die Risikominimierung über die Politik des „kleinsten gemeinsamen Nenners" (negatives Koordinieren) ein weiteres charakteristisches Merkmal für die entsprechenden Verhandlungslösungen. Kontroversen ergeben sich dabei weniger aus strategischen Richtungsentscheidungen, als aus ihren politischen Detailimplikationen. Diese werden dem Verhandlungsdilemma entsprechend entweder in den verschiedenen Formationen des Ministerrates oder seinen jeweiligen Ausschüssen bearbeitet. Der Ministerrat ist damit in seiner ursprünglichen, autonomen Funktion strategischer Politikentwicklung an Vorgaben gebunden. Trotz der institutionell verankerten Konsensorientierung des Organs, ist der Europäische Rat durch Trennlinien zwischen den „großen" und „kleinen" Mitgliedstaaten sowie solchen mit einer integrationsfreudigen und solchen mit einer eher skeptischen Haltung gekennzeichnet (Wessels 2008: 178-179). Ihre Überwindung und damit die Entscheidungseffektivität des Rates sind deshalb wesentlich von der jeweiligen Ratspräsidentschaft abhängig. Sie agiert als „ehrlicher Makler". Aspekte der wechsel- und einseitigen Anpassung sind auf diese Weise möglich und sorgen bereits für eine Vorauswahl und Strukturierung im Politikprozess. Auch der Europäische Rat lässt sich über ein belief system zusammenfassend beschreiben: Die Staats- und Regierungschefs folgen in ihrer normativen Vorstellung der Entwicklung einer „europäischen Idee", die als Instrument zur Wohlfahrtssteigerung in der Union sowie mit dem Ziel der Rückwirkung ihrer positiven Effekte auf die Mitgliedstaaten entwickelt wird. Hinsichtlich des thematischen Kerns des belief systems bedeutet dies, dass die Europäische Union und ihre Politik als Ergänzung nationaler Politik gesehen und als Mehrwertwird diese angestrebt wird. Aufgrund der kollektiven Handlungsnotwendigkeit der EU zur Zielerreichung bestimmen konsensorientierte Leitbild- und Strategieentwicklung die sekundären Aspekte des belief systems des Europäischen Rates.

8.3. Die Europäische Kommission

Die Kommission dient der Förderung der allgemeinen europäischen Interessen und dem Ergreifen dazu geeigneter Maßnahmen. Jeder Mitgliedstaat entsendet einen Vertreter, der innerhalb des Kollegiums der Kommissare einer Generaldirektion vorsteht. Die Kommissare sind jedoch gegenüber nationalen Interessen nicht weisungsgebunden: Artikel 17 EU-V versichert für ihre Aufgabe die volle Unabhängigkeit von nationalen Interessen. Die EU-Verträge legen zudem fest, dass, soweit keine andere Regelung vorgesehen ist, kein Gesetzgebungsakt ohne einen Kommissionvorschlag erlassen werden darf. Durch dieses Monopol in der Politikformulierung besitzt die Kommission einen hochrangigen Status im politischen Prozess des Auslotens einer für alle Mitgliedstaaten tragbaren Basis gemeinschaftlicher Politik. Oft sind dabei inkrementelle Schritte zur Aggregation divergierender Standpunkte erfolgversprechender als Innovationen (Nugent 2006: 166-169, 187-188).

Der Kommission kommt insgesamt ein Aufgabenkatalog zu, dessen herausragender Bestandteil neben der Initiierung europäischer policy- und Legislativprozesse die Rolle als „Hüterin der Verträge" ist (Wessels 2008: 237). Als Exekutivorgan erlässt sie zudem in Abstimmung mit den Ausschüssen der Komitologie die Umsetzungs-bestimmungen für die Gemeinschaftspolitik in den Mitgliedstaaten und überwacht diese. Mögliche Verstöße gegen europäisches Recht werden ebenfalls von ihr kontrolliert und sanktioniert. Dies geschieht oft im Verbund mit dem EuGH. Diese doppelte Funktionsstruktur spiegelt sich in ihrem organisatorischen Aufbau wider (Bomberg, Cram & Martin 2004: 44).

Mit dem Kollegium der Kommissare existiert eine politische Ebene der supranatio-nal orientierten Willensbildung und Entscheidungsfindung (Nugent 2006: 149, 162). Unter ihr befinden sich mehrere administrative Ebenen. Sie bestehen zum einen aus den Generaldirektionen und Diensten, zum anderen aus den jeweiligen Kabinetten der Kommissare. Tömmel erklärt deren Besonderheit über die Unter-schiede zur nationalstaatlichen Exekutive (2008: 60). Jedem der Kommissare ist ein inhaltlicher Aufgabenbereich zugewiesen. Aufgrund der unterschiedlichen Grade an Politikfeldzuständigkeiten der Europäischen Union, je nach politischem Thema voneinander abweichenden Regelungs- und Gestaltungsanforderungen sowie des teils ausgeprägten ökonomischen und technischen Charakters ihres Aufgabenspekt-rums ist ein Vergleich mit nationalen Ministerien jedoch nicht ohne weiteres mög-lich. Zudem sind Kommissare, anders als nationale Minister, nicht in der aus-schließlichen politischen Verantwortung. Ihre Zuständigkeit liegt vor allem in der fachlichen und administrativen Vorbereitung politikfeldspezifischer Entscheidun-gen, die dann durch das Kollegium der Kommissare getroffen werden. Auch wenn Artikel 250 AEU-V die einfache Mehrheit als Entscheidungsregel vorsieht, kommt es in der politischen Praxis zu intensiven Bemühungen um einen Konsens (Wessels 2008: 245-246). Da die einzelnen politischen Portfolios unterschiedliches Gewicht besitzen, können zwischen der kollektiven Verantwortung und den speziellen Zie-len für einen Politikbereich Spannungen entstehen. Sie werden in der Regel durch Verhandlung zu konvergenten Positionen gebracht.

Trotz ihrer „europäischen Perspektive" (Tömmel 2008: 62) hat die Kommission jedoch auf die Autonomieschonung ihrer Mitgliedstaaten zu achten. Wessels (2008: 251) charakterisiert sie aufgrund ihres monopolisierten Initiativrechts als entschei-denden Netzwerker und Förderer der Politikentwicklung in der EU. Als wichtiges

Instrument nutzt die Kommission dafür das agenda-setting. Die strukturelle Problematik konkurrierender Interessen lässt sie durch ihre Maklerfunktion stark von politischen Lernprozessen profitieren (Nugent 2006: 166). Über die Weiterentwicklung von Fähigkeiten des Politikmanagements ist sie daher in der Lage, ihre eigene Handlungsfähigkeit zu erhöhen (Bomberg, Cram & Martin 2004: 48). Die als Vorschläge zur System- und Politikentwicklung von ihr veröffentlichten Grün- und Weißbücher sind Ausweis dieser Strategie (Wessels 2008: 233). Für die Umsetzung ihrer Vorschläge ist die Kommission zumeist auf die Zustimmung des Rats der Europäischen Union und des Parlaments angewiesen. Beide können dadurch im Hinblick auf eigene Präferenzen und Interessen verhandeln (Tömmel 2008: 60). Aufgrund der Bedeutung von Verhandlungsergebnissen für die Implementierungsphase sind nationale Akteure sowohl über die Ausschüsse der Komitologie als auch organisierte Interessen über Expertenausschüsse und themenspezifische Arbeitsgruppen an der Politikformulierung beteiligt. Für das Jahr 2007 hat die Kommission nach dem Geist einer solchen „Kameraderie unter Experten" (Poullet & Déprez 1976: 116) in mehr als 1.700 Expertengruppen sowie knapp 250 Komitologie-Ausschüssen die Vorbereitung konkreter Politikvorschläge betrieben. Zudem legt Artikel 11 (4) EU-V fest, dass zur Sicherstellung von Kohärenz und Transparenz des Handelns der EU umfangreiche Anhörungen der Betroffenen durch die Kommission durchgeführt werden sollen. Hier spielen Verbände ebenfalls eine zentrale Rolle (Tömmel 2008: 171-172). Aufgrund ihrer Position als Initiator europäischer policy ist die Kommission ihr bevorzugter Ansprechpartner, um Einfluss auf die Definition und Inhalte der Problem- und Lösungsformulierung zu nehmen (Greenwood 2007). Mit Hilfe des Schemas des belief system lässt sich für die Kommission ein belief system skizzieren, das in seinem normativen Kern die Rolleninterpretation als Hüterin der gemeinschaftlichen Ziele und Rechtsordnung zugunsten einer europäischen Wohlfahrtsgewinns enthält. Die politische Positionen, als thematischer Kern, werden folglich durch das primäre sowie sekundäre Gemeinschaftsrecht bestimmt. Vor seinem Hintergrund agiert die Kommission mit einer Strategie des agenda-settings, der Politikevaluation, Rechtskontrolle und Sanktionierung, um ihren politischen Auftrag zu erfüllen.

8.4. Das Europäische Parlament

Primäre Kompetenzen des Europäischen Parlaments sind Rechtsetzungs- und Haushaltsbefugnisse sowie Kontrollfunktionen gegenüber der Kommission (Artikel 14 EU-V). Es setzt sich aus 736 Abgeordneten zusammen, die in nationalen Wahlen bestimmt werden. Jeder Mitgliedstaat verfügt nach dem Prinzip der degressiven Proportionalität[10] über eine feste Anzahl an Mandaten. Gegenüber dem Ministerrat besteht eine parlamentarische Vetoposition mit der qualifizierte Mehrheitsentscheidungen durch Änderungsanträge konstruktiv beeinflusst werden können. Die Option eines Vetos wird auch als Drohkulisse zur informellen Berücksichtigung der Standpunkte des Parlaments eingesetzt. Parlamentarische Haushaltsbefugnisse sind ebenfalls in ihrem Einfluss auf die Politikgestaltung der Union zu berücksichtigen. So erklären Corbett, Jacobs & Shackleton (1995: 233) in ihrer Institutionenanalyse die parlamentarische Einflussnahme auf die inhaltliche Entwicklung europäischer Politikfelder anhand des Letztentscheidungsrechts über die nicht-obligatorischen Ausgaben[11] sowie das Gesamtbudget der EU. Beide werden aufgrund des formal eher schwach ausgeprägten institutionellen Status als „bargaining chips" eingesetzt, so dass die Budgetkompetenz in Förderfragen oft als informeller Mechanismus der politischen Einflussnahme genutzt wird (Tömmel 2008: 73).

Das Europäische Parlament kennt lediglich einen schwach ausgeprägten Parteienwettbewerb und ist daher nur bedingt mit nationalen Parlamenten vergleichbar: Parteien verwandter politischer Richtungen schließen sich als transnationale Föderationen zusammen. Diese weisen jedoch eine eingeschränkte Kohärenz auf. Parlamentarische Minderheiten können sich in politischen Gruppen zusammenfinden, während einzelne Parteien und Parlamentarier auch ohne Zugehörigkeit zu einer der „Parteienfamilien" ihr Mandat wahrnehmen (Wessels 2008: 142-149). Die Etablierung einer einflussreichen parlamentarischen Position stellt aufgrund der Heterogenität hohe Ansprüche an die interne Willensbildung und Entscheidungsfindung des EU-Parlaments (Wessels 2008: 140-142). Um effektiv agieren zu können, müssen

---

[10] Degressive Proportionalität: größere Mitgliedstaaten jeweils mehr Sitze haben als kleinere, kleinere Mitgliedstaaten jedoch mehr Sitze pro Einwohner als größere. Im Einzelnen ist die Anzahl der Sitze im AEU-Vertrag festgeschrieben und kann nur durch eine einstimmige Vertragsreform geändert werden.

[11] Gemeint sind Ausgaben, die nicht durch den EU-V definiert, sondern durch die Gemeinschaftsorgane festgelegt werden (z.B. Aspekte der Struktur- und Entwicklungsförderung sowie eine Vielzahl allgemeiner und politikfeldspezifischer Förderprogramme).

seine Positionen mit einer absoluten Mehrheit formuliert werden. Die Besonderheit der Einzelermächtigung der EU-Verträge differenziert die parlamentarischen Entscheidungsverfahren dabei noch einmal, je nach Zuständigkeit der EU, aus. Es kommt deshalb zu einer Vielfalt unterschiedlicher Akteurskonstellationen im Innenleben des Parlaments. Insgesamt führt dies zur Bildung großer, parteiübergreifender Koalitionen (vgl. Hix 2005).

Verglichen mit nationalen Volksvertretungen dient das Europäische Parlament nicht der Legitimation einer Regierung. Es übernimmt vielmehr die zuvor beschriebene Sonderrolle in der Repräsentanz des europäischen Bürgerwillens. Für die konkrete Politikentwicklung sind seine organisatorischen Substrukturen, die Komitees, entscheidend. Im Vorfeld konkreter Diskussionen kann das Parlament durch das Verfassen parlamentarischer Initiativberichte Aufmerksamkeit auf bestimmte Themen lenken, wodurch der dazu ausgewählte Berichterstatter als herausgehobener Akteur an der Schwelle zu organisierten Interessen und den übrigen Gemeinschaftsorganen fungiert. Zum anderen entstehen über die Parlamentsausschüsse Schnittstellen zur Kommission, in denen diese im Vorfeld eines Gesetzgebungsverfahrens die parlamentarische Zustimmung testet. Offizielle Entscheidungen des Parlaments werden in den jährlich zwölf Plenarsitzung getroffen.

Die Beziehung des Parlaments zu Kommission und Ministerrat ist ambivalent: Auch wenn sein institutionalisiertes Einflusspotenzial schwach ausgeprägt ist, müssen beide Organe die parlamentarische Veto-Option in ihren Handlungsstrategien berücksichtigen. So hat sich das Parlament eine ernst zu nehmende Verhandlungsmacht aufgebaut, der durch die institutionelle Ausweitung seiner Mitentscheidungsrechte in der politischen Systementwicklung Rechnung getragen wurde. Eine Ambivalenz kann auch in Bezug auf die demokratische Legitimation europäischer Politik nachgewiesen werden. Rat und Kommission werden zwar durch demokratisch legitimierte Akteure der Mitgliedstaaten konstituiert, eine direkte demokratische Legitimation fehlt ihnen jedoch. Als einziges von den EU-Bürgern direkt gewähltes Gemeinschaftsorgan bietet das Parlament eine formale demokratische Legitimation und verleiht ihm auf diese Weise eine weitere Dimension informeller Verhandlungsmacht (Tömmel 2008: 73). Begründet auf seiner Rolle als Stimme der EU-Bürger zeigt sich das Parlament vor allem gegenüber deren organisierten Interessen responsiv und versucht dadurch seine Position zu festigen. Über das belief system ergibt sich das im Folgenden dargestellte Akteursprofil: Das Parlament folgt in seiner Politik der normativen Grundlage der Förderung bürgernaher Politikentwicklung zur Erzielung eines europäischen Mehrwerts für die Mitgliedstaaten. Im Sinne seiner politischen Positionierung versucht das Parlament durch innovative Ansätze seinen eigenen institutionellen Status zu erhöhen, um seinem Anspruch gerecht zu werden. Zur strategischen Umsetzung nutzt es seine Veto-Position im ordentlichen Gesetzgebungsverfahren, Initiativberichte, allgemeine parlamentarische Kontrollfunktionen sowie vor allem das Budgetrecht.

8.5. Der Europäische Gerichtshof

Der Europäische Gerichtshof ist das oberste rechtsprechende Organ der EU. Seine Aufgaben werden ihm durch Artikel 19 EU-V zugewiesen. Die institutionellen Grundlagen seiner Arbeits- und Funktionsweise finden sich in den Artikel 251-281 AEU-V und charakterisieren ihn als systemregulierende Instanz (Nugent 2006: 281). Dem EuGH sowie dem Gericht erster Instanz (GEI) obliegt in strittigen Fragen die Auslegung des Gemeinschaftsrechts. Dies gilt für die EU-Verträge und das auf ihrer Grundlage entstandene Sekundärrecht.

Ihre umfassende rechtsetzende Funktion ist durch die europäische Gerichtsbarkeit selbst begründet worden, indem die unmittelbare Wirksamkeit („direct effect")[12] und Vorrangstellung von europäischem vor nationalem Recht („supremacy")[13] festgestellt wurde (Wessels 2008: 259-260). Beide Aspekte machen den EuGH zu einem Knotenpunkt in der institutionellen Verflechtung von intergouvernementalen und supranationalen Systemprinzipien (Tömmel 2008: 74). Der Status des EuGH grenzt die Union zudem durch eine eigene, individuell einklagbare Rechtsordnung weiter von internationalen Organisationen ab.

Der Gerichtshof der Europäischen Union wird nach Maßgabe der europäischen Verträge aus je einem Richter pro Mitgliedstaat gebildet (Artikel 19. EU-V) und tagt, soweit keine anderslautende Regelung getroffen wurde, in Kammern (Artikel 251 AEU-V). Unterstützung erhalten die Richter durch acht Generalanwälte, die „öffentlich in völliger Unparteilichkeit und Unabhängigkeit begründete Schlussanträge zu den Rechtssachen stellen, in denen nach der Satzung des Gerichtshofes der Europäischen Union seine Mitwirkung erforderlich ist" (Artikel 252 AEU-V). Jeder

---

[12] Abgeleitet aus der EuGH-Entscheidung „Van Gend & Los-Entscheidung" (Rs. 26/62)
[13] Abgeleitet aus der EuGH-Entscheidung „Costa/ENEL-Entscheidung" (Rs. 6-64)

Richter verfügt mit über ein eigenes Kabinett, in dem durch den Mitarbeiterstab spezifische Expertisen zu unterschiedlichen Rechtsgebieten abgebildet werden. Der EuGH besitzt verschiedene Verfahrensformen. Als die relevantesten sind das Vertragsverletzungs- (Artikel 258 AEU-V) bzw. Vorabentscheidungsverfahren (Artikel 267 AEU-V) zu nennen. Öffentliche Anhörungen sind Teil der Verfahrensprozeduren und ergänzen den technischen Aspekt der juristischen Interpretation um eine inhaltliche, rechtspolitische Dimension. Während Vertragsverletzungsverfahren lediglich von der Kommission und den Mitgliedstaaten zur Sanktionierung von Verstößen gegen das Gemeinschaftsrecht angestrebt werden können, hat vor allem das Vorabentscheidungsverfahren im Bereich der rechtspolitischen Entwicklung des Sports eine Rolle gespielt: So war es ein belgisches Gericht, dass die im Fall Bosman eingereichte Klage gegen die Verletzung des Gemeinschaftsrechts dem Europäischen Gerichtshof vorgelegt zur Vorabentscheidung hat.

Als Teil der internen Beschlussfassung gehören öffentliche Anhörungen sowie das extensive Sammeln relevanter Informationen zur Verfahrensprozedur. Die Satzung des EuGH sieht zudem vor, die übrigen Gemeinschaftsorgane nicht vom Entscheidungsprozess auszuschließen. Die Kommission, die Mitgliedstaaten und der Rat werden vorab über geplante Entscheidungen informiert und haben die Möglichkeit, diese über eigene Stellungnahmen zu kommentieren. Organisierte Interessen können diese Kanäle zur indirekten Vertretung ihrer Interessen gegenüber der europäischen Gerichtsbarkeit nutzen (Wessels 2008: 269-270). Tömmel bilanziert die besondere Stellung des EuGH im politischen System als Ausdruck der Auflösung einer klaren Gewaltenteilung zwischen Legislative und Judikative (2008: 76). Das Profil des EuGH kristallisiert sich damit dergestalt aus, dass die Durchsetzung des gemeinschaftlichen Rechtsrahmens im europäischen und mitgliedstaatlichen Kontext die normative Grundlage für das Handeln des EuGH bildet. Thematisch bedeutet dies hinsichtlich der rechtspolitischen Positionierung, dass eine Gleichbehandlung und rechtliche Harmonisierung aller Politikfelder der EU am Maßstab des Gemeinschaftsrechts erfolgt. Um dennoch spezifischen Aspekten der verschiedenen Politikfelder gerecht werden zu können, verfolgt der EuGH im Rahmen der sekundären Aspekte eine rechtsvergleichende, systematische und teleologische Interpretation des Gemeinschaftsrechts.

8.6. Gesellschaftliche Interessen im politischen System

Die konzeptionellen Überlegungen Eastons über politische Akteure und deren funktionale Rollen finden sich in Artikel 11 des EU-Vertrages wieder:

> „Die Organe geben den Bürgerinnen und Bürgern und den repräsentativen Verbänden in geeigneter Weise die Möglichkeit, ihre Ansichten in allen Bereichen des Handelns der Union öffentlich bekannt zu geben und auszutauschen (Abs. 1)."

Gleichzeitig wird die Interaktion mit der Zivilgesellschaft über einen „transparenten und regelmäßigen Dialog" (Artikel 11 (3) EU-V) kanalisiert. Auch der Vertrag über die Arbeitsweise der EU berücksichtigt die Förderung zivilgesellschaftlicher Beteiligung (Artikel 15 AEU-V) für eine bürgernahe Politikgestaltung. Bomberg, Cram & Martin (2004) wie auch Greenwood (2007) der Zivilgesellschaft, in Gestalt repräsentativer Verbände, deshalb prinzipiell einen konstitutiven Einfluss auf das policy-making der Union. Tömmel (2008) spricht im Sinne Eastons von ihrer Inkorporation in die autoritativen Funktionen des politischen Systems.

Die von Greenwood (2007) entwickelte Typisierung und Strukturierung der vielfältigen Interessen in sechs Kategorien ist mit Bezug auf die interessenpolitische Entwicklung des Sports in der EU prinzipiell anwendbar. Bei den Kategorien handelt es sich um „business interests" (Wirtschafts- und Arbeitgeberinteressen), „professional interests" (berufsgruppenspezifische Interessen), „labour interests" (Arbeitnehmerinteressen), „citizen interests" (zivilgesellschaftliche Interessen) sowie „territorial interests" (nationalstaatliche bzw. regionale Interessen).

Weiter bietet Tömmel (2008) in ihrer Auseinandersetzung zur Begründung der Inkorporationsthese von nicht-staatlichen Akteuren in die erweiterte Systemstruktur eine Erklärung an, mit der der Mehrebenencharakter europäischer Interessenvertretung verdeutlicht werden kann: In der Phase der Problemformulierung, des agenda-settings sowie der Politikformulierung ist eine supranationale Lobbystrategie organisierter Interessen gegenüber der Kommission erkennbar. Im Entscheidungsfindungsprozess zwischen Parlament und nationalen Regierungen kommt es zur parallelen Ausdehnung von Lobbyaktivitäten von der europäischen auf die nationale Ebene. Auf letzterer ist bei Mehrheitsentscheidungen eine „kritische Masse" an Unterstützern aus anderen Mitgliedstaaten zu gewinnen. Der diffuse Charakter transnationaler Interessen löst sich dabei zugunsten einer konkreten nationalen

Perspektive auf. Da die Phase der Politikimplementierung ebenfalls im nationalen Kontext stattfindet, wechselt die Strategie im weiteren Verlauf zu einem primär national ausgerichteten Lobbying gegenüber der Exekutive der Mitgliedstaaten. Die Gemeinschaftsorgane, wie die in ihnen operierenden politischen Akteure, werden auf diese Weise zu strukturell unterschiedlichen Kanälen der interessenpolitischen Einflussnahme (vgl. Matyja 2007). Diese erfüllen je nach Phase des politischen Prozesses unterschiedliche Funktionen. Greenwood (2007: 24) bestätigt dies, unter Koppelung der input-output-Konzeption politischer Systeme an die funktionsorientierten Phasenstrukturen politischer Prozesse.

Mit Blick auf das Mehrebenensystem muss die Rolle von organisierten Interessen der nationalen und europäischen Ebene berücksichtigt werden (Kohler-Koch, Conzelmann & Knodt 2004). Interessenvertretung erfolgt, wie eben gezeigt, in verschiedenen institutionellen Settings. Während auf der europäischen Ebene die Interessenvertretung primär durch transnationale Akteure erfolgt, zeigt sich auf der nationalen Ebene eine stärkere Aktivität von Akteuren mit nationalen Interessen (Greenwood 2007). Nationale Interessenverbände sind entsprechend als intermediäre Akteure der gesellschaftlichen Interessenvertretung gegenüber der Europäischen Union von großer systemischer Bedeutung. Diese leitet sich aus der affektiv nur schwach ausgeprägten transnationalen politischen Gemeinschaft innerhalb der Union ab. Tömmel (2008: 176) bewertet die weiterhin national fragmentierten politischen Gemeinschaften der Mitgliedstaaten als relativ geschlossen und eigenständig. Sie sieht im europapolitischen Engagement nationaler Interessenverbände gleichzeitig eine wichtige Funktion zur Berücksichtigung von nationalen Unterschieden bei der kollektiven Entscheidungsfindung auf EU-Ebene. Nationale Verbände wählen innerhalb ihres institutionellen Settings primär die nationalstaatlichen Instanzen als Einflusskanäle in die EU. Nach Greenwood (2007: 29) wird diese Beziehung aufgrund etablierter Netzwerke und geschaffener Vertrauensstrukturen als „tried and tested" empfunden, auch wenn über sie lediglich eine indirekte Einflussnahme möglich ist (van Schendelen 2007). Auch wenn Kohler-Koch, Conzelmann & Knodt 2004: 241) aufgrund vertiefter und sich ausweitender Integration ein zunehmendes Engagement nationaler Interessen in transnationalen Verbänden feststellen, ist dies eher als zusätzliche Variante und weniger als grundlegender Wandel des Lobbyings zu interpretieren, denn

„in der verstärkten oder gar ausschließlichen Bildung von Euro-Gruppen läge keineswegs der Schlüssel zu einer besseren oder einflussreicheren Interessenvertretung begründet; im Gegenteil, sie würde die tatsächlichen Interessengegensätze nur verschleiern oder ignorieren (Tömmel 2008: 177)."

Auch wenn europäische Interessenverbände über privilegierte Zugänge zu den Entscheidungsträgern in der Union verfügen (Tömmel 2008: 105), liegt ihre Schwäche, aus nationaler Sicht, in der Schwierigkeit, widersprüchliche und schwer zu aggregierende Interessen ihrer nationalen Mitglieder auf einen gemeinsamen Nenner zu bringen. Zusätzlich ergibt sich eine Nivellierung politischer Macht aufgrund des geregelten Wettbewerbs zwischen den Mitgliedsorganisationen. Verglichen mit bi- oder multilateralen Initiativen, in denen der Interessenwettbewerb weitaus weniger reguliert ist, bieten Euro-Gruppen für ressourcenstarke und politisch einflussreiche Akteure geringere Erfolgschancen und damit weniger Anreize zur Einspeisung ihrer individuellen Belange. Die Einflusslogik organisierter Interessen steht damit in Zusammenhang mit den institutionellen Strukturen des EU-Systems (Greenwood 2007: 23) und der Mitgliederlogik von kollektiven Akteuren (vgl. Grande 2000). Auf diese Weise wird deutlich, dass der Mehrebenencharakter der Union zu einer variantenreichen Strategie und einem Mix aus unterschiedlichen Prinzipien der Vertretung nicht-staatlicher Interessen in Europa führen muss.

Die Gegensätzlichkeit supranationaler und intergouvernementaler Systemprinzipien kann die Politikentwicklung auf der europäischen Ebene blockieren. Gleichzeitig sorgen das daraus entstehende Spannungsfeld und das demokratische Defizit des EU-Systems für die Öffnung seiner Strukturen (Kohler-Koch, Conzelmann & Knodt 2004: 239). Beides überträgt organisierten Interessen die Rolle von „Agenten demokratischer Legitimität" (Greenwood 2007: 1). Durch den legitimierenden Input sowie politikfeldspezifische Expertise kommt es im Einklang mit der in Kapitel 3.1 vorgestellten Konzeption des „inner system"-gatekeepings zu einer neuen Form von „checks and balances" (Hix 1999: 188) im EU-System.

Vor allem die Kommission nutzt diese Eigenschaft. Sie kann die Zustimmungsfähigkeit ihrer Vorschläge lediglich über deren Qualität beeinflussen und sucht aufgrund dessen den Dialog mit organisierten Interessen. Sie tut dies über den „strukturierten Dialog", dessen Bedingungen im Weißbuch Europäisches Regieren (Europäische Kommission 2001) formuliert sind. Die wechselseitige Anpassung durch politisches Lernen zwischen der Union und gesellschaftlichen Interessen führt zur

Ausbildung einer Netzwerkstruktur, die in ihrer Gestaltung den von Sabatier (1993) entworfenen advocacy coalitions entspricht. Eine vergleichbare Entwicklung zeichnet sich für das Verhältnis der parlamentarischen Intergroups und Lobbyisten ab (Greenwood 2007: 36-39). In Anlehnung an die Aussagen von Kapitel 4 und 5 besteht über wechselseitige Anpassungs-, Lern- und Problemlösungsprozesse die Möglichkeit zur Entwicklung einer affektiven Bindung an die Europäische Union.

Zur Bilanzierung der durch Gemeinschaftsorgane und intermediäre Akteure gebildeten Ordnung ist auf das systemimmanente Prinzip der Mehrebenenverflechtung Bezug zu nehmen. Mit ihm lässt sich jene Architektur nachzeichnen, deren einzelne Bausteine auf die Verflechtung von gemeinschaftsförderlichen und die nationale Autonomie schonenden Aspekten abzielen. Diese institutionelle Balance verlangt nicht nur eine systemische Verflechtung öffentlicher Akteure von der lokalen bis zur europäischen Ebene. Als konstitutives Element politischer Systeme sind auch die privaten Interessen und die sie vertretenden Akteure als politische Gemeinschaft strukturell miteinander verflochten. Die Verbindung öffentlicher und privater Elemente politischer Systeme konstituiert innerhalb der EU letztendlich eine Vielzahl an politischen Arenen. Im Fall einer gegenseitigen Blockade von Interessen, die zum Stillstand im politischen Prozess führen kann, kann diese Vielzahl an Handlungsräumen die Spielräume politischer Akteure erhöhen. Geschieht dies, sind die Dezentralisierung politischer Macht und das Entstehen neuer Formen der Koordinierung politischer Prozesse die Folge.

Auch die gesellschaftlichen Interessenvertreter lassen sich grundsätzlich über das Konzept des belief systems als politische Stakeholder charakterisieren. Aufgrund der Heterogenität und Vielfalt innerhalb der Europäischen Union agierenden gesellschaftlichen Interessenvertreter aus den einzelnen Mitgliedstaaten lassen sich die einenden Merkmale lediglich auf einem hohen Abstraktionsgrad beschreiben: Als normativer Kern stehen die Vertretung und der Schutz nationaler Interessen gegenüber europapolitischer und -rechtlicher Intervention bei gleichzeitiger Entwicklung einer grenzüberschreitenden Politik zum Nutzen der nationalen gesellschaftlichen Interessen im Fokus. Im Sinne einer politischen Positionierung innerhalb des thematischen Kerns im belief system folgt eine interessenpolitische Differenzierung als Spezialisierung auf einzelne Politikfelder, -bereiche und -themen. Strategisch versuchen gesellschaftliche Interessenvertreter durch ihre jeweilige Expertise und gesellschaftlicher Repräsentativität Einfluss auf die EU zu gewinnen.

Kapitel 9:
Formen politischer Interaktion in der Europäischen Union

Im Zuge der jeweils themenspezifischen Kompetenzübertragung an die EU variieren europapolitische Interaktionsstrukturen je nach Politikfeld (Artikel 2 (6) AEU-V). Die Fragmentierung politischer Macht in supranationale und intergouvernementale sowie öffentliche und private Einflüsse sind dafür zentrale Merkmale. Gleiches gilt für ihre anschließende Integration in ein geregeltes Verfahren politischer Willens- und Entscheidungsfindung. Beides folgt dem Ziel eines Konsenses im Sinne eines „benefit for all". Nach Pappi & Henning (2003) basieren politische Entscheidungen in der EU auf einer eigenen Systemlogik. Sie hat dem Konzeptansatz des multi-level-Governance in der Wissenschaft neue Bedeutung verliehen.

9.1. Formen politischen Outputs

Legislativakte der Union können in verschiedene rechtsetzende Akte münden. Sie werden im Folgenden vorgestellt sowie in ihrer Rechtsverbindlichkeit und Reichweite unterschieden.

Verordnungen sind allgemein und unmittelbar gültig. Sie sind in Gänze verbindlich und gelten für jeden Mitgliedstaat (Artikel 288 (2) AEU-V). Sie entsprechen damit dem, was im Rahmen der politiktheoretischen Grundlagen als autoritative Verlautbarungen typisiert wurde. Anders verhält es sich mit Richtlinien der EU. Ihre Verbindlichkeit bezieht sich dagegen auf das mit ihnen formulierte politische Ziel und den für seine Erreichung vorgesehenen Zeitraum. Sie können an einzelne Mitgliedstaaten gerichtet werden, denen dann jeweils die Wahl von Form und Mittel der Zielerreichung frei steht. Auch Richtlinien sind autoritative Verlautbarungen, deren Ziel auf europäischer Ebene definiert und deren Mittel zur Umsetzung durch die Mitgliedstaaten gewählt werden (Artikel 288 (3) AEU-V). Sie verleihen der mitgliedstaatlichen Ebene eine größere Handlungsfreiheit. Dies gilt vor allem gegenüber den formalen Beschlüssen der Union. Als dritte Form autoritativer Verlautbarungen sind diese in allen ihren Bestandteilen verbindlich, enthalten konkrete Vorgaben über die Ziele, Formen und Mittel der Umsetzung und können an einen oder mehrere Mitgliedstaaten gerichtet werden.

Von den einzelnen Gemeinschaftsorganen ausgesprochene Empfehlungen sind in keiner Weise verbindlich. Sie besitzen jedoch Rechtsfolgen, indem die Mitgliedstaaten sie zwar nicht umsetzen müssen, jedoch auch nicht gegen ihre Ziele handeln dürfen. Zusammen mit Stellungnahmen drücken sie als „weiche Formen" der politischen Koordination Leitlinien für wünschenswerte Maßnahmen seitens der Mitgliedstaaten aus und können dadurch als begleitende Verlautbarungen und Handlungen klassifiziert werden.

9.2. Formale Rechtsetzungsverfahren

Die Union kennt mehrere Legislativverfahren zur Rechtsetzung. Eines davon ist das ordentliche Gesetzgesetzgebungsverfahren nach Artikel 294 AEU-V. Es wird in den meisten vergemeinschafteten Politikfeldern angewandt. Seine Merkmale werden durch das inter-institutionelle Verhältnis der Gemeinschaftsorgane geprägt. Die Möglichkeit eines parlamentarischen Vetos, wie das Initiativmonopol der Kommission und die Entscheidungsmacht des Rates, macht das ordentliche Gesetzgebungsverfahren zu einem Zwangsverhandlungssystem der Gemeinschaftsorgane (Nugent 2006: 408). Alle drei sind dabei mit ihren Verhandlungspositionen in einen netzwerkartigen Kontext unterschiedlicher Interessen eingebunden und werden so durch eine Vielzahl von Akteuren als Einflusskanal auf den politischen Prozess genutzt (Börzel 2008: 87).

Der in Abbildung 21 dargestellte Verlauf des ordentlichen Gesetzgebungsverfahrens unterscheidet sich von denen der Konsultation bzw. Zustimmung. Beide kommen lediglich in wenigen Politikbereichen zur Anwendung. Das Konsultationsverfahren wurde mit Gründung der Europäischen Gemeinschaften als Standardverfahren der Gesetzgebung eingeführt. Das Parlament besitzt darin lediglich einen konsultativen Status. Nach seiner Anhörung sowie möglicherweise der beratenden Ausschüsse entscheidet der Rat je nach Vertragstext mit qualifizierter Mehrheit oder einstimmig. Durch einstimmigen Beschluss kann der Kommissionsvorschlag ebenfalls verändert werden. Eingeführt mit der Einheitlichen Europäischen Akte (1986), wird in bestimmten Politikfeldern die Zustimmung des Parlaments zu Entscheidungen des Ministerrates notwendig. Wird diese nicht mit Mehrheit der Parlamentarier erteilt, kann der Rat keinen Gesetzesakt erlassen. Im Gegensatz zum Verfahren nach Artikel 294 AEU-V kann das Parlament den Kommissionsvorschlag jedoch formal nicht verändern. Dies ist nur dem Ministerrat bei einstimmiger Beschlusslage möglich.

Phase	Kommission	Parlament	Ministerrat	Status
Initiative	Vorschlag			

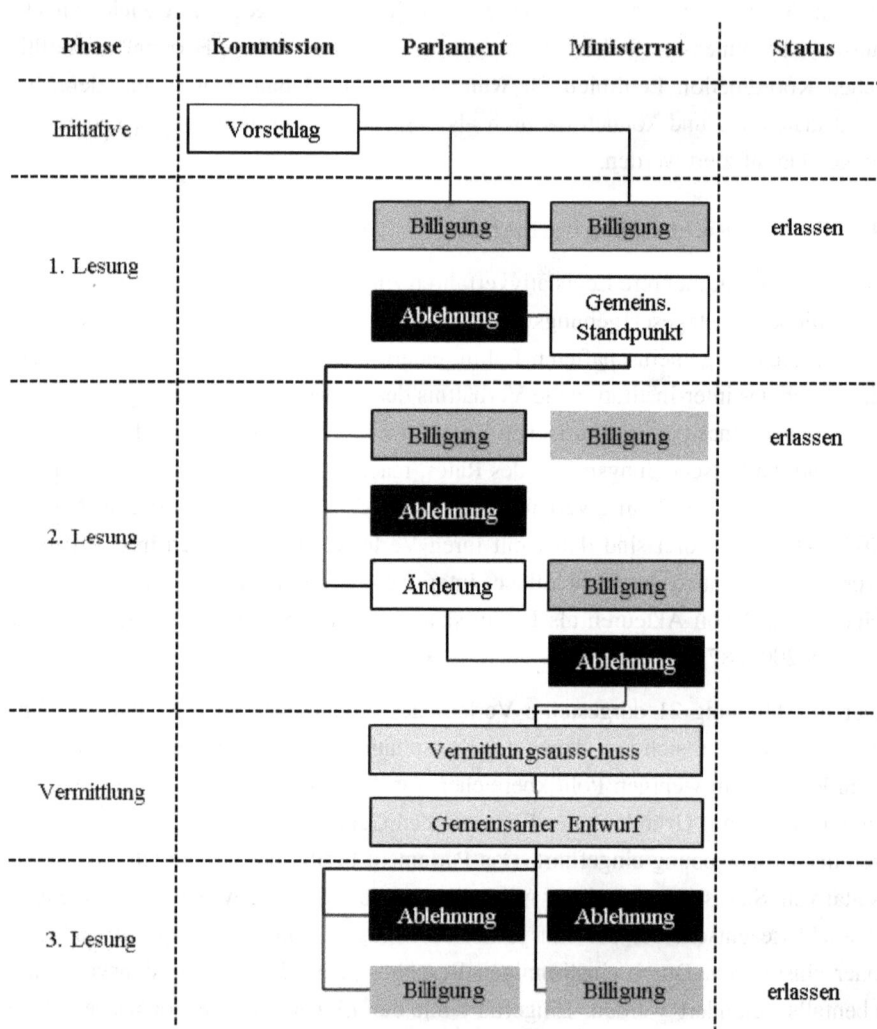

Abb. 21: Ordentliches Gesetzgebungsverfahren nach Artikel 294 AEU-V

9.3. Der politische Prozess als Struktur-Interaktionsdynamik

Easton (1965b) hat in seinem Konzept die Bedeutung des politischen Prozesses für die Strukturierung politischer Systeme in den Mittelpunkt gestellt. Das Erkennen und Beschreiben seiner Besonderheiten ermöglicht über die Abstraktion charakteristischer Merkmale einen Einblick in die Funktionsweise europapolitischer Prozesse. Die Rechtsetzungsverfahren betreffen die autoritative Willensbildung und Entscheidungsfindung im politischen System. Ihre institutionellen Rahmenbedingungen sind als enge Systemstruktur zu verstehen. Ihr können trotz der Variabilität verschiedener Verfahrensweisen sechs charakteristische Merkmale attestiert werden (Nugent 2006: 417-425):

Erstens, verschieben sich je nach Politikfeld und Vertragstext die funktionalen Rollen und Einflusspotenziale der Gemeinschaftsorgane. Für die auf die Entscheidungsfindung einwirkenden gesellschaftlichen Interessen ist das Wissen über diese Variabilität und ihre Konsequenzen entscheidend. So ist dort, wo „weichere" Formen der Koordination zum Einsatz kommen, der Einfluss des Parlaments gegenüber dem Tandem aus Kommission und Ministerrat erheblich zurückgesetzt. Für die intermediären Akteure verändern sich damit die Strategien des Lobbyings.

Zweitens, basiert EU-Politik in hohem Maß auf Verhandlungen, Kompromissen und thematischer Verknüpfung politischer Themen. Es gibt einen Ausblick auf die Programmierung des Zusammenspiels von Kommission, Parlament und Ministerrat. Ihre jeweiligen Positionen sind innerhalb des inter-institutionellen Wettbewerbs komplementär und müssen aufgrund der systemimmanenten Fragmentierung politischer Macht verhandelt werden. Da für gesellschaftliche Akteure analoge Trennlinien zwischen transnationalen und nationalen Interessen anzunehmen sind, setzt die erfolgreiche Vertretung von Interessen die Anpassungsfähigkeit an die konsensdemokratische Prägung der europäischen Politikarena voraus.

Drittens, basiert europäische Politik auf dem Prinzip inter-institutioneller Kooperation. Sie leitet sich aus dem Zwang der Re-Integration politischer Macht ab und besteht nicht nur aus der formalen Abstimmung im Sinne trilogischer Verfahren zwischen den Gemeinschaftsorganen. Vielmehr stellt Nugent (2006: 421) ein „mushrooming of informal contacts" fest, dass politische Prozesse informalisiert und die Bedeutung von Kooperations-, Vertrauens-, Kompromiss- und Konsensfähigkeit im Handeln politischer Akteure betont. Die dadurch begründeten Netzwerke sind integrale Bestandteile europäischer Politik. Langenberg (2004) hat in seiner Untersuchung europapolitischer Entscheidungsprozesse nachgewiesen, dass die Einlösung der Exit-Option oder das Verteidigen einer isolierten Position zu hohen Transaktionskosten führt. Dies kann mittelfristig, aufgrund sich verändernder Kontextbedingungen, zu Ineffizienzen für Veto-Spieler führen.[14] Daraus resultiert im Verhältnis zu wettbewerbsorientierten mehrheitsdemokratischen Systemen eine veränderte politische Kultur.

Viertens, trägt die Komplexität und Ausdifferenzierung der institutionellen Willensbildungs- und Entscheidungsverfahren dazu bei, dass europäische Politikentwicklung graduell und inkrementell verläuft. Innovationen und radikaler politischer Wandel werden durch die Abstimmung einer Vielzahl an Akteuren, ihrer Interessen und unterschiedlichen Einflusspotenziale sowie deren Einbindung in ein interdependentes Netzwerk verstetigter politischer Interaktion weniger wahrscheinlich.

Fünftens, taktisches Manövrieren in politischen Prozessen wird zu einer Implikation der europäischen Systemlogik. Inkrementalismus und graduelle Entwicklungsschritte verlangen eine an Situationen und Prozessen orientierte Handlungsstrategie. Ihre einzelnen Schritte sind zwar am angestrebten Ergebnis orientiert, jedoch in Bezug auf die situative Konstellation der beteiligten Akteure und Interessen zu gestalten. Eine „Politik der kleinen Schritte" erfordert eine zielorientierte Durchdringung der Thematik sowie die intensive Evaluation von Handlungsoptionen innerhalb des formalen wie informellen institutionellen Kontexts.

Sechstens, ergeben sich aufbauend auf den beiden vorhergehenden Charakteristika unterschiedliche Geschwindigkeiten der Politikentwicklung in der EU. Hohe Geschwindigkeiten sind dort möglich, wo im Vorfeld durch Verhandlungs- und Kompromissbereitschaft Konsensfähigkeit sichergestellt (Tömmel 2009: 14) oder bereits ein hoher Grad an politischer Integration erzielt wurde. Die dadurch gestärkten supranationalen Elemente der Entscheidungsfindung erhöhen die Effizienz politischer Prozesse. Politikfelder, die sich in einem frühen Stadium der Integration befinden, verlangen eine hohe Ausdauerfähigkeit, um Divergenzen zwischen supranationalen und nationalen sowie zwischenstaatlichen Interessen zwischen allen beteiligten Akteuren auszuräumen. In der Regel müssen dort erst Netzwerke aufgebaut, politisches Vertrauen geschaffen und eine gemeinsame „memory bank" etabliert werden. Eine langsame Geschwindigkeit kann bei intensiven Abstimmungs- und Verhandlungsprozessen jedoch auch zu höherer Effizienz führen (Europäische

---

[14] Aktuelle ökonomische Krisenphänomene und Entwicklungen im Rahmen ihrer gemeinschaftlichen Bewältigung EU lassen jedoch vermuten, dass für die Gültigkeit die normative Prämisse eines grundsätzlichen erwarteten Mehrwerts der Europäischen Union für nationalstaatliche und gesellschaftliche Interessen als notwendige Voraussetzung erfüllt sein muss.

Kommission 2001: 26). Im negativen Fall stehen diesem Effizienzgewinn hohe Opportunitätskosten als Folge von Effektivitätsdefiziten gegenüber.

Aus der Abstraktion dieser funktionalen Charakteristika kommt es zu folgenden Prinzipien, die als charakteristische Merkmale für den politischen Prozess auf der europäischen Ebene definiert werden: Aufgrund der Interdependenzen von Akteuren müssen bereits im Vorfeld potenzielle Problemdefinition und Politikformulierung im belief system aller Beteiligten antizipiert und in der eigenen Handlungsstrategie berücksichtigt werden. Die institutionell präformierten Konstellationen politischer Akteure implizieren eine konsensorientierte Interaktionsstrategie nach dem Prinzip des „give and take" (Nugent 2006: 421). Bei Überlagerung der Konsensfähigkeit durch unüberbrückbare Gegensätze zwischen den Akteuren, zeigt sich die strukturelle Offenheit des EU-Systems als alternativer Mechanismus der Entscheidungsfindung. Sowohl die Informalisierung politischer Interaktionsprozesse, als auch die institutionelle Ausdifferenzierung erweitern die Systemstruktur netzwerkartig und verlagern Konfliktlösungen in alternative politische Arenen mit abweichenden institutionellen Gegebenheiten (vgl. Héritier 2001). Einseitige Machtpositionen und ihre Ausübung werden durch die Dezentralisierung politischer Arenen und Einflusspotenziale eingedämmt. Die Ausbildung netzwerkartiger Strukturen und die für komplexe gesellschaftliche Themen festgestellte Interdependenz von politischen Akteuren bei der Durchsetzung ihrer Interessen werden dadurch erhöht. Die Dezentralisierung von Einflusspotenzialen sowie die interdependente Konsensorientierung schließen Kompetenzkonflikte und einseitige Machtansprüche jedoch nicht aus. Aufgrund ihrer schwachen strukturellen Formalisierung sind sie in der Lage, einzelnen politischen Akteuren aufgrund ihrer jeweiligen Ressourcen einen Handlungsspielraum zu eröffnen, aus dem die von Tömmel (2008: 87) identifizierte Systemproduktivität entsteht. Sie folgt dem Prinzip von Assoziierung und Konkurrenz.

9.4. Europäische Politikentwicklung als Struktur-Interaktionsdynamik

Die institutionelle Architektur der Union weist aus realpolitischer Perspektive ein hohes Maß an Entgrenzung auf. Verhältnismäßig schwache institutionelle Strukturen und starke politische Akteure sind dafür die Ursache. Funktionale Handlungsspielräume und systemische Defizite, beispielsweise in der demokratischen Legitimation, haben für eine Öffnung der Systemstrukturen gesorgt.

Die Verflechtung unterschiedlicher Handlungssysteme erfolgt über alle Dimensionen der Gemeinschaftspolitik. Grundsätzlich können diese als europäisch und national sowie öffentlich und privat unterschieden werden. Sie bilden die Grundlage einer neuen Form der Politikproduktion, die sich über besondere Anforderungen an die Koordination unterschiedlicher Handlungslogiken und ihre politischer Kulturen definiert. Zu ihrer Betrachtung wird folgende Perspektive gewählt: Die Analyse des europapolitischen Prozesses bezieht sich auf die EU als kollektiven Akteur. Von besonderem Interesse ist die Beziehung der Union zu privaten Akteuren. Damit rückt die Akteursqualität der Europäischen Union im Prozess der Willensbildung und Entscheidungsfindung in der erweiterten Systemstruktur in den Mittelpunkt (Tömmel 2008b).

Die Implikationen einer erweiterten Systemstruktur wurden in Kapitel 9.3 diskutiert und beziehen sich auf das Konzept der Governance. Sein Ziel liegt in der Strukturierung komplementärer Verhältnisse öffentlicher und privater Akteure in der EU. Gleichzeitig ermöglicht es, Instrumente gegenseitiger Beeinflussung zu identifizieren und deren Koordinationsleistung zu bewerten. Nicht-legislative Dimensionen der Politikentwicklung sind dabei von besonderer Bedeutung. Sie sollen zeigen, wie die Union über ihre multi-level-Governance zunehmende Politikfeldkompetenzen erwirbt und ihren Einfluss in die nationale Politik ausweitet. Über den Transfer der konzeptionellen Grundlagen des politischen Systems wird es möglich, Formen der Governance als neue Prinzipien der Politikentwicklung im EU-System nachzuvollziehen und zu strukturieren.

9.5. Governance als Funktionsprinzip des EU-Mehrebenensystems

Bevor eine Analyse vorgenommen wird, erscheint es zweckmäßig, noch einmal die Rahmenbedingungen voranzustellen: Das Fehlen eines eindeutigen politischen Machtzentrums in der EU hat im Rechtsetzungsprozess zu einem System der Zwangsverhandlung geführt. Aufgrund der hybriden Kompetenzverteilung ist jedes Organ im legislativen Prozess auf die Konsensbildung mit den übrigen angewiesen. Aufgrund von Funktionsdefiziten des EU-Systems[15] kommt es in den Phasen der

---

[15] Tömmel (2009: 11) fügt den bereits einleitend genannten Funktionsdefiziten mit Restriktionen bei den supranationalen Interventionskapazitäten einen weiteren Aspekt hinzu. Zur Durchsetzung supranationaler Politikziele fehlen in den Bereichen der geteilten und unterstützenden Zuständigkeiten hierarchische Instrumente, so dass kooperative Verfahren zum Einsatz kommen müssen.

Problemformulierung, des agenda-settings, wie auch der Politikformulierung zu einer losen Koppelung öffentlicher und private Akteure. Die Abhängigkeit öffentlicher Akteure von den Ressourcen privater Akteure – vor allem politischer Unterstützung, Expertise und demokratische Legitimation – öffnet auf wechselseitiger Anpassung basierende Einflusspotenziale. Die dazu notwendigen Verhandlungen und Kommunikationsprozesse liegen im Schatten einer Hierarchie, der durch die autoritative Kompetenz der Gemeinschaftsorgane geworfen wird. Die Asymmetrie dieser politischen Interaktion veranlasst Börzel (2008), von einer politischen Koordination der EU mit Netzwerken anstelle einer Koordination in Netzwerken zu sprechen. Die Netze sind über die verschiedenen Ebenen des Systems geknüpft. Die supranationale Ebene nutzt unter Verzicht auf hierarchische Weisung die Netzwerkstrukturen zur Diffusion europäischer Politikziele und -inhalte in die Mitgliedstaaten. Dabei spielen die staatlichen Akteure eine ebenso bedeutende Rolle wie die zivilgesellschaftlichen Organisationen. Letztere sind aufgrund ihrer Bürgernähe ein wichtiger intermediärer Akteur in der Kommunikation der Union mit ihren Bürgern. Mit dieser Unterscheidung lässt sich der zweidimensionale Charakter von Governance (Tömmel 2009: 12-13) aus regulativ-strukturellen Bedingungen und prozessorientierten Zielen als Struktur-Prozess-Dynamik benennen und in folgende analytische Perspektive modellieren:

> „Zum einen handelt es sich um Regelungsstrukturen, die sich auf Institutionen und Akteurskonstellationen beziehen. Zum anderen geht es um Koordinations- oder Interaktionsprozesse, die auf (wechselseitige) Verhaltensänderung der beteiligten Akteure abzielen. Da Institutionen Arenen für die soziale Handlungskoordination organisieren, Akteuren Kompetenzen und Ressourcen zuteilen, den Zugang zu politischen Entscheidungen regulieren und die Handlungsorientierungen von Akteuren beeinflussen, setzen sie den Rahmen für die Modi der Handlungskoordination (Börzel 2008: 63).“

Wie Börzel (2005) an anderer Stelle feststellt, ist europäische Governance verglichen mit ihrer nationalen Variante vom Prinzip her nicht neu, jedoch anders. Innerhalb des nun abgesteckten Rahmens gilt es daher nach „distinctive features of EU-Policy-Making“ (Tömmel & Verdun 2009: 3), also spezifischen Qualitäten einer „europäischen Governance“ zu suchen.

9.6. Formen, Modi und Konfigurationen europäischer Governance

Unter Rückgriff auf Kapitel 4.1 können die hierarchischen, markt- und gemein-
schaftsorientierten Formen der Governance in vier grundlegende Modi differenziert
werden (Abb. 22).

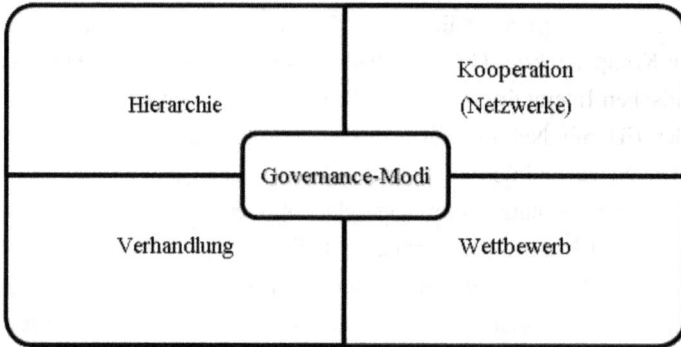

Abb. 22: Grundlegende Modi der Governance

Hierarchische Steuerung ist für die Union lediglich in jenen Politikfeldern möglich,
in denen sie ausschließliche oder geteilte Zuständigkeiten besitzt. Die Anwendung
hierarchischer Steuerungsmodelle weicht aufgrund der Fragmentierung der politischen Entscheidungsmacht vom prinzipiellen command-compliance-Modell des
traditionellen Nationalstaats ab. Dies führt zur Besonderheit einer europäischen
Governance durch Hierarchie. In ihr besitzen die Adressaten hierarchischer Steue-
rungsziele ein stark ausgeprägtes Mitsprache- jedoch ein geringes Mitentschei-
dungsrecht. Informationsasymmetrien und Interessenkonflikte können dabei häufig
zur negativen Beeinflussung dieser Abstimmungsprozesse führen. Ihre Überwindung folgt dem Prinzip des „escaping deadlock" (vgl. Héritier 1999). Die Ausschüsse der Komitologie sind ein Beispiel für den Ausweg aus der Verflechtungs-
falle der Gemeinschaftspolitik. Die eingesetzten Modi der Verhandlung werden
jedoch durch den supranationalen Schatten der Hierarchie beeinflusst.

Vor allem in Politikfeldern, in denen die Union keine unmittelbaren Zuständigkeiten, jedoch indirekt Einfluss ausübt, erfolgt die Politikentwicklung nach dem Prinzip der Kooperation in Netzwerken (vgl. Eising & Kohler-Koch 1999). Die Anwendung des Gemeinschaftsrechts auf den Sport bietet vielfältige Einblicke in Mechanismen, mit denen sich die Union aufgrund ausschließlicher oder geteilter Zu-

ständigkeiten hierarchische Einflusspotenziale auf das im nationalen Zuständigkeitsbereich liegende Politikfeld Sport aufgebaut hat:

> „Die Kommission beabsichtigt, ihre Anstrengungen im Jahr 1999 zu verstär-
> ken, um dem freien Spiel des Wettbewerbs in der Europäischen Gemein-
> schaft neuen Auftrieb zu geben […]. Sie beabsichtigt sogar, ihre Zuständig-
> keit in neue Sektoren wie z. B. die Umwelt, den Sport oder die freien Berufe,
> bei denen wichtige Fälle gegenwärtig vorliegen, auszuweiten." (Europäische
> Kommission 1998: 108)

Die Union kombiniert die hierarchische Wirkung europäischen Rechts mit der Aktivierung von politischen Selbstregulationsprozessen öffentlicher wie privater Akteure. Der acquis communitaire bildet im Sinne des akteurzentrierten Institutionalismus minimale Standards, die den rechtlichen Schutz des normativen Kerns im
belief system der Beteiligten garantieren. Beispiele kann dies mit dem „Sozialen
Dialog" im Sport (Siekmann 2009a, 2009b), aber auch anhand der Konsequenzen
des EuGH-Urteils im Fall Bosman aufgezeigt werden. In seiner Folge wurden unter
dem Dach der Europäischen Fußballunion (UEFA) durch die nationalen Fußballverbände neue Regelungen für den Transfer von Berufsfußballspielern verhandelt.
Eine Nichtbeachtung europäischen Rechts hätte zur hierarchischen Intervention der
Kommission und des EuGH geführt. Bei heterogenen Interessenslagen eignet sich
die iterative Kommunikation der Netzwerk-Governance zur kooperativen Aggregation unterschiedlicher belief systems über mittel- und langfriste Lernprozesse. Gefördert werden vor allem der gegenseitige Austausch von Argumenten und das
Teilen von Informationen zum Aufbau eines gegenseitigen Verständnisses und von
Vertrauen als Formen sozialen Kapitals. Da der Zugang zu diesen Netzwerken
durch formale Kriterien (vgl. Europäische Kommission 2001) sowie hohen Ressourcenaufwand reglementiert wird, entstehen differenzierte Netzwerkstrukturen.
Hohe Transaktionskosten der Netzwerkteilnehmer können zu Exklusionseffekten
und überproportionaler Repräsentation ressourcenstarker Akteure führen. Im Vergleich zu nationalen Regelsystemen, weisen die europapolitischen Politikarenen
eine abweichende Opportunitätsstruktur auf, die den beteiligten Akteuren veränderte Politikfähigkeiten abverlangen (Benz 2009: 32-33) und dadurch den Sprung
nationaler zivilgesellschaftlicher Organisationen auf die europäische Ebene erschweren.

Innerhalb von Stakeholdernetzwerken im hierarchischen Schatten des Gemeinschaftsrechts kommt es häufig zu wechselseitigen Anpassungsprozessen durch politischen Wettbewerb. Dieser geht von autonomen Akteuren aus, die in der Wahl ihrer Handlungsoptionen nicht durch Dritte beeinflusst sind. Bei der Verfolgung ihres Ziels kommt es zur Entwicklung einer akteurspezifischen Strategie, die sich ebenfalls an den Interaktionspartnern orientiert. Dieses Konzept dient als Grundlage der Darstellung von Konfigurationen wechselseitiger Anpassung durch Wettbewerb. Letzterer ist lediglich in Bezug auf negative Externalitäten, also die Vermeidung eines „race to the bottom" sowie der Sicherstellung der Rahmenbedingungen effizienter Märkte, reglementiert. Er lässt den konkurrierenden Akteuren bei der Wahl ihrer Handlungsstrategien und -optionen im Rahmen des Gemeinschaftsrechts und seines Prinzips des fairen Wettbewerbs freie Wahl.

Minimale Standards zur Koordinierung politischer Strategien sind an die Voraussetzung einer zumindest geteilten politischen Zuständigkeit der Union geknüpft. Da heute nahezu sämtliche politische Bereiche entweder direkt oder indirekt mit gemeinschaftspolitischen Zielen und Zuständigkeiten verknüpft sind, verfolgen die Mitgliedstaaten auch in Bereichen ihrer Souveränität das Ziel konvergenter nationaler Strategien. Beispiele der Koordination der Dopingprävention (Europarat 1989) und das Enlarged Partial Agreement on Sport[16] (2007) des Europarates zeigen dies. Beides geschieht vor dem Hintergrund positiver Koordination[17]. Diese unterscheidet sich durch eine intergouvernementale Ausrichtung und den Verzicht auf eine Allokation politischer Kompetenzen auf der supranationalen Ebene. Aufgrund der lediglich unterstützenden Zuständigkeiten kann die Europäische Union in ihrer Sportpolitik dabei jedoch nicht auf den „harten" Modus der hierarchischen Weisung zurückgreifen. Als Konsequenz der Wahrung des subsidiären Verhältnisses zu den Mitgliedstaaten verfolgt die Union eine Strategie der „weichen" Koordination durch wechselseitige Anpassung. Den Prinzipien der Deliberation durch Kooperation oder Wettbewerb ist das Ziel einer positiven Koordination, also die Suche nach besseren Lösungen anstelle einer Einigung im Sinne eines Minimalkonsenses immanent. Ihr liegt die marktbedingte Logik einer optimalen Effizienz-Effektivitäts-Relation zwi

---

[16] Das Enlarged Partial Agreement on Sport (EPAS) fungiert als Grundlage für die Kooperation von öffentlichen Einrichtungen in den Mitgliedstaaten zur Lösung von Herausforderungen im Sport. Es schließt den Dialog zwischen öffentlichen Akteuren, der Sportbewegung und NGOs ein (http://www.coe.int /t/dg4/epas/about/ factsheet_en.asp)

[17] Teil B, Kapitel 4.2.2

schen Realisierung von akteurspezifischen Interessen und der objektiven Problemlösung zugrunde. Unterschiede ergeben sich aus den unterschiedlichen institutionellen Rahmenbedingungen und zum Tragen kommenden Modi. Intergouvernementale Kooperation muss im Fall der unterstützenden Zuständigkeiten die Bereitschaft und Motivation für gemeinschaftliche Politik in den Mitgliedstaaten fördern und unterstützen. Als Instrument dazu wurde durch den Europäischen Rat im Jahr 2000 die „Offene Methode der Koordinierung" (OMK) eingeführt, die Defizite bestehender Verfahren abbauen sollte:

> „Dieses strategische Ziel wird sich durch die Anwendung eines neuen offenen Koordinierungsverfahrens als eines Mittels für die Verbreitung der bewährten Praktiken und die Herstellung einer größeren Konvergenz in Bezug auf die wichtigsten Ziele der EU leichter verwirklichen lassen." (Europäischer Rat 2000)

Nach Artikel 6 AEU-V wird der OMK vor allem im Bereich des Sports eine große Bedeutung zukommen. Als Impulsgeber und policy-Initiator fungiert die Kommission. Sie tut dies durch die Formulierung von Empfehlungen und Leitlinien, die durch den Rat verabschiedet werden. Die Mitgliedstaaten haben im Jahr 2000 dazu die gemeinsame Festlegung konkreter Zeitpläne für die entwickelten Ziele, die Einigung auf Indikatoren und Benchmarks sowie die regelmäßige Überwachung und gegenseitige Überprüfung der eingeleiteten Maßnahmen innerhalb eines politischen Lernprozesses vereinbart. Die Mechanismen des „cooperative benchmarking" und „competitive benchmarking" (Benz 2009: 37) haben das Ziel der nationalen Ebene durch ihren anreizorientierten bzw. wettbewerbsfördernden Charakter eine Entwicklungsdynamik zu induzieren, an der sowohl staatliche als auch nichtstaatliche Akteure beteiligt sind (Abb. 23).

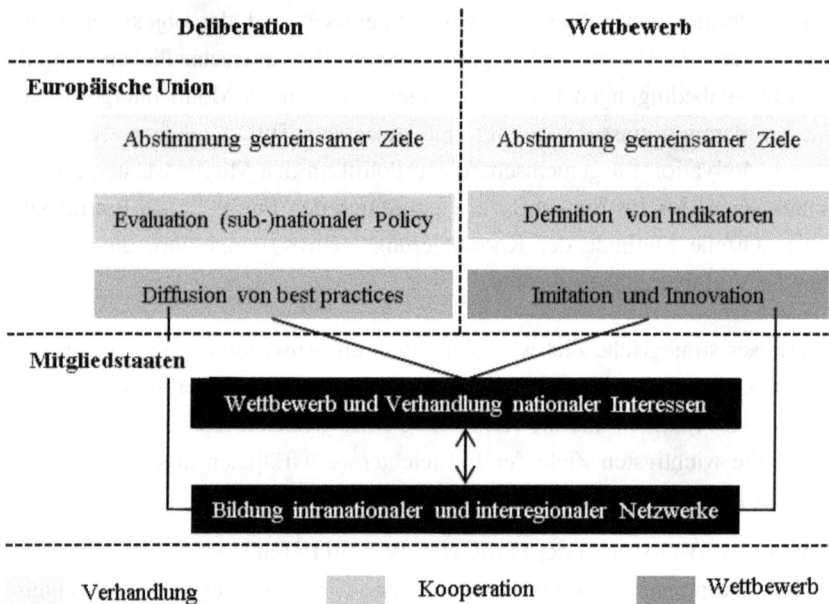

	Deliberation	Wettbewerb

Europäische Union

> Abstimmung gemeinsamer Ziele | Abstimmung gemeinsamer Ziele

> Evaluation (sub-)nationaler Policy | Definition von Indikatoren

> Diffusion von best practices | Imitation und Innovation

Mitgliedstaaten

> Wettbewerb und Verhandlung nationaler Interessen

> Bildung intranationaler und interregionaler Netzwerke

Verhandlung   Kooperation   Wettbewerb

Abb. 23: Kooperative und kompetitive Modi in der OMK (nach Benz 2009: 38)

Das Beispiel der OMK dient zur Verdeutlichung der Implikationen multipler, sich über die Ebenen des EU-Systems erstreckender politischer Arenen. Während die intergouvernementalen Koordinationsprozesse auf der europäischen Ebene von einer kleinen Gruppe von Politikern und Experten geführt werden, führen diese auf der nationalen Ebene wiederum mit anderen politischen, wirtschaftlichen und gesellschaftlichen Interessen einen politischen Diskurs über die europapolitischen Themen. Die europäische Politik wird damit zu einem Mehrebenenspiel, zu dessen Analyse das in Kapitel 2.3 vorgestellte Konzept der „Europäisierung" und ihrer Response herangezogen werden kann.

Kapitel 10:
Europäisierungsprozesse im politischen System

Der Identifikation von Europäisierungseffekten wird sich mit den Überlegungen Eastons genähert: Seine Systematik aus analytisch-konzeptionellen Begriffen liefert vergleichende Kategorien für die Analyse von Transformationsprozessen. Seine einzelnen Teilkonzepte bilden die Gliederungspunkte, unter denen die Europäisierungseffekte im Folgenden thematisiert werden.

Dabei geht es im Kern um den Aspekt des politischen Wandels, also den „Prozess, in dem politische Akteure […] überzeugt werden, ihre Loyalitäten, Erwartungen und politische Aktivitäten auf ein neues Zentrum zu richten" (Haas 1968: 16). Die Begründung dieser Perspektive liegt in der Argumentation Zürns (2005), der die Einbindung gesellschaftlicher Interessen in den gesamten transnationalen Politikzyklus als Mittel zur Überwindung des Verlustes nationaler Politikgestaltungsfähigkeit sieht.

Werden Europäisierungseffekte als Denationalisierung überschrieben, kommt es zu der Annahme, dass nationale Regierungen zunehmend weniger in der Lage sind, Politik ausschließlich autonom zu formulieren und umzusetzen. Hinsichtlich Expertise, Legitimation und Umsetzungsressourcen sind sie in einer solchen Situation funktional auf die Einbeziehung intermediärer Akteure angewiesen. Letztere übernehmen in der Argumentation Knodts (2005: 28) damit ebenfalls eine Art Regierungsfunktion.

10.1. Europäisierung des politischen Inputs

Auch an dieser Stelle wird zum besseren Verständnis noch einmal ein kurzer Rückblick getätigt: Die Europäische Union ist als Antwort auf politische Forderungen nach neuen Formen sicherheitspolitischer Zusammenarbeit aus den sechs Gründerstaaten der EGKS entstanden. Zur dauerhaften Legitimation der supranationalen Ebene des politischen Systems ist die Union auf die konstante Einspeisung politischer Forderungen angewiesen. Nach Beichelt (2009: 203) kommt es deshalb zu einer hohen Proaktivität und Rezeptivität der supranationalen Organe. Sie versuchen sich über ihre Problemlösungskapazität zu legitimieren. Von der nationalen Ebene aus betrachtet, wird die Gemeinschaftspolitik so zu einer alternativen Route bei der Artikulation politischer Forderungen aus den Mitgliedstaaten. Die, systembedingt, stärkere Nachfrage nach gesellschaftlicher Partizipation im politischen Prozess begründet jene Europäisierungseffekte, die unter dem Aspekt einer erweiterten Systemstruktur diskutiert wurden.

Die Einschränkung institutioneller Kapazitäten und der Inputlegitimation von Parlament und Kommission haben nach Kohler-Koch, Conzelmann & Knodt (2004: 175-176) in der erweiterten Systemstruktur zu einer „Tauschlogik" bei der Einspeisung politischer Forderungen und ihrer Bearbeitung im politischen System geführt. Die Koppelung von politischen Forderungen und Unterstützung zur Verbesserung der Realisierungschancen gesellschaftlicher Interessen ist ein besonderes Merkmal der europäischen Systemebene, das zunehmend auch in die nationale Politik diffundiert. Es transformiert die hierarchische Beziehung zwischen öffentlichen und privaten Akteuren durch Stärkung ihrer interdependenten Beziehung in netzwerkartige Strukturen. Dabei verändert sich nicht nur die Art der politischen Forderungen. Die unterschiedlichen Zuständigkeitsgrade der Union und ihre fragmentierte Verteilung innerhalb von Politikfeldern führen dazu, dass gesellschaftliche Interessenvertreter politische Forderungen hoch spezialisiert und präziser formulieren müssen. Der Aspekt fachlicher Expertise konkurriert dabei mit dem Aspekt der Repräsentativität gesellschaftlicher Interessen. Über den vielfältigen Input an politischen Forderungen und Formen der Unterstützung auf der einen und begrenzter Kapazitäten zur politischen Respons der europäischen Institutionen auf der anderen Seite kommt es in europapolitischen Prozess zum transnationalen Wettbewerb gesellschaftlicher Interessen (Kleinfeld, Willems & Zimmer 2007: 8). Bei der Auswahl ihrer Informations- und Legitimationsquellen besitzen die Gemeinschaftsorgane verschiedene Optionen und nutzen den – von ihnen gesteuerten Wettbewerb – um Zugang und Einflussnahme zur Entwicklung wettbewerbsdemokratischer und partizipativer Elemente. Dieser Umstand beschreibt das, was zuvor mit Börzel (2008: 87) als „Regieren mit Netzwerken" von „Regieren in Netzwerken" abgegrenzt wurde.

Aus der nationalen Ebene an die EU formulierte Forderungen müssen daher bestimmte Qualitäten aufweisen. Sie sollten über das Aufzeigen von Problemen hinausgehen. Zur Verwirklichung bestimmter Interessen ist es notwendig, ihre Bearbeitung durch das politische System über den gesellschaftlichen Nutzen der Problemlösung zu legitimieren. Politische Forderungen und die mit ihnen angestrebten outcomes müssen einen „benefit for all" enthalten. Ein weiterer Anreiz für die europäischen Autoritäten zur Entsprechung politischer Forderungen ist der Zugang zu zentralen Ressourcen, wie politischer Unterstützung oder evidenzbasierten Informationen für ihre Politikentwicklung. Der Wettbewerb nationaler Interessen, ihre Vermittlung durch Verflechtung mit fachlicher Expertise und die Spezifität politischer Forderungen auf der EU-Ebene haben auch Konsequenzen hinsichtlich ihrer Formulierung und Präsentation, die entsprechend der genannten Kriterien angepasst werden muss.

10.2. Europäisierung des politischen Systems

Die für das Verhältnis zwischen öffentlichen und privaten Akteuren identifizierte Tauschlogik kann mithilfe von Eastons Teilkonzept der Autoritäten deutlicher dargestellt werden: Unter Einbeziehung der weiteren Systemebenen wird dabei nicht nur die vertikale Achse zwischen den Mitgliedstaaten und Gemeinschaftsorganen beleuchtet, sondern durch die Einbeziehung regionaler öffentlicher sowie privater Akteure auch der Blick für weitaus komplexere Verflechtungen, Überlappungen und Konkurrenzen politischer Entscheidungsträger und der sie umgebenden Politikarenen geöffnet.

Zurückgeführt auf die funktional voneinander abgegrenzten Rollen der Gemeinschaftsorgane variiert ihr institutioneller Einfluss auf politische Prozesse. Hinzu kommt, dass innerhalb ihrer einzelnen Phasen öffentliche Akteure aus der europäischen und nationalen Systemebene zu Adressaten verbandlichen Lobbyings werden müssen. Generell ist das Verhältnis zwischen der Union und ihren Mitgliedstaaten durch das gegenläufige Bemühen um Kompetenzgewinn auf der einen und Kompetenzbewahrung auf der anderen Seite gekennzeichnet.

Die politikfeldspezifische Varianz dieser Konstellation sorgt durch das Prinzip der Einzelermächtigung für eine hohe Komplexität. Van Schendelen zieht daraus die Konsequenz, dass politische Interessen „maßgeschneidert" (2007: 80) gegenüber der Vielzahl an Autoritäten im Mehrebenensystem vertreten werden müssten. Variable Strategien müssen erprobte und etablierte Schemata des nationalen Lobbyings ersetzen. Einen Ausblick darauf liefert Matyja (2007), indem er die Beziehung zwischen den Vertretern gesellschaftlicher Interessen und den Gemeinschaftsorganen als multifunktionale Kanäle des politischen Lobbyings differenziert.

Nicht zuletzt treten die europäischen Gemeinschaftsorgane mit dem Ziel der Visualisierung ihrer Bedeutung und Eigenlegitimation selbst mit politischen Forderungen in ein bestimmtes Politikfeld ein. Der Sport hierfür als konkretes Beispiel dienen.

Vor allem die Forderung nach der Anwendung regulativer Kompetenzen wird genutzt, um indirekt auch Einfluss auf nationale Politikprozesse zu nehmen. Börzel (2008: 88) stellt fest, dass im Gegenzug jedoch auch nationale Regierungen die EU nutzen, um ihre Ziele und Handlungen dem direkten Einfluss nationaler Verbände und Organisationen zu entziehen, um sie in zwischenstaatlichen Verhandlungen „unter Gleichen" zu realisieren.

Auf der anderen Seite besteht jedoch auch die Möglichkeit nationaler Koalitionen aus öffentlichen und privaten Akteuren (Van Schendelen 2007). Dies geschieht nicht zuletzt deshalb, weil Letztere über vitale Ressourcen zur Machterhaltung nationaler Entscheidungsträger entscheiden. Nationale Koalitionen aus Regierung und Interessenvertretern sind dann besonders erfolgreich, wenn europäische Politik im intergouvernementalen Entscheidungsmodus erfolgt. Dieser Aspekt spielt bei der Betrachtung von EU-Sportpolitik deshalb eine wichtige Rolle, weil diese gemäß dem Lissaboner Vertrag als intergouvernementales Politikfeld verankert ist.

Mit Blick auf die nationale Ebene ist in Folge der politischen Entwicklung in der Union eine höhere Sensibilität für die Belange binnenstaatlicher Interessen festzustellen. Herrschte vor allem bei der Bundesregierung in den 1990er Jahren eine große Integrationsbereitschaft zugunsten gemeinschaftlicher Ziele, kommt es heute zu einem stärkeren Abwägen zwischen dem mitgliedstaatlichen Nettonutzen europäischer bzw. nationaler Strategien in Europa und ihren Auswirkungen auf binnenstaatliche Kontexte (Beichelt 2009: 14, 180-181).

Wie gesehen, eröffnen sich intermediären Organisationen über nationale und subnationale Regierungen Einflussmöglichkeiten auf die Politik in der EU. In der Phase ihrer Implementierung, die ausschließlich auf der nationalen Ebene vollzogen wird, besteht deshalb eine weitere, zudem erhöhte, Wahrscheinlichkeit der Umsetzung europäischer policy im Geist nationaler Interessen (Van Schendelen 2007).

10.3. Europäisierung des politischen Outputs

Bezogen auf die verschiedenen Formen politischen outputs sind Verbindlichkeit und Reichweite die entscheidenden Parameter für Intensität und Umfang nationaler Interessenvertretung. Bezogen auf die Typen, Modi und Sub-Kategorien politischen outputs sind für die EU mehrere Europäisierungseffekte zu diskutieren:

Erstens, die Outputs des EU-Systems werden nicht ausschließlich ergebnisorientiert durch das Treffen und Umsetzen verbindlicher Entscheidungen produziert. Vor allem in Politikbereichen mit unterstützender Zuständigkeit der Union besteht der Systemoutput aus begleitenden Verlautbarungen und Handlungen, ist also stärker prozess- und outcomeorientiert. Zweitens, outputs des EU-Systems sind im Gegensatz zur nationalen Ebene nicht unmittelbar auf die Bürgerinnen und Bürger gerichtet. Effekte gemeinschaftspolitischen Handelns werden über die Beeinflussung der nationalen Politikentwicklung durch die indirekte Beeinflussung ihres Kontextes angesteuert. Drittens, outcomes sind nicht in jedem Fall unmittelbare und lineare Konsequenzen von Entscheidungen in der Europäischen Union. Aufgrund des hohen inhaltlichen Verflechtungsgrads von Politik einerseits sowie transnationalen und nationalen Interdependenzen andererseits sind sie Ergebnis multipler mittelbarer globaler, europäischer, nationaler und subnationaler Einflüsse. Ihre Prognostizierbarkeit wird im Vergleich zur nationalen Politik dadurch noch einmal erschwert.

10.4. Europäisierung des Feedbacks

Die Phase des feedbacks kann in ihrer Eigenschaft als „Tor des Euro-Lobbyismus" als wichtiger Europäisierungseffekt politischer Systeme eingestuft werden. Gründe hierfür sind die geringer entwickelte direkte politische Verantwortlichkeit europäischer Organe und ihre begrenzten Handlungsressourcen: Als soziales System ist die Union entsprechend der Überlegungen Eastons (1965b: 369-371) in der Lage, institutionelle Grenzen und Ziele zu verändern. Damit schließt sich der mit der Europäisierung von Inputs begonnene Kreis: Veränderungen der politischen Verantwortlichkeit, Defizite in der direkten demokratischen Legitimation und begrenzte institutionelle Kapazitäten zur Aneignung von politikfeldspezifischem Wissen in einem komplexen Handlungskontext binden Input und feedback stärker zusammen als auf der nationalen Ebene. Alle genannten Aspekte begründen so die charakteristische Koppelung von politischer Unterstützung und Einspeisung politischer Forderungen in die europäische Systemebene. Das feedback wird damit zu einer zentralen Phase im transnationalen Prozess zwischen Wettbewerb und Assoziierung politischer Akteure. Nationale Interessen konkurrieren prinzipiell auf der zwischenstaatlichen Ebene, bevor sie gegenüber der EU vertreten und als feedback eingespeist werden. Dies führt zur Erweiterung der bereits thematisierten feedback-Schleife (Abb. 24).

130

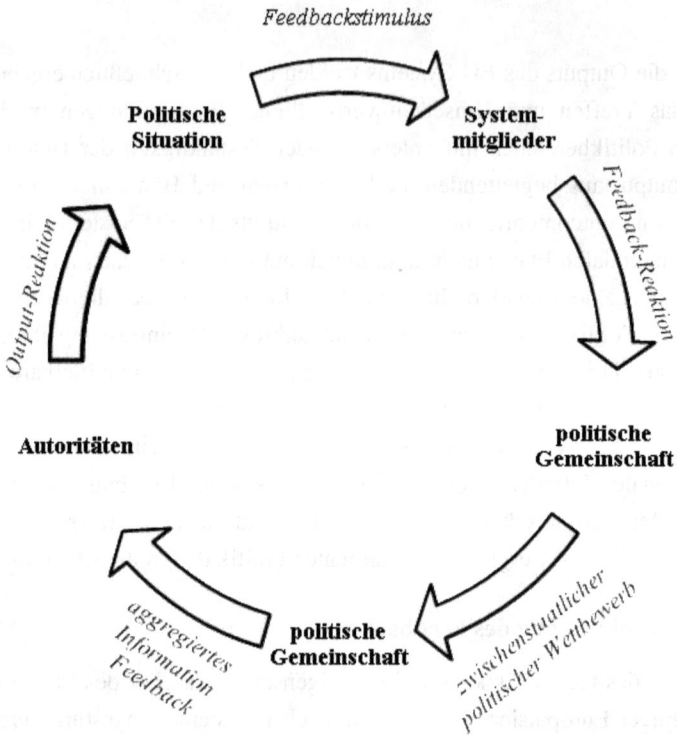

Abb. 24: Veränderung des Feedbackprozesses im politischen EU-System

Kapitel 11:
Europäisierung als Transformation des nationalen Settings von Politik

11.1. Transformationsmodelle und institutioneller Wandel

Europäisierungseffekte werden als Impulse für institutionelle Wandlungsprozesse auf der nationalen Ebene angesehen. Um ihre Konsequenzen identifizieren zu können, werden im Folgenden drei verschiedene Transformationsmodelle (Beichelt 2009: 28-44) genutzt.

Das misfit-Modell geht von einer einseitigen Anpassung der nationalen Ebene aus. Deren Akteure und Strukturen passen sich im Sinne eines top-down-Modells den von der EU ausgehenden Impulsen an. Bei ihm handelt es sich folglich um ein Kausalmodell. Auslöser dieser Anpassungsprozesse sind Defizite in der institutionellen Passfähigkeit nationaler und europäischer Strukturen. Neben objektiven Kriterien, wie etwa rechtlicher Konflikte, ist dabei auch die subjektiv wahrgenommene Kompatibilität beider Systemebenen ein Faktor. Das misfit-Modell definiert den Europäisierungsprozess als einseitige Beziehung nach dem Prinzip von „command-compliance". Unter Bezug auf Eastons Konzeption der politischen Gemeinschaft kann diese jedoch nur für Politikfelder angenommen werden, in der die EU über ausschließliche oder geteilte Zuständigkeiten verfügt.

Das Transformationsmodell sieht Europäisierungsprozesse neben globalen und subnationalen Faktoren als eine von drei Randbedingungen nationaler Politik. Damit weist es eine konzeptionelle Nähe zu Eastons politischer Systemtheorie auf. Europäisierung ist dabei eine spezifische Art globalen Einflusses und wird aufgrund ihrer Spezifika analytisch von anderen unterschieden. Europäisierungsprozesse grenzen sich insoweit von den beiden übrigen ab, als dass sie systemisch mit dem nationalen Regelsystem verflochten und ein Teil dessen sind. Neben der europäischen und globalen wird auch die subnationale Sphäre als Variable des Transformationsprozesses eingeführt. Dieser entwickelt sich durch die komplexe Interaktion von Akteuren über alle Ebenen des Systems. Zwar bietet das Transformationsmodell dadurch die Möglichkeit zur Berücksichtigung differenzierter Impulse national-staatlichen Wandels. Beichelt (2009: 32) gibt vor dem Hintergrund der Modellkomplexität aber zu bedenken, dass die europäische Entscheidungsebene lediglich begrenzt erfasst werden kann. Anwendbar ist das Transformationsmodell deshalb hauptsächlich auf intergouvernemental geprägte Politikfelder, in denen die Union unterstützende Tätigkeit besitzt bzw. ihre geteilte Zuständigkeit nicht wahrnimmt. Der europäischen Systemebene wird in ihrem Einfluss auf den nationalstaatlichen Wandel lediglich der Status einer passiven Kontextbedingung attestiert. Die eklektische Verwendung von misfit- und Transformationsmodell kann dieses empirische Defizit beheben. Für beide Erklärungsmuster wird angenommen, dass eine lineare Wirkung von der europäischen Systemebene ausgeht; eine nationale Response dagegen nicht.

Wird der Argumentation von Mörth (2003: 159) gefolgt, bedeutet der Europäisierungsprozess die Institutionalisierung neuer Interaktionsregeln und politischer Denkweisen, auf der europäischen wie auf der nationalen Ebene. Europäisierung wird in diesem Fall als Makroprozess betrachtet. Dieser ist deshalb wichtig, weil Bedeutungskontexte nationaler Politik aus der europäischen Ebene neu generiert werden. Dabei wird davon ausgegangen, dass sich nicht nur europäische und nationale Ideen-, Wert- und Sprachräume aneinander orientieren, sondern auch institutionelle und handlungsorientierte Bezüge (Beichelt 2009: 33).

Im Gegensatz zum misfit- und Transformationsmodell fokussiert die Europäisierung als Makroprozess nicht in erster Linie die strukturelle Politikdimension. Das Augenmerk gilt vielmehr den kognitiven Grundlagen von Politik.[18] Im Ergebnis ist der institutionelle Wandel in den Mitgliedstaaten als gemeinsamer Lernprozess zwischen der europäischen und nationalen Ebene und daher als „Rekontextualisierung" nationaler Politik zu bezeichnen. Dieser wird „[...] von Akteuren erlebt und entschieden, die einerseits nicht mehr Teil des nationalen, sondern eben auch eines transnationalen Rahmens sind (Beichelt 2009: 35)."

Im Licht institutioneller Theorieansätze kommt den nationalen Kontextbedingungen im politischen Lern- und Anpassungsprozess an die Union eine vermittelnde Funktion zu. So stellt Houlihan (2009) in einer politikwissenschaftlichen Arbeit zum Sport fest, dass die äußeren Einflüsse auf nationale Politikfelder nicht monokausal deren Wandel prägen. Das Arrangement kognitiver und struktureller Institutionen beeinflusst Wahrnehmung und Umgang mit den Europäisierungseffekten. In die

---

[18] Beichelt (2009: 33) betont die sozialkonstruktivistischen Wurzeln der Erklärungsperspektive und stellt deswegen die Elemente der Konstruktion, Diffusion und Institutionalisierung von formalen wie informalen Institutionen als definitorische Merkmale von Europäisierungsprozessen heraus.

Diktion des akteurzentrierten Institutionalismus übersetzt heißt dies: Politische Akteure werden in ihrer Responsivität auf sich wandelnde Bedingungen durch ihre individuelle Wahrnehmung und Bewertung beeinflusst. Vor allem den kognitiven Institutionen wird mit Bezug auf die grundlegende Arbeit Esping-Andersens (2009) eine zentrale Bedeutung für den politischen Transformationsprozess zugeschrieben. Daraus ergibt sich, dass die von der europäischen Ebene ausgehenden Impulse notwendige Bedingungen zur Erklärung von Europäisierungseffekten sind. Das institutionelle Arrangement nationaler Politik ist jedoch der hinreichende Faktor, der in die Erforschung institutioneller Wandlungsprozesse nationaler Politik einbezogen werden muss. Folglich ergeben sich aufgrund ihrer jeweils europäischen und nationalen Ausprägungen zwei Dimension, eine organisatorisch-strukturelle sowie eine kulturelle Institutionen. Insgesamt sind es damit vier Faktoren, die nationale Politikakteure beeinflussen und deren politischen Handlungsraum rekontextualisieren (Abb. 25).

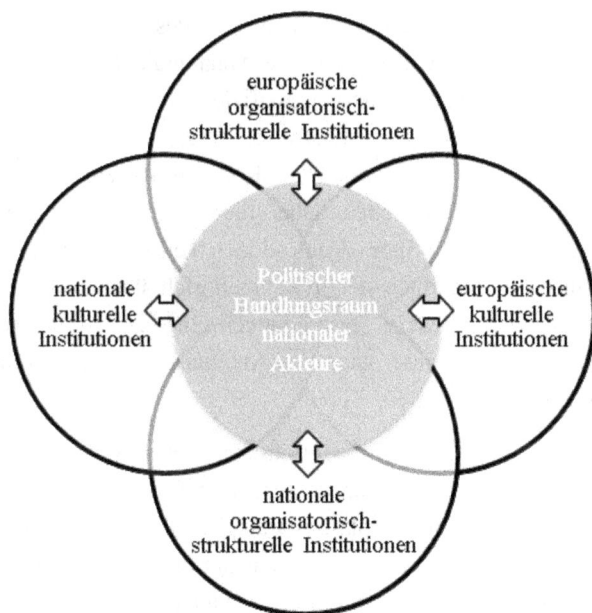

Abb. 25: Verflechtung institutioneller Einflussfaktoren im politischen Handlungsraum nationaler Akteure

Für ihren Einfluss auf die Entwicklung politischer Handlungsstrategien gilt: Keiner der vier Faktoren wird einen exklusiven Einfluss auf die Ausrichtung politischer Handlungsstrategien erlangen. Dies liegt unter anderem daran, dass sie sich an ihren Schnittstellen gegenseitig beeinflussen. Die dadurch entstehenden Interdependenzen sorgen für dynamische, wechselseitige Anpassungsprozesse.

Für intermediäre Organisationen und ihre nationale Interessenvertretung gilt deshalb, dass sie nicht, wie in Abbildung 25 idealtypisch dargestellt, im Zentrum ihres politischen Handlungsraumes agieren. Dieser wird durch das organisationsspezifische belief system definiert. Äußere Einflüsse und Veränderungen in der Organisationsumwelt bringen sie dazu, ihren Handlungsraum in Richtung bestimmter institutioneller Kontexte zu verschieben. Diese Annahme gilt für Organisationen mit freiwilligen Strukturen noch viel stärker als für ressourcenstarke Akteure aus Staat und Markt. In der Regel werden sich politische Akteure in Richtung jener institutionellen Kontexte bewegen, die den organisationsspezifischen Zielen am stärksten entsprechen und deren Bedingungen zur Realisierung des eigenen belief systems als erfolgversprechend eingeschätzt werden. Die Abhängigkeit von externen Ressourcen kann dabei als dominanter Faktor klassifiziert werden. Unabhängig von den interessengeleiteten Strategien gesellschaftlicher Interessenverbände ist es aufgrund der Verflechtung aller vier institutionellen Kontextfaktoren nicht möglich, sich bestimmten Einflüssen zu entziehen. Über die Einbindung in die europäische Rechtsordnung sind nationale Sportorganisationen Teil einer strukturellen transnationalen Gemeinschaft, innerhalb deren Rahmen sich über politische Lern- und Anpassungsprozesse verschiedene Ausprägungen eines affektiven „sense of community" ausbilden können. Dieser kann von Ablehnung bis zu starkem Zugehörigkeitsgefühl reichen.

Der immer wieder vorgebrachten integrationsskeptischen These der Homogenisierung mitgliedstaatlicher Politik durch deren Europäisierung setzt Beichelt (2009: 22) die Unterschiedlichkeit von Reaktionsstrategien der Mitgliedstaaten auf Europäisierungseffekte entgegen. Diese haben nicht nur eine „nationale Färbung", sondern in Abhängig zu politischen Inhalten auch unterschiedliche „politikfeldspezifische Schattierungen" bekommen. Die zwischen europäischer und nationaler Systemebene sowie Politikfeldern verlaufenden institutionellen Bruchlinien zeigen Europäisierung deshalb nicht als homogenisierenden Prozess.

11.2. Europäisierung und ihre Transformationseffekte im politischen System

Die jeweiligen Erkenntnisse der politischen Systemanalyse der Europäischen Union können zu drei zentralen Handlungsherausforderungen zusammengefasst werden. Sie lassen sich innerhalb des Politikbegriffs in den Bereichen der polity, politics und policy ausdifferenzieren:

Erstens: Partizipation, Konsens und Kooperation sind Schlüsselfaktoren im Umgang mit dem institutionellen Wandel von politischen Akteurs- und Einflusskonstellationen als Folge von Europäisierungsprozessen und steigenden Interdependenzen. Ressourcenstarke und damit einflussreiche Akteure haben einen strategischen Vorteil. Sie sind besser in der Lage ihre Interessen zu realisieren.

Zweitens, die offenen Netzwerke europäischer Politik führen zu veränderten Opportunitätsstrukturen im politischen Prozess und damit zu einem dynamischen Wettbewerb gesellschaftlicher Interessen. Sie sind in der Lage, für Innovationen zu sorgen. Für die Vermittlung von Interessen steigt dadurch die Bedeutung objektiv überzeugender Argumentationsstrategien. Ressourcenschwächeren oder spezialisierten gesellschaftliche Interessen eröffnet sich durch eine evidenzbasierte Lobbystrategie die Möglichkeit gezielter Einflussnahme.

Drittens, eine wettbewerbsdemokratische Politikentwicklung sorgt für einen stetigen Anpassungs-, Gestaltungs- und Legitimationsdruck auf gesellschaftliche Interessen. Zusätzlich führt der instrumentelle Charakter der Gemeinschaftspolitik vor dem Hintergrund ihrer gesamtgesellschaftlichen Leitziele zur Entgrenzung sektoraler politischer Ziele und Inhalte.

Für intermediäre Akteure stellt sich die Aufgabe der Vertretung ihrer Interessen in einer neuen Konstellation dar: Zugangskriterium zu den europäischen Politikarenen sind neben ihrer Repräsentativität die Problemlösungskapazitäten intermediärer Akteure. Die Auflösung von „iron triangles" (Parrish 2003: 44) zwischen nationaler Regierung, Verwaltung und etablierten Interessengruppen als quasi-korporatistische Prozessstruktur von Politik verändert politische Opportunitätsstrukturen gesellschaftlicher Interessen. Aufgrund dessen werden neben der Repräsentativität die fachliche Expertise und Problemlösungskompetenz zu Zugangskriterien zum politischen Prozess. Die Fähigkeit der Kommission zur Regulierung ihrer Informations- und Feedbackkanäle sowie der Pluralismus und Wettbewerb von politischen Interessen einerseits sowie die Notwendigkeit zu konkordanzdemokratischen Willensbildungsprozessen andererseits, erhöhen den Legitimationsdruck auf nationale Lobbyisten; sofern sie Berücksichtigung in der europäischen Politikentwicklung finden wollen. Die Interessenvertretung wird mit dem Übergang von einer input- hin zu einer outcomeorientierten Argumentationsstrategie neue Perspektiven entwickeln.

Eine Herausforderung für nationale Interessen besteht in erhöhten Transaktionskosten. Sie werden durch die Erweiterung des politischen Systems um die europäische Ebene hervorgerufen. Verursacht werden sie durch mehrere Faktoren: Mit der territorialen Erweiterung des politischen Systems steigen Anzahl und Heterogenität politischer Interessen. Ihre Aggregation und Kommunikation gegenüber der EU gestaltet sich als komplexer und vielfach informeller Prozess. Seine Merkmale – Konkurrenz und Assoziierung in der transnationalen Sphäre – führen zu steigenden Informations- und Interaktionskosten.

Die Strategie der Zentralisierung gesellschaftlicher Interessenvertretung durch transnationale Verbände führt auf der horizontalen Achse aufgrund der notwendigen Aggregation einer gemeinsamen Position durch die mitgliedstaatlichen Akteure zu hohem Koordinierungsaufwand. Gleiches gilt für die vertikale Achse, auf der Akteure der nationalen und transnationalen Ebene miteinander interagieren. Beide Aspekte können jedoch auch die Grundlage für policy-Innovationen auf der europäischen Systemebene bilden. Diese fallen aufgrund der in Kapitel 4.2.2 geführten Argumentation zwar inkrementell aus, stellen aufgrund ihrer Evidenzbasierung jedoch eine hohe Nachhaltigkeit in Aussicht.

TEIL C: Politikfeld Sport – theoretische Politikfeldanalyse

Aus politischer Sicht ist der Sport ein junges Thema in der Europäischen Union. Die Sportentwicklung hat parallel zur Politisierung des Sports auf europäischer Ebene über die Professionalisierung und Kommerzialisierung zu einer Aufspaltung in eine gesellschaftliche und eine wirtschaftliche Dimension geführt. Diese Unterscheidung ist für die Rolle des Sports in der Union von zentraler Bedeutung. Während der Sport politisch das erste Mal 1985 im Bericht für ein Europa der Bürger („Adonnino Bericht") Erwähnung fand, wurde er bereits 1974 rechtlich in Folge von Konflikten mit den Regeln des Gemeinsamen Markts thematisiert. Das Spannungsfeld zwischen gesellschafts- und rechtspolitischen Entwicklungen ist charakteristisch für die Entstehung des Politikfelds Sport in der Europäischen Union.

Sport ist in Europa primär ein nationales Phänomen. Regionale und nationale Sportkulturen haben in den Mitgliedstaaten der Union jeweils unterschiedliche Sportsysteme begründet. In ihnen differenziert sich nicht nur das Verhältnis von Staat und Sport unterschiedlich aus. Auch die normativen Prämissen über die gesellschaftliche Funktion von Sport unterscheiden sich (vgl. Anders, Mrzaek, Norden & Weiß 2004, Würth 2005). Für den Sport in Europa ist damit eine sportkulturelle Heterogenität charakteristisch. Lediglich dort, wo er aus rationalen Gründen in internationale Wettkampfstrukturen eingebettet ist (Klaus 2006: 57-72), finden sich konvergierende nationale Sportstrukturen und -kulturen. Konzentrierte sich die verbandliche Sportpolitik zuvor primär auf nationalstaatliche Politikfelder, hat sich dies mit der steigenden Bedeutung des europäischen Rechts für den Sport geändert (Chappelet & Kübler-Mabbott 2008: 106-127). Die Europäische Union hat dem Politikfeld Sport letztlich eine zusätzliche Dimension hinzugefügt (Abb. 26), deren rechtspolitische Bedeutung im Einfluss auf das Selbstverständnis der Autonomie des organisierten Sports liegt. Gesellschaftspolitisch führt das Engagement der Europäischen Union zu einem Gestaltunganspruch, der über das agenda-setting auf europäischer Ebene politische Inhalte in die nationalen Sportsysteme transportiert.

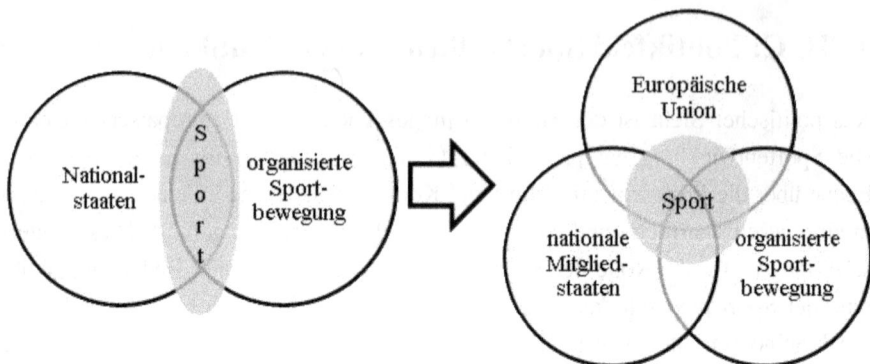

Abb. 26: Das Politikfeld Sport und seine unterschiedlichen Stakeholder und institutionellen Einflüsse

Aufgrund der wechselnden Bedeutung rechtlicher und politischer Einflüsse für die Politikfeldentwicklung des Sports kann diese in Phasen gegliedert werden (Tokarski, Petry, Groll & Mittag 2009: 49). Diese nachzuvollziehen und in ihrer Bedeutung nachzuzeichnen, wird Aufgabe von Kapitel 6 sein. Seine Darstellung und Analyse sind gleichzeitig die Grundlage, um die institutionelle Beschaffenheit der Sportpolitik in der Europäischen Union zu beschreiben.

Analog zur systemischen Betrachtungsweise nehmen die Gemeinschaftsorgane jeweils unterschiedliche Rollen als Politikfeldakteure ein. Diese sind nicht nur zentral für die Einsicht in die Koordinierungsleistung der Europäischen Union im Sport. Auch deren Verhältnis zur organisierten Sportbewegung differenziert sich über die einzelnen Rollen unterschiedlich aus: Ist sie im einen Fall regulierende Instanz zur Überwachung und Sanktionierung von Verstößen gegen das Gemeinschaftsrecht, tritt sie im anderen Fall als sportpolitischer Akteur mit einer eigenen politischen Agenda auf. Während sie sich als „Hüterin der Verträge" auf eine weitreichende Kompetenzgrundlage stützen kann, ist ihr institutioneller Gestaltungsspielraum gegenüber den Mitgliedstaaten relativ gering. Eine historische Analyse der politischen Integration des Sports auf die europäische Ebene soll im Folgenden dabei helfen, sowohl die Entwicklung des Sports im Rahmen europäischer Integration als auch die Evolution der EU als sportpolitischer Akteur nachzuzeichnen

Kapitel 12:
Die politische Integration des Sports

Auch wenn europäische Sportpolitik oft als alleiniges Produkt der Europäischen Union dargestellt wird, liegen ihre Wurzeln im Europarat, der bereits Mitte der 1970er Jahre richtungweisende Impulse für die Thematisierung sportpolitischer Belange oberhalb der nationalstaatlichen Sphäre gesetzt hat. Deshalb bezieht die Analyse der verschiedenen Phasen sportpolitischer Integration diese mit ein.

12.1. Der Europarat: Ausgangspunkt transnationaler Ansätze in Europa

Aus historischer Sicht ist der Europarat Ursprung transnationaler Prozesse in der Sportpolitik (Parrish 2003: 63). Die 1989 verabschiedete Anti-Doping-Konvention sowie die 1976 beschlossene und 1992 neu formulierte European Sports Charter sind bis heute zentrale Bezugspunkte für die EU-Sportpolitik.

Sportpolitische Aktivitäten im Europarat fanden mehrheitlich auf oder unterhalb der ministeriellen Ebene statt, meist in Form von Koordinierungsgesprächen und regelmäßigen Konsultationen. Sie besaßen keinen formalen Charakter, sondern wurden auf freiwilliger Basis initiiert. Mit Ausnahme der offiziellen Resolutionen, bildete der Sport in der Regel keinen eigenständigen Themenbereich: Die ersten Ansätze transnationaler Sportpolitik waren vom Gegensatz zwischen Ost und West geprägt. Sie förderten aus rein sportbezogener Perspektive kaum konstruktive Ergebnisse zu Tage. Im Jahr 1973 wurde unter dem Dach der Organisation für Sicherheit und Zusammenarbeit in Europa (OSZE) die Europäische Sportkonferenz gegründet. Ihr Ziel war weniger auf den Sport als solchen, als auf die politische Annäherung der Systeme bezogen. Sport wurde im Rahmen der Außenpolitik zu einem Instrument der sicherheitspolitischen Annäherung. Im Hintergrund kam es jedoch auch zur Evolution einer an den Belangen des Sports orientierten Koordination der europäischen Staaten.

12.2. Evolution intergouvernementaler Strukturen

Erste konkrete Ergebnisse der Sportpolitik des Europarates zeigten sich 1971. Viel mehr noch als die in diesem Jahr beschlossene Einrichtung eines Clearing House, erlangte die 1976 verabschiedete „Sport for All"-Charter in Westeuropa sportübergreifende politische Bedeutung. In ihr dokumentierten die Mitgliedstaaten das gemeinsame Ziel, den Zugang zum Sport für alle Bevölkerungsteile zu erleichtern.

Die Notwendigkeit hierfür wurde aus verschiedenen anderen Politikfeldern abgeleitet: Gesundheit, Bildung, soziale Integration und Tourismus würden von den positiven Effekten des Sports profitieren. Zwei Jahre später wurde unter dem Dach des Europarates das Komitee zur Sportentwicklung gegründet. Es wurde als gemeinsames Forum für Regierungen und der am Sport interessierten Verbände und Organisationen geschaffen. Dieser Schritt trug zum einen dem sich langsam entwickelnden staatlichen Interesse am Sport Rechnung. Zum anderen war es eine Reaktion auf die Verfestigung der Organisationsstrukturen der, sich parallel entwickelnden, europäischen Sportbewegung. Letztlich wurde mit dem Komitee für Sportentwicklung die erste Verbindung zwischen der öffentlichen und zivilgesellschaftlichen Dimension des Sports geschaffen. Seit 1978 trifft es bis heute jährlich im Rahmen der Ministerkonferenz des Europarates zusammen und fokussiert die sozialen und gesellschaftlichen Potenziale von Sport und Bewegung.

Parallel dazu erwachte im Jahr 1974 innerhalb der Europäischen Gemeinschaften (EG) das Interesse am Sport, jedoch vor einem anderen Hintergrund. Die Ursache hierfür war die Entscheidung des EuGH im Fall Walrave und Koch gegen die UCI, den Weltradsportverband. Der Fall Walrave und Koch war 1974 der erste Streitfall, in dem sportverbandliche Statuten wegen Verstößen gegen das europäische Wettbewerbs- und Binnenmarktrecht vor dem EuGH verhandelt wurden. Seitens des Sports wurde die Europäische Gemeinschaft in ihrer Eigenschaft als Wirtschaftsgemeinschaft betrachtet, die für den organisierten Sport in seiner Selbsteinschätzung als gesellschaftlicher Sektor keine Bedeutung besaß. Das mit der Entscheidung im Fall Bosman verbundene Erstarken der rechtlichen und später auch der politischen Bedeutung der EG kam damit nicht nur für die europäische Sportbewegung überraschend, sie blieb für den Europarat nicht ohne Konsequenzen.

Bevor die EG, ab 1993 dann als Europäische Union, den Europarat an sportpolitischer Bedeutung übertraf, etablierte dieser jedoch einige richtungsweisende Grundlagen. Die 1989 verabschiedete Anti-Doping-Konvention besitzt den Rang eines internationalen Vertrages und wurde bis heute von zahlreichen Staaten, auch außerhalb Europas ratifiziert. Eine ähnliche Bedeutung hatte die Konvention über Zuschauergewalt und Fehlverhalten im Sport. Ihrer Verabschiedung im Jahr 1985 ging das Unglück im Brüsseler Heysel Stadion voraus. Bei dieser durch Unruhen unter den Zuschauern ausgelösten Tragödie fanden mehr als vierzig Menschen den Tod. Zugleich wurde der politische Handlungsbedarf im Umgang mit dem aufkommenden Problem des Hooliganismus mehr als deutlich. Der letzte in Bezug auf den Europarat richtungweisende Zeitpunkt war das Jahr 1992. Mit dem Ziel der Bekämpfung aufkommender Probleme wie Rassismus oder Gewalt, verabschiedete der Europarat einen Ethikcode. Dieser wurde in die im selben Jahr erneuerte Europäische Sport Charter integriert. Eines ihrer Ziele ist es, das Recht auf Sport und Bewegung als Bestandteil der menschlichen Entwicklung festzuschreiben.

Seinen Status als zentrale sportpolitische Institution hat der Europarat mittlerweile verloren. Heute fungiert er als intergouvernementales Gremium aller europäischen Staaten, über die territorialen Grenzen der EU hinaus. Die Veränderung seines Status ist mit einem inhaltlichen politischen Wandel einhergegangen. Seine größte Bedeutung kommt ihm durch die Europäische Konvention über die Menschenrechte und den dafür zuständigen Gerichtshof zu. Dies gilt auch für den Bereich des Sports, dessen Organisationen sich vor allem, aber nicht nur, in Bezug auf die Dopingproblematik und deren Bekämpfung zunehmend mit Menschenrechtsfragen auseinandersetzen müssen. In diesen selektiven sportpolitischen Feldern kommt es jedoch immer wieder zu einer Einbeziehung des Europarates in die Sportpolitik der Europäischen Union.

12.3. Der Übergang zu einer europäischen Sportpolitik in der EWG / EU

Seit Mitte der 1970er Jahre hat sich in Europas Sportpolitik, parallel zum Europarat, mit der EU ein zweiter Akteur entwickelt. Dieser Tatsache stehen jedoch ein vermeintlicher Widerspruch und seine Schlussfolgerungen entgegen: Weder die Verträge von Rom und seine zahlreichen Reformverträge, noch die Maastrichter Verträge erwähnten den Sport. Die Europäische Union verfügte damit formal über keine spezifischen Kompetenzen im Bereich des Sports. Auch wenn so keine unmittelbar auf den Sport bezogene gemeinschaftliche Politik betrieben werden konnte, hat sich ein ausgeprägtes Interesse des EU-Parlaments, der Kommission und des EuGH am Sport entwickelt – denn die Verträge schließen den Sport ebenfalls nicht explizit aus ihrem Geltungsbereich aus. Dieses Interesse hat Einfluss auf die Organisationsentwicklung genommen.

Als erste integrationspolitische Wegmarke öffnete die Entscheidung des EuGH im Fall Walrave und Koch vs. UCI über das Gemeinschaftsrecht den Zugang der EG zum Sport. Seine Kernaussage: Belange des Sports fallen in den Geltungsbereich des EU-Rechts, sobald sie eine wirtschaftliche Aktivität darstellen. Dies gelte unabhängig von der Organisationsform sportbezogener Tätigkeit und orientiert sich ausschließlich an deren inhaltlicher Definition. Die zugrunde liegende Rechtsauffassung wurde 1976 in einer weiteren Entscheidung des EuGH (Donà vs. Montero)[19] bestätigt. Anlass für den Rechtsstreit zwischen dem Präsidenten des italienischen Fußballverbandes (FIGC) Montero und dem italienischen Spielvermittler Donà war eine Regelung, nach der ausschließlich Angehörige des nationalen Fußballverbandes als professionelle und semi-professionelle Spieler in Spielen unter Verbandshoheit spielberechtigt waren. Auslöser war die Weigerung des Verbandspräsidenten, die dem Spielervermittler für die Anwerbung von ausländischen Spieler entstandenen Kosten zu erstatten. Der Verbandspräsident berief sich dabei auf die offiziellen Regularien, die festlegten, dass Spieler in der italienischen Profiliga Mitglieder des italienischen Fußballverbandes sein mussten. Damit handelte es sich um eine Voraussetzung, die von Profis außerhalb Italiens nicht erfüllt werden konnte und somit gegen die Freizügigkeit innerhalb der Europäischen Wirtschaftsgemeinschaft verstieß.

Ausschließliche und geteilte Kompetenzen der EU sind damit nach Rechtsauffassung des EuGH trotz fehlender sportrechtlicher und politischer Kompetenz auch im Sport unmittelbar gültig. Bedeutsam ist dies, da die Europäische Union als politische Institution mittelbar Einfluss auf die Rahmenbedingungen des Sports bekommt. Welche Ausmaße diese Tatsache bekommen sollte, zeigte sich im Fall Bosman, der die Sportlandschaft im Jahr 1995 durch die notwendige Neugestaltung des Transfersystems im professionellen Mannschaftssport grundlegend veränderte.

Die Konsequenz der unklaren Rechtslage von Organisationszielen und -praktiken der Sportverbände stellte die Frage nach der Stellung des Sports innerhalb des europäischen Rechts in den Mittelpunkt juristischer wie politischer Debatten. Deren Bedeutung wurde vor allem dadurch vergrößert, dass die politische Regelung des Sports als Teil einer – durch die Europäischen Verträge garantierten – Vereinigungsfreiheit und Subsidiarität interpretiert wurde. Die Einbeziehung des Sports in einen übergeordneten institutionellen Rahmen warf die Frage nach der Autonomie seiner Organisationen auf. Inwieweit und vor welchem Hintergrund die europäische Gerichtsbarkeit diese zu wahren habe und wie sie zu definieren sei, wurde nicht pauschal, sondern jeweils fallbezogen durch den Europäischen Gerichtshof entschieden.

---

[19] EuGH: Rechtssache 36-76

Parallel zu den Anfängen dieses politischen Diskurses setzte die immer stärkere Vermarktung des Sports ein. Das IOC strich 1981 den so genannten Amateurparagraphen aus seiner Charta und erlaubte professionellen Athleten den Start bei Olympischen Spielen. Diese und andere sportliche Großereignisse wurden zeitgleich zu einem globalen Ereignis, für das hohe Einnahmen aus TV-Rechten und Sponsorengeldern erlöst wurden, und bekamen neben ihrem sportlichen Kern einen wirtschaftlichen Teilcharakter: Die Erlöse aus der Vermarktung Olympischer Spiele und mit ihnen in Zusammenhang stehender Marken stellt einen wesentlichen Bestandteil der Ressourcen dar, mit denen die Strukturen des Weltsports und ihre Entwicklung finanziert werden.

Um die sich abzeichnenden Schnittstellen zwischen dem europäischen Binnenmarkt und dem organisierten Sport auf die jeweiligen Konsequenzen hin auszuloten, wurde durch die Kommission 1991 das Europäische Sportforum ins Leben gerufen. Aus demselben Grund entschlossen sich das Nationale Olympische Komitee für Deutschland (NOK) und der Deutsche Sportbund (DSB) 1993 das EU-Büro des deutschen Sports in Brüssel zu eröffnen. Das Büro diente als dauerhafte Kontaktstelle zwischen dem organisierten Sport und der Union und hatte die Aufgaben der politischen Beobachtung und des Lobbyings. Im Laufe der Jahre wurden zahlreiche weitere Nationale Olympische Komitees und (inter-)nationale Dachverbände Partner des EU-Büros. Zu Beginn des Jahres 2009 ging es, weiterhin unter deutscher Leitung, in die Zuständigkeit des Europäischen Olympischen Komitees (EOC) über.

Neben Bosman sind die Entscheidungen des EuGH in den Fällen Lehtonen[20] und Deliège[21] im Jahr 2000 sowie im Fall Meca-Medina und Majcen[22] (2006) relevant. Ihre Bedeutung liegt im Hinterfragen der monopolistische Position der Sportverbände bei der Organisation, Regulation und Vermarktung des Sports wurde vor allem von Sportlerseite zunehmend auf ihre rechtliche Kompatibilität mit dem Binnenmarkt- und Wettbewerbsrecht hinterfragt. Die Konsequenz dieses „case laws" ist in einem erweiterten Kontext zu denken. Der Prozess fallweiser Interpretation des misfits zwischen europäischem Recht und den Organisationspraktiken des or-

---

[20] Rs. C-176/96
[21] Rechtssache C-51/96 & C-191/97
[22] Rechtssache C-519/04 P

ganisierten Sports hat für einen europapolitisch nicht oder bestenfalls kaum er-
schlossenen Bereich einen referenziellen institutionellen Rahmen geschaffen. Dessen regulativer Charakter kann auch als Integration des Sports durch das Europarecht bezeichnet werden und stellt für seine Politikfeldentwicklung auf EU-Ebene
ein konstitutives Merkmal dar. Die auf wirtschaftspolitischen Grundlagen basierende Intervention der EU wurde seitens der Sportbewegung als Bedrohung des besonderen Charakters von Sport und nicht zuletzt der Autonomie der Sportorganisationen betrachtet. Die Reaktion der durch das IOC und die FIFA angeführten Koalition des organisierten Sports war die Forderung nach einer „sports exemption" (vgl.
Chappelet & Kübler-Mabbott 2009, Parrish 2008), der generellen Ausnahme aller
sportlichen Belange vom Gültigkeitsbereich des europäischen Rechts, wie sie etwa
für den kulturellen Bereich gilt.

12.4. Sport als Politikfeld in der Europäischen Union

Das Fehlen einer primärrechtlichen Grundlage, klarer Kompetenzen und vor allem
eines einheitlichen politischen Verständnisses über Sport in der EU erschwerte die
Etablierung einer kohärenten Strategie für den Umgang mit ihm. Erste Ansätze
wurden seitens der Kommission mit der Förderung des europäischen Gedankens im
Sport getestet. Er sollte zu einem Symbol europäischer Einigung werden (Europäische Kommission 1991). Die Union unterstützte die Olympischen Spiele in
Barcelona (1992) und Albertville (1994) finanziell, scheiterte jedoch mit dem Versuch alle Mitgliedstaaten unter der europäischen Flagge an den Start gehen zu lassen am Widerstand der nationalen Verbände und olympischen Komitees.

Die Entwicklung strategischer Konzepte für ein politisches Handeln im Sport be-
gann dann in der zweiten Hälfte der 1990er Jahre. Zuvor galt es jedoch dem Sport
als europapolitischem Handlungsbereich klarere Konturen zu verleihen und die
politische Perspektive zu definieren. Der erste wichtige Schritt auf diesem Weg war
die „Erklärung zum Sport", die dem Protokoll des Amsterdamer Vertrages (1997)
angehängt wurde. Ihr Wortlaut

> „Die Konferenz unterstreicht die gesellschaftliche Bedeutung des Sports,
> insbesondere die Rolle, die dem Sport bei der Identitätsfindung und der Be-
> gegnung der Menschen zukommt. Die Konferenz appelliert daher an die
> Gremien der Europäischen Union, bei wichtigen, den Sport betreffenden
> Fragen die Sportverbände anzuhören. In diesem Zusammenhang sollten die

Besonderheiten des Amateursports besonders berücksichtigt werden." (Europäische Union 1997)

beschrieb zunächst die Perspektive der Staats- und Regierungschefs auf den Sport. Auf Aufforderung des Europäischen Rates präsentierte die Kommission 1999 erstmals eine umfassendere Analyse des Politikfelds und europapolitischer Handlungsbedarfe. Im „Bericht der Europäischen Kommission an den Europäischen Rat im Hinblick auf die Erhaltung der derzeitigen Sportstrukturen und die Wahrung der sozialen Funktion des Sports im Gemeinschaftsrahmen" (Helsinki Bericht zum Sport) wurde dargestellt, welchen gesellschaftlichen und politischen Herausforderungen sich der europäische Sport gegenübersieht. Als Folge übermäßiger Kommerzialisierung gefährde die autonome Sportbewegung durch die Vermarktung des Sports seine Grundwerte und soziale Funktionen. Die Aufgabe der Union liege daher, neben der Gewährleistung einer rechtskonformen Organisation, im Schutz der besonderen Eigenschaft des Sports als europäisches Kulturgut. Einen nicht zu unterschätzenden Effekt für die Akzeptanz der Erklärung und stärkerer politischer Ambitionen der EU hatten prägende Ereignisse in der Sportentwicklung wie der Doping-Skandal bei der Tour de France 1998 und ein halbes Jahr später die Korruptionsaffäre des IOC im Kontext der Vergabe der Olympischen Winterspiele nach Salt Lake City. Die Frage nach einer Good Governance der für die Sportentwicklung verantwortlichen Organisationen rückte so zunehmend in den Fokus – nicht nur in den der Europäischen Union.[23] Auch im Bereich des Sports ist die Problemqualität ein zentraler Einflussfaktor auf die Art und Weise, in der eine europäische Sportpolitik betrieben wird.

Die Auswirkung des Helsinki Berichts wurde im Dezember 2000 in der „Erklärung von Nizza" sichtbar. Die Staats- und Regierungschefs schärften unter französischer Ratspräsidentschaft noch einmal ihre Sichtweise auf den Sport und einigten sich auf inhaltliche Leitlinien einer EU-Sportpolitik, die jedoch nicht formal verbindlich waren. Die Erklärung galt bis zum Lissaboner Vertrag als quasi-konstitutionelle Grundlage. Sie konzentrierte sich auf die soziale Bedeutung des Sports: Sport müs-

---

[23] Unter dem Titel „Rules of the Game" führten das Europäische Olympische Komitee (EOC) und der Weltautomobilverband (FIA) vom 26.-27.02.2001 „Europe's first conference on the Governance of Sport" zum Umgang mit den Herausforderungen der Kommerzialisierung im Sport in Brüssel durch. Diskutiert wurde die Rolle von Sportorganisationen und ihrer Entwicklung in sich wandelnden politischen, rechtlichen und wirtschaftlichen Umfeldbedingungen.

se für alle zugänglich sein. In diesem Zusammenhang wurde zwar die zentrale Rolle der Sportorganisationen anerkannt. Das Recht zur Autonomie und zur Definition des sportlichen Regelwerkes wurde jedoch mit konkreten Pflichten verbunden. Vor allem wurde ein sozialgesellschaftlich verantwortungsvoller Umgang mit den Effekten der Kommerzialisierung erwartet. Konkret wurde die Notwendigkeit Trainingsmöglichkeiten der Clubs zu garantieren und junge Sportler zu schützen genannt. Vor allem der Chancengleichheit des Wettbewerbs müsse seitens der Sportbewegung besondere Aufmerksamkeit geschenkt werden. Zudem seien Arbeitsverträge von professionellen Sportlern an die Bedingungen den Vorgaben des Gemeinschaftsrechts anzupassen (Europäische Union 2000). Die genannten Themen lassen sich neben der gemeinsamen Dopingbekämpfung und der Nutzung der erzieherischen Potenziale als erste Inhalte einer gemeinschaftlichen Sportpolitik bezeichnen. Sie zielten nicht primär auf die Koordination nationaler Politik, sondern hatten einen grenzübergreifenden Problemlösungsanspruch.

Das Defizit einer formal verbindlichen Rechtsgrundlage vermochten die genannten Mitteilungen und Erklärungen nicht zu beseitigen. Sie trugen jedoch erheblich zur Ausbildung eines möglichen Nutzens europäischer Sportpolitik bei. Im Entwurf für einen Verfassungsvertrag für die Europäische Union waren die Aufnahme des Sports und Verteilung nationaler und gemeinschaftlicher Kompetenzen in Artikel 16 sowie 182 vorgesehen. Mit ihnen wurde ein grundsätzlich subsidiäres Verhältnis zwischen der EU und den Mitgliedstaaten definiert, nach dem sich die Union auf die transnationale Unterstützung und Koordinierung nationaler politischer Maßnahmen beschränken sollte (Europäische Union 2004). Die negativen Referenden in Frankreich und den Niederlanden verhinderten 2004 jedoch das Inkrafttreten entsprechender Vereinbarungen.

Im Vertrag von Lissabon, einer in ihrem normativen Anspruch reduzierten Version des Verfassungsvertrags, wurde der drei Jahre zuvor gescheiterte Versuch der Etablierung einer Rechtsgrundlage 2007 erneut aufgegriffen. Artikel 165 dieses Revisionsvertrages nimmt folgende Position ein:

> „Die Union trägt zur Förderung der europäischen Dimension des Sports bei und berücksichtigt dabei dessen besondere Merkmale, dessen auf freiwilligem Engagement basierende Strukturen sowie dessen soziale und pädagogische Funktion." (Europäische Union 2007)

Dieses Ziel wird konkretisiert, indem folgendes zur Aufgabe der EU gemacht wird:

„Entwicklung der europäischen Dimension des Sports durch Förderung der Fairness und der Offenheit von Sportwettkämpfen und der Zusammenarbeit zwischen den für den Sport verantwortlichen Organisationen sowie durch den Schutz der körperlichen und seelischen Unversehrtheit der Sportler, insbesondere der jüngeren Sportler" (Europäische Union 2007)

Die Konsequenzen der erfolgreichen Etablierung eines Rechtsrahmens für Sport müssen unter mehreren Gesichtspunkten diskutiert werden. Zum einen bleibt eine direkte Einflussnahme durch eine überstaatliche Gesetzgebung formal ausgeschlossen, da der EU lediglich ergänzende Zuständigkeiten übertragen werden. Zum anderen fehlt, auch wenn der Vertragstext legislative Maßnahmen mit unmittelbarem Sportbezug ausschließt, eine „horizontale Schutzklausel", die mögliche Ausnahmen bei der Anwendung des Gemeinschaftsrechts primärrechtlich regelt. Neben dieser institutionellen Dimension sind es vor allem inhaltliche Aspekte, die im Entwicklungskontext europäischer Sportpolitik berücksichtigt werden müssen. Hierzu sind das im Juli 2007 von der Kommission veröffentlichte Weißbuch Sport und die Anfang 2011 veröffentlichte Mitteilung über die Entwicklung einer europäischen Dimension des Sports zu berücksichtigen.

Das Scheitern der Etablierung einer Rechtsgrundlage für den Sport 2004 hat die Kommission nicht von der Erarbeitung einer strategischen Grundlage für eine EU-Sportpolitik abgehalten. Dem Lissaboner Vertrag kann damit die Funktion nachholender Konstitutionalisierung politischer Praxis zugeschrieben werden. Ergebnis der Kommissionsarbeit ist das Weißbuch Sport, das als Bestandsaufnahme und Handlungsprogramm zukünftiger Maßnahmen verstanden werden muss. Es führt die einzelnen sportpolitischen Ziele der Union zusammen. Gestützt auf vorhergehende Dokumente, wie den Helsinki-Bericht sowie den durch die britische Ratspräsidentschaft veranlassten Independent European Sports Review (2006)[24] ist das Weißbuch Symbol eines Entwicklungsprozesses. Sein entscheidendes Merkmal ist der Aktionsplan „Pierre de Coubertin", der als Begleitpapier in den Bereichen „Gesell-

---

[24] Die Studie wurde von einer Gruppe für Sport zuständiger europäischer Minister 2005 in Auftrag gegeben und im Mai 2006 durch den Berichterstatter José Luis Arnaut, ehemaliger portugiesischer Ministerpräsident, vorgestellt. Mit Bezug auf den Fußball wurden Fragen der Governance und Zukunftsfähigkeit der Organisationsstrukturen fokussiert. FIFA und UEFA waren an der Erstellung des Berichts unterstützend beteiligt.

schaftliche Bedeutung des Sports", „Die wirtschaftliche Dimension des Sports" sowie „Die Organisation des Sports" 48 konkrete politische Strategien formuliert (Europäische Kommission 2007b). Sie werden ergänzt durch fünf „Folgemaßnahmen", die sich auf die prozedurale Umsetzung der Strategien durch die Union, die Mitgliedstaaten sowie die organisierte Sportbewegung selbst beziehen. Das Weißbuch der Kommission geht über den Anspruch der genannten Vorgängererklärungen hinaus. Lassen sich die zuvor behandelten Dokumente im Sinne der Output-Systematik aus Kapitel 3.3 als begleitende Verlautbarungen klassifizieren, bildet das Weißbuch den Übergang zu autoritativen Verlautbarungen und Handlungen, die sich in der Mitteilung der Kommission über die Entwicklung einer europäischen Dimension in der Sportpolitik manifestieren.

Auch wenn die Erarbeitung des Weißbuchs Sport im Dialog mit den Verbänden des Sports und den Mitgliedstaaten erfolgte, war es nach seiner Veröffentlichung Ursache für Entrüstung auf Seiten des organisierten Sports (vgl. Deutscher Olympischer Sportbund 2007). Dieser sah die politischen Ziele der Union im krassen Widerspruch zu der bisher verfolgten Strategie und befürchtete eine Vereinheitlichung nationaler Sportkulturen und -systeme. Hintergrund war die Vermutung eines konsekutiven Teilverlusts einer historisch gewachsenen kulturellen Identität durch den Einfluss der Europäischen Union. Die Aufnahme des Sports in die Artikel 6 und 165 in den Reformvertrag von Lissabon betrachteten die Sportverbände – hier vor allem das IOC und die FIFA – jedoch als großen Erfolg. Die Gründe für diese Einschätzung sind auf den ersten Blick kaum ersichtlich. Letztlich ist mit der Inklusion des Sports in die Europäischen Verträge lediglich die Legitimierung und Konkretisierung des EU-Handelns in bestimmten Bereichen des Sports erreicht worden. Diese lässt weniger die Tendenz in Richtung einer „sports exemption", als vielmehr die Stärkung des sportpolitischen Einflusses der Gemeinschaftsorgane vermuten. Dies gilt auch, wenn berücksichtigt wird, dass die Union lediglich die Kompetenz für „unterstützende und koordinierende Maßnahmen" besitzt, da die Gültigkeit aller in den europäischen Verträgen niedergeschriebenen Rechtsprinzipien auch für den Sport anzunehmen ist.

Zu Beginn des Jahres 2011 veröffentlichte die Kommission eine Mitteilung über die zukünftigen Inhalte und die Programmatik ihrer nun primärrechtlich verankerten Sportpolitik (Europäische Kommission 2011). Diese zeichnete sich durch eine Reduktion ihrer Basis – des Weißbuchs Sport – aus. Die drei Themenfelder, die als wesentliche Bereiche des Politikfelds definiert wurden, enthielten folgende thematische Prioritäten (Tab. 9):

Dimension	Sportpolitische Themen
Die gesellschaftliche Rolle des Sports	∞ Kampf gegen Doping ∞ Allgemeine, berufliche Bildung sowie Qualifikationen ∞ Prävention und Bekämpfung von Gewalt / Intoleranz ∞ Gesundheitsförderung durch Sport ∞ Soziale Integration in und durch den Sport
Die wirtschaftliche Bedeutung des Sports	∞ Faktengestützte Politikgestaltung ∞ Nachhaltige Finanzierung des Sports ∞ EU-Vorschriften und staatliche Beihilfen ∞ Regionale Entwicklung und Beschäftigungsfähigkeit
Die Organisation von Sport	∞ Förderung von Good Governance im Sport ∞ Sonderstellung des Sports ∞ Freizügigkeit und Staatsangehörigkeit von Sportlern ∞ Transferbestimmungen / Tätigkeit von Sportagenten ∞ Integrität von Sportwettkämpfen ∞ Europäischer sozialer Dialog im Sportbereich

Tab. 9: Themenschwerpunkte einer europäischen Sportpolitik aus Sicht der Kommission (Europäische Kommission 2011)

Um den Mehrwert, den eine EU-Sportpolitik den Mitgliedstaaten bringen kann, wurde einleitend eine ausführliche Diskussion geführt, die vor allem den Nutzen einer öffentlichen Intervention in den Sport und ihre unabhängige Koordination über die europäische Politik als Vorzüge einer homogenen Entwicklung des Sports in Europa als Argumentationsbasis nutzt (Europäische Kommission 2011: 2-4).

Mitte 2011 legte der für Sport zuständige Ministerrat ein, auf der Mitteilung aufbauendes, eigenes Arbeitsprogramm vor, mit dem er seinerseits Schwerpunkte, Handlungsaufträge und Vorgehensweise für eine durch die Mitgliedstaaten betriebene intergouvernementale Sportpolitik festlegte (Rat der Europäischen Union 2011). Mit einer dreijährigen Zeitspanne zur Verwirklichung der genannten Entwicklungsziele wurde der Versuch gestartet, die bisherigen Ansätze im Sinne der mitgliedschaftlichen Zusammenarbeit zu einem Nutzen für die nationale Sportpolitik weiter zu entwickeln.

12.5. Die sportpolitische Integration in der Bilanz

Zur Bilanzierung des sportpolitischen Integrationsprozesses, lässt sich das in Kapitel 6.2.2 eingeführte Stufenmodell verwenden (Abb. 27).

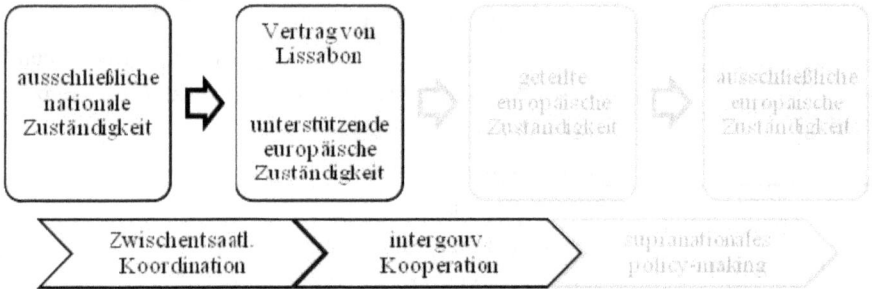

Abb. 27: Politischer Integrationsgrad des Sports nach dem Vertrag von Lissabon

Unter Berücksichtigung des strukturellen Verlaufs hat die Sportpolitik die zweite Phase ihrer politischen Integration auf der EU-Ebene erreicht. Vor dem Vertrag von Lissabon lag die sportpolitische Kompetenz ausschließlich bei den Mitgliedstaaten. Mit dem Transfer einer unterstützenden Tätigkeit, bedeutet das Inkrafttreten des Vertrages 2009 den Beginn einer zweiten Phase. Inwieweit es zu einer weiteren Ausweitung oder Vertiefung des Integrationsprozesses und einer Ausdehnung supranationaler Politikfeldkompetenzen kommt, wird Ergebnis eines offenen Prozesses sein.

Beginnend mit dem Europarat erfolgte eine zwischenstaatliche Koordination nationaler Politik im Sport. Sie vollzog sich in einer vorwiegend losen und informellen Form. Probleme in der Sportentwicklung, wie Zuschauergewalt, Doping oder die Folgen der Kommerzialisierung, waren Anlass für eine engere Koordinierung der europäischen Staaten. Die sportpolitische Integration ist daher als Reaktion auf die Entwicklung des Sports, seiner Folgen und des Umgangs mit ihnen zu betrachten. Dies gilt vor allem für die sportpolitischen Aktivitäten der EU ab 1993. Nach Wessels (2001: 212-214) dominiert im aktuellen Entwicklungsstadium die intergouvernementale Politikkoordination. Aussagen von Vertretern der organisierten Sportbewegung relativieren diese theoretische Annahme, indem sie die Bedeutung der Kommission als agenda-setter für den sportpolitischen Diskurs der Mitgliedstaaten hervorheben. Zudem trage die unklare Rechtslage zur Begünstigung der Kommission in ihrer Einflussnahme auf Basis des acquis communitaire bei.[25] Das von Wessels konzipierte Stufenmodell (vgl. Kap. 6.2.2) kann die europäische Politikfeldentwicklung des Sports deshalb nur abstrakt und nach einem binären Schema erklären. Es geht von der Annahme einer Integration durch willentliche Übertragung politischer Kompetenzen auf die supranationale Handlungsebene aus. Besonderheiten, wie die Entscheidungen des EuGH oder die Bedeutung des unabhängigen agenda-setters berücksichtigt es nicht. Die für den Sport typischen spill-over-Effekte aus anderen Politikfeldern lassen sich in ihrem Einfluss auf die sportpolitische Integration ebenso wenig berücksichtigen. Damit können zentrale qualitative Variablen zur Erklärung des Integrationsprozesses nicht einbezogen werden. Hierzu ist eine Zergliederung des Integrationsprozesses in seine „negativen" und „positiven" Stränge erforderlich. Diese wird im Folgenden unter dem Aspekt der Institutionalisierung vorgenommen.

---

[25] EU-Sprechstunde des Deutschen Olympischen Sportbundes am 16.2.2011 in Frankfurt am Main: Präsentation des EOC-Büroleiters Folker Hellmund zur EU-Sportpolitik nach dem Vertrag von Lissabon.

Kapitel 13:
Institutionelle Rahmenbedingungen der EU-Sportpolitik

Die Prinzipien wechselseitiger Beeinflussung und des Politiklernens als Interaktionskonzepte in entgrenzten politischen Systemen eignen sich auch zur Erklärung der Politikfeldentwicklung im Sport. Ihnen soll im Folgenden nachgegangen werden, indem der zuvor beschriebene Integrationsprozess genauer analysiert wird. Hierzu sind jedoch noch einige Voraussetzungen zu schaffen: Das Prinzip wechselseitiger Beeinflussung und Anpassung setzt auf der Politikfeldebene mindestens zwei konkurrierende institutionelle Prinzipien voraus. Diese sind mit den integrationspolitischen Ansätzen einer regulativen und gestaltenden Sportpolitik gegeben. Beide Stränge sind durch eigene institutionelle Charakteristika geprägt. Die wirtschaftsrechtlichen Prämissen „negativer Integration" wirken harmonisierend auf die nationale Sportpolitik sowie die Organisationsprinzipien der Sportverbände, indem sie einer übergeordneten Rechtsordnung unterstellt werden. Ihnen steht eine sozialpolitische Perspektive gegenüber, deren politische Werte und Normen sich an den gesellschaftlichen Sollvorstellungen einer stärkeren Bürgernähe und Legitimation der Union, der Wahrung nationaler Politikkompetenzen und der Autonomie der organisierten Sportbewegung ausrichten. Sie stellen der vertikalen Intervention eine diskursorientierte Gestaltung als Merkmal einer dialogischen Politikentwicklung („positive Integration") entgegen.

Beide Entwicklungen nehmen von unterschiedlichen Punkten ihren Ausgang, denn die Entscheidungen des EuGH in den Fällen Walrave/Koch vs. UCI (1974) und Donà vs. Montero (1976) sind zunächst unabhängig von der Ergebnissen des Adonnino-Berichts (1985) zu sehen, die den Sport zur stärkeren Wahrnehmung Europas durch seine Bürger in den Fokus nahmen. Die beiden sportpolitischen Strategien basieren auf jeweils eigenen europäischen Politikzielen und folgen dabei deren jeweiliger Logik.

Die Bedeutung ihres gegenseitigen Bezugs wurde erst durch die Besonderheit in der Organisationsstruktur der Verbände sichtbar, die den Sport als globales gesellschaftliches Phänomen in all seinen Facetten zu klammern versuchen. Welche Auswirkungen die konkurrierende Logik wirtschaftsrechtlicher und sozialpolitischer Ziele für den Sport haben sollte, wurde durch das Urteil im Fall Bosman erstmals deutlich: Mitte der 1990er Jahre zeigte die Sportentwicklung den verbandlich organisierten Sport als hybrides Gebilde, das durch Kommerzialisierungs- und

Vergesellschaftungsprozesse deutliche Bruchstellen in seinem institutionellen Fundament erkennen ließ. Der Fall Bosman legte diese offen, indem die Vereinbarkeit des Profisports mit dem Freizeit- und Breitensport in einer monopolisierten und auf Gemeinnützigkeit begründeten Organisationsstruktur hinterfragt wurde. Er verdeutlichte die Schwierigkeit der Aggregation der als gegenläufig empfundenen Prinzipien des for-profit- und non-profit-Bereichs innerhalb der Sportverbände: Zwar muss der Sport von seinem Ursprung als sozial-kulturelles Phänomen betrachtet werden. In seiner Entwicklung haben sich einzelne Aspekte dieses Phänomens jedoch in unterschiedliche Richtungen entwickelt. Während sich freizeit- und breitenorientierter Sport im Zuge einer Informalisierung und Individualisierung sozialen Lebens entwickelte, haben sich Spitzen- und Leistungssport in ihrer Entfaltung an der ökonomischen Rationalität und den Regeln des Marktes als Grundlage für effiziente und effektive Entwicklung orientiert. Diesem Wandel im Funktionsverständnis von Sport folgte die Differenzierung seiner organisatorischen Notwendigkeiten.

Letztlich müssen die negative wie die positive Integration als eigene Argumentationsstränge in der Diskussion um die Bestimmung der gesellschaftlichen Funktion des Sports betrachtet werden. Professioneller Sport und ein „Sport für alle" haben sich zunehmend unabhängig voneinander als eigene Funktionssysteme entwickelt. Wie Branco Martins (2004: 29) anhand des Fußballs beschreibt, ist dies für seine einheitliche Verbandsstruktur und politische Gestaltung nicht unproblematisch:

> „The Source of these misunderstandings, because that is what they are, between the regulations in European Football and the rules prescribed by the EU lies in the antagonism between the sports sector which is outgrowing its legal framework and the EU institutions. As appears from case law and the policy of the European Council and the European Commission with respect to sport, the sport sector (…) finds itself on the borderline between different legal regimes. The fact that both regular law and federation rules claim to regulate (...) sport highly complicates matters."

Das Führen einer solchen Diskussion zur Auflösung dieses Dilemmas ist in etablierten Regelsystemen des Sports zwangsläufig mit Umverteilungseffekten verknüpft. Sportpolitische wie gesellschaftspolitische Werte- und Normenvorstellungen müssen neu definiert und die an sie gebundene Verteilung von Ressourcen neu legitimiert werden. Dies trifft in der Regel auf nationale Sportsysteme zu. Ganz besonders gilt dies für Deutschland, dessen Sportgeschichte den nachhaltigen Wunsch nach einem „unpolitischen Sport" begründet. Um seine Unabhängigkeit zu sichern, wurden Verbände und Vereine mit einer weit interpretierten Autonomie ausgestattet.[26]

Um die Handlungsfähigkeit der Verbände zu sichern, wurde der Selbstzweck des Sports und seine auf freiwilligem Engagement basierenden Organisationsstrukturen politisch als in hohem Maße förderfähig bewertet. Fragen der Förderwürdigkeit wurden aufgrund der historischen Erfahrungen als staatliche Intervention betrachtet. Das Fehlen eines gesellschaftlichen Konsenses über qualitative und quantitative Indikatoren zur öffentlichen Förderung erschwert den realpolitischen Umgang mit dem Verbands- und Vereinssport. Seine Legitimation entstand vor dem Hintergrund einer wertorientierten Debatte primär aus sich selbst heraus. Grund war der erwartete soziale Nutzen, den Sport in der Zivilgesellschaft entfalten würde. Auch wenn diese Argumentation aufgrund der inneren Ausdifferenzierung und Instrumentalisierung des Sports für fremde Zwecke zunehmend einer evidenzbasierten Unterlegung bedarf, führt das organisations-strukturelle wie kulturell etablierte Politikverständnis über Sport und seine gesellschaftliche Rolle dazu, dass Sportverbände – verglichen mit anderen zivilgesellschaftlichen Bereichen und ihren Organisationen – eine besondere Stellung im nationalen politischen System innehaben.

In der Europäischen Union können jedoch weder die mit dem Sport verbundenen politischen Nutzenvorstellungen, noch die institutionelle Ordnung seines Politikfelds als etabliert bezeichnet werden. Die Geschichte der europäischen Gemeinschaftsbildung legt nahe, dass Politik in der EU als Instrument zur Verwirklichung übergeordneter gesellschaftlicher Werte verstanden werden muss (Europäische Kommission 2011). Im Gegensatz zur nationalen Sportpolitik ist sie, was den Sport und seine Verbände betrifft, weniger an am Selbstzweck des Sports ausgerichtet, als vielmehr in einem instrumentellen Zusammenhang zu sehen. Referenzen hierfür sind die Einbindung des Sports in die übergeordneten europapolitischen Politikkonzepte, wie die Lissabon Agenda (Europäischer Rat 2011) und die ihr nachfolgende

---

[26] Das Fehlen jeglichen Verweises über die Zuständigkeiten im und für den Sport muss als weitläufige Autonomie interpretiert werden. Eine Interpretation über die Positionierung von Sport entfällt im Gegensatz zu anderen Gesellschaftsbereichen (z.B. der Religion). Die nicht vorhandene Formalisierung des als gemeinnützig definierten Sportsektors führt dazu, dass zu seiner Regulierung die grundlegende Rechtsordnung Anwendung findet. Einhergehend kommt es bei ihrer Anwendung zu einem weiten Interpretations- und Anwendungsrahmen.

Strategie des Europa 2020. Eine solche instrumentelle Politik orientiert sich zwar an sportbezogenen Inhalten, folgt durch die Strukturierung und Programmierung ihres Realisierungsprozesses jedoch anderen, vor allem gesamtgesellschaftlichen Prämissen.

Der Diskurs zwischen den supranational-prozessorientierten und den intergouvernemental-ergebnisorientierten Akteuren über die gesellschaftliche Bedeutung des Sports in der Union und ihren Mitgliedstaaten ist entscheidend für die Entwicklung von politischen Inhalten sowie die Etablierung von Strukturen und Interaktionsformen. In diese Vorstellungen muss auch die sportpolitische Integration eingeordnet werden. Der folgende Abschnitt zielt durch die Berücksichtigung des wechselseitigen Einflusses der beiden institutionellen Prinzipien auf den Entstehungsprozess eines europäischen Politikverständnisses von Sport.

13.1. Institutionelles Politiklernen als Quasi-Konstitutionalisierung des Sports

Die Begriffe Interdependenzen und Interaktion stehen im Zusammenhang mit wechselseitiger Beeinflussung und Politiklernen. Politisches Lernen stellt das Bindeglied zwischen dem regulativen und dem gestaltenden Ansatz in der Sportpolitik der Union dar. Als Amalgam negativer und positiver Integration basiert die Entwicklung des Politikfelds auf der wechselseitigen Abhängigkeit beider Ansätze. Durch die Kommerzialisierung und gesellschaftliche Durchdringung des Sports steht seine politische Ausgestaltung in immer stärkerer Form in der Abhängigkeit rechtlicher Regulierung und Grenzen der politischen Handlungsfreiheit. Politisches Lernen über die Entwicklung des Sports ermöglicht die Potenziale und Grenzen beider Ansätze der sportpolitischen Integration zu erkennen und konstruktiv zu verarbeiten.

Neben der Entwicklung eines von den beteiligten Akteuren geteilten politischen Verständnisses, entstehen durch dessen Institutionalisierung eigene Strukturen, Verfahrensweisen und sportpolitische Inhalte. Sie sind Ergebnisse einer Verhaltensinterdependenz der Politikfeldakteure. Die für die Europäische Union charakteristische Konkurrenz nationaler Interessen ist elementarer Bestandteil europäischer Politikentwicklung. Als sich fördernde Interdependenzen kann der transnationale Wettbewerb um Ziele und Interessen auch in nationalen Sportsystemen zur Verbesserung politischer Strukturen, Prozesse und Inhalte beitragen.

Die einzelnen Wegmarken des Integrationsprozesses sind deshalb als prozessorientierte, sequentielle Interdependenzen zu betrachten. In ihrem Kontext interpretieren Akteure Ergebnisse politischer Prozesse als neuen Input für die Entwicklung ihrer eigenen Handlungsstrategie. Sequentielle Interdependenzen fördern in ihrer Eigenschaft die kognitive Reflektion politischer Situationen und ihrer Ursachen und begünstigen politische Lernprozesse. Den Vorstellungen Eastons entsprechend, sind neben dem politischen output auch sich verändernde Umwelten zu berücksichtigen. Aus dieser Perspektive werden im Folgenden zentrale Stationen der politischen Integration des Sports in die Europäische Union reflektiert. Abbildung 28 stellt eine Auswahl integrationspolitischer Wegmarken dar, die im Folgenden als zentrale Einflüsse auf die europäische Politikfeldentwicklung umrissen werden.

Die Einordnung der dargestellten Entwicklungsschritte in der europäischen Sportpolitik können mit dem Gesamtzusammenhang der institutionellen Politikfeldentwicklung verknüpft und über ihren gegenseitigen Bezug als Impuls für dessen weiterführende Entfaltung betrachtet werden. Die unterschiedlichen grafischen Einfärbungen symbolisieren die Beteiligung unterschiedlicher Akteure im Institutionalisierungsprozess. Schwarz eingefärbte Wegmarken stehen für Entscheidungen des Europäischen Gerichtshofs, die dem Ansatz der negativen Integration folgen, während solche der Mitgliedstaaten (weiße Einfärbung) und des EU-Parlaments (dunkelgraue Einfärbung) einem positiven Ansatz folgen. Die graue Einfärbung signalisiert die Verarbeitung beider konkurrierenden Prinzipien durch die Europäische Kommission als policy broker. Den Auftakt der Auseinandersetzung macht die öffentlichkeitswirksame Entscheidung des EuGH im Fall Bosman, die 1995 die Bedeutung der Europäischen Union für den Sport erstmals einer breiten Öffentlichkeit vor Augen führte.

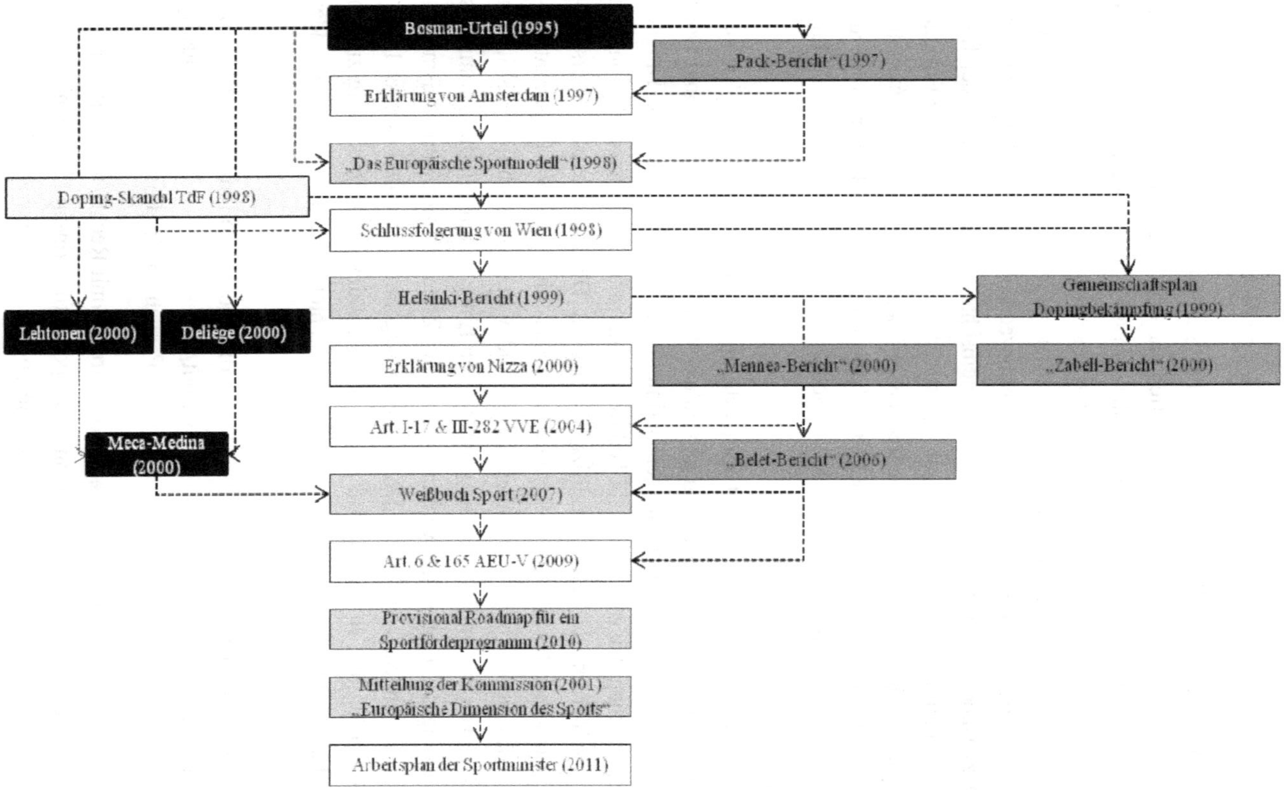

Abb. 28: Wegmarken sportpolitischer Integration in der EU

13.1.1. Der Fall Union royale belge des sociétés de football versus Bosman

Ausgangspunkt des Konflikts sportverbandlicher Statuten mit dem Gemeinschafts-recht war ein 1990 durch den Club RFC Lüttich und den belgischen Fußballverband verhinderter Wechsel des belgischen Fußballprofis Bosman zum französischen Club USL Dünkirchen. Die auf den Vorgaben des europäischen Fußballverbandes UEFA beruhenden Statuten des belgischen Verbandes (ASBL) besagten, dass ver-tragsfreie Berufsfußballspieler bei einem Vereinswechsel ablösepflichtig seien. Der Konflikt zwischen Verbandsstatuten und Gemeinschaftsrecht bestand in der fakti-schen Einschränkung der Personen- und Dienstleistungsfreizügigkeit. Die Entschei-dung zugunsten des Klägers führte zur Rechtswidrigkeit weiter Teile des internatio-nalen Transfersystems im Profifußball und hatte durch dessen Umstrukturierung nachhaltige Auswirkungen auf die Nachwuchs- und Talentförderung im Mann-schaftssport.

Grundlage für das Konfliktpotenzial waren die im vorangegangenen Kapitel skiz-zierten Entscheidungen des EuGH in den Fällen Walrave/Koch vs. UCI und Donà vs. Montero. In beiden Entscheidungen definierte das Gericht sportliche Tätigkeit mit ökonomischen Auswirkungen als Teil des Gemeinsamen Binnenmarkts und die Gültigkeit seiner im EU-Vertrag kodifizierten Regeln. Der Fall Bosman unterschei-det sich von seinen beiden Vorgängern dadurch, dass die fraglichen Organisations-praktiken des Sports nicht ausschließlich anhand wirtschaftsrechtlicher Kriterien interpretiert wurden. Im Rahmen der gerichtlichen Entscheidungsfindung kommt es zur Abwägung der Legitimität verbandspolitischer Ziele und der Verhältnismäßig-keit der dafür eingesetzten Mittel. Die strittigen Regelungen wurden in ihrer Inten-tion zwar für legitim, in ihrer Umsetzung jedoch als nicht verhältnismäßig zu den übergeordneten Rechtsprinzipien der Union betrachtet. Dies führte zu folgender Konsequenz:

> „The legal consequence of Bosman was that the EU no longer had to justify why sport was subject to the EU law, but rather Sport would have to justify why it should be exempt from the treaty (Parrish 2003: 106)."

Gegenstand der rechtspolitischen Diskussion waren damit Rechte und Pflichten, die sich aus der kommerziellen Dimension des Sports für non-profit-Organisationen ergeben. Die Diskussion um Kommerzialisierung und Selbstzweck des Sports ist jedoch in einen übergeordneten Kontext eingebettet: Mit der gewandelten Bedeutung von Sport ändert sich auch die gesellschaftliche Rolle seiner Organisationen. Die als Vergesellschaftung diskutierte Durchdringung gesellschaftlicher Sphären stellt den Selbstzweck des Sports zugunsten seiner Instrumentalisierung für Fremdzwecke zunehmend in den Hintergrund.

In seiner Nachbetrachtung sieht Parrish (2003: 76-77) die Entscheidung im Fall Bosman als Auftakt einer grundsätzlichen Debatte über den gesellschaftlichen, politischen und rechtlichen Status von Sport. Auch wenn diese Diskussion primär auf europäischer Ebene geführt wird, stellen sich im binnenstaatlichen Kontext die gleichen Fragen. Auch dort haben der Sport und seine Organisationen nicht mehr ausschließlich einen Selbstzweck. Sie übernehmen im korporatistischen Stil gesellschaftliche Funktionen im öffentlichen Interesse. Zwischen öffentlichen und verbandlichen Interessen entsteht ein Abhängigkeitsverhältnis. Die seitens des Staates hoch geschätzte zivilgesellschaftliche Leistung der deutschen Verbände und Vereine haben jedoch die Grundlage für ein liberales Verständnis über die Rechte und Pflichten gemeinnütziger Sportorganisationen gelegt. In der Konsequenz hat dies zur Bewahrung einer sportpolitischen Kultur geführt, die sich lange Zeit auf den verbandlichen Deutungskontext konzentrierte. Der Fall Bosman hat dafür gesorgt, dass auf Grundlage der gesellschaftlichen Entwicklung und der neben den Selbstzweck des Sports getretenen Ziele von Sportorganisationen Möglichkeiten und Grenzen ihrer Autonomie, öffentliche Erwartungshaltung, Selbstverständnis und gesellschaftliche Verantwortung von gemeinnützigen Sportorganisationen auch im öffentlichen Interesse diskutiert werden.

13.1.2. Der Bericht über die Rolle der EU im Bereich des Sports

Als Reaktion auf die Debatte um etablierte sportpolitische Traditionen verabschiedete der Ausschuss für Kultur, Jugend, Bildung und Medien im Mai 1997 unter der Federführung der deutschen Berichterstatterin Doris Pack (MdEP) eine Stellungnahme samt Entschließungsantrag zum Schutz der sozial-kulturellen Funktion des Sports. Als Abgrenzung zur binnenmarktpolitischen Perspektive des EuGH definiert der Bericht Sport als Teil europäischer Sozialpolitik. Entsprechende Fragen wurden mit jugend- und bildungspolitischen Aspekten verflochten oder in Bezug zur sozialen Eingliederung und Chancengleichheit gesetzt. So wie Gerichtshof und Kommission den Sport innerhalb des Binnenmarkts verorten, baut der Bericht seine Argumentation auf den Zielen gemeinschaftsbildender und marktbegleitender EU-

Politik auf und formuliert eine Gegenperspektive zum sportpolitischen Verständnis der EuGH-Entscheidungen 1974, 1976 und 1995.

Die Konfliktlinien beider Sichtweisen entstehen im Bereich ihrer Zusammenführung und Umsetzung in der verbandlichen Organisation. Traditionell ist der Sport in Europa nach dem Einverbandsprinzip strukturiert: Jede Sportart und auch die olympische Bewegung wird auf kontinentaler Ebene durch einen kollektiven Akteur vertreten, unter dessen Dach im Idealfall sämtliche Interessen der einzelnen Stakeholder repräsentiert werden. Die Ausdifferenzierung dieser Interessen als Folge der inhaltlichen Entgrenzung und gewandelten gesellschaftlichen Bedeutung von Sport stellen die kollektive Bündelung sportpolitischer Belange in quasi-monopolistischen Strukturen als zunehmende Herausforderung dar. Die von der europäischen Sportpolitik vorgenommene Trennung der wirtschaftlichen und der sozial-kulturellen Dimension in eigenständige Funktionssysteme des Sports ist in ihnen schwer möglich, denn der professionelle Spitzensport und der Freizeit- und Breitensport fungieren dort als komplementäre Handlungsfelder eines einheitlichen Konstrukts. Während die wirtschaftliche Dimension des Leistungs- und Spitzensports den Sportorganisationen die Akquise von Ressourcen zur Förderung der sozial-kulturellen Dimension des Freizeit- und Breitensports ermöglicht, stellt dieser Bereich die Grundlage zur Entwicklung des Leistungs- und Spitzensports dar.

Für den Umgang mit diesem Dilemma entstehen zwei Fragen: Die eine ist außenorientiert und fragt nach der rechtlichen Einordnung von zivilgesellschaftlichen Organisationen des Sports in das politische System. Die andere ist innenorientiert und bezieht sich auf die veränderte funktionale und gesellschaftliche Rolle der Verbände im Sport.

Aussagen zu Rechten und Pflichten von non-profit-Organisationen, also dem Grad ihrer Autonomie, variieren in der EU in dem Maß, in dem ihrem Handeln entweder ein wirtschaftlicher Charakter attestiert oder es als Beitrag zur Bildung sozialen Kapitals in der transnationalen Zivilgesellschaft interpretiert wird. Diese Debatte ist Kern politischer wie rechtlicher Kontroversen in Europa und in der Lage, die Rahmenbedingungen der Sportverbände nachhaltig zu beeinflussen.

Der Bericht über die Rolle der Europäischen Union im Sport wurde im Vorfeld der intergouvernementalen Konferenz zur Revision des Maastrichter Vertrages veröffentlicht. Seine Argumentation verfolgte die Schaffung einer vertragsrechtlichen

Grundlage für den Sport durch die Mitgliedstaaten sowie die Erarbeitung eines Grünbuches zur Entwicklung einer kohärenten EU-Politik im Sport. Durch eine klare Rechtsgrundlage sollte zudem die sportpolitische Zuständigkeit zwischen der EU, den Mitgliedstaaten und dem organisierten Sport festgelegt werden. Die Tatsache eines Initiativberichts sowie die Positionierung des Ausschusses für Kultur, Jugend, Bildung und Medien als Vertreter sozial-kultureller Interessen im Sport richtet die politische Forderung nach dessen Schutz vor der unmittelbaren Anwendung der Binnenmarktregeln, seiner finanziellen Förderung und Anerkennung als sozialpolitisches Instrumentarium in der EU Politik als Forderung an die Staats- und Regierungschefs, die in sich in der Erklärung von Amsterdam zum Sport in der Europäischen Union äußerten, in den Mittelpunkt.

13.1.3. Die Erklärung von Amsterdam

Der Europäische Rat reagierte auf die kontroversen rechts- wie sportpolitischen Positionen und die einsetzende Politisierung des Sports, indem er dem Amsterdamer Vertrag (1997) eine protokollarische Erklärung zum Sport beifügte. Sie betont aus der nationalen Perspektive der Staats- und Regierungschefs:

> „die gesellschaftliche Bedeutung des Sports, insbesondere die Rolle, die dem Sport bei der Identitätsfindung und der Begegnung der Menschen zukommt. Die Konferenz appelliert daher an die Gremien der Europäischen Union, bei wichtigen, den Sport betreffenden Fragen die Sportverbände anzuhören. In diesem Zusammenhang sollten die Besonderheiten des Amateursports besonders berücksichtigt werden." (Europäische Union 1997)

Protokollarische Zusätze der EU-Verträge sind keine rechtskräftigen institutionellen Vereinbarungen. Als intergouvernementaler Konsens definiert die Erklärung jedoch die gemeinsamen Interessen der Mitgliedstaaten und die Richtung, in die sich der gemeinschaftspolitische Einfluss auf den Sport entwickeln sollte. Sie setzt dem formaljuristischen regulativen Ansatz eine diskursorientierte Strategie und stärkere Betonung sozial-kultureller Werte entgegen.

Mit der Akzentuierung des Sports als soziales Kapital europäischer Gesellschaften, der notwendigen Anhörung der Sportverbände sowie der Tatsache, dass die supranationale Intervention nicht grundsätzlich abgelehnt, sondern lediglich in ihrer Art und Weise bewertet wird, ergeben sich drei entwicklungsrelevante Perspektiven.

Während das Parlament Sport nach der Programmatik seines Berichts als Politikfeld oberhalb der nationalen Ebene entwickeln möchte, favorisieren die Mitgliedstaaten die Wahrung der nationalen Politikkompetenz und die Autonomie des organisierten Sports. Die sportpolitische Aktivität der Union soll durch die Erklärung auf jene Bereiche begrenzt werden, die durch europäische Politikkompetenzen beeinflusst werden. Grundsätzlich sind dadurch der professionelle Sport und dessen wirtschaftliche Dimension betroffen. Europäische Sportpolitik bekommt dadurch einen inhaltlich selektiven und hybriden Charakter, der die Dissoziation von wirtschaftlicher und sozial-kultureller Dimension begünstigt. Der Wunsch nach einer aktiven Rolle der Union in der Sportpolitik kann aus der Amsterdamer Erklärung nicht abgeleitet werden. Die Kommission reagierte auf die Positionen von Parlament und Mitgliedstaaten im November 1998 mit der Vorlage eines Diskussionspapiers über ein einheitliches „Europäisches Sportmodell" (Europäische Kommission 1998). Seine Aufgabe war es, einen breiten Diskurs zur Positionierung des Sports in der EU zu eröffnen.

13.1.4. Das Diskussionspapier „Das Europäische Sportmodell"

Das Ziel hinter der Initiierung eines Dialogs über die schützenswerten Besonderheiten des Sports in Europa lag in der Interpretation seines rechtlichen wie politischen Status in der Europäischen Union. Mit Bezug auf die sozial-kulturelle Bedeutung argumentierte die Kommission über die Abgrenzung zum nordamerikanischen Modell des Profisports. Die daraufhin als europäische Merkmale definierten Aspekte[27] wurden im Spannungsfeld ihrer wirtschaftlichen sowie sozial-kulturellen Dimensionen debattiert. Neben der gesellschaftlichen Funktion des Sports und seiner politischen wie rechtlichen Bedeutung wurde auch die Rolle der Sportverbände zu einem zentralen Diskussionspunkt. Die normativen Prämissen in den Mitgliedstaa-

---

[27] Das Weißbuch Sport definiert getrennte Wettkämpfe für Frauen und Männer, die Begrenzung der Teilnehmerzahl bei Wettkämpfen oder die Notwendigkeit, ergebnisoffene Wettkämpfe und die Chancengleichheit der an Wettkämpfen teilnehmenden Clubs als konstitutive Eigenschaften des Sports, die die Besonderheit sportlicher Aktivitäten und sportlicher Regeln vor dem Gemeinschaftsrecht begründen. Auch hinsichtlich der Organisationsprinzipien werden spezifische Merkmale des europäischen Sports herausgearbeitet, die die Autonomie und Vielfalt der Sportorganisationen, die Pyramidenstruktur der Wettkämpfe vom Breiten- bis hin zum Spitzensport, organisierte Solidaritätsmechanismen zwischen den verschiedenen Ebenen und Beteiligten, die Organisation des Sports auf nationaler Basis, und den Grundsatz eines einzigen Verbands pro Sportart umfassen.

ten hinsichtlich des Verhältnisses zwischen Sport, Gesellschaft und Staat stehen dabei dem Politik- und Rechtsverständnis von Kommission und EuGH gegenüber.

Für die Sportorganisationen liegt die Bedeutung dieses Prozesses dabei weniger in der Entwicklung eines normativen Sportverständnisses und seiner förderpolitischen Ausgestaltung. Die rechtspolitischen Konsequenzen dieser Debatte sind von größerer Bedeutung. Sie sind in der Lage, Handlungsbedingungen des organisierten Sports von der europäischen bis zur lokalen Ebene in rechtlicher Hinsicht nachhaltig zu beeinflussen und stehen deshalb für die Neuausrichtung eines Verständnisses über die Autonomie des Sports im Rahmen des Gemeinschaftsrechts (Radoux 2009; Steiner 2009).

Letztlich ist diese Autonomie ein situatives Phänomen: Die Interpretation des Gemeinschaftsrechts und damit der Grad an relativer Handlungsfreiheit des organisierten Sports hängt von zwei Sichtweisen ab: Die erste bewertet den Sport als Beitrag zur zivilgesellschaftlichen Entwicklung Europas und fordert deshalb, ihn vor der buchstabengetreuen Anwendung europäischen Wirtschaftsrechts auszunehmen. Die zweite prüft, ob wirtschaftliche oder andere gemeinschaftsrechtliche Aspekt als Funktionslogik den Selbstzweck des Sportsystems übersteigen und er als politischer Raum reguliert werden muss. Die Konsequenz lautet: Die Position der EU zum Sport bestimmt sich politisch weder durch ein homogenes Set an normativen Prämissen noch rechtlich über ein explizites Sportrecht. Zwei „exogene Schocks" in der Sportentwicklung haben der abstrakten, wertorientierten Debatte um die Autonomie des Sports eine realpolitische Wendung gegeben: Der Dopingskandal bei der Tour de France 1998 und die Ende 2002 offenkundig gewordenen Korruptionsfälle im Rahmen der Vergabe der Olympischen Winterspiele nach Salt Lake City haben die Europäische Union und ihre Mitgliedstaaten zu einer Initiative zur Verbesserung von Transparenz, Demokratie und Governance im verbandlich organisierten Sport veranlasst.

13.1.5. Die Schlussfolgerungen des Europäischen Rats von Wien

Als Konsequenz der Fehlentwicklung innerhalb der organisierten Sportbewegung wurden der öffentliche Regulierungsanspruch gegenüber dem gesellschaftlichen Sektor und die Bewahrung seiner Autonomie nicht mehr als Gegensätze gesehen. Diente die eine der Bewahrung der Integrität des Sports und seines kulturellen Wertes im öffentlichen Interesse, ermöglichte die andere den Mitgliedstaaten nicht nur die freie Gestaltung in der Entwicklung des Sports: Sie erlaubte ihnen auch einen größeren Handlungsspielraum gegenüber Europas Sportverbänden, die zuvor in Bezug auf die Besetzung und Entwicklung sportpolitischer Themen auf europäischer Ebene eine herausgehobene Position inne hatten. Zudem waren der Missbrauch verbotener Substanzen und Korruption nicht mehr allein sportbezogene Probleme, sondern von strafrechtlicher Relevanz.

In ihren Schlussfolgerungen zur strategischen Entwicklung des Integrationsprozesses änderten die Mitgliedstaaten im Dezember 1998 deshalb ihren Standpunkt. Die Forderung nach der ausdrücklichen Achtung der nationalen Kompetenzen im Bereich des Sports und der zurückhaltenden Anwendung des Gemeinschaftsrechts wurde zugunsten des Mehrwerts eines gemeinschaftspolitischen Ansatzes relativiert. Die Differenzierung der sportpolitischen Debatte zwischen den Mitgliedstaaten lässt sich anhand der abschließenden Stellungnahme verdeutlichen:

„Unter Hinweis auf die dem Amsterdamer Vertrag beigefügte Erklärung zum Sport und in Anerkennung der sozialen Rolle des Sports ersucht der Europäische Rat die Kommission, dem Europäischen Rat in Helsinki im Hinblick auf die Erhaltung der derzeitigen Sportstrukturen und die Wahrung der sozialen Funktion des Sports im Gemeinschaftsrahmen einen Bericht vorzulegen." (Europäischer Rat 1998)

Während die normative Debatte auf politische Zuständigkeiten und das Machtverhältnis zwischen der EU, den Mitgliedstaaten und den Verbänden Sport rekurrierte, offenbarte sich mit zunehmenden realpolitischen Ansätzen zur Lösung von Krisenphänomenen die Einsicht in den Nutzen gemeinsamer politischer Lösungen:

„Der Europäische Rat äußert seine Besorgnis über den Umfang und die Schwere der Dopingfälle im Sport, die die Sportethik untergraben und die öffentliche Gesundheit gefährden. Er betont, dass ein Vorgehen auf Ebene der Europäischen Union erforderlich ist, und ersucht die Mitgliedstaaten, zusammen mit der Kommission und internationalen Sportgremien mögliche Maßnahmen zu prüfen, um dieser Gefahr insbesondere durch eine bessere Koordinierung der bestehenden nationalen Maßnahmen verstärkt entgegenzutreten." (Europäischer Rat 1998)

In der Folge entwickelte sich ein grenzüberschreitendes öffentliches Interesse an Themen, die bis dahin weitgehend den Verbänden zur alleinigen Gestaltung überlassen wurden. Der Unterschied zwischen einem normativen Verteilungsproblem und einer pragmatischen Problemlösung ist für die institutionelle Entwicklung der EU-Sportpolitik charakteristisch: Während der normative Ansatz durch die Umverteilung politischen Einflusses und Handlungsspielraums zwischen den Gemeinschaftsorganen und den Mitgliedstaaten als Nullsummenspiel verhandelt wird, ist das Verhandlungsdilemma in pragmatischen Lösungsansätzen weniger ausgeprägt, da die Problemlösung an sich für jeden Beteiligten einen hohen Wert darstellt.

Es gibt jedoch auch verhandlungstheoretische Gründe: Da Problemlösungen zwar meist komplex, sich oft aber auf thematisch und zeitlich klar einzugrenzende Themen beziehen, werden sie als „spot-Verträge" verhandelt. Im Sinne der neofunktionalistischen Theorie können nicht intendierte Effekte durch die beteiligten Akteure besser kontrolliert werden. In der Folge behalten die Mitgliedstaaten gegenüber Kommission und Parlament stärkeren Einfluss auf die strategische Entwicklung von Sportpolitik in der Union.

Die auf einer stärkeren zwischenstaatlichen Zusammenarbeit basierende Strategie der Mitgliedstaaten impliziert jedoch eine Politisierung des Sports auf der nationalen Ebene. Die Diskussion über eine auf Europa bezogene sportpolitische Strategie verlagert normative Debatten über den Transfer nationaler politischer Kompetenzen zugunsten einer gesteigerten europäischen Problemlösungsfähigkeit in den nationalen Kontext. Dies haben etwa die öffentlichen wie verbandlichen Diskussionen über ein nationales Anti-Doping-Gesetz gezeigt.[28] Auch wenn dieses Beispiel auf einen Teilbereich des Sports beschränkt blieb, ist es vor dem Gesamtkontext des subsidiären Verhältnisses zwischen Staat und Sport zu betrachten. Die Verquickung der politischen Werte- und Normendebatte mit einer realpolitischen Pragmatik haben vor allem die supranationalen Gemeinschaftsorgane zur eigenen Positionierung und Vertretung ihrer Interessen im Sport genutzt. Die Kommission tat dies durch ihre Mitteilung über ihren Plan für den Beitrag der Gemeinschaft zur Dopingbekämpfung (Europäische Kommission 1999a), für dessen endgültige Ausgestaltung das Parlament durch seinen Bericht weitere relevante Impulse lieferte (Europäisches Parlament 2000a). Beide Papiere fanden Aufnahme in die Mitteilung, mit der die Kommission auf Antrag des Europäischen Rates die Mitgliedstaaten über die Herausforderungen der Europäisierung von Sportpolitik informierte.

---

[28] Quelle: http://www.welt.de/sport/article899403/Das_geplante_Anti_Doping_Gesetz_verschont_die_Sportler. html, 12.08.2011

13.1.6. Der Helsinki-Bericht

Mit ihrem Bericht über die Erhaltung der derzeitigen Sportstrukturen und die Wahrung der sozialen Funktionen des Sports (Europäische Kommission 1999b) versucht die Kommission, die politischen Präferenzen der Mitgliedstaaten zum Schutz der Besonderheiten des Sports mit ihrem Anspruch als „Hüterin der Verträge" zu verbinden. Erkennbar ist eine Strategie der Supranationalisierung des Einflusses der Union auf den Sport. In Form des Argumentierens, strebt die Kommission danach, Probleme in pragmatische Strategien zur Problemlösung zu überführen. Mit der gemeinsamen Dopingbekämpfung und der Nutzung erzieherischer Potenziale des Sports eröffnet sie zwei sportpolitische Handlungsfelder oberhalb der mitgliedstaatlichen Ebene. Mit ihnen soll symbolisch verdeutlicht werden, welchen Beitrag die Europäische Union und ihre Sportpolitik zur Lösung von Krisenphänomen des Sports als auch zur Förderung erzieherischer, sozialer und kultureller Aspekte durch Sport leisten kann. Ziel ist die Legitimation eines stärkeren Gestaltungs- und Regulierungsanspruches. Unter dem Eindruck des Dopingproblems sieht die Kommission die sozial-kulturellen Funktionen des Sports durch eine Überkommerzialisierung überlagert. Mehr noch, seine Selbstverwaltungsstrukturen werden zur Problembewältigung als nicht (mehr) ausreichend erachtet.

Mit dem Helsinki Bericht wird eine neue Qualität im Verhältnis zwischen öffentlichen und privaten Akteuren im Sport offenkundig: Hatten die Entscheidungen des EuGH vom Sport seine Unterordnung unter das Gemeinschaftsrecht gefordert, bedeutet die Entwicklung eines öffentlichen Interesses am Sport die Etablierung der Europäischen Union zu einem eigenständigen politischen Akteur mit einem individuellen Regulierungs- und Gestaltungsanspruch.

Die Kommission unternimmt deshalb einen ersten Versuch zur Bestimmung der Beziehungen zwischen der Europäischen Union, den Mitgliedstaaten und dem organisierten Sport. Sie versucht dies über die strukturelle Zuordnung von politischen Rechten und Pflichten. Dieser von Foster (2003) als „seperate territories" bezeichnete Ansatz, definiert Bereiche des Sports, die nicht den Wettbewerbsregeln unterliegen (z.B. sportliche Regeln), solche, die wettbewerbsrechtlich grundsätzlich zu untersagen sind, und jene, für die Ausnahmen möglich sind (z.B. Regulierung des Zugangs zu sportlichen Wettbewerben oder Sanktionierung von Regelverstößen).

Welche Herausforderungen die ökonomische Logik negativer Integration für die Sportentwicklung bereithält, verdeutlichte das Jahr 2000 und die vor dem EuGH verhandelten Fälle Deliège und Lehtonen. Beide offenbaren die Problematik der Anwendung der europäischen Wettbewerbsregeln zur Regulierung des sportlichen Wettkampfs: Denn auch wenn die Selektionskriterien zur Auswahl von National-mannschaften (Deliège) sowie die Begrenzung der Freizügigkeit von professionel-len Sportlern durch Transferperioden (Lehtonen) nach dem Gemeinschaftsrecht als verbotener Eingriff in die Grundfreiheiten des freien Dienstleistungs- und Perso-nenverkehrs ausgelegt werden können, wurde in beiden Fällen die interne Logik des Wettkampfsports zur Interpretation des EU-Rechts angewendet (Radoux 2009: 56-59). Dabei wurde erneut deutlich, dass nicht die sportliche Regel als solche, son-dern die Verhältnismäßigkeit ihrer Wirkung der Maßstab zur Interpretation des Gemeinschaftsrechts sein muss. Da diese für sozial-kulturelle Phänomene jedoch nicht pauschal definiert werden kann, weisen beide Entscheidungen in die Richtung kontextabhängiger Einzelfallentscheidungen. Diese rechtspolitische Perspektive von Kommission und EuGH wurde auf Seiten des Sports als Quelle einer existenzi-ellen Rechtsunsicherheit kritisiert[29] (vgl. UEFA 2006, 2007).

13.1.7. Die Erklärung von Nizza

Die Staats- und Regierungschefs reagierten im Dezember 2000, indem sie dem Änderungsvertrag zur Europäischen Union erneut eine Protokollnotiz über die Rol-le des Sports beifügten. Die Mitgliedstaaten positionieren sich darin deutlicher als in Amsterdam: Zentral ist die Aussage, dass die „Verantwortung für die Pflege der sportlichen Belange in erster Linie bei den Sportorganisationen und Mitgliedstaa-ten" liege (Europäische Union 2000a). Die grundsätzliche Gültigkeit des europäi-schen Wirtschaftsrechts im professionellen Sport wird zwar nach wie vor anerkannt. Die Anerkennung folgt dabei jedoch nicht der Logik von „seperate territories". Die Maxime lautete vielmehr: Die Union müsse primär eine Schutzfunktion für das

---

[29] In ihrer gemeinsamen Erklärung nehmen die europäischen Teamsportverbände des Bas-ketballs (FIBA Europe), Fußballs (UEFA), Handballs (EHF) und Volleyballs (CEV) in ihrer Erklärung „Sport should not be ruled by judges" Stellung zur Situation des Sports in der Europäischen Union: „Recent and upcoming EU court cases could have a very damaging effect on all sports across Europe. These cases could effectively hand the definition of sports rules from sport itself to the judges in the European Court of Justice. Sport, including its social, educational and cultural features, would risk being treated exactly like any profit-making business." (UEFA 2007)

Kulturgut Sport übernehmen. Dabei gehe es nicht nur um den Schutz vor einer einseitigen Anpassung der Organisationsstrukturen und -praktiken an das Gemeinschaftsrecht. Neben der rechtlichen Würdigung der sozial-kulturellen Besonderheiten ging es den Mitgliedstaaten auch darum, den Sport im öffentlichen Interesse vor Fehlentwicklungen in seinen ihm eigenen Organisationsstrukturen zu bewahren:

> „Ein besonderes Anliegen des Europäischen Rates ist die Wahrung des Zusammenhalts und der Solidarität zwischen allen Ebenen der sportlichen Betätigung sowie der Fairness bei Wettkämpfen, der moralischen und materiellen Werte sowie des Schutzes der körperlichen Unversehrtheit der Sportler, vor allem der Minderjährigen."

Die Mitgliedstaaten adressierten für die Bereiche des Freizeit- und Breitensports, die Rolle der Sportverbände, die Erhaltung der Ausbildungsfunktion des Sports und den Schutz junger Sportler, den Sport im wirtschaftlichen Umfeld und die Solidarität sowie zur Regulierung von Transfers strategische Leitlinien an die Kommission. Diese folgten dem Grundsatz, nach dem die Organe der Union

> „auch wenn sie in diesem Bereich keine unmittelbare Zuständigkeit besitzt, bei ihren Tätigkeiten im Rahmen des Vertrags die sozialen, erzieherischen und kulturellen Funktionen berücksichtigt, die für den Sport so besonders charakteristisch sind, damit die für die Erhaltung seiner gesellschaftlichen Funktion notwendige Ethik und Solidarität gewahrt und gefördert werden."

Bei allem Pragmatismus zur Bewältigung aktueller Herausforderungen in der Sportentwicklung muss die Erklärung von Nizza auch als politische Initiative gegenüber den Ambitionen der Kommission betrachtet werden. Die vom Europäischen Rat formulierten Forderungen sollen den strategischen Einfluss und damit die Rolle der Mitgliedstaaten als zentrale Akteure einer europäischen Sportpolitik stärken. Aufgrund der fortgeschrittenen politischen Durchdringung hat sich zudem die Einsicht in das instrumentelle Potenzial des Sports in der Sozialpolitik und seine Öffentlichkeitswirksamkeit als Kommunikationsplattform europapolitischer Problemlösungskompetenz entwickelt. Außerhalb des Einflussbereichs der europäischen Verträge wurde deshalb mit den informellen Treffen der EU-Sportminister ein Gremium zur Koordination gemeinsamer sportpolitischer Themen etabliert.

Mit Bezug auf verschiedene Aspekte des Gemeinschaftsrechts haben sich zudem sportpolitische Themenkomplexe entwickelt, denen mit einer Verankerung des

Sports in den europäischen Verträgen Rechnung getragen werden sollte. Der Debatte um eine rechtspolitische Spaltung des Sports in Fragen des wirtschaftlichen Regulations- und sozialpolitischen Gestaltungsbedarfs sollte in dem für die EU angestrebten Verfassungsvertrag durch die Eingrenzung des Zuständigkeitsbereichs der supranationalen Gemeinschaftsorgane entgegengewirkt werden. Dessen Artikel I-17 und III-282 hatten die Aufgabe, die Zuständigkeiten zwischen der Union und den Mitgliedstaaten und den Gemeinschaftsorganen sowie zwischen der Union und der autonomen Sportbewegung zu formalisieren und die Rolle des Sports in der EU auf eine institutionelle Grundlage zu stellen.

13.1.8. Der Vertrag über eine Verfassung für Europa

In den Verhandlungen über die primärrechtliche Verankerung des Sports wurde der Europäischen Union deshalb eine supranationale Unterstützungs-, Koordinierungs- und Ergänzungsfunktion zur Sportpolitik der Mitgliedstaaten übertragen (Artikel I-17). Eine legislative Kompetenz wurde zwar formal ausgeschlossen, die Interpretationsoffenheit der unterstützenden Zuständigkeit (Artikel III-282) vermochte die Unsicherheit über Ausmaß und Reichweite des Einflusses von EuGH und Kommission jedoch nicht vollständig zu beseitigen.

Wie der Helsinki Bericht, zeigt auch der Entwurf des Verfassungsvertrag eine Tendenz zur weiteren Profilierung des Sports in politische Handlungsfelder oberhalb der nationalen Ebene. Ausgehend von den Themen der gemeinsamen Dopingbekämpfung und des erzieherischen Potenzials weiteten die Mitgliedstaaten die Bezüge zur europäischen Bildungs-, Jugend-, Gesundheits- und Menschenrechtspolitik aus. Sie folgten dabei allerdings weniger einer innovativen Politikfeldentwicklung, als dass sie bereits von der Kommission entwickelte Themen nachträglich institutionalisierten. Einen Überblick über die thematische Verflechtung des Sports zu europäischen Politikfeldern gibt:

Gesundheit:
Austausch von Informationen und bewährter Praktiken unter den Mitgliedstaaten

Doping:
Vernetzung der verschiedenen in der Dopingbekämpfung engagierten Akteure

Allgemeine und berufliche Bildung:
Nutzung von Sport und Bewegung im Rahmen lebenslangen Lernens

Soziale Integration & Chancengleichheit:
Erleichterung des Zugangs zu Sportstätten und -aktivitäten

Bekämpfung von Rassismus und Gewalt:
Förderung des Dialogs zwischen den Stakeholdern des Sports

Freizügigkeit von Sportlern:
Gewährung der Freizügigkeit und von Personen im Binnenmarkt

Transfers:
Herstellung einer Vereinbarkeit von Transferregeln mit dem Freizügigkeitsprinzip

Sportberater:
Bekämpfung von Korruption, Geldwäsche und des Handels von Minderjährigen

Lizenzvergabesysteme für Vereine:
Sicherung finanzieller und rechtlicher Mindestkriterien

Kriminalität:
Bekämpfung von Geldwäsche und Korruption zwecks Sicherung von Integrität

Schutz von Minderjährigen:
Umsetzung der Richtlinie über den Jugendarbeitsschutz im (Profi-)Sport

Fans:
Verbesserung der Governance zur Stärkung demokratischer Strukturen im Sport

Wirtschaftsdaten:
Erfassung der wirtschaftlichen Auswirkungen des Sports in der EU

Unterstützung durch die öffentliche Hand:
Berücksichtigung des zugrunde liegenden EU-Rechtsrahmens

Kontrolle staatlicher Beihilfen:
Anwendung der Regelungen über staatliche Beihilfen auf den Sportsektor

Steuern:
Regulierung einer indirekten Subventionierung durch Steuervergünstigungen

Privatfinanzierung:
Regulierung der Risiken einer Privatfinanzierung des Sports

Regionale Entwicklung:
Abbau regionaler Unterschiede zur Stärkung des wirtschaftlichen Zusammenhalts

Wettbewerbsrecht:
Generellere Regelung sportwirtschaftlicher Aktivitäten

Medien:
Regelungen zur besonderen (Zentral-)Vermarktung von Medienrechten im Sport

Binnenmarkt:
Berücksichtigung der Besonderheiten des Sports im Binnenmarktrecht

Außenbeziehungen:
Nutzung des Sports als Querschnittsinstrument in der Entwicklungshilfe

Umwelt:
Förderung der umweltfreundliche Ausübung und Organisation von Sport

Nach der gescheiterten Ratifizierung des Vertrages über eine Verfassung für Europa fehlten jedoch weiterhin eine rechtliche Grundlage sowie eine inhaltliche Programmatik zur Politikentwicklung. Mit ihrem Weißbuch Sport gelang es der Kommission 2007 auf Grundlage des Gemeinschaftsrechts eine entsprechende Grundlage vorzustellen.

13.1.9. Das Weißbuch Sport

Der Anspruch des Weißbuchs lag in der Zusammenführung der verschiedenen sportpolitischen Positionen, Zielstellungen und Einflusspotenziale zu einem kohärenten Ansatz. Die Kommission bemühte sich dabei um die positive Koordination ihrer eigenen mit den Interessen der Mitgliedstaaten und des organisierten Sports. Zur Vermeidung von Interessenkonflikten wählte sie einen Ansatz, der weitestgehend auf eine ideologische Positionierung verzichtete und um eine pragmatische Bestandsaufnahme und Zukunftsperspektive bemüht war (Garcia 2009a: 132). Zentrales Charakteristikum des Weißbuchs ist die Strukturierung des Politikfelds in drei Bereiche. Unter den Oberbegriffen „Die gesellschaftliche Rolle des Sports", „Die wirtschaftliche Dimension des Sports" und „Die Organisation des Sports" wurden unterschiedliche Bezüge des Sports zur Europäischen Union, ihrer Rechtsordnung sowie ihren politischen Zielen herausgearbeitet.

Damit wurden zwei Ziele verfolgt: Zum einen die instrumentelle Nutzung des Sports zur Entwicklung einer gesellschaftlichen Dimension Europas – beispielsweise in den Bereichen öffentliche Gesundheit und soziale Eingliederung, Integration und Chancengleichheit – und zum anderen die Regulierung der wirtschaftlichen Dimension des Sports. Letzteres verdeutlicht die Kommission anhand der Thematik Organisation des Sports und der unter diesem Aspekt genannten Themen wie etwa der Freizügigkeit und der Staatsangehörigkeit, der Transfers oder der Medien. In der Übersicht ergeben sich folgende Themen für die EU-Sportpolitik:

Für den Bereich der gesellschaftlichen Dimension sind dies:

∞ Verbesserung der öffentlichen Gesundheit durch körperliche Aktivität
∞ Gemeinsam gegen Doping
∞ Ausweitung der Rolle des Sports in der allgemeinen / beruflichen Bildung
∞ Förderung von Ehrenamt und aktiver Bürgerschaft
∞ Soziale Integration und Chancengleichheit
∞ Besserer Schutz und Bekämpfung von Rassismus / Gewalt
∞ Förderung unserer Werte in anderen Teilen der Welt
∞ Unterstützung einer nachhaltigen Entwicklung

Für den Bereich der wirtschaftlichen Dimension des Sports sind dies:

∞ Umstellung auf eine evidenzbasierte Sportpolitik
∞ Bessere Absicherung öffentlicher Unterstützung

Für den Bereich der Organisation des Sports sind dies:

∞ Die Besonderheit des Sports
∞ Freizügigkeit und Staatsangehörigkeit
∞ Transfers
∞ Spieleragenten
∞ Schutz von minderjährigen
∞ Bekämpfung von Finanzkriminalität

∞ Lizenzvergabesysteme für Vereine

∞ Medien

Die Zielorientierung europäischer Sportpolitik lässt eine Dominanz politischer Inhalte über institutionelle Strukturen und Prozesse erkennen. Entsprechend dieser normativen Prämisse wurde mit dem Aktionsplan Pierre de Coubertin (Europäische Kommission 2007b) ein politisches Programm für die Umsetzung der strategischen Ziele vorgestellt. Auch wenn dieses ebenfalls potenzielle Konflikte zwischen den Stakeholdern europäischer Sportpolitik vermeidet, zeigt es deutlich regulative Tendenzen, die erneut mit einem problemlösenden Mehrwert gerechtfertigt werden. Zusätzlich wird mit dem Ansatz der Einbeziehung des Sports in bestehende Förderprogramme ein Anreiz zur Aufnahme europapolitischer Gestaltungsimpulse durch Mitgliedstaaten wie die Sportorganisationen angestrebt.

Die Kommission etabliert sich mit dem Weißbuch nachhaltig und erfolgreich als strategischer agenda-setter in der europäischen Sportpolitik und strebt eine Rolle als supranationaler policy broker an. Als politischer Unternehmer hat sie zudem die Bedeutung und Öffentlichkeitswirksamkeit des Sports erkannt und versucht beides für ihre Profilierung gegenüber den Mitgliedstaaten und deren Bürgergesellschaften zu nutzen (Europäische Kommission 2007a: 2-3). Die strukturelle und inhaltliche Programmatik des Weißbuchs bildete die Grundlage für eine europäische Sportpolitik, die bis zum in Kraft treten des Lissaboner Vertrages eine starke supranationale Prägung besaß.

13.1.10. Der Vertrag von Lissabon

Die mit dem Verfassungsvertrag gescheiterte Implementierung einer formalen Vertragsgrundlage wurde mit dem auf dem Lissaboner Gipfel 2007 ausgehandelten Reformvertrag realisiert. Der Inhalt seines Textes ist aus mehreren Gründen relevant: Zum einen verortet er den Sport in Artikel 165 (1) AEU-V in einem bildungspolitischen Kontext, über den die soziale Bedeutung des Schutzes seiner Besonderheiten abgeleitet wird. Die bereits im Entwurf des Verfassungsvertrags avisierte Förderung einer europäischen Dimension des Sports wird zwar durch die

> „[...] Förderung der Fairness und der Offenheit von Sportwettkämpfen und der Zusammenarbeit zwischen den für den Sport verantwortlichen Organisationen sowie durch den Schutz der körperlichen und seelischen Unversehrt-

heit der Sportler, insbesondere der jüngeren Sportler" (Europäische Union 2007)

in ihrer Zielstellung beschrieben. In der Benennung von Verantwortlichkeiten und Zuständigkeiten ist der Text jedoch weniger konkret. Zwar schließt Artikel 6 AEU-V eine Harmonisierung nationaler Sportpolitiken durch die europäische Gesetzgebung aus. EU-Sportpolitik im engeren Sinn (vgl. Tokarski 1993) kann danach lediglich durch die intergouvernementale Koordination der Mitgliedstaaten erfolgen. Im Ergebnis wurde der Sport dadurch als offizielles Politikfeld oberhalb der mitgliedstaatlichen Ebene etabliert, was ebenfalls als nachträgliche Formalisierung bereits gelebter Praxis zu deuten ist. Die Rolle der Kommission ist darin formal auf die Förderung und Unterstützung nationaler Politik und der Sportbewegung beschränkt. Der Einfluss der Mitgliedstaaten als strategische Akteure bei der Entwicklung sportpolitischer Themen ist durch die Vertragsgrundlage formell erheblich gestärkt. Die zuvor unter Leitung der Kommission tätigen Arbeitsgruppen wurden inhaltlich neu strukturiert und in die Strukturen des Ministerrates übertragen. Dessen Formation für Bildung, Jugend, Kultur und Sport wurde der Sport als weiterer Kompetenzbereich übertragen. Der Ministerrat fungiert somit als intergouvernementale Politikarena und offizielles Entscheidungsgremium der Mitgliedstaaten. Dennoch ist ein supranationaler Zugriff auf den Sport nicht ausgeschlossen. Denn vor allem die Kommission fungiert weiterhin als einflussreicher agenda-setter, indem sie sportspezifische Aspekte in ihrer Zuständigkeit thematisiert und als Ergänzung mitgliedstaatlicher Sportpolitik entwickelt. Als zentral für die Ausgestaltung des Lissaboner Vertrages und der darin enthaltenen sportpolitischen Kompetenzen gilt die Kommunikation, mit der die Kommission zu Beginn des Jahres 2011 eine Perspektive für die Implementierung der sportpolitischen Kompetenzen des Lissaboner Vertrages skizzierte.

13.1.11. Die Mitteilung über die Entwicklung einer europäischen Dimension des Sports

Der Mitteilung vorausgehend wurde in einer Provisional Roadmap die Grundlage für ein eigenständiges Sportförderprogramm der Union vorgestellt. Dabei stellte die Kommission fest:

> „Due to its cross-cutting nature and its synergies and links with many other EU policies, sport will continue to be strongly influenced by other EU policy

areas. At the same time, the sport sector can help the EU achieve its longer-term goals by contributing to sustainable growth, fighting unemployment, reinforcing social inclusion and advancing people's Europe." (Europäische Kommission 2010)

Aufgabe eines solchen Programms sollte die Unterstützung jener Belange des Sports sein, die nicht durch andere Gemeinschaftspolitiken, Initiativen oder Förderprogramme abgedeckt werden. In der Benennung dieser sportpolitischen Interessen kommt es zu einer Formulierung von Schwerpunktthemen. Sie wurden mit der Mitteilung der Kommission erneut aufgegriffen und als Themenfelder zur Entwicklung einer europäischen Dimension des Sports definiert. Hinsichtlich einer strategischen Dimension enthält die Mitteilung einen zentralen Aspekt, der Aufgaben- und Kompetenzverteilung zwischen der europäischen und nationalen Ebene im Mehrebenensystem darstellt und die instrumentelle Bedeutung des Sports für die Union unterstreicht. Folgenden Punkt gilt es besonders zu berücksichtigen:

„Die Kommission achtet die Unabhängigkeit seiner Leitungsstrukturen als grundlegendes Organisationsprinzip des Sports. Sie achtet auch – entsprechend dem Subsidiaritätsprinzip – die Zuständigkeit der Mitgliedstaaten auf diesem Gebiet. Aber im Rahmen der Umsetzung des Weißbuchs hat sich bestätigt, dass in mehreren Bereichen ein Handeln auf EU-Ebene erheblichen Mehrwert bieten kann." (Europäische Kommission 2011: 3)

Die Achtung der Leistungsstrukturen bedeutet nicht ihre prinzipielle Anerkennung. Der Begriff kann in Verbindung mit dem Subsidiaritätsprinzip interpretiert werden. Hinsichtlich der Ziele eines Mehrwertes, den ein gemeinschaftliches Vorgehen im Sport bietet, wird Folgendes festgestellt:

„Das Handeln der EU zielt darauf ab, die Maßnahmen der Mitgliedstaaten zur Bewältigung sportbezogener Probleme zu unterstützen und gegebenenfalls zu ergänzen; dazu gehören etwa Gewalt und Intoleranz in Verbindung mit Sportveranstaltungen oder das Fehlen vergleichbarer Daten über den Sportbereich in der EU als Grundlage für politische Entscheidungen. Gleichzeitig kann die EU durch ihr Handeln dazu beitragen, dass transnationale Herausforderungen, denen sich der Sport in Europa gegenübersieht, bewältigt werden können, etwa durch koordiniertes Vorgehen gegen Doping,

Sportbetrug und Spielabsprachen oder beim Umgang mit der Tätigkeit von Sportagenten." (Europäische Kommission 2011: 3)

Mit den identifizierten Themenfeldern konzentrieren sich die politischen Initiativen weniger auf die Entwicklung innovativer Politikstrategien. Im Fokus steht grundsätzlich ein problemlösender Charakter, der mit Bezug auf die Sportentwicklung eine eher reaktive Politikentwicklung impliziert. Eine proaktivere Rolle wird für die Nutzung der instrumentellen Potenziale des Sports im Hinblick auf sozialgesellschaftliche Entwicklungen der Europäischen Union beansprucht:

> „Außerdem trägt das Handeln der EU zu den umfassenden Zielen der Strategie Europa 2020 bei, indem Beschäftigungsfähigkeit und Mobilität verbessert werden, vor allem durch Maßnahmen zur Förderung der sozialen Integration im und durch den Sport, allgemeine und berufliche Bildung (auch mittels des Europäischen Qualifikationsrahmens) und EU-Leitlinien für körperliche Aktivität." (Europäische Kommission 2011: 3)

Die forums- und netzwerkbildende Funktion der Union sowie der Austausch von Informationen und bewährten Praktiken werden als zentrale Politikinstrumente definiert. Das Instrumentarium finanzieller Anreize in Form eines Sportförderprogramms steht in engem Zusammenhang mit der Entwicklung des Gesamthaushalts der Union. Seine Verfügbarkeit und jeweilige Höhe gelten als Indikator für den politischen Stellenwert des Sports in der EU und deren Ambitionen als sportpolitischer Akteur.

Hinsichtlich der Handlungsfelder für eine europäische Dimension des Sports werden konkrete Arbeitsaufträge formuliert. Bezog das Weißbuch Sport und der Aktionsplan Pierre de Coubertin auch die organisierte Sportbewegung in die Maßnahmen ein, bezieht sich die Kommission in der Mitteilung ausschließlich auf die Aufgabenverteilung zwischen der Kommission und den Mitgliedstaaten. Zum einen ist dies dem formalen Charakter der vorgeschlagenen Maßnahmen zuzuschreiben. Zum anderen muss jedoch auch der gemeinsame Anspruch von Kommission und Mitgliedstaaten berücksichtigt werden, den privaten Interessen der organisierten Sportbewegung mit dem öffentlichen Interesse auf der europäischen Ebene ein Pendant gegenüber zu stellen. Auf Basis der Mitteilung wurde im Juni 2011 eine Entschließung des Ministerrates für Bildung, Jugend, Kultur und Sport über einen Arbeitsplan der Europäischen Union für den Sport verabschiedet.

13.1.12. Der Arbeitsplan der Europäischen Union

Der Arbeitsplan bezieht sich auf drei Jahre (2011- 2014) und setzt inhaltliche Prioritäten für die Realisierung einer europäischen Dimension des Sports. Neben einem thematischen Profil bezieht er sich auf die Notwendigkeit des Ausbaus transnationaler Strukturen. Hier sind zum einen der Ausbau der informellen Arbeitsstrukturen zwischen den Mitgliedstaaten sowie des strukturierten Dialogs mit der organisierten Sportbewegung zu nennen.

Im Rahmen der Entschließung legen die für Sport zuständigen Minister der Mitgliedstaaten neben Arbeitsmethoden auch die normativen Prinzipien einer EU-Sportpolitik fest: Deutlicher als die Kommission wird dabei die Wahrung einer Unabhängigkeit der Leitungsstrukturen (Rat der Europäischen Union 2011: 1) sowie das Subsidiaritätsprinzip betont. Im Anhang des Dokuments werden zur Konkretisierung und weiteren Entwicklung erste Arbeitsaufträge, samt Zeitplänen, für die dazu eingerichteten Arbeitsgruppen aufgelistet.

Für den Bereich der gesellschaftlichen Rolle des Sports sind dies:

∞ Kampf gegen Doping
∞ Allgemeine, berufliche Bildung sowie Qualifikationen
∞ Prävention und Bekämpfung von Gewalt und Intoleranz
∞ gesundheitsfördernde körperliche Aktivität
∞ soziale Eingliederung im und durch den Sport
∞ ehrenamtliche Tätigkeit im Sport
∞ Zusammenarbeit mit Drittländern und internationalen Organisationen
∞ Nachhaltige Entwicklung im und durch den Sport

Für den Bereich der wirtschaftlichen Dimension des Sports sind dies:

∞ faktengestützte Politikgestaltung im Bereich des Sports
∞ nachhaltige Finanzierung des Sports
∞ Anwendung der EU-Vorschriften für staatliche Beihilfen
∞ Regionale Entwicklung und Beschäftigungsfähigkeit

Für den Bereich der Organisation des Sports sind dies.

∞ Good Governance im Sport
∞ Sonderstellung des Sports

∞ Freizügigkeit und Staatsangehörigkeit von Sportlern
∞ Transferbestimmungen und Tätigkeit der Sportagenten
∞ Integrität von Sportwettkämpfen[30]
∞ europäischer sozialer Dialog im Sportbereich
∞ Jugendschutz
∞ Lizenzvergabesystem der Vereine
∞ Medienrecht und Rechte an geistigem Eigentum

Je nach Zuständigkeitsgrad der Union gestalten sich einzelne Themenstellungen als mehr oder weniger relevant in ihrer direkten Wirkung für nationale Sportorganisationen. Wegen des Mangels an legislativer Zuständigkeit und dem seitens der Mitgliedstaaten angestrebten Schutz ihrer nationalen Sportsysteme vor nicht intendierten Effekten, ist eher mit einer inkrementellen und langfristigen Wirkung, statt mit einem kurzfristigen Ergebnis zu rechnen. Sollte das für die Zukunft geplante Sportförderprogramm mit finanziellen Mitteln in einer für die 27 Mitgliedstaaten relevanten Größenordnung unterlegt sein, könnten diese Effekte als potenzielle Beschleuniger von Diffusionsprozessen in die nationale Politikebene betrachtet werden.

13.2. Bilanzierung der Politikfeldentwicklung

Europäische Sportpolitik ist seit dem Lissaboner Vertrag prinzipiell intergouvernementale Gemeinschaftspolitik. Sie folgt in ihrer Gestaltung der Verhandlung nationaler Interessen. Gleichzeitig führt die Bedeutung des Gemeinschaftsrechts zu einer Verflechtung mit supranationalen Prinzipien. Folglich kommt es zu der für die Union charakteristischen Verflechtung von europäischen und nationalen Strukturen. Auch wenn die Entwicklung eines politischen Verständnisses von Sport und seiner institutionellen Grundlage zuvor prozessorientiert erklärt wurde, muss sie ergebnisorientiert bilanziert werden: Über die wechselseitige Anpassung an wirtschafts- und gesellschaftspolitische Prinzipien wurde der Sport als Politikfeld in die institutionelle Ordnung der Union integriert. Eine Entwicklung der einzelnen sportpolitischen Themen zu einem homogenen Politikfeld gelang dabei nicht. Dafür sind vor allem die verschiedenen institutionellen Bezüge verantwortlich, unter denen sportpolitische Themen auf der europäischen Ebene diskutiert wurden.

---

[30] Ziel ist die Bekämpfung von Spielabsprachen, Korruption, Geldwäsche sowie anderer Erscheinungsformen von Finanzkriminalität.

13.2.1. Zusammenhänge zwischen der institutionellen Ausdifferenzierung und Trends in der Sportentwicklung

Eine wichtige Ursache für die spezifische Architektur des Politikfelds liegt in der Entwicklung des Sports selbst. Zwischen Sport und Gesellschaft können gegenseitige Austauschbeziehung festgestellt werden. Ihr Ergebnis: Der bereits skizzierten „Versportung der Gesellschaft" steht die „Vergesellschaftung des Sports" entgegen, die mit einer Durchdringung des Sports mit den Funktionslogiken von Staat, Wirtschaft und Zivilgesellschaft einhergeht. Die Sportentwicklung hat dadurch in ihrer jüngeren Vergangenheit neue, heterogene gesellschaftliche Bezüge entwickelt, die zu einer Entgrenzung der normativen Prämissen über Sport geführt haben. Sie sind die Ursache für seine Ausdifferenzierung in eine Vielzahl unterschiedlichster Politikbereiche. Innerhalb der EU verteilen sich sportpolitisch relevante Bereiche durch ihre thematische Bindung an ausschließliche und geteilte Zuständigkeiten auf unterschiedliche Politikfelder. Die inhaltliche Entgrenzung des Sports zeigt hier ihre institutionellen Konsequenzen. Lose gekoppelt, formieren einzelne sportpolitische Themen ein an seinen Grenzen offenes Politikfeld. Dadurch wird deutlich, dass Sport in seiner gesellschaftlichen und politischen Funktion nicht mehr einer einheitlichen, in sich geschlossenen Logik folgt, sondern von einer Vielzahl gesellschaftlicher wie politischer Sichtweisen geprägt ist. Die Frage, der Dieckert & Wopp (2002) und Wopp (2006) für die Sportsoziologie nachgehen, stellt sich daher auch für die Politikwissenschaft: Was ist Sport?

Im traditionellen Sinn der Moderne unterliegt er beispielsweise der spezifischen Logik sportlichen Wettbewerbs und dessen immanenten Steigerungs- und Leistungsprinzips. Als politischer Raum, in dem durch gemeinsame Interaktion von Akteuren Regeln aufgestellt, überwacht und deren Verletzung sanktioniert werden, wird er idealtypisch durch den gesamtgesellschaftlichen Werte und Normenkonsenses des politischen Systems getragen, dessen Teilsystem er ist. Als politisches Instrument muss sich Sport zunehmend mit der zweckorientierten Funktions- und Strukturlogik anderer Politikfelder auseinandersetzen, da er aus ihnen notwendige Ressourcen zur Aufrechterhaltung seines Organisationssystems generiert. Seine Abhängigkeit von externen Ressourcen ist ein wichtiger Grund für die Beeinflussbarkeit verbandlicher Sportpolitik. Die Folgerichtigkeit dieser Annahme bestätigt sich durch die Argumente, mit denen die organisierte Sportbewegung nach dem in Kraft treten des Lissaboner Vertrages Forderungen nach einem eigenen Sportförderprogramm begründete und den Selbstzweck des Sports als förderungswürdigen Beitrag zur europäischen Gemeinschaftsbildung herausstellte (Europäisches Olympisches Komitee 2010: 1).

13.2.2. Institutionelles Mainstreaming des Sports in der Europäischen Union

In der EU erfolgte die politische Integration des Sports in ein etabliertes institutionelles Setting, das aufgrund seines wirtschafts- und sicherheitspolitischen Kerns zunächst anderen als den normativen Prämissen des verbandlich organisierten Sports folgte. Die Politikfeldentwicklung des Sports auf der europäischen Ebene lässt sich deshalb als institutionelles Mainstreaming charakterisieren: Die sozial-kulturelle und damit auch politische Besonderheit des Sports musste sich erst über seine Abgrenzung von den normativen Prämissen des Gemeinsamen Binnenmarkts zu einem eigenständigen Politikfeld entwickeln. Dies gelang in dem Maß, in dem sich die Union und ihre Politik Mitte der 1990er Jahre binnendifferenzierte, ihr wirtschaftspolitisches Primat relativierte und eine stärkere soziale Dimension bekam. Einzelne Politikfelder konnten sich institutionell als zunehmend eigenständige Handlungsräume oberhalb der Mitgliedstaaten entwickeln. Für den Sport symbolisieren die rechtlichen und politischen Diskurse um den Fall Bosman den Auftakt dieses Prozesses (Parrish 2003: 76-77). Die in Kapitel 7 nachgezeichnete Entwicklung zeigt, dass sich die strukturelle Bindung sportpolitischer Themen zum Binnenmarkt zwar gelockert, jedoch nicht aufgelöst hat.

13.2.3. Spezifika der Politikfeldstruktur des Sports auf EU-Ebene

Als europäisches Politikfeld steht der Sport als Sammelbezeichnung für eine heterogene Vielzahl an sportbezogenen Politikbereichen. Deren institutionelle Architektur auf Basis des Gemeinschaftsrechts ist ein zentraler Einflussfaktor auf die Voraussetzungen der Sportpolitik in der EU. Die Verflechtung des Sports mit einzelnen Zuständigkeitsbereichen der Union führt dazu, dass die thematischen Settings ihrer Sportpolitik zwischen supranationalen und intergouvernementalen Einflüssen variieren. Dadurch verändern sich nicht nur die rechtlichen Grundlagen, sondern es wechseln auch die Akteure und ihre individuellen Einflusspotenziale.

Diese Spezifik des Mehrebenensystems führt zunehmend zu einer themenspezifischen Emanzipation einzelner Politikbereiche. Sie bilden jeweils eigenständige

Politikarenen mit einer je nach Zuständigkeits- und Kompetenzverteilung wechselnden Funktionslogik.

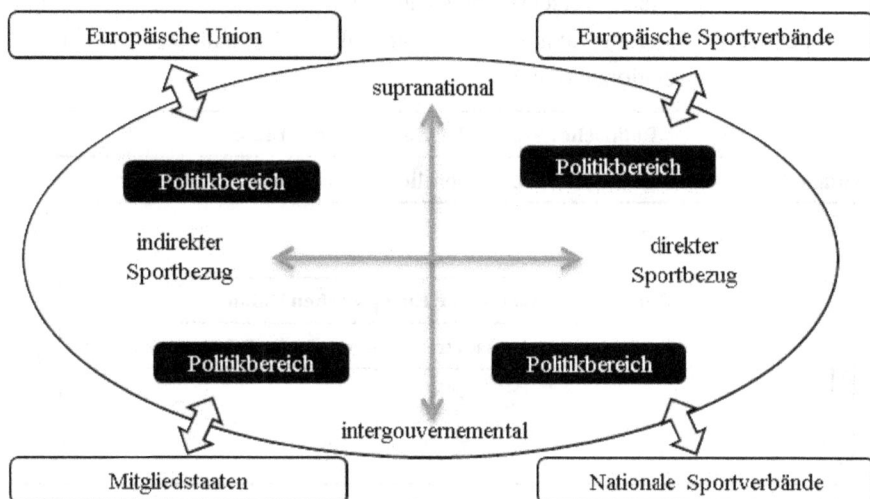

Abb. 29: Politikfeldstruktur und Bedeutung der politischen Subsysteme in der EU

Als verhältnismäßig eigenständige politische Arenen sind sie, bezogen auf ihre normativen Prämissen, themenspezifischen Sichtweisen und Handlungslogiken, unterschiedlich eng miteinander gekoppelt. Die von der Sportsoziologie beobachtete Entgrenzung des Sportbegriffs in einzelne Themenfelder mit unterschiedlichen gesellschaftlichen Funktionen findet so in der institutionellen Ordnung der europäischen Sportpolitik ihre Entsprechung. Mit Blick auf das theoretische Konstrukt Sabatiers (1993) ergeben sich an dieser Stelle Konsequenzen: Während seine Konzeption des Verhältnisses von politischem System zu Politikfeld und -bereich der Logik eines top-down folgt – die Rahmenbedingungen des politischen Systems prägen die Beschaffenheit des Politikfelds, das wiederum die Behandlung verschiedener Politikbereiche konstituiert, zeigt sich in der Politikfeldentwicklung des Sports auf europäischer Ebene eine gegenläufige Tendenz: Die Rahmenbedingungen des jeweiligen Politikbereichs haben unmittelbar die thematische Bearbeitung sportpolitischer Themen konstituiert. Als bestätigender Hinweis in diese Richtung gilt: Mit dem Weißbuch und der Benennung einer Anzahl von europäischen Merkmalen des Sports hat die Kommission eine Abkehr von ihrem Entwurf eines einheitlichen europäischen Sportmodells vollzogen (Garcia 2009a: 132). Die Merkmale bilden weniger ein homogenes Set als vielmehr abstrakte normative Prämissen, die sportpolitische Prozesse in den einzelnen Politikbereichen leiten sollen (Abb. 30). Aufgrund der vielen verschiedenen nationalen Sportkulturen erschwert ihre Heterogenität diese Leitungsfunktion, da die abstrakten Merkmale zu jeweils unterschiedlichen Interpretationen führen.

Politisches System der Europäischen Union
Grundsätzliche Werte und Normen, institutionelle Strukturen und Verfahrensweisen

Politikfeld Sport in der Europäischen Union
Heterogenität allgemeiner normativer Prämissen für die EU-Sportpolitik

Politikbereiche des Sports in der Europäischen Union		
spezifische politische Themen im Bereich von Sport und Bewegung	themenspezifische institutionelle Arrangements	institutionenspezifische Verfahrensweise

Abb. 30: Bedeutung des politischen Systems und der Politikbereiche für die Entwicklung sportpolitischer Prämissen

Zu ihrer produktiven Verarbeitung und der Überwindung der Gegensätzlichkeit von intergouvernementalem Gestaltungs- und supranationalem Regulierungsanspruch werden neue Formen der politischen Interaktion notwendig. Dies gilt vor allem, weil politische Akteure zum Erwerb einer auf Europa bezogenen Politikfähigkeit einen Lernprozess durchlaufen müssen. Was dafür notwendig war und welche Konsequenzen sich ergeben haben, wird im Folgenden anhand der Akteurskonstellationen und Strukturen des Politikfelds Sport nachvollzogen. Als analytisches Raster wird hierfür das bereits eingeführte Konzept des belief systems verwendet.

Kapitel 14:
Stakeholder der EU-Sportpolitik

Aus politikfeldanalytischem Blickwinkel existieren mit der Perspektive von politischen Akteuren als Teil eines sozialen Systems sowie der Sichtweise auf politische Akteure als individuelle Handlungseinheiten zwei Zugänge zur Auseinandersetzung mit ihnen. Der erste definiert sie als Subjekte mit spezifischen Interessen und funktionalen Rollen. Da es sich bei allen Stakeholdern des Sports um kollektive Akteure handelt, sind sie aus der zweiten Blickrichtung ebenfalls in ihrer Binnenperspektive für die Politikfeldanalyse von Interesse.

Während im vorangegangenen Kapitel die Außensicht eingenommen wurde, steht mit der Profilierung der Gemeinschaftsorgane und -gremien nun der zweite Zugang im Mittelpunkt. Kommission, Parlament, die Gremien der Mitgliedstaaten wie auch der EuGH werden aus einer Binnenperspektive als eigenständige Politikarenen mit jeweils unterschiedlichen Funktionen betrachtet: Diese sind vielfältig und entwickeln sich entlang der in Kapitel 8 skizzierten funktionalen Rollen: In der primär exekutiv geprägten Arena werden regulative Belange der Sportorganisation in Bezug zum Gemeinschaftsrecht und gemeinschaftspolitischen Zielen gesetzt. Ihr Zentrum wird durch die Kommission gebildet. Eng mit ihr verknüpft ist die judikative Arena, gebildet durch den EuGH, die die Exekutive in Streitfragen bei der Interpretation des EU-Rechts unterstützt und gegebenenfalls sanktioniert. Analog zur hybriden Struktur der europäischen Legislative haben sich zwei politikgestaltende Arenen entwickelt. Die eine, entstanden um das Europäische Parlament, zeichnet sich durch eine starke supranationale Prägung aus, während die andere, gebildet durch die Mitgliedstaaten, Politikgestaltung aus einer intergouvernementalen Position heraus betreibt. Werden die Gemeinschaftsorgane selbst als politische Arena betrachtet, sind ihre institutionelle Binnenstruktur, interne Interaktionsprozesse und die Entwicklung ihrer politischen Position von Interesse. Unter diesen drei Kriterien werden die einzelnen sportpolitischen Akteure in der EU im Folgenden vorgestellt.

14.1. Der Rat der Europäischen Union

Die sportpolitische Kooperation der Mitgliedstaaten erfolgt auf drei unterschiedlichen Stufen. Die erste wird durch die politische Entscheidungsebene des Ministerrats für Bildung, Jugend, Kultur und Sport gebildet. Seit November 2010 besitzt diese, drei bis viermal jährlich tagende, Ratsformation formalen Status und hat damit die zuvor informell stattfindenden Sportministertreffen abgelöst.

Unter der ministeriellen Ebene folgt die der strategischen Koordination intergouvernementaler Sportpolitik. Sie wird durch die Sportdirektoren wahrgenommen. Bei ihnen handelt es sich um ministerielle Beamte der nationalen Regierungen. Formal ist hier der Ausschuss der Ständigen Vertreter zuständig. Von Seiten Deutschlands wird der Sport durch Angehörige des Bundesministeriums des Inneren vertreten.

Den operativen Kern in der Politikentwicklung übernehmen sechs Arbeitsgruppen. Sie haben lediglich informellen Status und basieren auf dem Prinzip der freiwilligen Teilnahme von Mitgliedstaaten. Mitglieder der Arbeitsgruppen können von den Mitgliedstaaten nach eigenem Ermessen benannt werden. Abbildung 31 fasst die sportpolitische Organisations- und Arbeitsstruktur zusammen:

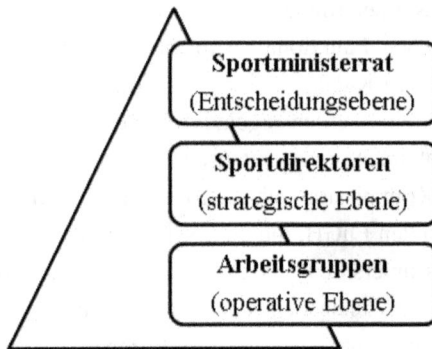

Sportministerrat
(Entscheidungsebene)

Sportdirektoren
(strategische Ebene)

Arbeitsgruppen
(operative Ebene)

Abb. 31: Sportpolitische Organisations- und Arbeitsstruktur im Rat der EU

Die aktuelle Struktur existierte in ihren Grundzügen bereits vor dem in Kraft treten des Lissabon Vertrages. Sie hat mit diesem jedoch einige Änderungen erfahren. So wurde die Leitung der Arbeitsgruppen von der Kommission auf den Ministerrat übertragen. Wichtig ist dies deshalb, weil damit ein geringerer Einfluss der Kommission auf die Agenda und Verfahrensweisen der Arbeitsgruppen einhergeht. Seit 2009 liegt diese Kompetenz formal bei den Mitgliedstaaten, die im Rahmen des von ihnen erstellten Arbeitsplanes konkrete Vorgaben über Maßnahmen, Prioritäten und Arbeitsverfahren gemacht haben (Rat der Europäischen Union 2011: 4-5). Die zweite relevante Veränderung ist eine Neuausrichtung der einzelnen Arbeitsgruppen. Zusammen geben die von 2011-2014 gültigen Themenfelder einen Überblick über die sportpolitischen Prioritäten der Mitgliedstaaten (Rat der Europäischen Union 2011: 3):

∞ Kampf gegen Doping,
∞ Good Governance im Sport,
∞ allgemeine und berufliche Bildung im Sport,
∞ Sport, Gesundheit und Beteiligung,
∞ Sportstatistik und
∞ nachhaltige Finanzierung des Sports.

Die Ergebnisse der einzelnen Arbeitsgruppen können in Form eines Beschlusses der Sportminister als Empfehlungen für eine Umsetzung an die Mitgliedstaaten gerichtet werden. Empfehlungen sind nach Artikel 288 AEU-V zwar in ihrem Ziel bindend, jedoch nicht in ihrer Umsetzung. Sie entsprechen den weichen Formen der gemeinschaftlichen Koordination nationaler Politik. Damit entspricht der sportpolitische Ansatz dem Leitbild der Gemeinschaftspolitik in den Feldern Bildung, Jugend, Kultur und Sport:

„Aufgabe der Europäischen Gemeinschaft ist es, zur Entwicklung einer qualitativ hoch stehenden Bildung, zur Durchführung einer Politik der beruflichen Bildung und zur Entfaltung der Kulturen der Mitgliedstaaten unter Hervorhebung des gemeinsamen kulturellen Erbes beizutragen, wobei der Verantwortung der Mitgliedstaaten für die Lehrinhalte der allgemeinen und beruflichen Bildung und die Gestaltung des Bildungssystems sowie der Vielfalt ihrer Kulturen in ihren nationalen und regionalen Dimensionen strikte Beachtung zu schenken ist. Um diese Aufgabe zu erfüllen, muss die Gemeinschaft in erster Linie einen Rahmen für die Zusammenarbeit zwischen den Mitgliedstaaten schaffen, die hauptsächlich im Wege des Austauschs von Informationen und Erfahrungen über Fragen von gemeinsamem Interesse erfolgt. Sie kann auch gesetzgebend tätig werden, wenn sie durch den Vertrag zur Gründung der Europäischen Gemeinschaft hierzu ermächtigt ist (beispielsweise auf dem Gebiet der audiovisuellen Medien und der gegenseitigen Anerkennung von Diplomen)." (www.consilium.europa.eu, 23.8.2010)

Die intergouvernementale Sportpolitik der Mitgliedstaaten wird in enger Abstimmung mit der organisierten Sportbewegung entwickelt. In den Mitgliedstaaten sind die Sportverbände zentrale Akteure für die Umsetzung. Während auf der nationalen

Ebene das Netzwerk aus Staat und Sport für die Entwicklung einer nationalen Strategie im Rat der Sportminister Bedeutung erlangt, wurde auf der europäischen Ebene das Instrument des strukturierten Dialogs implementiert: Die dialogische Politikgestaltung in einem transnationalen Netzwerk bringt im Sport besondere Herausforderungen mit sich: Die Ausdifferenzierung des Sports, die Entgrenzung seiner gesellschaftlichen Bedeutung und ihrer politischen Konsequenzen weisen auf ein strukturelles Dilemma hin: Die Sportstrukturen Europas beziehen sich nicht nur auf die Mitgliedstaaten der Union. Innerhalb des Europäischen Olympischen Komitees, der kontinentalen Dachorganisation der nationalen Olympischen Komitees in Europa machen sie nur 27 der 49 Mitglieder aus (www.eurolympic.org/en/enocs.html, 23.8.2011). Die nationalen Unterschiede in den Organisationsstrukturen, die jeweiligen Sportkulturen sowie die Vielfalt sportpolitischer Interessen in Europa erfordert Kriterien, anhand derer der Dialog zwischen der Union und der Sportbewegung strukturiert wird. Sie wurden von der Kommission im Rahmen ihres Weißbuchs (2007: 21) formuliert und beziehen sich auf folgende Aspekte (Tab. 10):

Strukturkriterium	Gegenstandsbereich
Sportart	Nationale, europäische und internationale Verbände und Ligen
Nationale Gegebenheiten	Nationale Dachorganisationen und deren europäische Vereinigungen
Olympische und Paralympische Bewegung	Nationales, Europäisches und Internationales Olympisches und Paralympisches Komitee
Weitere Stakeholder	Sonstige Akteure und Lobbygruppen mit Interessen im Sport
Kontinentales Europa	Europarat
Globale Zusammenhänge	UNO, UNESCO, WADA

Tab. 10: Kriterien für den strukturierten Dialog (ergänzt nach Europäische Kommission 2007c: 65)

Tabelle 10 verdeutlicht die Komplexität, die mit dem Versuch einhergeht, die heterogene Vielfalt der europäischen Sportlandschaft zu einer europäischen Dimension zu entwickeln. Dem Austausch von Informationen und der daran geknüpften Vertrauensbildung zwischen den einzelnen Stakeholdern kommt diesbezüglich eine hohe Bedeutung zu.

Auf der nationalen Ebene ergibt sich aus der Interpretation des Grundgesetzes eine föderale Zuständigkeit der Länder für den Freizeit-, Breiten- und Schulsport (Artikel 30 des Grundgesetzes). Diese wird wiederum zwischen dem Land und seinen Kommunen weiter differenziert. Der Bund leitet aus seinem Auftrag der gesamtstaatlichen Repräsentanz Kompetenzen gegenüber dem Leistungs- und Spitzensport ab. Der Staat und die Verbände repräsentieren damit die wesentlichen Akteure, die auf nationaler Ebene die Sportpolitik koordinieren. Der strategische Umgang mit der Europäischen Union als sportpolitischem Akteur ist damit auch ein binnenpolitischer Aspekt im Verhältnis von Staat und Sport.

Der gemeinsame sportpolitische Entwicklungsprozess der Mitgliedstaaten wurde weitestgehend anhand der in Kapitel 13.1 diskutierten Initiativen und Reaktionen nachgezeichnet. Deshalb soll er an dieser Stelle auf drei zentrale Begriffe konzentriert und bilanziert werden: Als erstes ist die Anerkennung des supranationalen Regulierungsanspruchs für die wirtschaftliche Dimension des Sports – meist des kommerziellen Profisports – von den Mitgliedstaaten zu nennen. Gleiches gilt für den Nutzen, den ein gemeinschaftliches Vorgehen der Mitgliedstaaten bei der Bewältigung grenzüberschreitender Probleme, wie sie etwa Doping, Korruption oder Gewalt im Sport darstellen, entfaltet. Auch hier stellen das Gemeinschaftsrecht und der daraus für die Union abgeleitete Handlungsspielraum einen akzeptierten Tatbestand dar. Einer von Seiten der europäischen Sportverbände erhofften Ausnahme vom europäischen Wettbewerbsrecht wurde mit dem Entwurf des Vertrages über eine Verfassung für Europa eine deutliche Absage erteilt. Diese Tatsache führte zu einem zweiten Lerneffekt, der von Mitgliedstaaten im Laufe der Zeit realisiert wurde. Es ist der Perspektivenwechsel vom ausschließlichen Schutz der jeweiligen nationalen Sportsysteme vor europäischen Einflüssen: Informationsaustausch, gemeinsame Projekte und der sportpolitische Diskurs bieten auch die Möglichkeit zur punktuellen Verbesserung nationaler Praktiken durch gemeinsames Politiklernen oder gute Beispiele aus anderen Staaten. Als dritter Aspekt zeigt sich die Einsicht in die instrumentellen Potenziale des Sports für die positive Entwicklung übergreifender gemeinschaftspolitischer Ziele.

Zusammenfassend ergibt sich aus der erweiterten Sichtweise auf Sport und seinen politischen Kontext folgende Ausprägung des sportpolitischen Profils für den Ministerrat Bildung, Jugend, Kultur und Sport und die in ihm zusammengeschlossenen Mitgliedstaaten: Normativer Kern ihres Handelns ist der Schutz der nationalen

Besonderheiten der mitgliedstaatlichen Sportsysteme bei gleichzeitiger Nutzung der Gemeinschaftspolitik für einen ergänzenden Mehrwert. Darauf aufbauend ergibt sich für den thematischen Kern, dass die Mitgliedstaaten auf EU-Ebene die Lösung transnationaler Herausforderungen und Probleme des Sports anstreben. Dabei stellt die Bewahrung der Autonomie verbandlicher Leitungsstrukturen eine wichtige politische Position dar. Gleichzeitig entwickelt sich eine politische Richtung, die den Sport als Instrument im Zusammenhang anderer Politikfeldfelder innerhalb der Union sieht. Um den thematischen Kern des belief systems umzusetzen, können für die sekundären Aspekte die Formulierung strategischer Empfehlungen, die Initiierung eines strukturierten Dialogs sowie der intergouvernementale Austausch innerhalb der Arbeitsgruppen des Rates benannt werden.

14.2. Der Europäische Rat

Als politischer Akteur erlangt der Europäische Rat der Staats- und Regierungschefs lediglich dann Bedeutung, wenn von ihm Erklärungen zum Sport abgegeben oder im Zusammenhang mit Reformen der europäischen Verträge sportpolitische Belange auf Ebene der Staats- und Regierungschefs diskutiert werden. Entsprechend besitzt er keine sportpolitischen Organisationsstrukturen und ist auch nur punktuell in die Politikfeldentwicklung eingebunden. Wenn er allerdings involviert ist, mit nachhaltiger Bedeutung.

Da Entscheidungen nach dem Konsensprinzip gefällt werden, sind die sportpolitischen Richtungsentscheidungen der Staats- und Regierungschefs abstrakte Formulierungen. Die politische Bedeutung des Sports muss in Bezug auf andere Politikfelder relativiert werden, so dass intergouvernementale Konflikte darüber tendenziell vermieden werden. Im Sinne des in Kapitel 4.2.2 diskutierten Verhandlungsdilemmas, wird die Interpretation und Umsetzung der Entscheidungen des Europäischen Rates auf die übrigen Stakeholder des Politikfelds, vor allem auf die Ebene der für Sport zuständigen Minister verlagert.

Der weitreichendste Lerneffekt des Europäischen Rates in Bezug auf den Sport ist die Erkenntnis über dessen europapolitische und nationale Bedeutung. Eine strategische Entwicklung von Sportpolitik im gemeinschaftlichen Sinn ist nicht Aufgabe und Ziel des Europäischen Rates. Hinsichtlich seiner eingeschränkten Funktion ist eine differenzierte Analyse sportpolitischer Lernprozesse von geringer Aussagekraft. Aufgrund seiner systemischen Funktion, kommt es nicht zur Entwicklung und

Ausdifferenzierung eines thematischen Kerns. Allenfalls das abstrakte Bekenntnis zum Schutz der Besonderheit des Sports erfüllt ansatzweise die definitorischen Kriterien eines thematischen Kerns, der pauschal in der Maximierung des nationalen Nutzens bei gleichzeitiger Beförderung sportpolitischer Interessen innerhalb der Gemeinschaftspolitik formuliert werden kann. Hierzu werden grundsätzlich Erklärungen zum Sport abgegeben sowie die formale Einbeziehung des Sports in das europäische Primärrecht vorgenommen.

14.3. Die Europäische Kommission

Hinsichtlich ihrer Organisationsstruktur ist die Kommission als hybrides Konstrukt zu analysieren. Während der politische Output über kollektive Entscheidungen produziert wird, ist sein Entstehungsprozess als Aushandlungsprozess zwischen gleichberechtigten Interessen der verschiedenen Generaldirektionen (Kollegialprinzip) zu definieren. Der Sport ist institutionell im Kontext der Generaldirektion Bildung und Kultur (GD CULT) verortet. Die Koordination sportpolitisch relevanter Themen erfolgt über das 1997 gegründete Referat Sport. Seine Aufgabe liegt

> „[…] in der Förderung der europäischen Dimension des Sports innerhalb der in den Verträgen festgelegten Zuständigkeitsgrenzen. Der konkretere Auftrag des Referats besteht darin, den Aktionsplan "Pierre de Coubertin", der dem Weißbuch Sport beigefügt ist, in Zusammenarbeit mit anderen Generaldirektionen der Kommission umzusetzen und umfassend zu koordinieren." (www.ec.europa.eu/sport, 07.07.2011)

Aufgrund des Kollegialprinzips als Funktionslogik der Kommission, bestimmen die konsensorientierten Verhandlungen auch die sportpolitische Entscheidungsfindung. So sind beispielsweise Entscheidungen über die solidarische Vermarktung von Medienrechten in enger Abstimmung mit den Generaldirektionen Binnenmarkt und Dienstleistungen (GD MARKT) sowie Wettbewerb (GD COMP) zu treffen. Die grundsätzliche Arbeitsweise entspricht den Darstellungen aus Kapitel 8.1.3.

Hinsichtlich der taktischen Position der Kommission im Politikfeld Sport kommt Meier (2003: 22) zu der Einschätzung, dass die Kommission über die fallweise Anwendung des Gemeinschaftsrechts bestrebt ist, sich trotz fehlender legislativer Kompetenz einen politischen Handlungsspielraum zu erhalten. In ihrer regulativen Tätigkeit lasse die Kommission bei ihren zentralen Politikzielen dagegen wenig Kompromissbereitschaft erkennen. Entsprechend kommt es bei der Verfolgung spezifischer politischer Themen häufig zu Allianzen mit gleichgelagerten Interessen. Die fehlende legislative Handlungskompetenz wird so durch eine starke Argumentations- und Verhandlungsposition relativiert. Parrish (2003: 76) charakterisiert die politische Strategie der Kommission daher folgendermaßen:

> „‚Negotiated enforcement' as opposed to imposed enforcement is frequently preferred by the Commission in cases that are politically sensitive. Finally, an increasingly institutionalized norm is the use of the subsidiary principle. This norm became associated with the greater devolution of policy-making functions to national and sub-national authorities."

Diese Prinzipien werden von der Kommission als Grundlage für eine „Stärkung des Dialogs und der politischen Kooperationsstrukturen für den Sport auf EU-Ebene" (Europäische Kommission 2007d: 22) definiert, die im Zuge der Folgeabschätzung des Weißbuchs angestrebt wurde und sich in der Konzeptionierung einer Strategie für den politischen Umgang mit dem Sport niederschlägt (Europäische Kommission 2007d: 23).

Bezogen auf die politische Umgangsweise mit dem Sport hat die Kommission zwischen 1991 und der Gegenwart ihre politische Position verändert. Einzelne Etappen dieses Prozesses können innerhalb der Kapitel 13.1.4, 13.1.6, 13.1.9 und 13.1.11 nachvollzogen werden. Werden ihre Standpunkte von der Gegenwart bis zu ihrer ersten Mitteilung 1991 hinsichtlich der politischen Durchdringung und Positionierung des Sports verglichen, zeigt sich ein tiefgreifender Wandel (Tab. 11) in der sportpolitischen Positionierung:

Die Europäische Gemeinschaft und der Sport (1991)	Entwicklung einer europäischen Dimension des Sports (2011)
"The completion of the internal market is having an impact on sport just as it is on other areas of economic life, so that sport has to face up against questions which are fundamental to its future. Given the social and economic importance of sport in the European Community, the proposal is that the Commission should carry out a public information campaign to give the interests concerned a better idea of the opportunities which the coming single market will offer them and where necessary help them adjust the rules governing sports in line with Community law as smoothly as possible [...] The Commission must also use a specific program of communication to enlist sport in the ongoing tasks of strengthening ordinary people's sense of belonging to the Community"	"Sport has a strong potential to contribute to smart, sustainable and inclusive growth and new jobs through its positive effects on social inclusion, education and training, and public health. It helps limit the rise in social security and health expenditure by improving the health and productivity of the population and by ensuring a higher quality of life through old age. It contributes to social cohesion by breaking down social barriers, and it improves the employability of the population through its impact on education and training. Voluntary activity in sport can contribute to employability, social inclusion as well as higher civic participation, especially among young people. On the other hand, sport is confronted with a number of threats from which athletes, particularly young athletes, and citizens need to be protected, such as doping, violence and intolerance."

Tab. 11: Vergleich des Wandels politischer Positionen der Europäischen Kommission zum Sport

Auch hier dienen die politischen Dimensionen des Sports als Kategorien zur Bilanzierung des sportpolitischen Lernprozesses: Als politisches Objekt ist der Sport vor allem hinsichtlich seiner Kommerzialisierung und Professionalisierung von der Kommission betroffen. Die von ihr betriebene supranationale Sportpolitik übernimmt eine Regulierungsfunktion. Hinsichtlich deren Ziel hat sich jedoch ein Perspektivenwechsel ergeben: Der Regulierungsanspruch hat sich von einer Konformität mit dem Gemeinschaftsrecht hin zu einer Schutzfunktion gegenüber Sport entwickelt. Wichtig ist dies insofern, als dass dieser Lerneffekt auf Veränderungen des thematischen Kerns im belief systems hinweist. Als politischer Raum ist der Sport vor allem von den gemeinschaftspolitischen Zielen einer Good Governance betroffen. Neben der Gewährleistung seiner Integrität steht die Implementierung der Prinzipien Offenheit, Transparenz, Partizipation und Teilhabe im Zentrum der Bemühungen um integre Leitungsstrukturen des Sports (Europäische Kommission 2007a: 13-14; 2010: 12). Alle zuvor diskutierten Aspekte sind im Zusammenhang mit der Bedeutung des Sports als gemeinschaftspolitisches Instrument zu betrachten. Die Betonung einer Lenkungsfunktion der Strategie „Europa 2020" (Europäische Kommission 2010b: 3) dient der Entwicklung des Sports als öffentlichkeitswirksames und positiv besetztes Politikinstrument. Sie bedeutet die Nutzung von Sport als politisches Symbol für den proklamierten Mehrwert europäischer Politik in einem Europa der Bürger. Die Integrität des Sports und regulative Maßnahmen zu ihrem Schutz erfahren auf diese Weise neben der vertragsrechtlichen eine normative Legitimation.

Die regulativen Maßnahmen der Kommission stützen sich auf das Gemeinschaftsrecht und den acquis communitaire, für deren Anwendung die Kommission durch den Lissabon Vertrag ein offizielles Mandat besitzt. Eine ebenfalls vertragsrechtlich legitimierte Besonderheit ist die Initiierung eines sozialen Dialogs im professionellen Sport, bei dem die Regulation arbeits- und wettbewerbsrechtlicher Angelegenheiten den Sozialpartnern[31] des Sports überlassen wird und es so zu einer verhandelten Durchsetzung europäischen Rechts und einzelner Stakeholderinteressen im Sport kommt (Branco Martins 2009a; 2009b; Siekmann 2009a, Siekmann 2009b; Europäische Kommission 2007a: 20-21). Der europäischen Sozialpolitik ist mit der Methode der offenen Koordination (OMK) ein weiteres Governance Instrument entlehnt. Sie basiert auf der Politikkoordination anhand gemeinsam entwickelter Indikatoren und soll nach Ansicht der Kommission (2007a: 8) zukünftig dabei helfen, die integrationspolitischen Potenziale des Sports besser zu nutzen. Mangels legislativer Kompetenzen ist seine Übertragung auf weitere gesellschaftspolitische

---

[31] In Europa steht der Begriff der Sozialpartner vor allem für Vertreter von Unternehmen und Beschäftigten. Für den Bereich des professionellen Sports können die Verbände, professionellen Ligen und Clubs als Arbeitgeberorganisationen und die Interessenvertretung von Athleten als Arbeitnehmerorganisationen betrachtet werden.

Aspekte des Sports zur Angleichung zwischen den Mitgliedstaaten denkbar. Einen ersten Hinweis darauf gibt das von der Generaldirektion Gesundheit und Verbraucherschutz (GD SANCO) geförderte IMPALA-Projekt zur Verbesserung von Infrastruktur für körperliche Aktivität in der Freizeit auf kommunaler Ebene (www.impala-eu.org).[32]

Für ihre eigentliche Sportpolitik verfügt die Kommission über folgende Instrumente: Mit dem Europäischen Sportforum wurde bereits 1998 Raum für den sportpolitischen Dialog und Informationsaustausch geschaffen. Es ist Teil des strukturierten Dialogs, den die Kommission als Folgemaßnahme des Weißbuchs regelmäßig mit der organisierten Sportbewegung durchführt (Europäische Kommission 2007a: 19-20). Mit dem Weißbuch wurde zudem die Förderfähigkeit des Sports in bestehenden EU-Förderprogrammen angestrebt (Europäische Kommission 2007a: 4, 5, 6, 7, 8, 9, 11). Das so genannte förderpolitischen Mainstreaming soll vor allem die gesellschaftliche Rolle des Sports stärken. Mit dem in Kraft treten des Vertrages von Lissabon wurde die Idee eines eigenen Sportprogramms (Europäische Kommission 2010a) diskutiert, mit dem zusätzlich und unmittelbar auf die Belange des Sportsektors ausgerichtete politische Initiativen gefördert werden sollen.

Alle zuvor hinsichtlich der Kommission diskutierten Aspekte können in einem sportbezogenen belief system zu folgendem Akteursprofil zusammengefasst werden: Die Einhaltung europapolitischer Wert- und Normvorstellungen und Ziele sowie des Gemeinschaftsrechts bildet den normativen Kern der sportpolitischen Leitlinie der Kommission. Thematisch hat sie auf diesem Fundament ihre Sichtweise im sportpolitischen Integrationsprozess ausdifferenziert. Neben der Regulierung des Sportsektors nach den rechtlichen Grundsätzen der EU hat die Kommission eine weitere sportpolitische Position entwickelt. Sie versucht, Sport in einen gesamtgesellschaftlichen Kontext einzubinden und in Hinsicht auf seinen sozialpolitischen Nutzen für die Gemeinschaftspolitik instrumentell zu entwickeln. Hierzu agiert sie strategisch, indem sie ihre exekutiven Befugnisse für ein „negotiated enforcement" nutzt. Über finanzielle Anreize im Sinne einer distributiven Sportförderpolitik versucht die Kommission, ihre politischen Positionen in die die organisierte Sportbewegung diffundieren zu lassen. Unterstützt wird dieser bewusst ge-

---

[32] Das Projekt Improving Infrastructures for Leisure-Time Physical Activity in the Local Arena beschäftigte sich neben der Qualität von Sport und Bewegungsräumen auch mit deren Zugänglichkeit und vergleicht diese innerhalb der 12 teilnehmenden Mitgliedstaaten.

staltete Prozess durch die Initiierung von Netzwerken und Informationsplattformen, die Akteure miteinander interagieren und voneinander lernen lassen. Konkrete Beispiele sind das Europäische Sportforum, der strukturierte Dialog oder geförderte grenzüberschreitende Projekte.

14.4. Das Europäische Parlament

Das Europäische Parlament besitzt grundsätzlich keine originäre Zuständigkeit für den Sport. Dennoch ist es sportpolitisch früh als einflussreicher Akteur in Erscheinung getreten. Der Grund hierfür ist, dass das Parlament im Rahmen des ordentlichen Gesetzgebungsverfahrens an der Entscheidung über die Verausgabung finanzieller Mittel in der europäischen Förderpolitik beteiligt ist.

Organisationsstrukturell ist der Sport im Ausschuss für Kultur und Bildung (CULT) verortet. Dem Sportreferat der Kommission ähnlich, übernimmt der Ausschuss die Federführung in der parlamentarischen Meinungsbildung. Je nach thematischer Verflechtung werden andere Ausschüsse beteiligt. Im Gegensatz zur Kommission und ihrem Sportreferat existiert in der institutionellen Ordnung des Parlaments und seiner Ausschüsse keine vergleichbare sportspezifische Einrichtung. Dennoch haben sich politisch am Sport interessierte Europaparlamentarier in einer Intergroup Sports vernetzt.

Das Europäische Parlament hat durch verschiedene Initiativberichte zum Sport sein institutionelles Profil geschärft. Die europapolitische Lösung von Krisenphänomenen des Leistungs- und Hochleistungssport sowie die Stärkung der wohlfahrtsstaatlichen Bedeutung von Sport können als die zentralen thematischen Linien einer europaparlamentarischen Sportpolitik bezeichnet werden.

Erstmals positionierte sich das Parlament 1997 als Folge des Bosman-Urteils mit dem Bericht zur Rolle des Sports in der Europäischen Union. Neben der abstrakten Forderung nach dem Schutz des Sports vor nicht intendierten Effekten des Gemeinschaftsrechts, ist er von erkennbaren Ansprüchen einer inhaltlichen und strukturellen Politikgestaltung durch die Union geprägt. Die Kommission wird vom EU-Parlament für die Vernachlässigung des Sports als Teil der europäischen Integration explizit kritisiert (Europäisches Parlament 1997: 5). In seinen normativen Prämissen zeigt sich die Nähe zur organisierten Sportbewegung, indem die verbandspolitische Sichtweise auf den Sport sowie die Autonomie der Sportbewegung betont werden. Zugleich wird ein aktives Engagement der Union in der Förderung des gesellschaftlichen Aspekts von Sport gefordert. Aussagen über die Ausgestaltung des Verhältnisses der angesprochenen Akteure werden lediglich vage skizziert. Kernelement ist letztlich die Forderung nach einer vertraglichen Grundlage für den Sport. Der parlamentarische Diskurs über die Rolle des Sports in der Europäischen Union bezieht sich vor allem auf die Gemeinschaftsorgane der Union, vor allem auf Kommission und Mitgliedstaaten. Eine Thematisierung der aktuellen und zukünftigen gesellschaftspolitischen Rolle des Sports und seiner Organisationen erfolgt weder hinsichtlich latenter Konfliktpotenziale mit dem Gemeinschaftsrecht, noch in Bezug auf deren Bedeutung in der transnationalen Gemeinschaftsbildung.

In der Folge leistete das Parlament vor allem strategische Beiträge zur Politikfeldentwicklung. Dabei werden vor allem die Initiativen der Kommission als Vorlage genutzt, um eigene inhaltliche Impulse zu setzen. In Kapitel 13 wurden diesbezüglich die parlamentarischen Reporte zum Helsinki-Bericht (Europäisches Parlament 2000a) der Kommission sowie der Bericht über den Plan für einen Beitrag der Gemeinschaft zur Dopingbekämpfung (Europäisches Parlament 2000b) genannt.

Die Reaktion des Parlaments auf den Helsinki-Bericht der Kommission wird von einem sozial-kulturellen policy-stream – der zeitlichen und inhaltlichen Übereinstimmung von Lösungsansätzen mit aktuell gegebenen politischen Problemen – getragen. Sein Ursprung ist der Amsterdamer Vertrag und die seitens der Mitgliedstaaten gegebene Erklärung zum Sport. Sie hat zu einer Sensibilisierung des politischen Diskurses über das Verhältnis zwischen der Europäischen Union als Rechts- und Politikgemeinschaft auf der einen und dem Sport als zivilgesellschaftlicher Bewegung auf der anderen Seite geführt. Folglich werden die normativen Prämissen einer „Einheit in Vielfalt" argumentativ dazu genutzt, den professionellen Sport und seine wirtschaftliche Dimension nicht nach den Grundlagen des Wettbewerbs- und Binnenmarktrechts zu regulieren. Eine Abbildung der realen Sportentwicklung und der Dissoziation verschiedener Teilsysteme des Sports findet sich, anders als bei Kommission und EuGH, in der parlamentarischen Position nicht.

Strategische Bedeutung für die Ausrichtung einer Gemeinschaftspolitik im Sport hatte der Initiativbericht zur Zukunft des Profifußballs in Europa (Europäisches Parlament 2007a). Er konkretisiert die zuvor lediglich abstrakt geführten Diskussionen über den Einfluss des Gemeinschaftsrechts und europapolitischer Ziele anhand des Fußballsports. Der slowenische Berichterstatter Ivo Belet kommt in einer, durch das historische Strukturverständnis des europäischen Fußballs normativ geprägten,

Bestandsaufnahme zu zentralen Problemformulierungen und Lösungsszenarien für die Sportentwicklung (vgl. Europäisches Parlament 2007a). Die komplementäre und solidarische Beziehung zwischen dem Profi- und Amateursport steht dabei im Zentrum. Gleichzeitig werden die Entwicklung des Sports und seine Verflechtung mit ökonomischen, kulturellen und erzieherischen Aspekten als Rechtsunsicherheit in der Selbstregulation des organisierten Sports ausgewiesen. Die Argumentationsführung des „Belet-Berichts" ist auf den europäischen Fußball gerichtet und dadurch nur bedingt auf andere Sportarten und ihre Rahmenbedingungen zu übertragen. Trotz der Spezialisierung auf den Fußball fanden einige Themen des Berichts Eingang in das im selben Jahr vorgestellte Weißbuch der Kommission.

Für die Stellungnahme zum Weißbuch nominierte der CULT-Ausschuss den griechischen Abgeordneten Manolis Mavrommatis als Berichterstatter. In der von ihm verfassten Stellungnahme (Europäisches Parlament 2007b) erkennt das Parlament den von der Kommission definierten multi-Stakeholderansatz einer differenzierten europäischen Sportpolitik prinzipiell an, hebt die Sportverbände jedoch als zentrale Akteure in diesem Setting hervor. Der „Mavrommatis-Bericht" spiegelt erneut eine eher verbandsorientierte Perspektive auf den Sport wider. Sie baut in ihrer strukturellen Wahrnehmung auf den Gegebenheiten des Wettkampfsports auf. Die inhaltliche Entgrenzung und die damit einhergehende Dissoziation verschiedener Sinndimensionen von Sport – z.B. im Privaten verfolgte Ziele in Bezug auf Gesundheit, Abenteuer, Risiko oder Entspannung – und ihrer jeweiligen Funktionssysteme bleiben dabei erneut unberücksichtigt.

Generell wird durch das Parlament eine stärkere Rolle der Union bei der Nutzung des gesellschaftspolitischen Potenzials von Sport eingefordert. Die Chancen zur Definition und Entwicklung „europäischer Themen" wird jedoch kritisch kommentiert: Die Mitgliedstaaten seien bisher nicht in der Lage gewesen, Sport als europapolitisches Objekt zu definieren. Dies hat insofern Konsequenzen, als dass einerseits der politische Umgang mit Sport und andererseits die Beziehung des Sports zu anderen europäischen Politikfeldern nur unzureichend zu definieren ist. Welche Abstimmungsbedarfe daraus entstehen, zeigt die dem Bericht beigefügte Stellungnahme des Ausschusses für Wirtschaft und Währung. Er nimmt eine stärker binnenmarktorientierte Perspektive ein, nach der die Besonderheiten des Sports grundsätzlich den Prinzipien des Wettbewerbs- und Binnenmarktrechts der Union anzupassen seien. Legitimierend wird betont, dass es keine geltende Rechtsverpflichtung zur Anerkennung der Besonderheiten des Sports gibt.

Als Konsequenz der mit dem Lissabon Vertrag verankerten sportpolitischen Kompetenz haben fünf Abgeordnete[33] im Namen des Parlaments eine schriftliche Erklärung über eine stärkere Unterstützung des Freizeit- und Breitensports durch die Europäische Union (Europäisches Parlament 2010b) vorgelegt. Sie war an die Kommission und deren Arbeit an der Mitteilung über die zukünftige Ausgestaltung von Artikel 165 AEU-V adressiert und verdeutlich die Position des EP hinsichtlich einer zukünftigen EU-Sportpolitik. Sie zeigt deutliche sozialfürsorgerische Ziele: Freizeit- und Breitensport habe einen hohen Nutzen für europäische Politikziele wie soziale Inklusion, Gesundheitsförderung, Bildung, Bekämpfung von Diskriminierung, Kriminalität und Drogenabhängigkeit. Die positiven gesellschaftlichen Effekte des Sports seien in Folge knapper Ressourcen der Mitgliedstaaten möglicherweise in Gefahr, so dass aus dieser Argumentation die Forderung einer stärkeren finanziellen Förderung durch die Union abgeleitet wurde. Dies ist aus folgenden Gründen von Bedeutung: Verschiebungen der Förderströme in den Sport – im Sinne einer relativen Erhöhung europäischer zu nationaler finanzieller Förderung – können mit einer Verschiebung politischer Einflussmöglichkeiten einhergehen. Eine Erhöhung finanzieller Anreize auf der europäischen Ebene bei gleichzeitiger Verknappung nationaler Sportförderung bieten potenziell stärkere Antriebe für eine Adaption nationaler Sportpolitik an europäische Politikziele.

Das sportpolitische Profil des EU-Parlaments weist trotz fehlender Formalkompetenz für den Sport eine Relevanz für die Politikfeldentwicklung auf. Aufgrund seiner schwachen institutionellen Position versucht es, durch das gleichzeitige Aufzeigen von Handlungsbedarf und Präsentation von Problemlösungen bzw. eines „europäischen Mehrwerts" seine Forderungen zu legitimieren und sich so selbst Einfluss zu erarbeiten. In seinen sportpolitischen Positionen übernimmt es innerhalb des EU-Systems ein „voicing of demands". Dies hat zwei Konsequenzen: Das Parlament ist in der Lage das agenda-setting der Kommission inhaltlich und normativ zu beeinflussen. Daraus und aus dem Eintreten für die Belange des Sports und seiner zivilgesellschaftlichen Verbände ergibt sich seine Funktion als intermediärer Kanal verbandlicher Interessenpolitik. Die dank der zentralen Funktion des Berichterstatters stark personengebundene Meinungsbildung und Politikformulierung bietet

---

[33] Joanna Senyszyn, Ivo Belet, Mary Honeyball, Seán Kelly und Hannu Takkula

erleichterte Zugangsmöglichkeiten. Insgesamt lässt sich das sportpolitische belief system des Parlaments folgendermaßen darstellen: In seiner europaparlamentarischen Historie wurde Sportpolitik normativ aus einem traditionellen Struktur- und Funktionsverständnis entwickelt, das sich an der Bedeutung der organisierten Sportbewegung und ihrem sportpolitischen Deutungskontext orientiert. Inhaltlich positioniert sich das Parlament durch sein Anliegen der Förderung sozial-kultureller Aspekte des Sports in und für Europa. Gegenüber der organisierten Sportbewegung wird eine liberale Position eingenommen, die mit einem weit gefassten Autonomieverständnis einhergeht. Parallel entwickelt das Parlament Ansätze, mit denen die Nutzung des Sports im Sinne übergeordneter gemeinschaftspolitischer Ziele angestrebt wird. Hiermit wird zusätzlich versucht, eine finanzielle Sportförderpolitik zu legitimieren. Strategisch versucht das Parlament seine Positionen durch Initiativberichte zu ihm wichtigen Themen aktiv nach außen zu tragen. In Form von Stellungnahmen zu Vorschlägen der Kommission ist es bestrebt, die Meinungsbildung innerhalb der Union im formalen politischen Prozess zu beeinflussen.

14.5. Der Europäische Gerichtshof

Die institutionelle Rolle des Europäischen Gerichtshofs ist politikfeldanalytisch von großer Relevanz. Die Gemeinschaftsorgane versuchen normativ, die politische Bedeutung von Sport und seinen Status in der Union zu bestimmen. Der EuGH nähert sich dem Sport dagegen aus einer gemeinschaftsrechtlichen Perspektive. Da das Primärrecht keine konkreten Aussagen zum Status von Sport trifft, übernimmt der EuGH eine interpretative Aufgabe. Aus ihr resultiert seine rechtspolitische Relevanz, die ihn zu einem zentralen Akteur im Politikfeld Sport macht – aufgrund der unmittelbaren Wirksamkeit („direct effect") und Vorrangstellung von europäischem vor nationalem Recht („supremacy") über die supranationale Ebene des Mehrebenensystems hinaus.

Der EuGH verfügt aufgrund seiner übergeordneten, an das Gemeinschaftsrecht gebundenen Funktion über keinerlei sportspezifische Organisationsstrukturen. Rechtsangelegenheiten mit Sportbezug werden entsprechend der in Kapitel 8.1.5 dargestellten Verfahrensweisen behandelt. In der Regel handelt es sich dabei um Vorabentscheidungsfragen, die nach einer Klage vor einem nationalen Gericht von diesem an den EuGH gerichtet werden.

Mit seiner Entscheidung im Fall Bosman wurde die zentrale Bedeutung des EuGH für die Strukturen und Verfahrensweisen der Sportorganisationen offenbar. Zu ihrer Einordnung und weiteren Entwicklung sind jedoch mit den bereits erwähnten Fällen Walrave und Koch versus UCI und Donà versus Montero zwei vorgelagerte Fälle näher zu beleuchten. Insgesamt bieten die sportrelevanten Rechtsangelegenheiten den Blick auf zentrale Aspekte im rechtspolitischen Lernprozess des EuGH.

Ursache der erstmaligen Konfrontation des Sports mit dem Gemeinschaftsrecht war ein Statut des Internationalen Radsportverbandes (UCI), das vom niederländischen (KNWU) wie spanischen Radsportverband (RFEC) übernommen wurde. Es hinderte die beiden Niederländer Bruno Walrave und Norbert Koch bei den Bahnradweltmeisterschaften 1973 im spanischen San Sebastián als motorisierte Schrittmacher gegen Entgelt für deutsche Sportler anzutreten. Nach den Regeln hatten Tempomacher und Sportler dieselbe Nationalität zu haben. Walrave und Koch reichten 1974 im niederländischen Utrecht eine Klage auf Arbeitnehmerfreizügigkeit im Sinne der EWG ein, die sie durch die Regeln von UCI, KNWU und RFEC unrechtmäßig eingeschränkt sahen.

Zentraler Gegenstand der entsprechenden Rechtssache C 36-74 war die Frage nach dem direkten horizontalen Effekt des europäischen Primärrechts, also der Gültigkeit des Gemeinschaftsrechts gegenüber zivilgesellschaftlichen Institutionen außerhalb der staatlichen Sphäre. Zuvor war die unmittelbare vertikale Wirkung des europäischen Rechts, von der europäischen auf die nationale Ebene, primär in Konflikten mit mitgliedstaatlichen Behörden zu interpretieren. Bei der UCI und den nationalen Verbänden handelte es sich dagegen um nicht-staatliche Institutionen. Daraus ergab sich die Notwendigkeit, sowohl die Funktion der Verbände, als auch die Tätigkeit der Tempomacher und Sportler anhand des Gemeinschaftsrechts näher zu definieren. Grundsätzlich stellte sich die Frage, ob die Bestimmungen der EWG auch für die Beziehung zwischen Einzelpersonen und Verbänden bzw. Unternehmen anzuwenden seien.

In seiner Entscheidung zugunsten der beiden Kläger kam der EuGH zu folgender Einschätzung: Sportbezogene Angelegenheiten fallen in den Geltungsbereichs des Gemeinschaftsrechts, wenn sie der in Artikel 2 des EWG-Vertrags definierten Form wirtschaftlicher Tätigkeit entsprechen. Nach Ansicht des EuGH war dies im Fall von Walrave und Koch der Fall.

Aus der Vorabentscheidung des EuGH ergeben sich drei zentrale Konsequenzen: Erstens, ist die Definition einer wirtschaftlichen Tätigkeit im Sport keine Frage ihrer formalen Einbettung in eine bestimmte Rechtsform. Zweitens, wurde festgehalten, dass die Benennung und Aufstellung von Nationalmannschaften im Sport grundsätzlich nicht-wirtschaftlichen Charakter habe und entsprechend nicht unter den Regulierungsbereich europäischen Rechts falle. Diese spezielle Thematik wurde im Fall Donà vs. Montero noch einmal explizit erörtert. Drittens, wurde mit dem Urteil festgehalten, dass die europäischen Verträge einen horizontalen Effekt, also eine unmittelbare Wirksamkeit in der Beziehung zwischen nicht-staatlichen Organisationen und Einzelpersonen besitzen.

Die Unterscheidung des Sports in wirtschaftliche und nicht-wirtschaftliche Bereiche ist von zentraler Bedeutung. Da beides komplementäre Bereiche im Funktions- und Strukturkonzept des organisierten Wettkampfsports sind, kommt es aus dem bezahlten Leistungssport nach funktionalistischer Logik zu einem spill-over-Effekt des Gemeinschaftsrechts in den prinzipiell nicht-wirtschaftlichen Amateursport (Weatherill 2009a: 86-87).

Referenzpunkte der EuGH-Entscheidung sind in beiden Fällen ausschließlich wirtschaftliche Tatbestände und die für sie im Rahmen der EU-Verträge institutionalisierten Ziele. Eine wirtschaftliche Tätigkeit wird eindeutig als nicht sportimmanenter Aspekt angesehen, so dass die Beziehung von Sport und wirtschaftlicher Tätigkeit über diese Negativdefinition hinaus nicht weiter erörtert wird. Eine konkrete Abgrenzung beider Sphären ist nach dem Urteil des EuGH daher nicht möglich. Das Formalkriterium der Rechtsform entfällt und wird durch eine situative Interpretation des jeweiligen Kontextes von Sport ersetzt. Hierin liegt der Ursprung der seitens der Sportverbände vielfach kritisierten Rechtsunsicherheit.

Die besondere strukturelle Interdependenz wirtschaftlicher und nicht-wirtschaftlicher Aspekte innerhalb des Sportsystems und die Schwierigkeiten ihrer Abgrenzung begründet die Diskussion über die Besonderheiten des Sports und ihre Interpretation im Kontext des Gemeinschaftsrechts. Wichtig ist dies deshalb, weil Artikel 3 (3) EU-V Ausnahmen von der Anwendung des Wettbewerbs- und Binnenmarktrechts zur Wahrung der kulturellen Vielfalt in Europa ermöglicht. In diesem Spannungsfeld sind auch die Entscheidungen in den Fällen Bosman, Deliége, Lehtonen und Meca-Medina zu sehen. Sie werden in der Folge deshalb primär hinsichtlich der Besonderheiten des Sports und des Umgangs mit ihnen betrachtet.

In der Bosman-Entscheidung des EuGH waren zum einen die Ablöseforderungen für vertragsfreie Spieler und zum anderen die Restriktionen des Einsatzes von nicht einheimischen Spielern im Wettkampfbetrieb Konfliktbereiche zwischen dem Gemeinschaftsrecht und Statuten der Fußballverbände. Die Verhältnismäßigkeit der formalen Verstöße gegen die Freizügigkeit (Artikel 48 EG-V) und Niederlassungsfreiheit (Artikel 48, 49, 52 EG-V) mussten vom EuGH in Bezug zu den Zielen der Sportorganisationen gesetzt werden. Diese wurden mit der Refinanzierung von Ausbildungskosten für Fußballspieler und dem Schutz der Förderung nationaler Sporttalente definiert. Der Schlussantrag des Generalanwalts Lenz[34] akzeptiert die Legitimität beider Ziele, hält die dafür eingesetzten Mittel jedoch für nicht verhältnismäßig. In der Konsequenz wurde der Streitfall zugunsten des Klägers entschieden.

Dass der EuGH die Besonderheiten des Sports in seiner Interpretation des Gemeinschaftsrechts nach dem im Lissabon Vertrag ausgedrückten Willen der Mitgliedstaaten berücksichtigt, zeigte seine Entscheidung im Fall Olivier Bernard[35]. Nach der Entscheidung aus dem Jahr 2010 dürfen Fußballvereine für von ihnen ausgebildete Nachwuchsspieler eine Ausbildungsentschädigung fordern, wenn diese ihren ersten Profivertrag mit einem Verein aus einem anderen EU-Mitgliedstaat schließen. Die Höhe dieser Ausbildungsentschädigung bemisst sich nach den Kosten, die ein Verein für die Ausbildung der zukünftigen Berufsspieler als auch für diejenigen, die nie Berufsspieler werden, aufzuwenden hat.

Der Fall Meca-Medina & Majcen ist vergleichbar mit den Fällen Walrave & Koch und Bosman. Er ist für die institutionelle Grundlage europäischer Sportpolitik fundamental: Erstens, stellt das Gericht fest, dass rein sportliche Regeln entgegen der bisherigen Auffassung nicht mehr grundsätzlich vom EU-Recht ausgenommen sind. Haben sie als solche Auswirkungen, die durch europäisches Recht erfasst werden, fällt ihre Bewertung in den Zuständigkeitsbereich der Union. Zweitens, kann diese Eigenschaft nicht generell ausgeschlossen bzw. festgestellt werden, da die Wirkung von Sportregeln individuell und kontextbezogen zu betrachten sei. Drittens, stellt das Gericht die uneingeschränkte Geltung des EU-Rechts fest, sofern bestimmte Praktiken des organisierten Sports Auswirkungen auf wirtschaftliche Tätigkeiten haben. Entsprechende Regeln des Sports sind dann mit regulativen Praktiken des

---

[34] Rs. C-415/93, Slg. 1995, I-4921 – Bosman und GA Lenz, Schlussanträge vom 20.9.1995
[35] Rs. C-325/08

Wirtschaftssektors gleichgestellt. Nach Ansicht Conzelmanns (2009: 21) hat der Gerichtshof mit dem Prinzip der Verhältnismäßigkeitsprüfung einen methodischen Ansatz für den Umgang zur juristischen Bewertung der Spezifika des Sports etabliert. Dessen Bedeutung interpretiert die Kommission als „Hüterin der Verträge" im Sport für sich folgendermaßen. Für ihren regulativen Ansatz muss nach ihrer Ansicht Folgendes berücksichtigt werden:

> „[…] der Gesamtkontext, in dem die Regeln aufgestellt wurden oder sich auswirken, und deren Ziele und ob die restriktiven Wirkungen der Verfolgung der Ziele inhärent und verhältnismäßig sind. Der EuGH hat befunden, dass es das Ziel der angefochtenen Anti-Doping-Regeln war, einen fairen Sportwettbewerb zu gewährleisten mit gleichen Chancen für alle Athleten, Schutz für die Gesundheit der Athleten, Integrität und Objektivität des Wettbewerbs im Sport sowie ethischen Werten im Sport. Die Einschränkungen, die den Athleten durch die Vorschriften zur Dopingbekämpfung auferlegt werden, wurden vom EuGH als der Organisation und der ordnungsgemäßen Durchführung des Wettbewerbs im Sport inhärent angesehen." (Europäische Kommission 2007c: 73)

Die von den Sportverbänden angestrebte Bereichsausnahme vom Gemeinschaftsrecht ist damit eine unrealistische Erwartung. Die Formulierung des Artikels 165 AEU-V stützt diese Schlussfolgerung. Insgesamt hat der Europäische Gerichtshof Bezug auf die Unterschiede des sportlichen zum wirtschaftlichen Wettbewerb genommen und diese Besonderheiten in seiner Entscheidungsfindung berücksichtigt. Letztlich bildet das Gemeinschaftsrecht eine übergreifende Rechtsordnung, in die sich Strukturen und Verfahrensweisen der organisierten Sportbewegung einzupassen haben – dies gilt nicht nur für das Wirtschafts- sondern beispielsweise auch für das Unionsbürgerrecht. Zusammenfassend kann für den EuGH folgendes belief system konstruiert werden: Normativ wird die rechtspolitische Interpretation des Gemeinschaftsrechts für den Sport durch die Grundsätze des Primär- und Sekundärrechts der Europäischen Union getragen. Als konkreter thematischer Kern des EuGH-Handelns können die Harmonisierung von Strukturen und Verfahrensweisen mit dem Gemeinschaftsrecht sowie die Interpretation der Besonderheiten des Sports nach dem Prinzip ihrer Verhältnismäßigkeit von Ziel und Mittel. Dies geschieht grundsätzlich in Form von Vorabentscheidungen, die von nationalen Gerichten vom EuGH abgefordert werden.

14.6. Sportorganisationen und ihre Rolle im Politikfeld Sport

Die lediglich unterstützende sportpolitische Kompetenz der Europäischen Union, die je nach Mitgliedstaat unterschiedlich ausgeprägten sportpolitischen staatlichen Kompetenzen sowie die Expertise der Sportorganisationen machen die nationalen Sportorganisationen zu wichtigen Gatekeepern in der EU-Sportpolitik. Entsprechend der in Kapitel 3.2 festgestellten Zielstellung eines „transparenten und regelmäßigen Dialogs" (Artikel 11 (3) EU-V) der Union mit der Zivilgesellschaft, führt die Bedeutung der Verbände mit einer hohen gesellschaftlichen Inklusion und Reichweite sowie Umsetzungskompetenz sportpolitischer Maßnahmen zu einem potenziellen Einfluss auf die Gestaltung der Gemeinschaftspolitik im Sport. Die gleichen Attribute verleihen den Verbänden darüber hinaus eine herausgehobene Position als nicht-staatlicher Akteur in der transnationalen Politikformulierung. Zusammengefasst, sind die europäischen Sportverbände ein konstitutives Element in der Sportpolitik der Europäischen Union. Die Wahrnehmung der politik(mit)gestaltenden Funktion wird jedoch durch die binnenstrukturelle Konstruktion des organisierten Sports in der Europa beeinträchtigt.

Europäische Dachorganisationen werden von der Union als Ansprech- und Interaktionspartner „auf Augenhöhe" betrachtet. Ihre Organisationskapazitäten bezüglich ihrer Mitglieder und deren Interessen sind jedoch unterschiedlich ausgeprägt. Während Organisationen wie das Europäische Olympische Komitee (EOC) oder der Europäische Fußballverband (UEFA) klar umrissene politische Interessen gegenüber der Union verfolgen, ist dies bei Organisationen wie der European Non-Governmental Sports Organisation (ENGSO) vergleichsweise schwerer. Als Interessengemeinschaft der nationalen Dachorganisationen sind in ihnen unterschiedliche nationale Sportkulturen vereinigt. Ihre Heterogenität und ihr lediglich loser Zusammenschluss erschwert die Aggregation sportpolitischer Interessen und Forderungen gegenüber der Union.

Die genannten Beispiele verdeutlichen, dass es sich bei der europäischen Organisationslandschaft im Sinne Scharpfs (1996) nicht um eine homogene Verbandskonstruktion handelt. Sie variiert je nach Sportart oder Thema der Sportentwicklung von einer sozialen Bewegung mit geringer transnationaler Organisationskapazität bis hin zu Verbandskonstruktionen mit einem hohen politischen Einfluss der europäischen Organisationsstrukturen auf ihre nationalen Mitglieder. Die Ausdifferenzierungen in der Sportentwicklung haben dazu beigetragen, dass sich Europas Sportorganisationen nicht mehr unter einem vollständig inklusiven Selbstverständnis und politischem Leitbild organisieren können. Die Verwendung von Greenwoods (2007) Kategorien verdeutlicht dies: Im Cluster der „Wirtschafts- und Arbeitgeberinteressen" finden sich vor allem professionelle Ligen, die den Sport und seine Wettbewerbe als Marke entwickeln und vermarkten. Auf europäischer Ebene sind dies etwa die European Professional Football Leagues (EPFL), deren nationale Mitglieder sich beispielsweise aus der Deutschen Fußball Liga GmbH, der italienischen Lega Serie A oder der englischen Premier League rekrutieren. Ihnen gegenüber stehen „berufsgruppenspezifische Interessen" außerhalb des unmittelbaren Sportgeschehens. Sie lassen sich mit Medien, Sponsoren, aber auch mit den Spieleragenten oder sportspezifischen Veranstaltungsagenturen benennen. Die Gruppe der „Arbeitnehmerinteressen" ist ein vergleichsweise heterogenes, jedoch aufgrund der Kommerzialisierung bedeutendes Feld. Neben den Beziehungen zwischen professionellen Sportlern und ihren Clubs, sind auch Fragen nach Anerkennung von sportspezifischen Qualifikationen (z.B. von Übungsleitern), der Schutz von Minderjährigen im Profisport und die Entwicklung von Leitlinien für eine duale Karriere in Sport und Beruf von Relevanz. Die „zivilgesellschaftlichen Interessen" bilden den historischen Kern des Sports. Die zuvor genannten Interessencluster sind vor allem das Ergebnis eines nachhaltigen und ausdifferenzierten Kommerzialisierungsprozesses im Sport und gehören deshalb nicht originär zum Kern der sportverbandlicher Handlungsfelder. Dieser liegt, historisch wie gegenwärtig, weniger in der Vermarktung als in der Förderung des Sports als Selbstzweck – auch wenn die Grenzen zunehmend verwischen.

Die Fragmentierung sportpolitischer Interessen in der Europäischen Union lässt sich damit grundsätzlich über die vier zuvor thematisierten Interessencluster definieren. Sie stehen jedoch in engem Bezug zur jeweiligen nationalen Sportkultur der einzelnen Mitgliedstaaten. Letztere sind historisch unterschiedlich ausgeprägt und damit in der Lage, den zuvor thematisierten Interessen zusätzlich eine nationale Färbung zu geben. Chancen einer Interessenkongruenz auf europäischer Ebene werden dadurch prinzipiell verschlechtert. Während skandinavische Länder durch eine stärkere Orientierung auf den Freizeit- und Breitensport als Teil einer wohlfahrtspflegerischen Bevölkerungsfürsorge zu Lasten des Leistungs- und Spitzensports geprägt sind, findet sich in osteuropäischen Mitgliedstaaten eine nach wie vor stark an leistungssportlichen Belangen ausgerichtete Sportkultur, die Aspekte eines „Sport für alle" vergleichsweise nachrangig betrachtet. Die zivilgesellschaftlichen Interessen im Politikfeld sind gleichzeitig eng mit den nationalstaatlichen Interessen im Sport verbunden: Jeder Mitgliedstaat hat die rechtliche Beziehung der Verbände und Vereine im Sport auf eine eigene Weise geregelt. Daraus ergeben sich unterschiedliche Autonomie- und Unabhängigkeitsgrade der Verbände von nationalstaatlichen Interessen. Während in den skandinavischen Staaten, genauso wie in Deutschland, die Autonomie des Sports als wertvolles zivilgesellschaftliches Gut betrachtet wird, zeigt sich etwa in den Mitgliedstaaten Südeuropas ein wesentlich stärkerer staatlicher Einfluss.

Aufgrund der Heterogenität an Interessen im und am Sport kann für ihre Vertreter zwar ein spezifischer Lernprozess nachvollzogen, jedoch damit kein einheitliches „kollektives" belief system ermittelt werden. Die in Teil D angestrebte empirische Politikfeldanalyse wird deshalb versuchen über eine Erfassung von Wahrnehmung und Umgang der deutschen Sportorganisationen in Bezug auf die Union die Einstellungen gegenüber der EU und ihrer Sportpolitik näher zu ergründen.

Kapitel 15:
Politische Interaktion im Politikfeld Sport

Die fehlende legislative Grundlage führt dazu, dass die Europäische Union lediglich eine der in Kapitel 9.1 diskutierten Formen politischen outputs hervorbringen kann: Die Empfehlungen. Da aber Richtlinien, Verordnungen und Beschlüsse aus anderen Politikfeldern sportpolitische Relevanz haben können, hat sich ein dialogischer Interaktionsmodus zwischen der Kommission, den Mitgliedstaaten sowie der organisierten Sportbewegung entwickelt, indem die Akteure des Sports nicht (nur) in explizit sportbezogene, sondern in allgemeine europapolitische Entwicklungen mit Bedeutung für den Sport eingebunden sind.

15.1. Formale sportpolitische Verfahren

Der Lissaboner Vertrag sieht zwei Typen formaler sportpolitischer Verfahren vor. Zur Verwirklichung der in Artikel 165 AEU-V (1) (2) definierten Ziele

> „erlassen das Europäische Parlament und der Rat gemäß dem ordentlichen Gesetzgebungsverfahren und nach Anhörung des Wirtschafts- und Sozialausschusses und des Ausschusses der Regionen Fördermaßnahmen unter Ausschluss jeglicher Harmonisierung der Rechts- und Verwaltungsvorschriften der Mitgliedstaaten." (Artikel 165 (4) AEU-V)

Dadurch, dass das ordentliche Gesetzgebungsverfahren zu Grunde gelegt wird, folgt der politische Prozess dem in Kapitel 9.2 dargestellten Schema. Über die Förderpolitik, die in Anbetracht fehlender „harter" ein wichtiges „weiches" Politikinstrument ist, werden auch die formal nicht mit sportpolitischen Kompetenzen ausgestatteten Organe und Gremien – Parlament, Wirtschafts- und Sozialausschuss sowie Ausschuss der Regionen – als sportpolitische Akteure relevant.

Für die konkrete Entwicklung der Sportpolitik in den Mitgliedstaaten „erlässt der Rat auf Vorschlag der Kommission Empfehlungen" (Artikel 165 (4) AEU-V). Diese sind von der Überwachung durch den Europäischen Gerichtshof ausgeschlossen (Artikel 263 AEU-V) und damit nicht einklagbar. Die Rolle der Kommission ist die des Initiators entsprechender Politikprozesse. Als Folge des Arbeitsprogramms der Sportminister haben die Mitgliedstaaten der Kommission durch ihre inhaltliche Prioritätensetzung dafür konkrete strategische Handlungsaufträge gegeben (Rat der Europäischen Union 2011). Faktisch übernehmen die mitgliedstaatlichen Arbeitsgruppen eine wesentliche Rolle im agenda-setting und in der operativen Politikentwicklung und grenzen damit die Handlungskompetenz der Kommission auf ihre formale Bestimmung als Exekutivorgan ein. Die zwischen Kommission und Mitgliedstaaten betriebene Politikentwicklung wird durch den strukturierten Dialog gegenüber dem Einfluss der europäischen Sportorganisationen geöffnet.

15.2. Der strukturierte Dialog

Die Erweiterung der Problemidentifikations- und Politikformulierungsphase durch die Einbeziehung der Sportverbände soll vor allem die bessere Berücksichtigung der Besonderheiten des Sports ermöglichen. Er bringt staatliche und nicht-staatliche Vertreter des Sports aus den Mitgliedstaaten, Vertreter der Kommission, des Europäischen Parlaments, des Europarates, der Vereinigung der Europäischen Nationalen Olympischen Komitees und der Vereinigung der Europäischen nicht-staatlichen Sportorganisationen zusammen. Neben der Veranstaltung von Symposien hat sich die seit 2008 wieder regelmäßige[36] Durchführung des EU Sportforums als verstetigter Konsultationsrahmen etabliert. Gleichzeitig finden im Rahmen der Sportministertreffen informelle Konsultationen zwischen Mitgliedstaaten und Vertretern der kontinentalen Sportorganisationen statt. Zudem besitzt das Europäische Olympische Komitee beispielhaft dauerhaften Beobachterstatus in den Arbeitsgruppen der Mitgliedstaaten. (Europäische Kommission 2007a: 19)

15.3. Formen sportpolitischer Governance

In der Politikentwicklung der Europäischen Union ist die Perspektive der Kommission auf die Strukturen des organisierten Sports entscheidend. Hat sie in ihrem Diskussionspapier zum europäischen Sportmodell noch die Verbände und ihre Organisationsstrukturen als konstitutiv für den Sport angesehen, relativiert sie diese Sichtweise mit dem Weißbuch. Die Arbeit von Garcia (2009b) vollzieht diesen Wandel nach und gibt dadurch einen Ausblick auf die sich verändernden Governancestrukturen im Sport: Grundsätzlich kommt die Kommission bei der Ausrich-

---

[36] Das EU Sportforum griff im Jahr 2008 den mit dem Europäischen Sportforum 1998 begonnenen Austausch zwischen der Union und dem organisierten Sport auf, der 2003 aufgrund geringer Effektivität und Effizienz seiner Ergebnisse ausgesetzt wurde. Damit entspricht die Kommission als Organisator des EU Sportforums den Forderungen der Mitgliedstaaten, die in ihren Erklärungen von Amsterdam und Nizza eine Anhörung der organisierten Sportbewegung bei europapolitischen Fragen, die den Sport betreffen, anzuhören.

tung ihrer politischen Perspektive zu der Einsicht, dass sich neben der subsidiären Pyramidenstruktur der Sportverbände eine wesentlich komplexere Organisationsstruktur entwickelt hat. Dies führt dazu, dass neue Stakeholder, nicht nur im Bereich des Wettkampfsports, die Autorität und Legitimität der Verbände als kollektive Interessenvertreter des Sports herausfordern (Europäische Kommission 2007b: 41-42). Diese Entwicklung ist vor allem von rechtlicher Relevanz, da in der Politik der Verbände unberücksichtigte Interessen von Stakeholdern zunehmend eingeklagt werden. Die vor dem EuGH verhandelten Fälle haben dies anhand der Debatte um die quasi-monopolitische Position der Sportverbände offenbart. Der Fall Bosman gilt als Musterbeispiel für diese Problematik. Er verdeutlichte die Dominanz der Verbände und Vereine im Gegensatz zu der geringen Berücksichtigung der Spielerinteressen. Garcia (2009b:273) verweist auf die Arbeit von Rhodes (1997), indem er die inhaltliche Entgrenzung auf folgende strukturelle Konsequenzen interpoliert:

> „On the one hand Rhodes (1997: 53) defines governance as a network structure with a large number of stakeholders 'that interact continuously because they need to exchange resources and negotiate shared purposes. The Commissions willingness to highlight the importance of new stakeholders in European sport can be linked to this notion of network governance, where power and authority are diffused across the network, rather than in the hands of a single actor. On the other hand, Rhodes refers to governance as 'good governance', which involves the principles of effective, transparent and democratic management (1997: 49-50)."

Eine spezielle Form europäischer Governance, die die Kriterien guten Regierens – nämlich Demokratie, Repräsentativität und Dialog – aufnimmt, ist der soziale Dialog im Sport. Er folgt einer relativ allgemeinen Zielstellung, die jedoch strukturell weitreichende Konsequenzen in der Organisations- und Einflussstruktur nationaler Sportsysteme haben kann. Sie lautet:

> „Der soziale Dialog im Sportsektor auf europäischer Ebene kann dazu beitragen, viele der Herausforderungen anzugehen, mit denen der moderne Sport konfrontiert wird. In einigen Mitgliedstaaten funktioniert der soziale Dialog im Sportsektor bereits. Die Kommission unterstützt Projekte zur Stärkung des sozialen Dialogs im Sportsektor im Allgemeinen sowie im Fußballsektor im Besonderen. Sie verpflichtet sich weiterhin zur Unterstützung aller Bemühungen, die zur künftigen Einrichtung eines oder mehrerer

Ausschüsse für den europäischen sozialen Dialog im Sportsektor beitragen." (http://ec.europa.eu/sport)

Die Kommission nutzt den Schatten des europäischen Gemeinschaftsrechts für die Aktivierung einer Selbstregulation der nicht-staatlichen Akteure des Sports, denn nach Weatherill (2009a: 100) ist das Gemeinschaftsrecht „plainly capable of steering choices in particular directions".

Dabei werden die Sportverbände aufgrund ihrer monopolistischen Position nicht als illegitime Akteure betrachtet, sondern vielmehr zur Öffnung ihrer Strukturen für die neuen Stakeholder animiert. Ziel ist die Abbildung der empirischen Realität des modernen Sports innerhalb ihrer Strukturen. Vor allem gilt dies für den Fußball, der aufgrund seiner Kommerzialisierung die Etablierung von arbeitsrechtlichen Sozialpartnern wie der europäischen Clubs auf der Arbeitgeber- und der Fußballprofis auf der Arbeitnehmerseite am anschaulichsten darstellt. Auch der europäische Fußballverband UEFA gehört als Regulierungsinstanz des europäischen Sports zu diesen Sozialpartnern und hat sowohl den professionellen Ligen (European Professional Football Leagues, EPFL), den Clubs (European Club Association, ECA) wie auch der gewerkschaftlichen Vereinigung der Berufsfußballspieler (FIFPRO Division Europe) Einfluss auf die Verbandspolitik eingeräumt. Hierzu wurde ein strategischer Beirat für den Berufsfußball eingerichtet.[37] Nach dem im Weißbuch ausgedrückten Willen der Kommission dient eine solche beispielhafte Öffnung verbandlicher Strukturen als ein Instrument,

> „durch das die Sozialpartner zur Gestaltung der Beschäftigungs- und Arbeitsbedingungen auf aktive und partizipatorische Weise beitragen könnten. Ein sozialer Dialog in diesem Bereich könnte auch zur Aufstellung gemeinsamer Verhaltenskodizes oder Chartas führen, in denen Fragen der Ausbildung, der Arbeitsbedingungen oder des Jugendschutzes behandelt werden könnten." (Europäische Kommission 2007a: 21)

Die Ausweitung des sozialen Dialogs auf die mitgliedstaatliche Ebene und Wahrung von Grundrechten im Sport wurde als ausdrückliches Politikziel der Kommission im Weißbuch Sport genannt. In Deutschland würde dies zu einer Anpassung

---

[37] Für nähere Informationen über die Inkorporation verschiedener neuer Stakeholder in die Organisationsstrukturen der UEFA sowie über die Ziele und Aufgaben des Strategischen Beirates für Berufsfußball siehe: http://de.uefa.com/uefa/stakeholders/professionalfootball strategycouncil/index.html, 23.8.2011.

der repräsentativen und demokratischen Strukturen des organisierten Sports führen. Perspektivisch besitzt der soziale Dialog das Potenzial, im Rahmen des Gemeinschaftsrechts auf weitere politische Zuständigkeitsbereiche der Union mit Bedeutung im Sport zu einer „supervised autonomy" (vgl. Meier 2009) entwickelt zu werden.

Kapitel 16:
Europäisierungsprozesse im Politikfeld Sport

Zum Abschluss von Teil B wurden Transformationseffekte innerhalb des politischen Systems als Ausdruck von dessen Europäisierung thematisiert. Das folgende Kapitel nimmt diese Zielstellung für das Politikfeld Sport wieder auf. Zur Bilanzierung sportspezifischer Europäisierungseffekte werden die systemanalytischen Kenntnisse aus Kapitel 11 genutzt. Wieder dient das politische Systemkonzept David Eastons mit seinen analytischen Kategorien als struktureller Rahmen. Entgegen der abstrakten Perspektive auf das politische Gesamtsystem, fokussiert die folgende Bilanzierung stärker auf das Verhältnis zwischen der Europäischen Union und den Sportverbänden. Diese akteurzentrierte Perspektive blendet dabei die grundlegenden analytischen Zusammenhänge der Systemanalyse nicht aus. Ihr Interesse liegt in der sportbezogenen Konkretisierung.

16.1. Europäisierung des politischen Inputs

Die Entstehung des Sports als eigenständiges Politikfeld in der Europäischen Union ist weder auf politische Forderungen der Mitgliedstaaten, noch auf Initiativen der organisierten Sportbewegung in Europa zurückzuführen. Über die Thematisierung von Konflikten mit dem Gemeinschaftsrecht sowie von Krisenphänomenen der Sportentwicklung haben vor allem die supranationalen Gemeinschaftsorgane ihre Zuständigkeit für sportpolitische Fragen begründet. Wie in Teil B dargestellt, ermöglicht die Proaktivität und Responsivität der EU gegenüber grenzüberschreitenden Herausforderungen den Nachweis einer Problemlösungskapazität, über die sie eine Legitimation ihres Anspruches anstrebt. Dies zeigt sich auch im Politikfeld Sport, das aufgrund seiner hohen öffentlichen und medialen Aufmerksamkeit europäischer Politik eine hohe Sichtbarkeit garantiert. Welche Konsequenz dieses in seinem Ursprung einseitige Handeln von Kommission und EuGH für die Entwicklung einer europäischen Sportpolitik und die politischen Forderungen der Verbände hat, kann anhand der Analyse Parrishs (2003: 43) zur Politisierung des Sports auf transnationaler Ebene dargestellt werden:

> „Issue definition is therefore greatly influenced by value judgements, but with values judgements comes conflict. However, rather than being an obstacle to policy evolution in the institutional agenda-setting stage, conflict can represent an important resource."

Konflikt bedeutet ein Potenzial zur Initiierung dauerhafter politischer Interaktion zwischen den Konfliktparteien. Der Nachweis von Problemlösungskompetenz der Europäischen Union führt letztlich zu ihrer politischen Bedeutsamkeit für die von Herausforderungen und Problemen betroffenen Verbände. Die zyklische Suche nach sportpolitischen Problemstellungen und ihrer Lösung durch die Europäische Union muss dabei nicht nur negative Konnotationen haben. Stellen europapolitische Problemlösungen einen Mehrwert für Sportorganisationen oder Mitgliedstaaten dar, ist die Union ebenfalls in der Lage, sportpolitische Bedeutung zu erzielen. Aus der Argumentation eines „europäischen Mehrwerts" hat sich später neben dem Regulierungs- ein sportpolitischer Gestaltungsanspruch entwickelt. Da dieser eine Umverteilung von gestalterischen Kompetenzen zwischen Bund, Ländern und Kommunen gegenüber der Europäischen Union auf der einen sowie der Union und der organisierten Sportbewegung auf der anderen Seite notwendig macht, sind Konflikte im Kontext von Subsidiarität und Autonomie im Sport wahrscheinlich. Konflikte dieser Art werden umso dauerhafter und kontroverser, je stärker sie unterschiedliche Ausprägungen im normativen Kern der belief systems sportpolitischer Akteure ansprechen. Dadurch, dass der organisierte Sport, wie auch Bund und Länder, die Autonomie des Sports als schützenswertes nationales Kulturgut einstufen, werden auf europäischer Ebene thematisierte Forderungen stets an die Diskussion um das subsidiäre Verhältnis zwischen EU, Bund und Ländern sowie im Zusammenhang mit der Autonomie von Sportorganisationen geknüpft sein.

Hinsichtlich der Mobilisierung politischer Unterstützung für die Europäische Union bietet der Sport aufgrund seiner bereits identifizierten öffentlichen Sichtbarkeit und positiven Wahrnehmung Potenziale. Vor allem Parlament und Kommission versuchen, über die politische Förderung eines lokalen und bürgernahen „Sports für alle" diese für sich zu nutzen. Den Europäerinnen und Europäern wird von Seiten der Union eine hohe affektive Bindung an Sport als positiver Aspekt ihres sozialen Lebens unterstellt. Er sei im Kontext internationaler Wettkämpfe von Nationalmannschaften oder regionalen Clubs Teil einer kollektiven Identität. Mit ihrer Studie zur Bedeutung von Sport und Bewegung in den Mitgliedstaaten hat die Kommission (Europäische Kommission 2010c) die Bestandsaufnahme für eine Politik zur Förderung des lokalen Freizeit- und Breitensports gelegt, die sich vom regulativen Anspruch der Harmonisierung der Organisationsstrukturen mit dem Gemeinschaftsrecht dadurch abgrenzt, dass sie gesellschaftliche Aspekte des Freizeit- und Breitensports im Sinne wohlfahrtspflegerischer Sozialpolitik fördert. Mit der The-

matisierung zentraler Herausforderungen, die sich vor allem den freiwilligen Organisationen bei der Bereitstellung von Sport- und Bewegungsangeboten stellen, hat
die Kommission Themenfelder identifiziert, in denen sie vor allem über die Berücksichtigung des Sports in finanziellen Förderprogrammen Ressourcen für die Ver-
bandsentwicklung zur Verfügung stellt. Zu nennen ist beispielsweise das Bemühen
um Lösungsstrategien für die veränderten Rahmenbedingungen freiwilligen Engagements, die jedoch immer mit spezifischen Politikzielen der Union gekoppelt sind:

> „Im Rahmen ihres Programms Jugend in Aktion bietet die EU zum Beispiel
> jungen Leuten Möglichkeiten für ein Engagement im Europäischen Freiwil-
> ligendienst (EFD). Das Programm Europa für Bürgerinnen und Bürger um-
> fasst spezifische Aspekte, die europaweite Organisationen der Zivilgesell-
> schaft, einschließlich Sportorganisationen, betreffen, die entweder eine
> strukturelle Unterstützung auf Basis ihres Arbeitsprogramms oder eine Un-
> terstützung für transnationale Projekte erhalten können." (Quelle:
> http://ec.europa.eu/sport/what-we-do/volunteering-and-youth_de.htm,
> 11.08.2011)

Die Förderung freiwilligen Engagements als wichtige Ressource für die strukturelle
Selbstorganisation der Verbände wird mit dem Ziel der Entwicklung und Etablierung einer die Europäische Union tragenden, grenzüberschreitenden Zivilgesellschaft instrumentalisiert. Den nationalen und regionalen Verbänden kommt dabei
als Träger der bürgernahen Sportbewegung eine besondere Bedeutung in der Mobilisierung politischer Unterstützung für die Union zu.

Das später noch differenziert zu thematisierende Verhältnis zwischen der Europäischen Union und den nationalen Sportorganisationen hat Konsequenzen für die
sportverbandliche Interessenpolitik und die Formulierung konkreter politischer
Forderungen. Sie ergeben sich aus den Zusammenhängen von europäischen Politikzielen, der Entsprechung von politischen Forderungen seitens des organisierten
Sports sowie der Mobilisierung politischer Unterstützung für die Europäische Union durch die Gemeinschaftsorgane.

Aufgrund des beständigen Legitimationsdrucks der EU ist, erstens, eine hohe Rezeptivität gegenüber gesellschaftlichen Interessen festgestellt worden. Zweitens,
begünstigt die strukturelle Offenheit der Union die Einspeisung sportpolitischer
Interessen durch intermediäre Akteure. Drittens, führt die wegen begrenzter institu-

tioneller Kapazitäten der Union identifizierte „Tauschlogik" zwischen Kommission und gesellschaftlichen Interessen zu einem besonderen Stil politischer Interaktion. Sie lässt sich vereinfacht zusammenfassen: Politische Unterstützung und sportpolitische Problemlösungskompetenz gegen finanzielle Ressourcen und politische Berücksichtigung von Interessen des Sports.

Während die europäischen Sportverbände auf einer Ebene mit der Europäischen Union interagieren und sich dadurch in der Kommunikation mit der Kommission leichter tun, bedeutet verbandliche Interessenpolitik für nationale Sportorganisationen einen ständigen Wechsel zwischen Konkurrenz und Assoziierung zur Überwindung der Kommunikations- und Interaktionsschwelle zwischen der europäischen und nationalen Ebene. Diese „hierarchische Barriere" ist bei der Formulierung sportpolitischer Interessen gegenüber der EU zu beachten:

Erstens, ist zu berücksichtigen, dass auf nationaler Ebene geäußerte Interessen eine grenzüberschreitende Relevanz besitzen und dadurch ein notwendiges Maß an europäischer Repräsentativität erreichen müssen. Erst dann kann im Sinne von Eastons „where it is voiced, who articulates it, who hears it, how widely it is defused are all matter of signal importance for the future stages of the demand's career" (1965b: 81) von erfolgreichen Voraussetzungen für nationale Interessen gesprochen werden.

Zweitens, führt die Bedingung objektiver Relevanz und europäischer Repräsentanz zur Notwendigkeit der Aggregation einzelverbandlicher Interessen. Dies gilt sowohl für Stakeholder auf regionaler, nationaler und europäischer Ebene. Grundsätzlich erfolgt, in Anlehnung an Scharpfs (1996) Klassifizierung kollektiver Akteure, die Kommunikation nationaler Forderungen gegenüber der europäischen Sportpolitik nach dem Verbandsprinzip. Der Deutsche Olympische Sportbund übernimmt seine Aufgaben als kollektiver Vertreter seiner Mitglieder nach folgendem Leitbild:

„Der DOSB ist die Beratungs- und Servicestation seiner organisatorisch, finanziell und fachlich selbstständigen Mitgliedsorganisationen. Er vertritt ihre Interessen gegenüber den Institutionen der Europäischen Union, Bund, Ländern und Gemeinden, den Kirchen und in allen gesellschaftspolitischen und kulturellen Bereichen." (Quelle: http://www.dosb.de/de/organisation/ philosophie/kurzportraet-des-dosb, 12.08.2011)

Analog ergibt sich für die Landessportbünde eine gleichgelagerte Rolle. Da ihre Mitglieder lokale Sportvereine und -bünde sind, kommt ihnen ebenfalls eine strukturell bedeutsame intermediäre Funktion zu. Sofern politische Themen von den deutschen Sportverbänden gegenüber der Europäischen Union kommuniziert werden sollen, müssen sie verschiedene Gateways durchlaufen. Dieses Schema verbandspolitischer Interaktion lässt sich auf die fachspezifischen Verbände übertragen. Haben sportpolitische Themen mit Bezug zur Europäischen Union die „kollektive Relevanzschwelle" überschritten, übernimmt der DOSB die Koordination nationaler Interessen.

Drittens, ist davon auszugehen, dass nationale Interessen in Bezug auf unterschiedliche Bereiche des Sports in der Lage sind, Verhandlungsdilemmata zu kreieren oder zu umgehen. Mitgliedstaatliche Interessen im Leistungssport sind stärker darauf ausgerichtet, Wettbewerbsvorteile zu bewahren oder Nachteile auszugleichen. In beiden Fällen kommt es zu Konkurrenzen im Wettbewerb zwischen den nationalen Sportsystemen. Neben den nationalen Sportorganisationen treten diesem auch die mitgliedstaatlichen Regierungen in nationalen Interessenkoalitionen bei, da sie wie im Fall des Bundes in hohem Maße in der finanziellen Förderung des Leistungssports involviert sind. Die Förderung von Entwicklungen im bürgernahen Freizeit- und Breitensport, der weitgehend frei von wettkampfsportlicher Konkurrenz und stärker an wohlfahrtstheoretischen Überlegungen orientiert ist, bietet eine höhere Wahrscheinlichkeit für einen interessenpolitischen Konsens. Generell wird jedoch auch hier die Konsequenz einer distributiven Sportförderpolitik – sollte sie auf der Verteilung kollektiver Ressourcen auf die einzelnen Mitgliedstaaten basieren – zu Herausforderungen in der Aggregations- und Konsensfähigkeit führen. Die Europäische Union kann ein solches Szenario um die Ressourcenverteilung als „Tauschware" für politische Unterstützung strategisch instrumentalisieren und durch die Förderung des politischen Wettbewerbs um diese die Kommunikation einer nationalen Bindung an europäische Politikziele forcieren. Letztlich symbolisiert die Kommunikation dieser Selbstverpflichtung soziales Kapital, das bei den Bürgern Europas positive Assoziationen gegenüber der Union bewirken kann.

Viertens, müssen sportpolitische Interessen und auf ihrer Basis artikulierte Forderungen auch ihren Beitrag für die Entwicklung der Europäischen Union und ihre politische Leitziele berücksichtigen. Diese „Tauschlogik" zur Erhöhung des interessenpolitischen Erfolgs beinhaltet auf der einen Seite durch die Beteiligung am „Projekt europäische Gemeinschaftsbildung" Unterstützung für das politische System der Union. Zum anderen ist sie in der Lage, politisch relevante Expertise zur Verfügung zu stellen, die zum institutionellen Politiklernen in Europa beiträgt. An den Bedarfen der EU-Bürger orientierte Forderungen von Sportverbänden werden sich argumentativ daher leichter legitimieren lassen, als solche, die den kommerziellen Sektor des Profisports betreffen. Die Faktoren objektive Relevanz und hohe Repräsentanz sind dafür die entscheidenden Gründe. Auch wenn der professionelle Sport von einer Vielzahl europäischer Bürger „konsumiert" wird und dadurch eine hohe politische Bedeutung bekommt, sind die in ihm engagierten Akteure – Verbände, Ligen, Clubs und Spieler – im Vergleich mit den freizeit- und breitensportlich Aktiven eine interessenpolitische Minderheit.

16.2. Europäisierung des politischen Systems

Ein wesentlicher Europäisierungseffekt für den Sport liegt in der Entwicklung einer zusätzlichen binnenstrukturellen Ebene im politischen System, das zuvor lediglich aus Bund, Ländern und Kommunen bestand. Auf dieser agieren mit Kommission, Parlament und den mitgliedstaatlichen Organen zusätzliche quasi-staatliche Akteure, die auf Basis eines eigenen transnationalen Sportverständnisses sportpolitisch aktiv werden. Die Tatsache, dass diese Akteure sich auf die Gültigkeit einer übergeordneten Rechtsordnung berufen, deren Wirksamkeit von der europäischen bis auf die nationale Ebene reicht und mit dem EuGH durch einen formal unpolitischen, in der Praxis jedoch politisch relevanten Akteur, durchgesetzt wird, lässt nachhaltige Auswirkungen auf die nationale Sportpolitik erwarten.

In der Politikfeldentwicklung auf europäischer Ebene zeigt sich ebenfalls eine Öffnung von institutionellen Strukturen. Dies führt nicht nur zu Veränderungen in den politischen Opportunitätsstrukturen, sondern bietet neuen Stakeholdern Zugang zu politischen Entscheidungsträgern. Besteht dieser für sie in den Mitgliedstaaten nicht, haben sie die Möglichkeit, über adäquat geäußerte politische Forderungen die Realisierung ihrer Interessen auf der europäischen Ebene zu initiieren. Entsprechend der in Kapitel 10.1 behandelten Anforderungen an politische Forderungen gegenüber der Union steigt dadurch die Bedeutung informeller Politiknetzwerke zur Diffusion sowie des „venue shoppings" (Parrish 2003: 54, 220). Dabei wird die institutionelle Konkurrenz zwischen politischen Entscheidungsträgern um politische Kompetenzen und Legitimation genutzt für eigene Ziele genutzt. Innerhalb der

Europäischen Union konkurrieren sämtliche Organe und Gremien miteinander um Einfluss und können von den Sportverbänden als jeweils eigene Kanäle zur Einspeisung ihrer Interessen genutzt werden.

Die Existenz der zusätzlichen Ebene hat bereits ohne deren ausdrückliche Zuständigkeit für sportpolitische Belange zu einer Politisierung des Sports im nationalen Kontext geführt. Diese hat nicht an der Grenze zwischen der europäischen und mitgliedstaatlichen Ebene halt gemacht, sondern ist vor allem aufgrund ihres rechtspolitischen Kerns mit dieser verflochten, denn das Gemeinschaftsrecht ist Teil der nationalen Rechtsordnung. Die Konsequenzen beziehen sich nicht nur auf eine Intensivierung der Beziehung zwischen Sport und Staat zur Umsetzung europäischer Richtlinien und Direktiven. Die auf EU-Ebene ausgelöste Politisierung des Sports ist von einem spezifischen Set an Werten- und Normen in Bezug auf den Sport gekennzeichnet. Es steigt durch die Übertragung unterstützender sportpolitischer Kompetenzen an die Union auch für die Mitgliedstaaten und ihre Sportpolitik in seiner Bedeutung.

Im Bereich institutioneller Grundlagen ist die Europäisierung der Sportpolitik unter folgendem Blickwinkel zu betrachten: „Even subsystems traditionally dominated by legal and technological norms are no longer insulated from wider political and public concern" (Parrish: 2003: 20). Dies gilt auch für den Sport. Hatte die Europäische Union zu Beginn ihrer Beschäftigung mit dem Sport ihre Handlungskompetenz aus der Regulation kommerzieller Aspekte des Profisports hergeleitet, hat sie diese im Laufe der Zeit auf die sozialpolitische Instrumentalisierung des Sports ausgedehnt. Wie Garcia (2009b: 267-284) in seiner Auseinandersetzung um die gewandelten normativen Prämissen der Kommission darlegt, bilden unterschiedliche Perspektiven auf die strukturelle Ordnung des Sports die zentrale Konfliktlinie zwischen der Europäischen Union und der organisierten Sportbewegung: Während nationale wie europäische Sportverbände die Anerkennung und Bewahrung ihrer Strukturen als normativen Kern fordern, orientiert sich die Kommission in ihrer Politikentwicklung an abweichenden Prämissen. Die nationalen Regierungen zeigen sich dagegen aufgrund der hohen gesellschaftlichen Bedeutung in den Mitgliedstaaten als Teil einer nationalen Interessenkoalition für den Sport. Grundsätzlich lassen sich die politischen Werte- und Normenvorstellungen der Union in Bezug auf die funktionale Rolle von Sportorganisationen mit dem „social-cultural-model" beschreiben. Es basiert nach Branco Martins (2009c: 319-321) auf vier normativen

Prämissen: Erstens, ist der organisierte Sport aufgrund seiner hoch entwickelten und spezifischen Expertise am besten geeignet, seine Organisation selbst zu regeln. Zweitens, wird die eigenverantwortliche Regelung des Sports durch nicht-staatliche Organisationen im Vergleich zu staatlicher Intervention als kosteneffizienter betrachtet und, drittens, aufgrund der intrinsisch motivierten Selbstbindung an eigene Organisationsregeln als effektiver angesehen. Viertens, gibt es im Hinblick auf die Rahmenbedingungen der Organisation von Sport ein öffentliches Interesse, das die selektive Intervention öffentlicher Akteure zur Bewahrung von Grundrechten rechtfertigt. Als öffentliches Interesse wird die Aufrechterhaltung demokratischer Grundprinzipien und Partizipationsmöglichkeiten von Stakeholdern in den verbandlichen Strukturen bezeichnet. Dabei geht es nicht nur um die auf dem Gemeinschaftsrecht basierende Einhaltung von Grundrechten, wie sie mit den Entscheidungen in den Fällen Bosman oder Meca-Medina durch den EuGH demonstriert wurde. Ein öffentliches Interesse wird ebenfalls hinsichtlich der Öffnung von Organisationsstrukturen zur Mitbestimmung aller in einem bestimmten Bereich des Sports betroffenen Akteure angestrebt. Kurz: Der Kern der politischen Werte- und Normengrundlage im Hinblick auf den politischen Anspruch an Sportorganisationen ist mit dem Begriff einer Good Governance zusammenzufassen.

Das social-cultural-model, mit dem das subsidiäre Verständnis der Europäischen Union zur organisierten Sportbewegung beschrieben werden kann, berücksichtigt den non-profit-Aspekt des organisierten Sports stärker als die Perspektive auf Sportorganisationen als kommerziell tätige Akteure. Es ist Ausdruck eines Lernprozesses der Kommission, den Van Rompoy (2003: 281) als „political swing" beschreibt. Er steht in engem Zusammenhang mit dem Einfluss der Mitgliedstaaten sowie der Lobbyaktivität der Sportverbände, die in Kapitel 13 beschrieben wurden.

Die Bedeutung der Union für die institutionelle Ordnung des nationalen Sportsystems liegt diesbezüglich vor allem im Effekt einer Relativierung des „iron triangle" aus nationaler Politik, Verwaltung und Sportverbänden. Aufgrund ihrer Akzeptanz alternativer Organisationsformen und der Öffnung sportpolitischer Strukturen gegenüber neuen Stakeholdern symbolisiert dieser Europäisierungseffekt die Transformation der primär korporatistischen Beziehung von sportpolitischen Akteuren zu einer Erweiterung in Politiknetzwerke, die staatliche, wirtschaftliche und zivilgesellschaftliche Interessen und ihre Akteure als legitime Stakeholder in der Sportpolitik berücksichtigen. Folglich kommt es zu einer Relativierung des verbandlich organisierten Sports. Für die Verbände wird es so wichtig, sich an verschiedene Formen politischer Netzwerke und wechselnden politischen Interaktionspartnern anzupassen (Branco Martins 2009a: 328-329).

Einzelne Interessen werden aus dem Gesamtzusammenhang verbandlicher Organisationsstrukturen herausgelöst und bilden themenspezifisch eigenständige Politikarenen. Es kommt zu einer Dominanz von Inhalten bei der Etablierung von Strukturen. Diese Logik folgt einem grundlegenden Ziel der Europäischen Union und ihres politischen Systemverständnis, das Garcia (2009a: 134-136) als „diffusion of power" erklärt. Das am Ende von Kapitel 15.3 skizzierte Beispiel der UEFA steht für eine Strategie der Inklusion neuer Stakeholder in die verbandlichen Organisationsstrukturen. Zwar ist hierfür ein innerer Umbau innerhalb der Verbände notwendig. Dieser führt über die institutionelle Einbindung von Ligen, Clubs und Spielern jedoch zu einer relativen Eingrenzung und Kontrolle der politischen Einflusspotenziale verschiedener Stakeholder auf die Entwicklung des Fußballs. Eine Schließung verbandlicher Strukturen gegen externe Einflüsse stellt in dieser Hinsicht einen Gegenentwurf in der Organisationsentwicklung dar. Dieser ist zwar in der Lage, etablierte politische Positionen nach innen zu wahren. Da die Entwicklung in der Systemumwelt jedoch nicht beeinflusst werden kann, ist mit einem solchen „closed shop"-Ansatz die Gefahr eines schleichenden Bedeutungs- und Einflussverlusts verbunden.

Dadurch, dass die institutionelle Architektur der Union die Politikformulierung und Entscheidungen auf der europäischen, ihre Umsetzung jedoch auf der nationalen Ebene vorsieht, besteht für nationale Sportorganisationen die Möglichkeit den Einfluss der EU über den binnenpolitischen Prozess einzudämmen. Dies ist vor allem dann sinnvoll, wenn nationale Interessen auf der europäischen Ebene geringe Erfolgsaussichten haben. Die Tatsache, dass europäische Sportpolitik seit dem Vertrag von Lissabon im intergouvernementalen Modus entwickelt wird, verstärkt die Erfolgsaussichten nationaler Koalitionen aus Staat und Sportverbänden, da opportunes Verhalten der nationalen Regierungen nach dem Transformationsmodell[38] zu Verlusten im heimischen politischen Stimmenmarkt führen kann.

Dennoch haben Mitgliedstaaten wie Sportverbände in ihrer europapolitischen Strategie folgenden Fakt zu berücksichtigen: Auf Basis der spezifischen Wert- und

---

[38] Siehe Teil B, Kapitel 11.1

Normvorstellungen für die Sportpolitik zeigt sich die Perspektive der Union auf die politischen Rechte und rechtlichen Pflichten von Sportorganisationen als Ausdrucksform des „consumer-welfare-models", dessen Prinzip Branco Martins (2009a: 319-321) folgendermaßen charakterisiert:

> „If the market fails, competition law can be used to counterbalance the tendency to monopolize (by sports governing bodies) or to correct the abuse of a dominant position. The consumer welfare model protects weaker parties in the sports market. [...] The consumer welfare model includes the existence of protective legislation addressed to weaker parties. The current regulatory state of sport is best reflected in natural monopoly model. [...] Such a private monopoly ignores the application of competition law and public interest."

Die faktische Wirkung des „Sportartikels" im Lissaboner Vertrag (Artikel 165 AEU-V) auf die sportrelevante Politik der Europäischen Union kann damit letztendlich unter Berücksichtigung des social-cultural- und des consumer-welfare-Modells wie folgt zusammengefasst werden:

> „On the face of it, Article 165 (4) also appears to be unequivocal concerning the prohibition on harmonisation of the laws and regulations of the Member States. This statement might encourage claims that the laws and regulations of the Member States cannot be harmonised in so far as this would affect sporting practices. However, an examination of past prohibitions of harmonisation and their treatment by the ECJ suggests that harmonising measures can be taken despite this type of prohibition so long as the harmonising measures are nominally based on another Treaty competence. Despite similarly worded prohibitions of harmonisation in the fields of social policy, education, vocational training, culture, and public health, the EU has in practice achieved convergence in legislation through other legal bases." (Europäisches Parlament 2010b: 61-62)

Die beiden Modelle stehen dabei keinesfalls in gegenseitigem Widerspruch. Während das consumer-welfare-model den normativen Kern der Europäischen Union ausdrückt, repräsentiert das socio-cultural-model den thematischen Kerns im belief system der Union. Auf seiner Grundlage kommt es im Einzelfall zur Anwendung unterschiedlicher Politikinstrumente. Je nachdem, ob es sich bei dem Ziel um Regulation, Konsultation oder Förderung handelt, variiert der Modus und Stil politischer Interaktion. Folglich ist es nicht möglich, sie auf einen rein konsultativen Dialog und förderpolitischen Ressourcenaustausch zu beschränken. Vielmehr gilt: „In short, institutional configurations and norms can create a governance regime capable of structuring a policy debate and hence policy development and evolution (Parrish 2003: 55)."

Eine Richtung, in der die Europäische Union die Sport- und Organisationsentwicklung strukturieren möchte, ist die Entwicklung der europäischen Sportbewegung als Teil einer transnationalen Zivilgesellschaft. Es sind vor allem die je nach Mitgliedstaat und nationalem Sportsystem unterschiedlich entwickelten Sportkulturen sowie die Verhältnisse der nationalen Sportorganisationen zu den jeweiligen staatlichen Institutionen, die eine grenzüberschreitende Gemeinschaftsbildung nach dem Prinzip „bottom-up" beeinträchtigen. Im Sinne Scharpfs ist die selbsternannte „Sportfamilie" nationaler und europäischer Verbände institutionell eher als eine soziale Bewegung zu charakterisieren, deren strukturelle Klammer zwar über eine gemeinsame, jedoch innerhalb der Mitgliedstaaten unterschiedlich interpretierte Deutung von Sport gebildet wird.

Grundlegend orientieren sich politische Ziele von mitgliedstaatlichen Sportorganisationen auf nationale, regionale und vor allem lokale Interessen. Europa bildet deshalb eine in ihrer Bedeutung nachgelagerte verbandspolitische Handlungsebene. Aus einer solchen Perspektive wäre sie lediglich in der Lage, eine in Bezug auf grenzüberschreitende Herausforderungen der Sportentwicklung oder Krisenphänomene des Sports zu nutzende Plattform für gemeinsames Lernen zu sein. Die Beteiligung nationaler Sportorganisationen an der Entwicklung einer grenzüberschreitenden Zivilgesellschaft wird damit zu einer Frage der politischen Ökonomie nationaler Verbände.

Die seitens der Europäischen Union, vor allem jedoch durch die Kommission, betriebene Strategie der Zentralisierung und Aggregation nationaler Interessen über die europäischen Dachorganisationen verfolgt die Idee einer Gemeinschaftsbildung nach dem Prinzip „top-down". Entgegen der idealtypischen Konzeption Eastons basiert die Entwicklung einer „europäischen Identität" auf Erzeugung einer extrinsischen Motivation. Sowohl die durch offene Strukturen und auf Inklusion angelegte Politikentwicklung, als auch das Bemühen um die Förderung der Belange des Sports durch finanzielle Ressourcen sind Ausdrucke dieses Ziels. Für den potenziellen Erfolg dieser Strategie kann ein Zusammenhang mit der Höhe und Intention einer distributiven Förderpolitik der Union im Bereich des Sports als entscheidender Faktor angenommen werden. Zur stärkeren Orientierung nationaler Verbandspolitik an europapolitischen Inhalten bedarf es Anreizstrukturen zur Veränderung verbandlichen Verhaltens.

Die Bedeutung europäischer Organisationsstrukturen als institutionelle Klammer einer transnationalen sportpolitischen Gemeinschaft im Sinne Eastons ist dabei jedoch zu relativieren: Da vor allem die supranationalen Organe der Europäischen Union zur Selbsterhaltung und gesellschaftlichen Legitimation auf die politische Unterstützung angewiesen sind, kommt den nationalen Verbänden als Adressaten einer sportfördernden Politik eine besondere Bedeutung zu. Während die kontinentalen Föderationen als Ansprechpartner der Europäischen Union eine bedeutende Rolle als intermediärer Akteur einnehmen, sind lokale, regionale und nationale Sportorganisationen die eigentlichen Träger einer sozialen Gemeinschaft und stärker zivilgesellschaftlich verwurzelt. Sie werden auf den verschiedenen Ebenen nationaler Sportsysteme als intermediäre Akteure zu zentralen Gatekeepern in der Kommunikation der Union mit den Bürgerinnen und Bürgern Europas. Für die Europäische Union steigt damit die Bedeutung lokaler, regionaler und nationaler Organisationen als zivilgesellschaftliche Multiplikatoren in der Entwicklung einer transnationalen (Organisations-)Gesellschaft. Umgekehrt bedeutet dies eine politische Aufwertung der auf diesen Ebenen angesiedelten Akteure.

16.3. Europäisierung des politischen Outputs

Der Output europäischer Sportpolitik ist, wie mit dem sozial-kulturellen Modell dargestellt, an der Förderung des Sports und seiner ihn organisatorisch tragenden Akteure interessiert. Entgegen der Tradition nationaler Sportpolitik bezieht sie sich nicht ausschließlich auf den Selbstzweck der Förderung der entsprechenden Akteure sondern zielt auf die Verwirklichung gesellschaftlicher Grundrechte und übergeordneter Interessen als wesentliche Bestandteile einer Sportförderpolitik. Damit wird deutlich, dass europäische Sportförderpolitik weniger an Strukturen als an der Verfolgung spezifischer Ziele orientiert ist. Sofern sich nationale Sportorganisationen gegenüber den europäischen Förderzielen selbstverpflichten, kann dies zu Veränderungen von Strukturen, Verfahren und inhaltlichen Zielen innerhalb der Verbände führen. Die unmittelbare und direkte Gültigkeit des Gemeinschaftsrechts ist im

Gegensatz zum aktuell lediglich rudimentär entwickelten politischen Ansatz stärker in der Lage, durch die Veränderung von Rahmenbedingungen nachhaltige Effekte dieser Art hervorzubringen.

Zusammenfassend lassen sich diese outcomes europäischer Sportpolitik als Beitrag zu einem politischen Lernprozess begreifen. Er hat das grenzüberschreitende Management gesellschaftlichen und politischen Wandels als Grundlage. Das entsprechende Politikziele und Programme dadurch einen mittel- bis langfristigen strategischen Charakter bekommen, der auf Nachhaltigkeit und dem Sport übergeordnete Leitziele abhebt, ist das zentrale Ergebnis. Sportorganisationen sind damit Adressaten einer Politik, die sie als intermediäre Akteure einer europäischen Zivilgesellschaft aktivieren soll.

16.4. Europäisierung des Feedbacks

Während die Politikproduktion an übergeordneten Zielen orientiert ist und den Sport dadurch in einen instrumentellen Kontext einordnet, bezieht sich das Feedback der Sportverbände auf ihre organisationseigenen Interessen. Der Feedback-Prozess ist damit die zentrale Phase, in der politisches Lernen auf der europäischen Ebene stattfindet. Die Tatsache, dass das Feedback eine Reaktion auf konkrete sportpolitische Initiativen der Europäischen Union ist, erleichtert für Sportorganisationen die thematische Auseinandersetzung mit ihr. Deren Suche nach politischem Input und die daraus resultierende Offenheit der Politikfeldstrukturen des Sports sind dafür wichtige Voraussetzungen.

In der Aggregation sportpolitischer Interessen gegenüber der EU führt dies dazu, dass die daran beteiligten Verbände über nationale Grenzen hinweg miteinander interagieren und bewährte Praktiken austauschen, gemeinsame Themen bearbeiten und so gemeinsame, aber auch gegensätzliche Interessen und Ziele identifizieren. Auf diese Weise ist der „politische Schatten der Europäischen Union" in der Lage, Entwicklungs- und gegenseitige Lernprozesse zu initiieren.

Durch die Offenheit der Systemstrukturen und die proaktive Suche nach Input ist die Politikentwicklung der Europäischen Union durch einen partizipativen Modus und einen dialogischen Stil gekennzeichnet. Die Inkorporation und Koordination aller beteiligten Interessen von Beginn an, bedeutet eine Verlagerung von Feedback-Prozessen in die einzelnen Phasen politischer Prozesse.

Werden die einzelnen Stakeholder des Sports in der Europäischen Union nach dem Konzept Sabatiers (1993) als Teilnehmer unterschiedlicher advocacy coalitions definiert, kann folgendes Szenario modelliert werden: Innerhalb der netzwerkartigen Strukturen ist einseitiges Handeln in der Politikentwicklung weitgehend ausgeschlossen. Stattdessen sind die je nach sportpolitischer Themenstellung und individuellen Interessen beteiligten Stakeholder in unterschiedlicher Art und Weise voneinander abhängig. Über die Kommunikation erfolgt die Auseinandersetzung mit den strategischen Positionen anderer Politikfeldakteure hinsichtlich der Auswirkungen auf die eigenen Ziele. Neben Informationen über die normativen Prämissen und thematischen Präferenzen der am Prozess Beteiligten kommt es zwischen den Akteuren zu Interdependenzen und wechselseitigen Anpassungsprozessen. Entsprechend der Argumentation Sabatiers (1993, 1999) kommt es im Fall ihrer Verstetigung zunächst zu einer pragmatischen Veränderung in der Handlungsstrategie politischer Akteure. Sie haben im Laufe der Zeit gelernt, ihre Maßnahmen zur technischen Durchsetzung ihrer Interessen erfolgsorientiert zu optimieren. Da es über die iterative Kommunikation zur Diffusion von individuellen Überzeugungen politischer Akteure kommt, kann es innerhalb einzelner Koalitionen durch Überzeugung oder Abwehr zu Veränderungen hinsichtlich politikfeldspezifischer Problemwahrnehmungen und Zielstellungen kommen. Voraussetzung für eine solche Anpassung ist die kognitive Einsicht in überlegene Argumente und den positiven Effekt einer Anpassung in Bezug auf den eigenen Nutzen. Zeigen sich Veränderungen in den thematischen Präferenzen politischer Akteure langfristig als förderlich, besteht die Möglichkeit einer Revision grundsätzlicher normativer Prämissen.

Politische Lernprozesse solcher Art finden innerhalb der europäischen Sportpolitik in verschiedenen Konstellationen statt. Sie können zu ihrer Veranschaulichung analytisch folgendermaßen voneinander abgegrenzt werden. Möglich sind Lernprozesse zwischen den:

∞ Gemeinschaftsorganen auf der europäischen Ebene,
∞ Gemeinschaftsorganen und der europäischen Sportbewegung,
∞ Gemeinschaftsorganen und nationalen Sportbewegungen,
∞ nationalen Organisationen der europäischen Sportbewegung,
∞ Mitgliedstaaten.

Die Gemeinschaftsorgane (als Europäische Union), die europäische Sportbewegung (als Zusammenschluss nationaler Organisationen), die nationalen Sportorganisationen (als Kollektiv mitgliedstaatlicher Sportorganisationen), sowie die Mitgliedstaaten (als Nationalstaaten) können im Sinne von advocacy coalitions als kollektive politische Akteure definiert werden.

Die als potenzielle Konfliktherde identifizierten Unterschiede der Sportsysteme in den Mitgliedstaaten bedeuten eine hohe Hürde für politische Lernprozesse und die Entwicklung eines kollektiven sportpolitischen Willens in Europa. Das zu ihrer Überwindung notwendige gemeinsame Lernen ist deshalb voraussetzungsvoll: Nicht nur, dass alle Beteiligten ausreichend soziales Kapital zu ihrer gegenseitigen Akzeptanz und Legitimation gegenüber dem politischen System erwerben müssen; sie benötigen zusätzlich ausgeprägte Kenntnisse über alle im Politikfeld Sport relevanten Akteure und ihre politischen Kontexte zu besitzen.

Kapitel 17:
Europäisierung als Transformation des nationalen Settings von Sportpolitik

Zusammenfassend lassen sich aus der theoretischen Perspektive für die einzelnen Dimensionen der Sportpolitik, also ihre institutionellen Grundlagen, Verfahrensweisen und Inhalte, drei Entwicklungen bilanzieren:

Erstens, die Europäisierung institutioneller Grundlagen und die Entwicklung einer transnationalen sportpolitischen Kultur führen zur strukturellen Öffnung des Politikfelds und erlauben neben den Sportverbänden weiteren Stakeholdern Zugang zur sportpolitischen Arena. Die Transformation einer im nationalen Sportsystem verhältnismäßig geschlossenen in eine auf europäischer Ebene offenere Politikfeldstruktur führt zum Wandel von Akteurskonstellationen: Nationale Sportpolitik wird primär durch bilaterale und korporative Beziehungen zwischen Staat und dem verbandlich organisiertem Sport geprägt, während auf europäischer Ebene eine Vielzahl von Akteuren neben den Verbänden weitere Interessengruppen (z.B. Spielergewerkschaften, professionelle Ligen, Sportrechteinhaber) in netzwerkartige Strukturen eingebettet sind. Die Freiwilligenorganisationen des Sports agieren jedoch aufgrund ihrer Bedeutung für die Entwicklung einer transnationalen Zivilgesellschaft bei der Entwicklung und Ausgestaltung einer „europäischen Dimension" im Sport „auf Augenhöhe" mit den Gemeinschaftsorganen, so dass die aus dem nationalen Kontext bekannten korporatistischen Beziehungsmuster nicht gänzlich verschwinden, jedoch komplexer werden.

Zweitens, die Offenheit gegenüber vielfältigen Interessen und der Netzwerkcharakter europäischer Sportpolitik führt für alle Beteiligten zur Verringerung der Möglichkeiten einseitigen Handelns und dadurch zur Verstärkung der wechselseitigen Beeinflussung und Anpassung in der politischen Interaktion. Dies schwächt zum einen die Dominanz des verbandlichen Deutungs- und Strukturmonopols als institutioneller Rahmen von Sportpolitik. Zum anderen sinkt für alle Akteure die Erwartungssicherheit gegenüber anderen, da einzelne Akteure zugunsten vielfältiger Interessen an machtpolitischem Einfluss verlieren und Politikprozesse in ihrem Ergebnis weniger prognostizierbar werden. Die einzelnen Stakeholder wandeln sich in ihrem Charakter zu stärker strategisch agierenden Akteuren, so dass Prinzipien des politischen Unternehmertums für sie an Bedeutung gewinnen.

Drittens, offene Netzwerkstrukturen, eine Vielzahl am politischen Prozess beteiligter „politischer Unternehmer" und deren wechselseitige Anpassungsprozesse führen
zur Entgrenzung sportpolitischer Inhalte und ermöglichen strukturell Lernprozesse
in der Politikfeldentwicklung, die neue Impulse für die Sportentwicklung generieren können.

17.1. Herausforderungen für nationale Sportorganisationen

Nationalen Sportorganisationen stellt sich durch die Rekontextualisierung ihres
politischen Handlungsraums eine besondere Situation: Auf der nationalen Ebene
haben sich im sportpolitischen Prozess Akteurskonstellationen etabliert, deren Charakter nach Groll & Hepp (2010) korporatistische Züge aufweist. Dieses institutionelle Arrangement und die darin erlernten Interaktionsformen, -modi und -stile
können nicht ohne weiteres für die europäischen Politikarenen übernommen werden. Ein wesentlicher Grund hierfür ist die die stärkere Öffnung von politischen
Strukturen und die damit verbundenen Konsequenzen. Die offenen Netzwerke europäischer Politikarenen zeichnen sich durch einen prinzipiell gleichberechtigten
Zugang einer Vielzahl an Interessenvertretern aus. Politischer Einfluss auf die Willensbildung und Entscheidungsfindung ist per se nicht durch etablierte Beziehungen
zwischen den einzelnen Akteuren strukturiert. Argumentative Verhandlungsstrate-
gien und eine hohe Legitimation von Interessen werden dadurch zu wichtigen ein-
flusspolitischen Instrumenten. Einerseits steigt dabei die Legitimation von Einzelin-
teressen mit ihrer objektiven Begründung und andererseits mit ihrer Repräsentativität.

Die Gemeinschaftspolitik besitzt einen ausgeprägt instrumentellen Charakter. Dies
gilt vor allem für den Sport, der auf der europäischen Ebene im Kontext der Strategie Europa 2020 (Europäische Kommission 2010b) zu sehen ist. Die Koppelung der
Entwicklung europäischer Politikfelder mit übergeordneten strategischen Zielen für
ein intelligentes, nachhaltiges und integratives Wachstum führt zu einer Politikver-
flechtung, die die Nutzung verschiedener Politikfelder zur Realisierung dieser Ziele
anstrebt. Im Fall des Sports führt dies zu einer stärkeren Inklusion vermeintlich
sportferner Themen. Rein sportspezifische Interessen der Verbände sich sehen sich
in ihrer Chance auf Realisierung mit einem Anpassungsdruck an die europapolitischen Leitziele gegenüber.

17.2. Szenarien möglicher Konsequenzen für das nationale Sportsystem

Inwieweit sich zum gegenwärtigen Zeitpunkt Europäisierungseffekte im nationalen Sportsystem festzustellen lassen, sich abzeichnen oder perspektivisch inexistent sein werden, ist bisher weitgehend unbekannt. Aus diesem Grund werden unter Berücksichtigung der bisherigen Ergebnisse szenarische Überlegungen über die Konsequenzen der EU-Sportpolitik im nationalen Sportsystem angestellt. Begonnen wird mit dem Gemeinschaftsrecht, dass aufgrund seiner bindenden Kraft die politische Handlungsfreiheit der europäischen und nationalen Sportverbände stark geprägt hat.

Die aus dem Gemeinschaftsrecht abgeleitete Regulierungskompetenz der Europäischen Union gilt unabhängig von Artikel 6 und 165 AEU-V. Dies führt dazu, dass im nationalen Kontext etablierte Organisationsstrukturen und Verfahrensweisen auf ihre Kompatibilität mit übergeordneten Prinzipien diskutiert werden müssen. Hinzu kommt, dass die sportpolitische Gestaltungskompetenz der Europäischen Union zwar begrenzt, aber dennoch in der Lage ist, inhaltliche Impulse für die Sportentwicklung hervorzubringen. Die Tatsache, dass Gemeinschaftspolitik generell auf europäischer Ebene formuliert und entschieden, jedoch in den Mitgliedstaaten umgesetzt wird, führt zu der Schlussfolgerung, dass europäische Sportpolitik dadurch zu einem Teil der nationalen Politik wird und mit ihr in direkter Wechselbeziehung steht. In der Konsequenz vermag es die Europäische Union für eine zusätzliche Politisierung des Sports im nationalen Kontext zu sorgen. Inwieweit dabei Europäisierungseffekte in der nationalen Sportpolitik direkt wirksam werden, wird dabei zur zentralen Fragestellung zukünftiger Politikfeldforschung.

Wird die Sportpolitik der Europäischen Union als Teil binnenpolitischer Prozesse verstanden, ergeben sich Rückwirkungen auf das Verhältnis von Staat und Verbänden. Neben dem Zusammenspiel von Politik, Verwaltung und Sportverbänden in der Umsetzung von EU-Sportpolitik gerät deren „partnerschaftliches Verhältnis" auch in der Formulierung sportpolitischer Positionen Deutschlands innerhalb der Europäischen Union in den Blick. Es stellt sich die Frage, inwieweit Bund und Länder aufgrund ihres institutionellen Einflusses auf die Europäische Union die Rolle eines Agenten der Interessen der nationalen Sportverbände übernehmen?

Vor dem Hintergrund eines möglichen Einflusses auf die Politisierung des Sports erhöht sich die grundsätzliche Bedeutung von Bund und Ländern als sportpolitische

Akteure. In der Europäischen Union vertreten sie einerseits nationale Interessen. Andererseits sind sie in der Lage, innerhalb politischer Diskurse außerhalb des nationalen Settings zu lernen. Auf der nationalen Ebene können Bundes- und Länderregierungen dann vom sportpolitischen Erfahrungsaustusch und Lernprozessen profitieren und diese in ihre eigene Sportpolitik inkorporieren. Grund für die Vermutung eines solchen Trends ist die klare Formulierung einer eigenen sportpolitischen Agenda der Mitgliedstaaten und die Einrichtung der intergouvernementalen Arbeitsgruppen, in denen Politikvorschläge zur Verbesserung der nationalstaatlichen Sportpolitik erarbeitet werden sollen. Folglich ist die perspektivische Frage von Interesse, ob sich Bund und Länder im sportpolitischen Netzwerk Europas gegenüber den Verbänden emanzipieren und sich stärker als bisher mit eigenständigen Zielen in der Sportentwicklung etablieren?

Nationale Sportverbände sind durch die zunehmende Politisierung des Sports in Europa stärker als bisher in ihrer Rolle als intermediäre Organisationen zwischen Staat und Zivilgesellschaft gefordert. Das in der Funktion als Mitgliederorganisation entwickelte Selbstbild, die strukturelle und verfahrenstechnische sowie inhaltliche Ausrichtung werden durch den Gestaltungs- und Regulierungsanspruch der Europäischen Union herausgefordert. Neben dem gesellschaftlichen Wandel und der veränderten Bedeutung von Sport verstärkt die EU als sportpolitischer Akteur mit einem weiten Sportverständnis aktuell Herausforderungen in der Sportentwicklung, indem sie in ihrer Politik den Sport in gesellschaftlichen Kontexten beispielsweise für gesundheits-, sozial- oder bildungspolitisch instrumentalisiert. Wenn die Europäische Union in einem solchen Szenario als verstärkender Einfluss auf den Wandel der gesellschaftlichen Funktion von Sport und Bewegung betrachtet wird, stellt sich die Frage, inwieweit Sportorganisationen vor der Aufgabe stehen, ihre gesamtgesellschaftliche Funktion sowie ihre Rolle in politischen Systemen vor dem Hintergrund eines weiten Sportverständnisses ebenfalls zu überdenken?

Ein zentraler Punkt hierbei ist, dass die Sportpolitik der Europäischen Union sich nicht auf den Selbstzweck von Sport und die Förderung seiner zivilgesellschaftlichen Strukturen ausrichtet. Sie wird von einem normativen Verständnis des Sports als Beitrag zur gesellschaftlichen Entwicklung in Europa getragen und betrachtet die Verbände in diesem Zusammenhang ebenfalls als instrumentell. Aufgrund der Ausrichtung an einem übergeordneten Ziel, verfolgt die Europäische Union mit ihrer Politik eine Einflussnahme auf die Veränderungen normativer Prämissen in der verbandlichen Sportpolitik. Aufgrund ihres geringen unmittelbaren Einflusses auf die Mitgliedstaaten und die Sportverbände, streben vor allem Kommission und Parlament eine indirekte Beeinflussung der gesellschaftlichen Rahmenbedingungen des Sports an. Folglich ist für die Zukunft zu fragen, inwiefern der strategische Charakter europäischer Sportpolitik in der Lage ist, politischen Einfluss auf die Sportentwicklung zu nehmen?

Die Interessen der nationalen Sportverbände liegen primär im nationalen Kontext. Gleiches gilt für die Sportpolitik von Bund, Ländern und Kommunen. Europäische und nationale Sportpolitik sowie verbandliche Interessenpolitik verfolgen damit Ziele auf unterschiedlichen Ebenen. Diese besitzen jede für sich eigene institutionelle Rahmenbedingungen. Zur Überbrückung dieser institutionellen Unterschiede stellen sich nationalen Verbänden neue Herausforderungen in der Vermittlung ihrer Interessen gegenüber der Europäischen Union. Sie können sich dabei weder auf geteilte normative Grundlagen sowie ein gemeinsamen Verständnis von Aufgaben und Funktion der EU-Sportpolitik stützen. In der Konsequenz bedeutet dies, dass im Hinblick auf die Anpassung verbandlicher Interessenpolitik die Frage nach der Repräsentanz und demokratischen Legitimierung nationaler Verbandsinteressen in der Europäischen Union gestellt werden muss?

Der Wettbewerb nationaler Interessen sowie das fehlende gemeinsame Sportverständnis zwingt die europäischen wie nationalen Verbände gegenüber der Europäischen Union Einfluss zur Vermittlung und Durchsetzung ihrer Interessen zu entwickeln. Erstrebenswert ist dafür die Etablierung einer positiven Reziprozität zwischen Europäischer Union, Mitgliedstaaten und Sportverbänden. Die nationalen Spitzenverbände, wie auch der Deutsche Olympische Sportbund, müssen als Teil ihrer interessenpolitischen Strategie innerhalb der Europäischen Union soziales Kapital entwickeln und in die europäischen Politiknetzwerke investieren. Das bedeutet: Zur Herstellung von Glaubwürdigkeit und Verlässlichkeit wird von nationalen Sportorganisationen verlangt, zu Kompromissen auf europäischer Ebene bereit zu sein. Dieser Anspruch leitet sich daraus ab, dass nationale Verbände gegenüber der Europäischen Union sowie Sportverbänden aus anderen Mitgliedstaaten zunehmend anschlussfähig sein müssen. Verletzen die in der Außenvertretung nationaler Interessen notwendigen Kompromisse die Interessen der Mitglieder, kann es nach der Logik von Einfluss- und Mitgliederlogik kollektiver Akteure zu einem Missverhältnis kommen und Auswirkungen auf die Geschlossenheit der nationalen

Verbandslandschaft kommen. Ein solches Szenario ist in der Lage, die Haltung und Handlungsfreiheit des DOSB im Hinblick auf die Europäische Union und deren Sportpolitik zu beeinflussen. Das Erstarken der Europäischen Union als sportpolitischer Akteur führt im Hinblick auf die Binnenorganisation der nationalen Verbandsstrukturen auf der einen Seite die Notwendigkeit zur Entwicklung politischen Einflusses und auf der anderen Seite die Wahrung der Interessen ihrer Mitglieder. Die grundsätzliche Notwendigkeit zur Anschlussfähigkeit an die Organisationsumwelt fungiert dabei als zusätzlicher Faktor, der zur Herstellung dieser Balance einbezogen werden muss.

In der Umwelt der Sportverbände ist es vor allem durch den gesellschaftlichen Wandel zu einer Entgrenzung des Sports gekommen. Die Konsequenz der Ausdifferenzierung und Pluralisierung gesellschaftlicher, wirtschaftlicher und staatlicher Interessen im Sport führt dazu, dass es in Europa entgegen nationaler Gepflogenheiten zunehmend weniger bilaterale Beziehungen in der Sportpolitik geben wird. Von Interessen sind deshalb die Auswirkungen auf die Beziehung von Sportverbänden, Staat und neuen Stakeholdern im Sport. Konkreter wird es darum gehen, wie Sportverbände ihre sektoralen Interessen gegenüber einer zunehmenden Zahl von staatlichen wie gesellschaftlichen Akteuren vertreten, wobei sie diese sowohl als Partner in die Entwicklung des Sports einbeziehen als auch den Einfluss in politischen Arenen mit ihnen teilen.

Die Europäische Union bildet sportpolitisch ab, was die empirische Wirklichkeit der Sportentwicklung impliziert: Themen des Sports zeichnen sich zunehmend durch die Verflechtung mit anderen Politikfeldern aus. Durch deren Einfluss auf verschiedene Belange des Sports kommt es zu einer veränderten Situation der Sportverbände. Sport wird politisch nicht mehr rein sektorbezogen, sondern in einem übergeordneten gesellschaftlichen Kontext verhandelt. Aufgrund der Verlagerung sportpolitischer Interessen in veränderte institutionelle Kontexte kommt es dazu, dass Autonomie und Subsidiarität des Sports in der EU keine feststehenden Begriffe sind. Sie werden zunehmend weniger historisch-normativ aus dem Sport heraus, sondern realpolitisch über seinen Bezug zu anderen rechtlichen Normen und politischen Zielen bestimmt. Es stellt sich die Frage, inwieweit beide Konzepte als relative Begriffe den Handlungsspielraum der Sportverbände beeinflussen?

Ein wesentlicher Grund für die Relativierung des Autonomiebegriffes und einer Neuinterpretation des Subsidiaritätsprinzips liegt in der „Vergesellschaftung des

Sports". Der ursprüngliche Zweck der Verbandsgründung im Bereich des Sports diente der Organisation und Verwaltung des leistungsorientierten Wettkampfsports. Parallel zum gesellschaftlichen Wandel hat sich auch der Sport in eine Vielzahl historisch sportferner Bereiche hinein entwickelt. In der Konsequenz können Sportverbände ihr historisches Autonomieverständnis nicht ohne Anpassung in diese übertragen, sondern müssen sich auf alternative Deutungskontexte von Sport und damit flexible institutionelle Settings von Sportpolitik einstellen. Für die EU gilt dies besonders, so dass in ihrem Zusammenhang nach der Antwort zu suchen ist, inwieweit den Sportverbänden die Umstellung von einem am Wettkampfsport orientierten Struktur- und Funktionsprinzip auf die Tatsache gelingt, dass dieses in der Europäischen Union nicht mehr als alleiniges Organisationsmodell und politischer Deutungskontext für die Sportentwicklung und ihr politisches Management anerkannt wird.

TEIL D: Politikfeld Sport – empirische Politikfeldanalyse

Im folgenden Teil der Politikfeldanalyse steht die empirische Auseinandersetzung mit der Europäischen Union und ihrer Sportpolitik im Mittelpunkt. Sie ist darauf ausgerichtet, deren Einfluss auf das nationale Sportsystem zu identifizieren.

Kapitel 18:
Grundlagen der empirischen Politikfeldforschung im Sport

Die empirische Forschung zur Sportpolitik der EU besteht aus zwei Komponenten. Bei der ersten handelt es sich um eine Organisationsbefragung deutscher Verbände zu ihrer Wahrnehmung und ihrem Umgang mit der Europäischen Union. Als zweites werden aus den Ergebnissen von Experteninterviews zentrale Entwicklungslinien und Einschätzungen über die Bedeutung der Union für die nationalen Verbände sowie die Sportpolitik von Bund und Ländern vorgestellt. Beide Komponenten ergänzen sich in ihrem analytischen Ziel (Abb. 32).

Theoretische Politikfeldanalyse	
Szenarische Auswirkungen der Europäischen Union	

Wahrnehmungs- & Umgangsanalyse der nationalen Sportorganisationen	
Bewertung	Reaktionen

Expertenanalyse der Europäisierung nationaler Sportpolitik		
Bestandsaufnahme	Herausforderungen	Lösungsperspektiven

Bewertung und Präzisierung der Politikfeldanalyse	
Bilanzierung	Synthese

Orientierungswerte zur Weiterentwicklung der Politikfähigkeit	
Aufbereitung der Forschungsergebnisse	

Abb. 32: Einordnung der empirischen Analyse der EU-Sportpolitik

Da die subjektive Wahrnehmung eine wichtige Rolle für den Umgang mit der Europäischen Union und ihrer Sportpolitik spielt, werden zunächst nationale Sportorganisationen mit Fragebögen zu ihren Einschätzungen befragt. Als quantitative Forschungsmethode ist die Organisationsanalyse nicht dazu konzipiert, die sozialen

Kontexte sportpolitischer Entwicklungen zur Erklärung ihrer Ergebnisse einzubeziehen. Die Expertenanalyse zielt deshalb auf die Überwindung dieses forschungsmethodischen Defizits. Ihr Ziel liegt in der Nutzung von Spezialwissen über soziale Kontexte für eine ergänzende, rekonstruktive Analyse. Fokussiert werden dabei relationale Erklärungen für Entwicklungen im Politikfeld Sport (vgl. Gläser & Laudel 2010: 11-15). Da von Seiten der Experten keine Erlaubnis zur Zitation ihrer Aussagen vorlag, muss auf die argumentative Gegenüberstellung einzelner Aussagen verzichtet werden. Stattdessen werden intersubjektive Übereinstimmungen und Bezüge zur theoretischen Politikfeldanalyse als Essenzen der Experteninterviews angestrebt.

18.1. Untersuchungsdesign der empirischen Politikfeldanalyse

Im Folgenden wird das grundlegende Schema zur empirischen Auseinandersetzung mit der Europäischen Union und ihrer Sportpolitik dargestellt. Um Vergleichbarkeit herzustellen, liegt es der Organisations- und der Expertenanalyse zu Grunde.

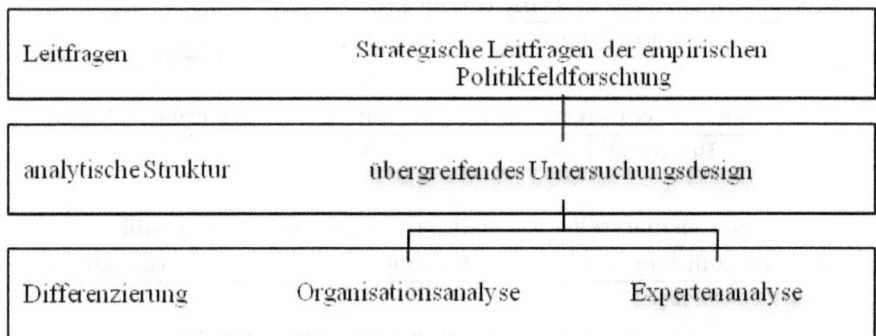

Leitfragen	Strategische Leitfragen der empirischen Politikfeldforschung	
analytische Struktur	übergreifendes Untersuchungsdesign	
Differenzierung	Organisationsanalyse	Expertenanalyse

Abb. 33: Differenzierungsschema der empirischen Politikfeldanalyse

Die Überlegungen über die Europäisierung nationaler Sportpolitik und ihrer Konsequenzen dienen als Grundlage zur Entwicklung von strategischen Fragestellungen für die empirische Politikfeldforschung.

```
┌─────────────────────────────────────────────────────────────┐
│ Bestandsaufnahme, Herausforderungen und Perspektiven der     │
│ EU-Sportpolitik mit Blick auf die Konsequenzen für           │
│ nationale Sportorganisationen                                │
└─────────────────────────────────────────────────────────────┘
```

| strukturell | prozess-orientiert | inhaltlich |

| Kontext | Verband | Kontext | Verband | Kontext | Verband |

Abb. 34: Grundstruktur der empirischen Politikfeldanalyse der EU-Sportpolitik

18.2. Strategische Leitfragen

Die Entwicklung von Organisationen vollzieht sich über ein Wechselspiel aus organisationsinternen Entwicklungsprozessen und externen Einflüssen. Eine empirische Politikfeldforschung muss diesen Umwelt-Organisationsbezug berücksichtigen. Sie tut dies, indem zum einen die Europäische Union und ihre Sportpolitik als Veränderung des politischen Handlungskontexts betrachtet werden. Hinzu kommen die Berücksichtigung des gesellschaftlichen Wandels und seiner Konsequenzen für die Sportentwicklung. Zum anderen werden innenorientierte Aspekte der Organisationsentwicklung fokussiert. Konkret werden Fragen danach gestellt, wie die Verarbeitung europäischer Sportpolitik in den Sportorganisationen von Statten geht und sich die Entwicklung einer Strategie im Umgang mit der Europäischen Union als neuer Spieler in der sportpolitischen Arena vollzieht. Kontext- und Organisationsbezug werden als interdependente Faktoren in den forschungsleitenden Fragen berücksichtigt.

18.3. Operationalisierung und Kategorisierung der Forschungsleitfragen

Zur Identifikation von Europäisierungseffekten muss das Erkenntnisinteresse in vergleichende Kategorien überführt werden. Beabsichtigt wird die Abfrage von Informationen über strukturelle, prozessorientierte und inhaltliche Aspekte der EU-Sportpolitik und ihrer Bedeutung für die nationalen Verbände. Die drei Dimensionen der polity, politics und policy bilden entsprechende Cluster für die Operationalisierung der leitenden Forschungsfragen. Deren Unterscheidung zwischen kontext- und organisationsbezogenen Aspekten führt dazu, dass die Operationalisierung sich in entsprechende Fragestellungen konkretisiert.

18.4. Instrumentarien der empirischen Untersuchung

Forschungsmethodisch übernehmen die Organisationsbefragung und die Experten-interviews als quantitative und qualitative Varianten der empirischen Sozialfor-schung komplementäre Aufgaben: Die Organisationsanalyse basiert auf einem quantitativen Forschungsansatz. In einem standardisierten Verfahren wird sie zur Abfrage von Einschätzungen und Bewertungen sportpolitischer Fragestellungen genutzt. Die Einbeziehung von Expertenwissen für eine synthetische Analyse zent-raler Entwicklungen in der EU-Sportpolitik basiert auf einem qualitativen Ansatz sozialwissenschaftlicher Forschung (vgl. Meuser & Nagel 2005).

Die forschungsmethodische Komplementarität beider Instrumentarien liegt in der Nutzung ihrer jeweiligen Stärken und dem gegenseitigen Ausgleich von methodi-schen Defiziten. Die quantitative Analyse bietet aufgrund ihrer Standardisierung ein hohes Maß an Objektivität, Reliabilität und Validität. Da sie jedoch nicht in der Lage ist, soziale Kontexte als Erklärungsfaktoren einzubeziehen sind ihre Ergebnis-se zwar in sich konsistent, jedoch nicht als abgesicherte Kausalzusammenhänge zur Erklärung von Politikfeldentwicklungen verwendbar. Wie Pfadenhauer (2005) sowie Littig (2005: 10) in ihren Analysen der Bedeutung von Experten und perso-nalisiertem Spezialwissen für die qualitative Sozialforschung anführen, besteht auf der anderen Seite die Gefahr subjektives Expertenwissen methodisch mit einer Bedeutsamkeit aufzuladen, die nicht im Einklang mit einer kritischer Bestätigung und objektiven Legitimation stehen. Als Folge einer „Demokratisierung von Exper-tise" (vgl. Maasen & Weingart 2005) kommt es zu einem wissenschaftssoziologi-schen Diskurs über die Güte von Expertenwissen (vgl. Beck 1986; Giddens 1991). Die Tatsache des Herausarbeitens intersubjektiver Übereinstimmungen sowie un-mittelbarer Bezüge zu den Ergebnissen der theoretischen Politikfeldanalyse relati-vieren diese potenziellen Einschränkungen des analytischen Gehalts Expertenanaly-se. Gleichzeitig grenzen sie die Erklärungsreichweite in Bezug auf die zugrunde liegenden Fragestellungen auf die beiden genannten Kriterien ein.

Kapitel 19:
Organisationsanalyse des deutschen Sports

Bevor die Ergebnisse der Organisationsbefragung vorgestellt und interpretiert werden, sind die methodische Vorgehensweise und ihr struktureller Aufbau genauer zu beschreiben.

19.1. Spezifisches Design der Organisationsanalyse

Entsprechend der Effekte von Europäisierungsprozessen ist die Wahrnehmung von institutionellen Wandlungsprozessen entscheidend für die Beurteilung von Herausforderungen und die Entwicklung von Anpassungsstrategien (vgl. Beichelt 2009: 167-206). Bisher fehlen repräsentative empirische Daten über die Wahrnehmung der Europäischen Union im Sport ebenso wie über die europapolitischen Strategien der nationalen Sportverbände. Entsprechend dem grundlegenden Schema der empirischen Politikfeldanalyse werden für die einzelnen Kategorien in den folgenden Abschnitten Differenzierungen vorgenommen.

19.1.1. Institutionelle Wahrnehmung der Europäischen Union

Im Zentrum stehen die strukturellen sowie normativen Aspekte des institutionellen Wandels in der Sportpolitik. Dabei sind sowohl Wahrnehmungen gegenüber der europäischen wie nationalen Politikebene von Interesse. Es geht darum, zu erfahren, *ob sich nationale Sportorganisationen grundsätzlich von der Politik der EU betroffen fühlen?* Je nachdem, wie diese Antwort ausfällt, schließt das *Interesse nach der Art und Weise der Betroffenheit* an. Unabhängig vom Einfluss der Europäischen Union auf die Sportverbände, geht es allgemein auch darum, aus der Sicht der nationalen Verbände zu erfahren, *welche Art von Interessen die Europäische Union mit ihrer Sportpolitik verfolgt?*

Eine der zum Abschluss der theoretischen Politikfeldanalyse angestellten Überlegungen war das Szenario einer *Veränderung im Verhältnis zwischen Bund, Ländern und den deutschen Sportverbänden.* In diesem Zusammenhang wird dem Aspekt einer möglichen Intensivierung des politischen Dialogs zwischen Staat und Sport, einer Aufwertung von Bund und Ländern als Vertreter verbandlicher Interessen gegenüber der EU sowie einer möglichen Emanzipierung sportpolitischer Interessen der nationalstaatlichen Institutionen nachgegangen.

19.1.2. Institutioneller Umgang mit der Europäischen Union

Hinsichtlich des Umgangs mit der Europäischen Union steht die Abfrage von Reaktionsstrategien und -maßnahmen im Mittelpunkt. Schwerpunkt sind dabei mögliche strukturelle, inhaltliche und programmatische Reaktionen. Sie lassen sich in der Frage zusammenfassen, *ob und wie es in nationalen Sportorganisationen durch die EU zu institutionellen Anpassungen kommt?*

19.1.3. Wahrnehmung zu Veränderungen im sportpolitischen Prozess

Im Zentrum des Erkenntnisinteresses stehen hier die wahrgenommene Veränderung der Interaktionsqualität von Sportpolitik und ihre Folgen für die Sport- und Organisationsentwicklung. Bezugspunkt ist die generelle Interaktion innerhalb des Politikfelds sowie die spezielle Auseinandersetzung mit der Europäischen Union. Dabei ergeben sich folgende Schwerpunkte: Der erste konzentriert sich darauf, ob *nationale Interessen innerhalb der EU-Sportpolitik eine Chance zur Realisierung besitzen?* Unabhängig von den Antworten auf diese Frage, kann ihr Ergebnis auf die Wahrnehmung der Europäischen Union als politischer Akteur bezogen werden. Eine der dafür relevanten Fragen ist die *Einschätzung des Politikstils der Europäischen Union.* Da die Union die europäische Sportbewegung in ihrer Gesamtheit anspricht, gerät nicht nur das Verhältnis der nationalen Sportverbände zur EU in den Blickpunkt. Von Interesse ist ebenfalls, ob sich als Folge der EU-Sportpolitik das *„politische Klima"* innerhalb der europäischen Sportbewegung, also das Verhältnis zwischen den nationalen Verbänden der Mitgliedstaaten, verändert hat?

Liegt der Fokus auf möglichen Anpassung an die veränderten institutionellen Rahmenbedingungen der Verbandspolitik, bleibt abschließend auch eine Antwort darauf zu finden, *welche Kanäle aus Sicht der Verbände als erfolgversprechende Wege der Einflussnahme auf die Europäische Union gelten?* Diese Fragestellung ist gleichzeitig eine Überleitung auf die Betrachtung möglicher Veränderungen in der prozessorientierten Dimension von Sportpolitik. Veränderungen in der Interaktionsstrategie von Sportorganisationen als Konsequenzen der wahrgenommenen Veränderungen sind der Mittelpunkt dieses Bereichs.

19.1.4. Reaktionen auf Veränderungen im sportpolitischen Prozess

Hier geht es sowohl um die zur Vermittlung und Vertretung nationaler Interessen genutzten Kanäle, als auch um die Rolle nationaler Sportorganisationen innerhalb der europäischen Sportbewegung. Folgende Blickwinkel werden dabei gewählt: Erstens, ist zu klären ob *nationale Sportorganisationen ihre Interessen gegenüber der EU vertreten?* Im positiven Fall ist, zweitens, danach zu fragen, *auf welche Art und Weise die nationalen Interessen vertreten werden?*

Wie bereits zuvor, wird auch in diesem Bereich die gesamte europäische Sportbewegung mit in den Blick genommen. Zentral ist – vor allem, weil die Europäische Union eine Zentralisierung der Interessenvertretung über die Kontinentalverbände anstrebt – Informationen über die *Bedeutung europäischer Sportorganisationen für die Vermittlung nationaler Interessen gegenüber der Europäischen Union* zu bekommen. Abstimmungsprozesse in den Gremien der Kontinentalverbände sind stets mit Kompromissen zwischen den Beteiligten verbunden. Folglich ist von Interesse, *inwieweit nationale Sportverbände möglicherweise zur Verhandlung ihrer Interessen die Gremien der europäischen Dachverbände nutzen* oder *zu einer bi- und multilateralen Abstimmung nationaler Interessen übergehen?*

19.1.5. Wahrnehmung europapolitischer Themen in der Sportpolitik

Die Europäische Union gründet ihre Sportpolitik auf ein weites Sportverständnis. Öffentliche und verbandliche Interessen basieren nicht immer auf den gleichen normativen Grundlagen. Deshalb sind Schnittstellen zu organisationspolitischen Zielen der Sportverbände und damit Einflüsse auf die von ihnen betriebene Sportentwicklung nicht immer sofort erkennbar. Abgefragt wird deshalb zum einen das Bewusstsein über die Betroffenheit der Sportentwicklung von der EU-Politik. Diese ist nicht immer als unmittelbare Sportpolitik zu verstehen, denn auch nicht auf den Sport ausgerichtete Aktivitäten der EU betreffen die Verbände. Als zweites, geht es um die allgemeinen Auswirkungen der Gemeinschaftspolitik auf die jeweiligen Organisationen, so dass sich als Schwerpunkte ergeben: Erstens, *hat die Politik der Europäischen Union Bedeutung für die Sportentwicklung* und, zweitens, *hat die Politik der Europäischen Union Bedeutung für die Organisationsentwicklung?*

19.1.6. Konsequenzen europapolitischer Themen für die Sport- und Organisationsentwicklung

Die inhaltliche Ausdifferenzierung des Politikfelds Sport führt in der Europäischen Union zur Erhöhung der Anzahl und institutionellen Variabilität der einzelnen Politikbereiche. Für die Sportorganisationen stellt sich die Frage des Umgangs mit der politischen Entgrenzung des Sports im Rahmen ihrer Organisationsentwicklung. Zentral ist, ob die nationalen Verbände gegenüber europapolitischen Politikinhalten und Entwicklungen Interesse zeigen, eine Relevanz für ihre eigene Entwicklung erkennen und einen entsprechenden Kenntnisstand über die EU erworben haben? Hierzu stehen folgende Aspekte im Mittelpunkt: Zum einen, *wie ausgeprägt ist das Interesse an europäischen Politikinhalten und Entwicklungen* und zum anderen, *ob es europapolitische Themen gibt, die verbandspolitische Relevanz erreichen?* Zudem werden die nationalen Verbände nach ihrem *Kenntnisstand über die Europäischen Union und deren Sportpolitik* befragt. Hintergrund ist ein möglicher Zusammenhang zwischen Kenntnis, Betroffenheit und Interesse in Bezug auf die Union.

19.1.7. Zukunftserwartungen

Unter besonderer Berücksichtigung der jüngeren Entwicklung in der institutionellen Beziehung zwischen der Europäischen Union und dem Sport werden zusätzlich die Erwartungen und prognostizierten Konsequenzen von Artikel 165 AEU-V – also der Umsetzung des Lissabon Vertrages im Sport – auf die Sportpolitik in einem Szenario abgefragt, das anschließend durch die Sportorganisationen bewertet wird.

19.2. Sample

Das Sample der Studie besteht aus 84 nationalen Sportorganisationen, von denen der Großteil als olympische bzw. nicht olympische Verbände innerhalb des DOSB organisiert ist. Die Dachorganisation des deutschen Sports selbst und ihre eigenständige Jugendorganisation (DSJ) ergänzen als überfachliche Verbände die Stichprobe. Gleiches gilt für die Landessportbünde (LSB). Als ebenfalls eigenständiger Organisationstypus wurden die professionellen Ligaverbände der Mannschaftssportarten Basketball (BBL), Eishockey (DEL), Fußball (DFL) und Handball (HSB) einbezogen. Als Zusammenschlüsse professioneller Teamsportorganisationen sind sie in besonderem Maß vom Einfluss des europäischen Wettbewerbsrechts betroffen und bilden damit die strukturelle Unterschiedlichkeit des Sports als Folge seiner inhaltlichen Differenzierung ab. Die auf die professionellen Ligaverbände bezogenen empirischen Daten stehen als zusätzliche Bezugsgröße zur Interpretation der auf die innerhalb des DOSB organisierten Freiwilligenorganisationen zur Verfügung. Ihre geringe Fallzahl erlaubt jedoch keine vergleichende Bewertung. Zusammen ergibt sich für die Untersuchung folgende Stichprobe (Tab. 12):

Organisationstyp	Nationale Ebene	Anzahl	Anteil
Olympische Fachverbände	Bund	34	40,5%
Nicht-Olympische Fachverbände	Bund	28	33,3%
Überfachliche Dachorganisationen	Bund & Länder	18	21,4%
Professionelle Ligaverbände	Bund	4	4,8%
	Gesamt	84	100%

Tab. 12: Verteilung von Organisationstypen im Sample der Organisationsanalyse

Die im DOSB organisierten Verbände mit besonderen Aufgaben (VmbA) sind nicht in der Stichprobe enthalten. Ihr Aufgaben- und Funktionsprofil[39] unterscheidet sich von den zuvor skizzierten Organisationstypen, indem sie sich primär auf Aspekte der Wertevermittlung, Bildung und Wissenschaft sowie Gesundheit im Sport spezialisieren und weniger einen kollektiven Repräsentationsanspruch erheben.

19.3. Durchführung und Auswertung

Die Organisationsanalyse wurde in einem Zeitraum vom 23.3. bis 28.4.2011 durchgeführt und gliederte sich insgesamt in drei Phasen: Die Vorbereitungs- (01.02.2011 bis 22.03.2011), Durchführungs- (23.3. bis 28.4.2011) und Auswertungsphase (01.05.2011 bis 15.06.2011). Den zur Befragung ausgewählten Organisationen wurde schriftlich neben dem Fragebogen ein Begleitschreiben zur Information über die Organisationsanalyse übermittelt. Nach einer vierzehntägigen Frist wurde anhand eines Erinnerungsschreibens noch einmal an die Umfrage erinnert

---

[39] „Die 20 Verbände mit besonderen Aufgaben (VmbA) im Deutschen Olympischen Sportbund (DOSB) repräsentieren eine Gruppe von Mitgliedern, die sich trotz ihrer unterschiedlichen Strukturen, Aufgabenfelder und Größe zu einer Einheit ergänzen. Sie setzen sich für eine ganzheitliche und von Fairplay geprägte Sportbewegung ein. Die VmbA vertreten rund 1,5 Mio. Mitglieder. Schwerpunkte dieser Sportverbände liegen im Bereich Wertevermittlung, Bildung, Wissenschaft und Gesundheit im und durch Sport. Die VmbA decken die gesamte Breite des organisierten Sports ab und können als Orientierung für ein erfülltes Leben dienen. Sie besitzen Kompetenzen, die im DOSB und darüber hinaus Anregungen und Impulse für eine nachhaltige und zukunftsweisende Sportentwicklung geben." (www.dosb.de, 17.07.20011)

und um Rückantwort gebeten. Adressiert waren die Fragen an das geschäftsführende Personal der Organisationen, da auf diese Weise Erfahrungen mit europäischer Sportpolitik aus dem operativen Geschäft Eingang in die sportverbandlichen Einschätzungen eingehen. Die Organisationsanalyse wurde aufgrund der Bewertung politischer Sachverhalte anonym durchgeführt. Durch die Anonymisierung wurde eine höhere Authentizität der Antworten auf möglicherweise politisch sensible Fragen erwartet. Es wurde damit letztlich auch eine höhere Rücklaufquote angestrebt. Um dennoch eine strukturelle Differenzierung der Organisationslandschaft und der rückgemeldeten Informationen erreichen zu können, wurde auf die in Kapitel 19.2 vorgestellte Kategorisierung der Stichprobe zurückgegriffen. Zur Auswertung wurde das Programm SPSS eingesetzt.

19.4. Ergebnispräsentation & -interpretation

Von den 84 angeschriebenen haben sich insgesamt 47 Organisationen (55,9%) an der Umfrage beteiligt. Innerhalb der rückgemeldeten Antworten ergibt sich folgende Verteilung:

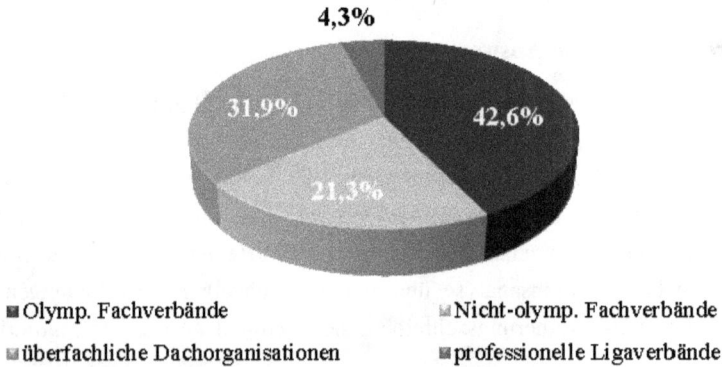

Abb. 35: Anteile der verschiedenen Organisationstypen im Befragungsrücklauf

Zwischen der Stichprobe und dem Rücklauf kommt es zu leichten Verschiebungen in den Anteilen der vier Organisationstypen. Während sich für die olympischen Fachverbände und die professionellen Ligaorganisationen keine signifikanten Abweichungen ergeben, liegt der Anteil überfachlicher Dachorganisationen im Rücklauf um 10,5% höher als in der Stichprobe. Dies entspricht einer Überrepräsentation von umgerechnet 5 Organisationen. Für die nicht-olympischen Sportverbände ergibt sich eine Unterrepräsentanz von 12%. Damit liegt die absolute Zahl an Rückmeldungen in dieser Kategorie um 5 unter einer repräsentativen Quote. Auf eine Gewichtung zur Herstellung von Repräsentativität wird zugunsten der Validität und Reliabilität der ermittelten Daten verzichtet. Aufgrund der geringen Fallzahl in den einzelnen Kategorien käme es andernfalls zur statistischen Verzerrung. Dies wird bei der Interpretation der Daten berücksichtigt, indem pauschale Aussagen hinsichtlich der vier Organisationstypen bei Bedarf differenziert werden.

19.4.1. Institutionelle Wahrnehmung der Europäischen Union

In Bezug auf wahrgenommene Veränderungen institutioneller Rahmenbedingungen werden im Folgenden drei spezifische Merkmale thematisiert. Zum einen wird die Frage nach der grundsätzlichen Betroffenheit nationaler Sportorganisationen von der Europäischen Union gestellt. Anschließend wird eine Charakterisierung der EU-Sportpolitik durch diese angestrebt, bevor mögliche Veränderungen im nationalen Setting sowie des Verhältnisses zwischen Sportorganisationen sowie Bund und Ländern abgefragt werden.

Fühlen sich nationale Verbände grundsätzlich von der Politik der EU betroffen?

Für zwei Drittel der nationalen Verbände verursacht die Europäische Union eine direkte Betroffenheit. Sie unterscheidet sich in Bezug auf die vier Organisationstypen (Abb. 36).

Olympische Verbände	Nicht-olympische Verbände	Überfachliche Dachorganisationen	professionelle Ligaverbände

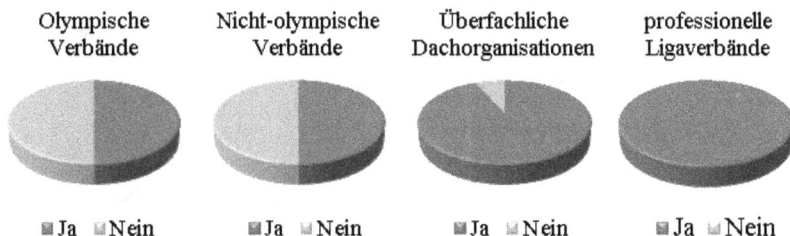

▨ Ja ▨ Nein	▨ Ja ▨ Nein	▨ Ja ▨ Nein	▨ Ja ▨ Nein

Abb. 36: Betroffenheit nationaler Verbände von der EU

Die stärkste Betroffenheit ergibt sich für die Dachorganisationen (93,3%). In ihrer Funktion zur Entwicklung und Absicherung von Rahmenbedingungen des verbandlich organisierten Sports, agieren sie an den Schnittstellen zur öffentlichen Politik und sind deshalb stärker mit dieser verflochten. Da europapolitische Entscheidungen durch Bund und Länder umgesetzt werden, erklärt sich die hohe Betroffenheit. Olympische wie nicht-olympische Verbände sind als Repräsentanten ihrer jeweiligen Sportarten stärker mit sportfachlichen Fragen befasst. Dennoch können über einzelne Bereiche der europäischen Rechtsetzung auch für sie Berührungspunkte zur Europäischen Union entstehen. Die in Kapitel 13 diskutierten Fälle des sportbezogenen „case laws" benennen diese in ihren Konsequenzen beispielhaft. Die geringere Betroffenheit von jeweils der Hälfte aller Organisationen dieser beiden Typen impliziert jedoch eine geringere Reichweite solcher Aspekte im Gesamtkontext. Professionelle Ligaverbände unterscheiden sich durch ihren Rechtstatus von den gemeinnützigen Verbänden, so dass ihre primär in der wirtschaftlichen Dimension des Sports anzusiedelnde Tätigkeit unter die binnenmarkt- und wettbewerbsrechtliche Regulierungskompetenz der Union fällt.

Auf welche Art und Weise fühlen sich nationale Verbände betroffen?

Im Durchschnitt kommen die deutschen Sportorganisationen zu einer neutralen Einschätzung. Abbildung 37 zeigt innerhalb des Spektrums aller Rückmeldungen eine Tendenz zur positiven Betroffenheit.

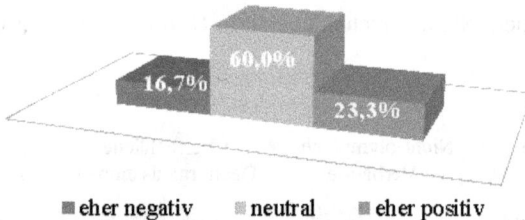

■ eher negativ ■ neutral ■ eher positiv

Abb. 37: Qualität der Betroffenheit durch die EU

Mit Blick auf die vier Organisationstypen sind die überfachlichen Dachorganisationen sowie die nicht-olympischen Spitzenverbände für die positive Tendenz in der Gesamtbewertung verantwortlich. Bei den olympischen Fach- sowie den professionellen Ligaverbänden kommt es eher zu einer negativen Wahrnehmung (Abb. 38).

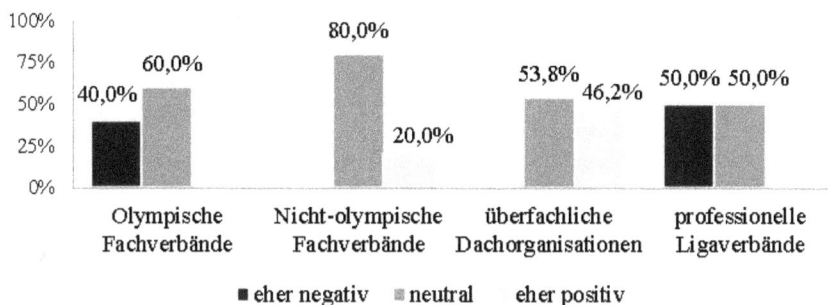

Abb. 38: Qualitative Einschätzung der Betroffenheit von der EU

Eine empirische Ursachenforschung für die jeweiligen Einschätzungen konnte aus forschungsökonomischen Gründen nicht durchgeführt werden. Wird jedoch davon ausgegangen, dass sowohl olympische Sportarten sowie der Profisport einen höheren Kommerzialisierungsgrad besitzen, kann die stärkere Betroffenheit von regulativen Maßnahmen als Erklärung in Betracht gezogen werden. Regulative Maßnahmen als wirtschaftliche Dimension der Gemeinschaftspolitik im Sport sind in der Regel mit der Anpassung von verbandlichen Strukturen oder Verfahrensweisen an die Prinzipien des EU-Rechts geknüpft. Sie können aufgrund dessen als negative Einflussnahme auf verbandliche Interessen wahrgenommen werden. Anders bietet die an der gesellschaftlichen Entwicklung orientierte sozial-kulturelle Dimension europäischer Sportpolitik eine Vielzahl an Anknüpfungspunkten, über die die gesellschaftlichen Rahmenbedingungen des Sports indirekt weiterentwickelt werden können. Das Sportverständnis und das Organisationsprofil werden unter dieser Annahme zu zentralen Faktoren für die verbandliche Einschätzung der Betroffenheit durch die Europäische Union. Entsprechend ist die Sportpolitik der Europäischen Union auf unterschiedliche Art und Weise mit verbandlichen Interessen kompatibel. Inwieweit die nationalen Verbände die Sportpolitik der Union generell im Interesse des Sports wahrnehmen beziehungsweise diese aus ihrer Sicht durch sportferne Interessen überlagert sehen, wird im Folgenden analysiert.

Welche Art von Interessen realisiert die Sportpolitik der Europäischen Union?

Die deutschen Sportorganisationen wurden gesondert danach gefragt, in welchem Ausmaß die Sportpolitik der Europäischen Union sportbezogene Interessen realisiert. In den Ergebnissen zeigt sich, dass der Sportpolitik der Union eine stärkere

Orientierung an vermeintlich sportfernen Politikinteressen attestiert wird. Die Realisierung der – aus dem jeweiligen Selbstverständnis deutscher Sportorganisationen definierten – Interessen des Sports bleibt hinter diesen zurück (Abb. 39).

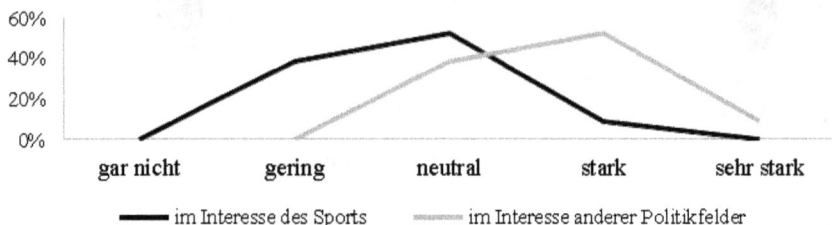

Abb. 39: Realisierte Interessen innerhalb der EU-Sportpolitik

Die Wahrnehmung deutet auf Unterschiede im Verständnis von Sport sowie der Aufgaben und Funktionen von Sportpolitik hin. Akteursbezogen formuliert, werden hier Unterschiede im belief system der Europäischen Union und der deutschen Verbändelandschaft offenbar. Wie Abbildung 40 zeigt, sind diese innerhalb der verschiedenen Organisationstypen unterschiedlich ausgeprägt.

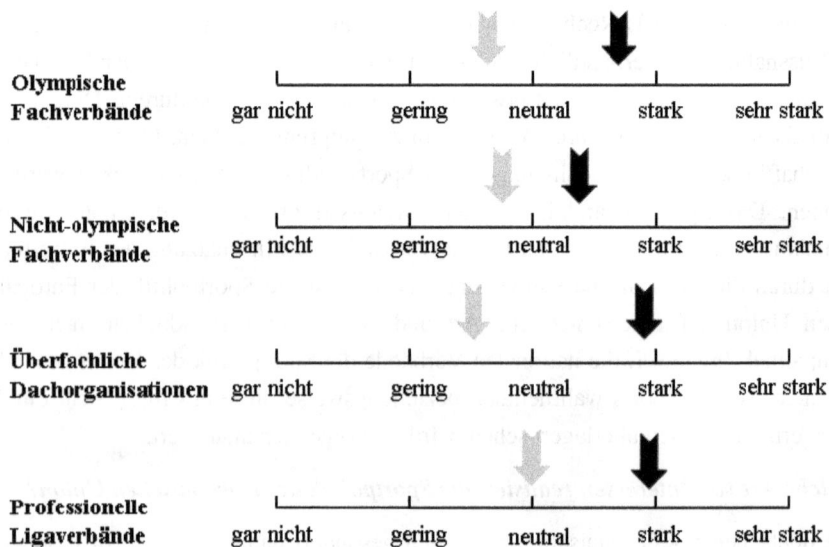

Abb. 40: Einschätzung über die realisierten Interessen in der EU-Sportpolitik

Durch die vielfältige Verflechtung des Sports mit verschiedenen Gesellschaftsbereichen sind die Dachverbände in ihrer Tätigkeit einer Vielzahl von zunächst sportfernen Themen ausgesetzt, stärker als die in erster Linie auf sportfachliche Aspekte
konzentrierten Verbände. In der Vermittlung sind sie dadurch stärker als die übrigen Organisationstypen von potenziellen Interessengegensätzen und -konflikten
betroffen. Die Selbstorganisation des Sports ist lediglich ein Teil des nationalen
Sportsystems. Bund und Länder vertreten als staatliche Akteure öffentliche Interessen. Ihre Beziehung zur organisierten Sportbewegung wird von beiden Seiten als
partnerschaftlich beschrieben. Inwieweit die Sportpolitik der Europäischen Union in
der Lage ist, Einfluss auf das nationale Setting zu nehmen, bildet den Rahmen für
drei Hypothesen, zu denen die Zustimmung der nationalen Sportorganisationen
abgefragt wurde.

Hat die EU-Sportpolitik Folgen für das Verhältnis von Staat und Sport?

Das erste Merkmal, dass in Bezug auf mögliche Veränderungen abgefragt werden
soll, ist die Intensität der Interaktion zwischen Staat und organisiertem Sport. Als
Folge der gestiegenen Bedeutung der EU wird unterstellt, dass zur Verarbeitung
dieses Einflusses und der Entwicklung einer Strategie zur Einflussnahme auf die
Europäische Union sich die Interaktion erhöht.

Seitens der Verbände wird dieser Schlussfolgerung generell nur eine geringe Zustimmung gegeben. Abbildung 41 zeigt, dass 51% aller Einschätzungen zu dieser
Annahme „keine" bis „mittelmäßige Zustimmung" ausdrücken. Gleichzeitig ist
jedoch zu berücksichtigen, dass ein knappes Fünftel „starke" sowie etwas weniger
als ein Drittel aller Organisationen „mittelmäßige Zustimmung" formuliert.

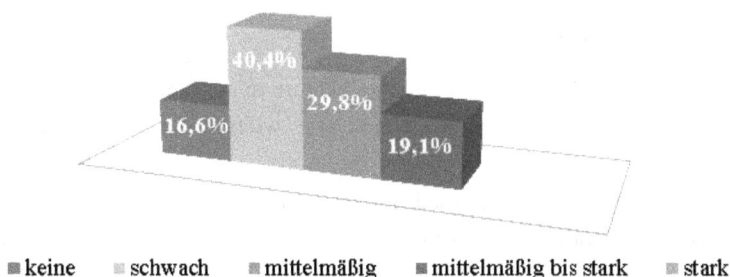

■ keine ■ schwach ■ mittelmäßig ■ mittelmäßig bis stark ■ stark

Abb. 41: Zustimmung zur Vermutung einer durch die EU intensivierten Interaktion
zwischen Verband und Staat

Die Interpretation ist in zwei möglichen Zusammenhängen zu diskutieren. Der erste bezieht sich darauf, dass die EU und ihre Sportpolitik im verbandspolitischen Gesamtzusammenhang eine untergeordnete Rolle spielen. Ihre Relevanz ist entsprechend nicht ausreichend, um eine systemische Intensivierung der Beziehung zwischen den Akteuren aus Sport und Staat zu bewirken. Einzelne Aspekte mit hoher selektiver Bedeutung sind dann in der Lage, die in Teilen „mittelmäßige" und „mittelmäßig bis starke Zustimmung" zu erklären. Die Ergebnisse lassen sich jedoch auch ohne einen ursächlichen Bezug zur Europäischen Union diskutieren, wenn angenommen wird, dass europäische Sportpolitik innerhalb eines bereits intensiven Dialogs zwischen Sport und Staat zusätzlich als innenpolitisches Thema verarbeitet wird.

Diese Sichtweise bildet den zweiten Interpretationskontext, indem die Sportpolitik der Union als zusätzliche Dimension und nicht den auslösender Faktor eines etablierten und verstetigten binnenpolitischen Dialogs Akteuren darstellt. Vor allem im Hinblick auf das Verhältnis zwischen den Dachorganisationen des deutschen Sports und den Regierungen aus Bund und Ländern erscheint diese Annahme plausibel. Insgesamt geben 60% der entsprechenden Organisationen keine oder lediglich eine geringe Zustimmung zu der mit der Fragestellung formulierten Annahme, dass die EU Auslöser für eine Intensivierung ihrer Interaktion ist. Zwischen beiden Akteuren kann eine vor allem über die Sportförderpolitik etablierte Dialogstruktur als Grundlage angenommen werden. Bei den olympischen Sportverbänden beläuft sich diese kumulierte Quote auf 45%, bei den nicht-olympischen auf 40%. Beide Organisationstypen sind in geringerem Maß systemisch, jedoch problembezogen in die staatliche Sportpolitik eingebunden. Die Betroffenheit durch einzelne Aspekte der europäischen Sportpolitik ist dann in der Lage, die bestehenden Interaktionsstrukturen problembezogen zu aktivieren.

Bund und Länder nehmen als öffentliche Akteure in der Vertretung deutscher Interessen innerhalb der Europäischen Union eine wichtige institutionelle Rolle ein. Der Bund besitzt innerhalb der Union die Außenvertretungskompetenz Deutschlands. Die Länder sind nach Artikel 30 des Grundgesetzes zentrale Akteure in der öffentlichen Sportpolitik. Inwieweit sowohl der Bund als auch die Länder wichtige Partner des organisierten Sports auf der europäischen Ebene sind, zeigt Abbildung 42, die die Zustimmungsgrade der deutschen Sportverbände zur Wichtigkeit von

Bund und Ländern als Partner bei der Vertretung nationaler Verbandsinteressen ausdrückt.

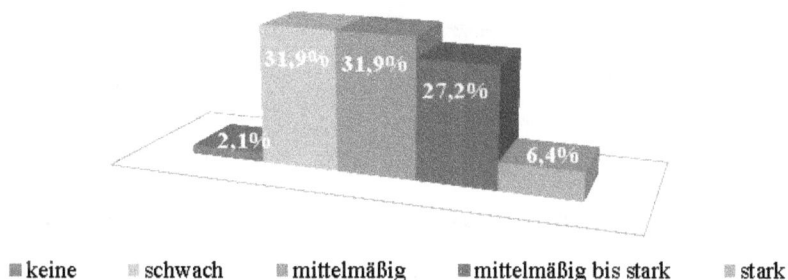

| ▣ keine | ▣ schwach | ▣ mittelmäßig | ▣ mittelmäßig bis stark | ▣ stark |

Abb. 42: Grade der Zustimmung zur Bedeutung von Bund und Ländern als Partner der Verbände in der EU

Ähnlich, wie in der Bewertung der politischen Interaktion zwischen Sport und Staat kommt es auch bei der Einschätzung der Bedeutung von Bund und Ländern als Partner in der europäischen Interessenpolitik zu einer im Durchschnitt mittelmäßigen Zustimmung. Dies deutet zunächst darauf hin, dass die öffentlichen Institutionen vermeintlich keine zentrale Funktion für die verbandliche Interessenvertretung erfüllen. In Anbetracht von einem Drittel der Organisationen, die eine „mittelmäßige bis starke" sowie „starke Zustimmung" ausdrücken, ist die Rolle von Bund und Ländern jedoch auch nicht zu vernachlässigen und deshalb genauer zu betrachten.

Die Interpretation dieser Bewertung gestaltet sich jedoch schwierig, kann aber mit der grundsätzlichen Betroffenheit der Organisationen von der Europäischen Union in Zusammenhang gebracht werden. Ein Anteil von 40% hat angegeben, nicht von der EU-Politik im Sport betroffen zu sein. Es ergeben sich folglich wenige Anreize zur Einflussnahme auf die Gemeinschaftspolitik. Die Notwendigkeit der Instrumentalisierung von Bund und Ländern zur Unterstützung entfällt in einer solchen Situation. Insgesamt entspricht der kumulierte Anteil von 65,9% der Organisationen, die Bund und Ländern zumindest eine mittelmäßige Bedeutung als Koalitionspartner für sportpolitische Interessen attestieren, in etwa jener Quote von Organisationen, die für sich eine Betroffenheit festgestellt haben. Der kausale Zusammenhang lässt sich jedoch empirisch nicht ausreichend nachweisen. Abbildung 43 vergleicht die

Zustimmung zur Bedeutung von Bundes- und Landespolitik mit der individuell wahrgenommenen europapolitischen Betroffenheit der Organisationen.

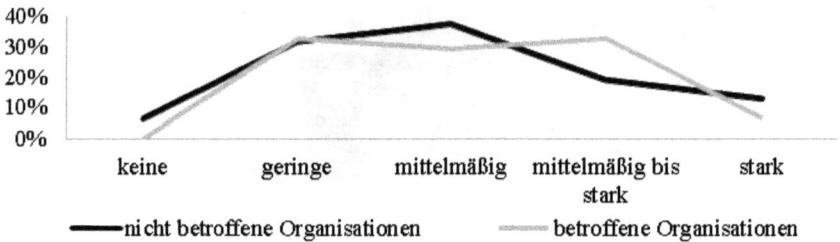

keine	geringe	mittelmäßig	mittelmäßig bis stark	stark

━━ nicht betroffene Organisationen ⋯⋯ betroffene Organisationen

Abb. 43: Einschätzung über die Bedeutung von Bund und Ländern als Partner der Verbände auf EU-Ebene

Die Betroffenheit der Organisationen ist damit nicht als der primäre Faktor für die Erklärung der Bedeutung von Bund und Ländern in der verbandlichen Interessenvertretung zu identifizieren. Die Bedeutungszuweisung ist, wenn nicht über die EU, folglich im binnenpolitischen Verhältnis zwischen Staat und Sport zu suchen: Etablierte Netzwerke zur nationalen und regionalen Verarbeitung sportpolitischer Themen haben auf Seiten des organisierten Sports Vertrauen und Erwartungen gegenüber den öffentlichen Akteuren offenbar stärker geprägt, als die Einflüsse der EU-Sportpolitik. Hinzu kommt, dass Bund und Länder die Europäische Union als politische Arena zur Verfolgung eigener sportbezogener Ziele nutzen. Danach gefragt, ob es in Folge des Erstarkens europäischer Sportpolitik zu einer stärkeren Verfolgung eigener Ziele von Bund und Ländern im Sport kommt, antworteten die nationalen Sportorganisationen wie folgt (Abb. 44):

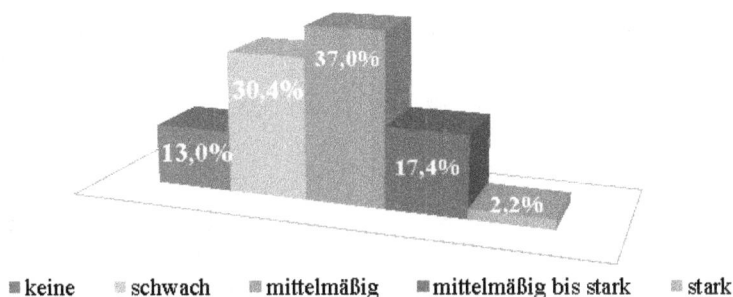

■ keine ■ schwach ■ mittelmäßig ■ mittelmäßig bis stark ■ stark

Abb. 44: Zustimmung zur stärkeren Eigenständigkeit sportpolitischer Ziele in Bund und Ländern als Folge europäischer Sportpolitik

Auch wenn die grundsätzliche Tendenz in Richtung einer geringen Zustimmung geht, bedeuten die Ergebnisse aus Abbildung 44, dass lediglich 13% der deutschen Sportverbände keine Auswirkungen auf die staatliche Sportpolitik sehen. Ein knappes Fünftel der befragten Verbände kommt sogar zu der Einschätzung, dass sich Bund und Länder in mittelmäßiger bis starker sowie starker Weise in der Formulierung und Verfolgung eigenständiger sportpolitischer Ziele engagieren. Demnach führt die EU-Politik zu einer stärkeren Aktivierung staatlicher Sportpolitik und begründet Tendenzen ihrer „Emanzipation". Innerhalb der einzelnen Organisationstypen sind es vor allem die olympischen Fachverbände sowie die Dachorganisationen, die eine solche Entwicklung wahrnehmen.

19.1.2. Institutioneller Umgang mit der Europäischen Union

Zunächst geht es bei der Frage nach dem Umgang mit der steigenden Bedeutung der Europäischen Union um die Ermittlung möglicher Anpassungsprozesse an einen veränderten Handlungskontext. Sportorganisationen haben die Möglichkeit, mit Veränderungen in ihren Strukturen, Verfahrensweisen oder ihrer programmatischen Ausrichtung auf Veränderungen ihrer Rahmenbedingungen zu reagieren.

Kommt es durch die EU zu institutionellen Anpassungen nationaler Verbände?

Die überwiegende Mehrheit von 80,9% der deutschen Sportverbände hat in ihrer Organisationsentwicklung bisher nicht auf die Europäische Union reagiert. Von den 9 Organisationen, die institutionelle Anpassungen vorgenommen haben, sind sechs dem Typus der überfachlichen Dachorganisationen zuzuordnen. Hinzu kommen zwei olympische und ein nicht-olympischer Fachverband (Abb. 45).

Olympische Verbände	Nicht-olympische Verbände	Überfachliche Dachorganisationen	professionelle Ligaverbände

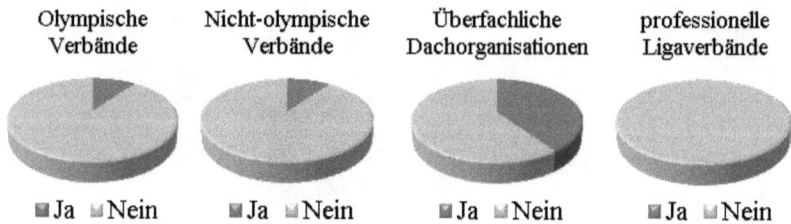

Ja ⊔Nein   Ja ⊔Nein   Ja ⊔Nein   Ja ⊔Nein

Abb. 45: Anteil der Organisationen mit institutionellen Anpassungen an die EU

Generell überschreitet die institutionelle Bedeutung der Europäischen Union damit augenscheinlich nicht die Relevanzschwelle, die nationale Sportorganisationen zu einer Anpassung in ihrer Organisationsentwicklung bewegt. Lediglich für die überfachlichen Dachorganisationen ergibt sich ein bedeutsamer Anteil an Organisationen, die auf die EU reagiert haben. Eine Ursache hierfür ist in der Aufhebung des staatlichen Monopols für Sportwetten durch den EuGH und die Neuregelung des Glücksspielmarktes auf der Länderebene begründet. Als Folge der Liberalisierung des Glücksspielmarktes kam es in vielen Bundesländern zur gesetzlichen Neugestaltung der staatlichen Sportförderung, die die maßgebliche Quelle zur öffentlichen Finanzierung des Sports darstellt. Strukturelle Anpassungen, wie die eigenständige institutionelle Berücksichtigung Europas in den Organisationsstrukturen, wurden lediglich von einer Organisation vorgenommen.

19.1.3. Wahrnehmungen zu Veränderungen im sportpolitischen Prozess

Der sportpolitische Prozess in der Europäischen Union unterscheidet sich von nationaler Sportpolitik durch die größere Offenheit seiner Strukturen, die höhere Zahl an Beteiligten sowie eine der Unterschiedlichkeit nationaler Sportsysteme geschuldete Heterogenität sportpolitischer Interessen. Den Einstieg in die Analyse der Wahrnehmung über veränderte Merkmale sportpolitischer Prozesse bildet deshalb die Frage nach den Erfolgsaussichten nationaler Interessenpolitik der Sportorganisationen in der EU.

Haben nationale Interessen in der EU-Sportpolitik eine Realisierungschance?

Grundsätzlich attestieren die deutschen Sportorganisationen nationalen Interessen eine mittelmäßige Chance auf Berücksichtigung in der Sportpolitik der Union, drücken dabei jedoch eine negative Tendenz aus (Abb. 46).

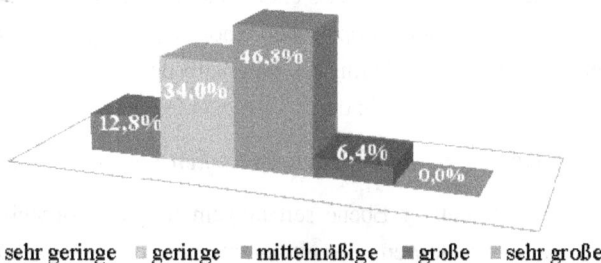

sehr geringe   geringe   mittelmäßige   große   sehr große

Abb. 46: Einschätzung der Realisierungschancen nationaler Interessen in der EU

Eine Begründung für die tendenzielle Zurückhaltung bei der Bewertung der Erfolgsaussichten nationaler Interessen kann in der Wahrnehmung des Politikstils der Europäischen Union als sportpolitischer Interaktionspartner gesucht werden.

Welche Einschätzung ergibt sich hinsichtlich des Politikstils der EU?

Zur Beurteilung des Politikstils der Union standen fünf Merkmalsausprägungen zur Verfügung. Abbildung 47 gibt einen Überblick über die Verteilung der Antworten und erlaubt eine Charakterisierung.

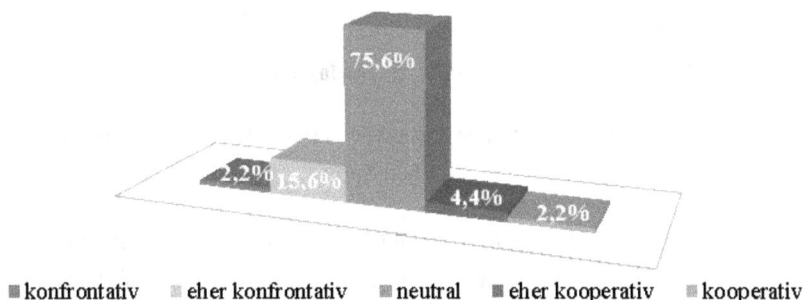

konfrontativ   eher konfrontativ   neutral   eher kooperativ   kooperativ

Abb. 47: Einschätzung des Politikstils der Europäischen Union

Im Ergebnis zeigt sich, dass die nationalen Sportorganisationen die Union über ihren Politikstil weitgehend als neutralen Akteur wahrnehmen. Der Eindruck eines „kooperativer Mitspieler" ist jedoch etwas geringer ausgeprägt als der des „konfrontativen Gegenspielers". Die Neutralität in der Einschätzung ist damit jedoch nicht in der Lage, die zurückhaltende Bewertung nationaler Erfolgsaussichten in der Interessenvertretung zu erklären, so dass eine denkbare Ursache möglicherweise im „politischen Binnenklima" der europäischen Sportbewegung selbst zu suchen ist, also einer Veränderung des Verhältnisses innerhalb der Kontinentalverbände oder zwischen den nationalen Fachverbänden,

Hat die EU das politische Klima in der europäischen Sportbewegung verändert?

Der Sport ist auf kontinentaler Ebene seit langem föderativ organisiert. Die kollektiven Organisationsstrukturen dienen nicht nur der grenzüberschreitenden Selbstorganisation des Sports, sondern übernehmen entsprechend seiner subsidiären Konstruktion auch die Außenvertretung seiner Interessen. Eine Aufgabe, die sich in Bezug auf die EU historisch erstmalig stellt. Auch wenn der Europarat sportpolitische Relevanz besaß, handelt es sich bei ihm nicht um eine quasi-staatliche Institution, wie es die Europäische Union ist. Auf die Frage, ob die gegenüber der EU notwendige Aggregation nationaler Interessen zu einer Veränderung zwischen den Mitgliedsorganisationen geführt hat, kommt es innerhalb der vier Organisationstypen zu unterschiedlichen Einschätzungen (Abb. 48).

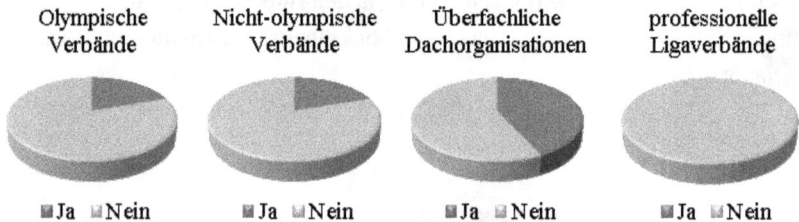

Olympische Verbände	Nicht-olympische Verbände	Überfachliche Dachorganisationen	professionelle Ligaverbände
▪ Ja ▪ Nein	▪ Ja ▪ Nein	▪ Ja ▪ Nein	▪ Ja ▪ Nein

Abb. 48: Anteil der Organisationen mit einer veränderten Wahrnehmung über das politische Klima im europäischen Sport

Olympische wie nicht-olympische Verbände weisen in ihrem normativen Sportverständnis und politischen Zielsystem eine größere Homogenität auf. Die fachliche Spezialisierung auf weltweit durch gemeinsame Regeln bestimmte Sportarten dient hier als gemeinsame Klammer. Die professionellen Ligen agieren primär als eigenständige nationale Handlungseinheiten, sind jedoch lose als Interessenkoalition miteinander vernetzt. Was die Initiative Profisport als Interessengemeinschaft aus Deutscher Fußballliga GmbH (DFL), Handball-Bundesliga GmbH (HBL), Basketball Bundesliga GmbH (BBL) sowie Deutscher Eishockey Liga (DEL) für Deutschland exemplarisch darstellt, sind die European Professional Football Leagues (EPFL) oder die Sports Rights Owners Coalition (SROC) auf europäischer Ebene: Explizit zur Vertretung der Interessen ihrer Mitglieder gegenüber der Europäischen Union gegründete Interessenkoalitionen. Sie zeichnen sich durch ihren unmittelbaren und auf die Aspekte des Profisports – vor allem medienrechtliche Fragestellungen – ausgerichteten Bezug aus. Sie unterscheiden sich von den übrigen Verbandstypen, da sie weniger formalisiert sind und stärker problembezogen entstehen. Anders stellt sich die Situation für die nationalen und regionalen Dachorganisationen dar. Sie sind weit weniger durch eine gemeinsame normative wie strukturelle Klammer zusammengebunden. Die gesellschaftliche Bedeutung von Sport und seine Interpretation variieren in den Mitgliedstaaten. Kollektive Organisationsstrukturen wie das Europäische Olympische Komitee (EOC) oder der unter dem Dach der European Non-Governmental Sports Organisation (ENGSO) vollzogene Zusammenschluss nationaler Dachorganisationen zeichnen sich durch eine große Eigenständigkeit ihrer Mitglieder aus. Als Konsultationsforen interpretiert, spiegeln sich in ihnen die Unterschiedlichkeit nationaler Sportsysteme sowie die Heterogenität ihrer sportpolitischen Kulturen stärker wider. Hinsichtlich der Qualität möglicher Veränderungen in den Beziehungen innerhalb der europäischen Sportbewegung kommt es, allgemein formuliert, zu einer stärker an Kooperation ausgerichteten Beziehung zwischen den nationalen Organisationen (Abb. 49). Die Europäische Union ist damit in der Lage, die nationalen Sportorganisationen in Europa zu einer stärkeren Zusammenarbeit zu aktivieren.

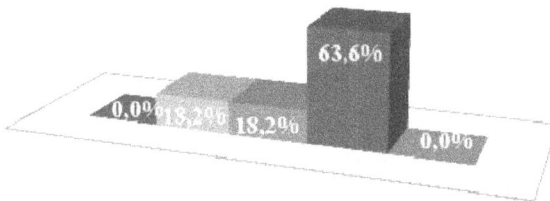

■ wettbewerbsorientiert   ■ eher wettbewerbsorientiert   ■ neutral   ■ eher kooperativ   ■ kooperativ

Abb. 49: Wahrgenommene Veränderungen im Verhältnis der Verbände

Die Ergebnisse legen nahe, dass die zuvor tendenziell zurückhaltend bewerteten Erfolgsaussichten nationaler Interessen stärker dem Dilemma unterschiedlicher Strukturen, Verfahrensweisen und Inhalten nationaler Sportsysteme in Europa geschuldet und (zumindest zum gegenwärtigen Stand) weniger durch politischen Wettbewerb und Verteilungskonflikte gekennzeichnet sind.

Neben ihrer Eigenschaft als institutioneller Rahmen für eine geregelte Zusammenarbeit der nationalen Sportverbände stellen die europäischen Organisationen eine zentrale Schnittstelle zur Einflussnahme auf die EU dar. Aus Sicht der nationalen Verbände kommen dafür auch Bund und Länder in Frage, die auf intergouvernementaler Ebene institutionell mit dem politischen System der Union verflochten sind. Darüber hinaus besteht die Möglichkeit selbst gegenüber der Kommission und dem Europaparlament tätig zu werden.

Welche Kanäle gelten als erfolgversprechend für die Einflussnahme auf die EU?

In der grundsätzlichen Bewertung der institutionellen Schnittstellen zur Einflussnahme auf die EU bestehen gegenüber den europäischen Verbandsstrukturen sowie Bund und Ländern von Seiten der Verbände die höchsten Erwartungen. Als Begründung erscheinen etablierte Beziehungen zu relevanten Akteuren und eine damit einhergehende Erwartungssicherheit gegenüber deren Verlässlichkeit als Agent der eigenen Interessen plausibel. Aus dem gleichen Grund lassen sich die geringen Erwartungen gegenüber Kommission und EU-Parlament erklären, zu denen kein entsprechendes Vertrauensverhältnis aufgebaut zu sein scheint. Hinzu kommt, dass neben einer grundsätzlich skeptischen Erwartungshaltung, erprobte und Strategien für ein direktes Lobbying gegenüber den Gemeinschaftsorganen weitgehend fehlen. Auch der Status von Bund, Ländern und Kontinentalverbänden ist in die Interpretation einzubeziehen: Der Bund ist institutioneller Teil der Europäischen Union. Er verfügt daher über unmittelbares Einflusspotenzial auf die Entwicklung der Gemeinschaftspolitik. Aufgrund der föderalen Verfasstheit des politischen Systems der Bundesrepublik Deutschlands gilt dies auch für die Bundesländer, die gemeinsam mit dem Bund die Vertretung nationaler Interessen in der Europäischen Union wahrnehmen. Die europäischen Dachverbände können zivilgesellschaftlich als Teil einer transnationalen Gesellschaft betrachtet werden, die die gemeinsamen Belange des Sports „auf Augenhöhe" zu den europäischen Gemeinschaftsorganen vertreten.

Europäische Kommission

zu vernachlässigen	wenig aussichtsreich	neutral	aussichtsreich	sehr aussichtsreich

Europäisches Parlament

zu vernachlässigen	wenig aussichtsreich	neutral	aussichtsreich	sehr aussichtsreich

Bund

zu vernachlässigen	wenig aussichtsreich	neutral	aussichtsreich	sehr aussichtsreich

Länder

zu vernachlässigen	wenig aussichtsreich	neutral	aussichtsreich	sehr aussichtsreich

Europäische Sportverbände

zu vernachlässigen	wenig aussichtsreich	neutral	aussichtsreich	sehr aussichtsreich

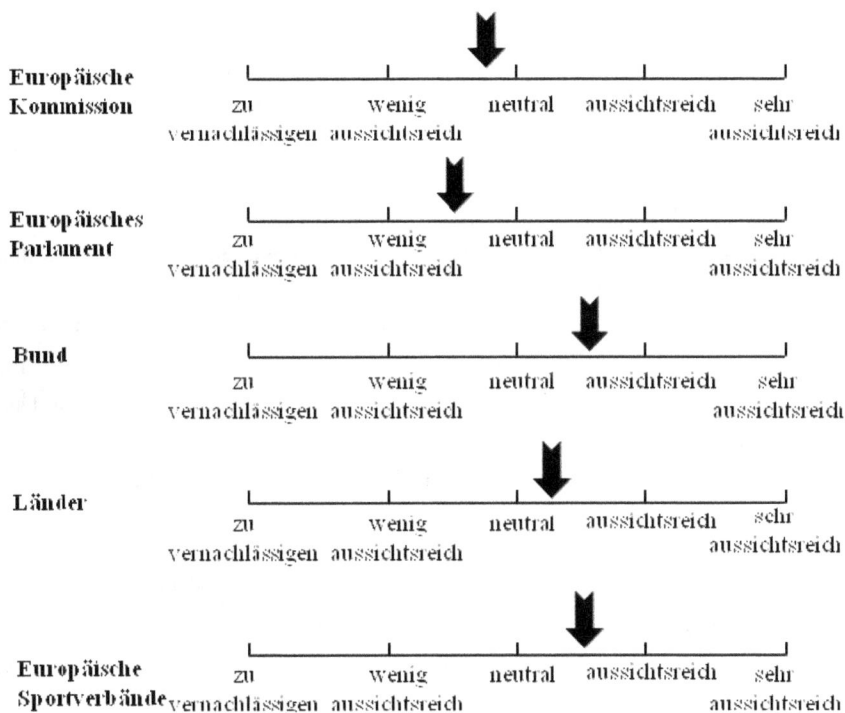

Abb. 50: Einschätzung der Erfolgsaussichten institutioneller Kanäle in die EU

Wird diese grundsätzliche Einschätzung nach Organisationstypen differenziert, kommt es zu veränderten Bewertungen: Die Fachverbände sehen ihre europäischen Dachorganisationen als erfolgversprechendsten Weg, Einfluss auf die EU-Sportpolitik zu nehmen. Als Ursache kann die relative Homogenität der Interessen aus den nationalen Spitzenverbänden angenommen werden. Die Fokussierung auf sportartspezifische Aspekte sorgt hier für den interessenpolitischen Zusammenhalt. Bund und Länder haben im Vergleich zu den Kontinentalverbänden eine nachrangige Bedeutung. Ein anderes Bild zeichnet sich in Bezug auf die überfachlichen Organisationen, wie den Deutschen Olympischen Sportbund, die Deutsche Sportjugend sowie die Landessportbünde ab. Ihnen fehlen zum einen vergleichbare Strukturen, wie sie die Fachverbände kennzeichnen. Zwar verfügen die nationalen Dachverbände auf der europäischen Ebene ebenfalls über kollektive Organisationsformen. Diese gewähren den einzelnen Mitgliedern jedoch größere Autonomie als es das europäische Fachverbandsprinzip tut. Die fehlende Spezialisierung auf sport-spezifische Belange sorgt zudem für ein umfassenderes Themenprofil in der Interessenvertretung. Gleichzeitig offenbart es die Unterschiedlichkeit europäischer Sportsysteme und der jeweiligen Sportkultur in den Mitgliedstaaten. Folglich sind die verschiedenen nationalen Interessen, die es bezüglich der übergeordneten politischen Rahmenbedingungen des Sports in Europa zu verhandeln gilt, abstrakter und heterogener als sportfachliche Fragen. Neben der kollektiven Interessenvertretung nehmen die überfachlichen Dachverbände die Aufgabe der Absicherung sportpolitischer Rahmenbedingungen wahr. Ihr Aufgabenprofil besitzt dadurch große Schnittmengen zur Politik von Bund und Ländern. Aus diesem Grund beide staatlichen Institutionen die Rangliste der erfolgversprechendsten Einflusskanäle an. Dass die Bundesländer dabei in der Bedeutung höher eingeschätzt werden als der Bund, liegt daran, dass die Stichprobe durch die Landessportbünde dominiert wird. Mit dem DOSB und der DSJ existieren auf Bundesebene lediglich zwei überfachliche Dachorganisationen. Zudem liegt nach Artikel 30 des Grundgesetzes die sportpolitische Kompetenz bei den Ländern. Auch wenn die Beziehung der überfachlichen Organisationen zu öffentlichen Akteuren intensiver ist, als zu den europäischen Fachverbänden, werden letztere ebenfalls als Schnittstellen in die EU genutzt. An diesem Beispiel wird deutlich, dass sich in Bezug auf die Europäische Union, entsprechend der Darstellungen aus Kapitel 5.2, verschiedene Netzwerktypen der interessenpolitischen Einflussnahme entwickeln. Unterschiedliche sportpolitische Anliegen erfordern unterschiedliche Zugänge zur europäischen Politikarena.

Werden die für die institutionelle Dimension verbandlicher Politik festgestellten Europäisierungseffekte anhand des advocacy coalition Ansatzes bewertet, kann zum gegenwärtigen Entwicklungsstand nicht davon gesprochen werden, dass die Sport-politik der Europäischen Union in der Lage ist, den normativen Kern des deutschen Sportsystems zu verändern. Entsprechend der Überlegungen Sabatiers (1993, 1999) wandelt sich dieser erst langfristig über iterative Interaktionsprozesse. Aus diesem Grund werden im Folgenden die Reaktions- und Handlungsstrategien nationaler Sportorganisationen auf Anpassungseffekte untersucht.

19.1.4. Reaktionen auf Veränderungen im sportpolitischen Prozess

Um den Einfluss der Europäisierung in der Prozessdimension verbandlicher Sport-politik beurteilen zu können, kommt es im Folgenden zu einer Betrachtung ihrer einzelnen Aspekte. Im Mittelpunkt stehen: Die Art und Weise der Interessenvertretung gegenüber der Europäischen Union, die Bedeutung bi- und multilateraler Koordinierungsprozesse und die Wichtigkeit der institutionellen Organisationsstruktur europäischer Verbände als handlungsprägender Rahmen für die europapolitische Strategie nationaler Verbände.

Vertreten nationale Sportorganisationen ihre Interessen gegenüber der EU?

Die Ausrichtung verbandspolitischer Interessenvertretung ist der grundlegendste Anpassungseffekt an die sportpolitische Entwicklung der Europäischen Union. Auf alle deutschen Sportverbände bezogen, vertritt in etwa jeder Sechste (59,6%) seine Interessen gegenüber der Union. Abbildung 51 zeigt, dass das interessenpolitische Engagement in Bezug auf die verschiedenen Organisationstypen jedoch unterschiedlich ausgeprägt ist.

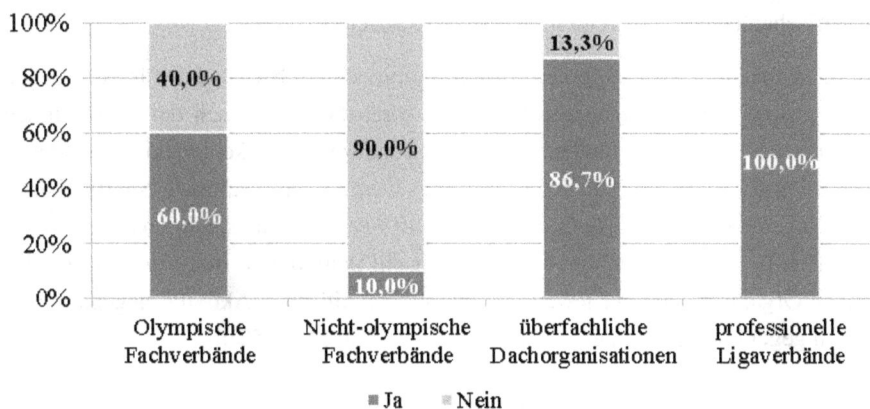

Abb. 51: Anteil der Organisationen mit einer aktiven EU-Interessenpolitik

Zur Bewertung der Ergebnisse kann an die zuvor geführte Argumentation des Zusammenhangs der verschiedenen Organisationsprofile und des regulativen bzw. politikgestaltenden Charakters der EU-Sportpolitik angeknüpft werden. Aus dem Mandat der Dachorganisationen zur Absicherung der politischen Rahmenbedingungen ihrer Mitglieder ergibt sich eine große Schnittmenge zu einer Vielzahl an Politikfeldern, in denen die Kompetenzen der Union mehr oder weniger ausgeprägt sind. Hier gilt es sowohl die allgemeinen Interessen des Sports gegenüber dem regulativen Zugriff der Union zu schützen, als auch die strategische Entwicklung europäischer Sportpolitik zu Gunsten der Verbände zu beeinflussen. Während in

Bezug auf das Gemeinschaftsrecht das Interesse auf der Wahrung der Autonomie liegt, steht in der Einflussnahme auf die strategische Politikfeldentwicklung vor allem die Erschließung neuer Ressourcen über europäische Förderprogramme im Zentrum. Die olympischen Fachverbände sind hinsichtlich der Professionalisierung und Kommerzialisierung ihrer Sportarten weniger an den übergeordneten Rahmenbedingungen des Sports in Europa, als an der Vermeidung von Konflikten zwischen ihren Regularien und dem Gemeinschaftsrecht interessiert. Dies gilt noch stärker im Fall der professionellen Ligaverbände, die ihre Interessen vor allem hinsichtlich der wirtschaftlichen Verwertung des Sports artikulieren. Für die nicht-olympischen Fachverbände treffen alle zuvor genannten Aspekte lediglich in stark abgeschwächter Form zu, was das vergleichsweise geringe interessenpolitische Engagement gegenüber erklärt. Hinzu kommt, dass die überfachlichen Dachverbände im Namen ihrer Mitgliederorganisationen bereits Vorarbeit leisten und in der Lage sind, den spezifischen Handlungsdruck mittelbar zu reduzieren.

Wird unabhängig vom Organisationstyp empirisch nach Gründen für oder gegen interessenpolitisches Engagement gesucht, gerät die Frage nach der Betroffenheit nationaler Sportorganisationen durch die europäische Politikentwicklung erneut in den Blick. Es kann die Annahme formuliert werden, dass nationale Sportverbände dann gegenüber der Europäischen Union aktiv werden, wenn sie durch deren Politik betroffen fühlen. Werden die Angaben über die individuelle Betroffenheit der einzelnen Organisationen der jeweiligen interessenpolitischen Aktivität gegenüber der Union gegenüber gestellt, ergibt sich folgendes Bild (Abb. 52):

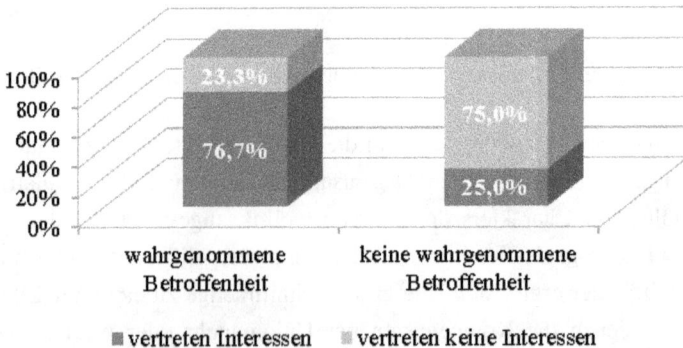

■ vertreten Interessen ■ vertreten keine Interessen

Abb. 52: Betroffenheit durch und interessenpolitischer Aktivität gegenüber der EU

Die unmittelbare Betroffenheit ist demgemäß nicht alleiniger Grund interessenpolitische Maßnahmen gegenüber der Europäischen Union zu initiieren. Umgekehrt gilt genauso, dass eine Betroffenheit von der EU-Sportpolitik nicht kausaler Auslöser eines Euro-Lobbyings ist. Dies legt nahe, dass die europäische Sportpolitik entweder eine geringe Relevanz besitzt oder aber mit den verbandlichen Interessen konform geht. Als dritte Möglichkeit müssen jedoch auch fehlende Expertise und/oder Ressourcen für ein eigenes Engagement in Betracht gezogen werden, so dass sich dieser Themenbereich für eine vertiefende Politikfeldforschung anbietet. Den Organisationen, die sich zwar nicht durch die Europäische Union betroffen fühlen, ihre Interessen dennoch ihr gegenüber artikulieren, kann eine proaktive Strategie in ihrer Rolle als sportpolitischer Akteur unterstellt werden. Auf die Gesamtheit aller in die Stichprobe einbezogener Organisationen bezogen, beträgt ihr Anteil unter 10%. Die aus ihrer Sicht erfolgversprechendsten Kanäle Schnittstellen zur Europäischen Union wurden bereits abgefragt, so dass es im Folgenden um die tatsächlich genutzten Wege für ein verbandlichen Euro-Lobbying geht.

Auf welche Art und Weise werden Interessen gegenüber der EU vertreten?

Die Wege der interessenpolitischen Einflussnahme spiegeln in gewisser Weise die subsidiäre Organisationsstruktur und Aufgabenverteilung des deutschen Sportsystems wider. So nimmt der DOSB die ihm übertrage Aufgabe der Außenvertretung der Interessen seiner Mitglieder wahr. Die Ergebnisse aus Abbildung 53 weisen ihm daher eine zentrale Funktion als intermediärer Akteur zwischen dem deutschen Sportsystem und dem politischen System der Europäischen Union zu. Er ist in der Lage die strategische Politik der deutschen Sportverbände gegenüber der Union maßgeblich zu steuern. Mit dem Büro des Europäischen Olympischen Komitees hat sich parallel zum DOSB eine auf die Europäische Union spezialisierte institutionelle Schnittstelle entwickelt. Sie besitzt aufgrund ihrer Gründung durch den Deutschen Sportbund, trotz ihrer späteren Übernahme durch das Europäische Olympische Komitee, eine immer noch starke deutsche Einflusssphäre. Das EU-Büro ist deshalb weniger als institutionelle Konkurrenz zum DOSB als ergänzende Spezialisierung zu betrachten. Für die deutschen Sportverbände, vor allem die Landessportbünde, stellt sie vielmehr eine Alternative zur Interessenvertretung über die europäischen Verbände dar. Abbildung 53 gibt einen Gesamtüberblick über die Nutzung[40] der institutionellen Kanäle zur interessenpolitischen Einflussnahme.

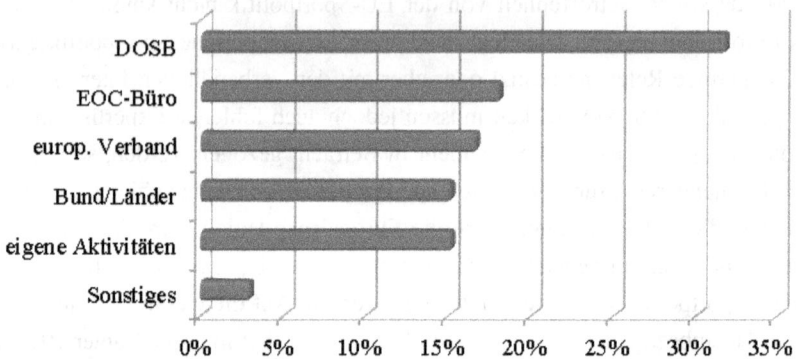

Abb. 53: Rangliste der zur Interessenvertretung gegenüber der EU genutzten institutionellen Kanäle

Für die einzelnen Organisationstypen stellt sich die Spitze der allgemeinen Rangliste jeweils unterschiedlich dar. Dabei ist vor allem eine Trennung zwischen fachlichen und überfachlichen Interessen erkennbar: Die Dachorganisationen (LSBs) nutzen nach dem DOSB vor allem Bund und Länder als Kanäle zur Einspeisung ihrer Interessen. Olympische Verbände favorisieren den DOSB und ihre jeweiligen europäischen Spitzenverbände zu gleichen Teilen. Für sie spielen Bund und Länder eine nachgeordnete Rolle. Für die nicht-olympischen Fachverbände kann keine Aussagen getroffen werden. Von ihnen vertritt lediglich eine von 10 sich in der Stichprobe befindenden Organisationen ihre Interessen gegenüber der EU.

Einzelverbandliche Aktivitäten sind eher selten, was sich mit dem hohen Aufwand und der knappen Verfügbarkeit materieller wie kognitiver Ressourcen begründen lässt. Nur wenige Akteure, wie etwa der Deutsche Fußball Bund (DFB), sind in der Lage, eigene Strukturen für das Monitoring und Lobbying europäischer Politikprozesse zu unterhalten. Deshalb ist lediglich in speziellen Problemstellungen von eigenen verbandspolitischen Aktivitäten gegenüber der Union auszugehen.

---

[40] In den Ergebnissen sind Doppelnennungen, also das gleichzeitige Lobbying über mehrere institutionelle Kanäle, enthalten.

Die europäischen Organisationsstrukturen des Sports wurden bereits in ihrer Funktion als intermediärer Akteure thematisiert. Sie spielen jedoch nicht nur in dieser Eigenschaft eine wichtige Rolle. Sie können ebenfalls als kollektiver Rahmen für den Willensbildungsprozess der nationalen Sportverbände betrachtet werden. Welche Bedeutung die Kontinentalverbände dadurch als politische Arena haben, wird deshalb gesondert betrachtet.

Welche Bedeutung haben europäische Organisationen für nationale Interessen?

Relevant ist die Frage deshalb, weil die Europäische Union, im Bemühen um eine europäische Zivilgesellschaft, die Zentralisierung gesellschaftlicher Interessenvertretung durch europäische Organisationen forciert. Sie wertet dadurch die Kontinentalverbände in ihrem Status auf. Diese Aufwertung lässt jedoch nicht auf ein gestiegenes Engagement der deutschen Sportverbände schließen. Eine klare Mehrheit von 91,5% der deutschen Sportorganisationen verneint ein stärkeres Engagement in den Gremien der europäischen Verbände im Zusammenhang mit der EU-Sportpolitik. Auch dieses Ergebnis kann mit einem bereits zuvor ausgeprägten Engagement deutscher Sportverbände in ihren jeweiligen europäischen Dachverbänden interpretiert werden. Als alternative Erklärung kann auch die Annahme formuliert werden, dass zu einer Informalisierung politischer Willensbildung und Entscheidungsfindung kommt. Empirisch drückt sich dies durch die gestiegene Bedeutung der bilateralen Abstimmung zwischen nationalen Verbänden bei der Formulierung sportpolitischer Interessen gegenüber der EU.

Kommt es zu einer bi- und multilateralen Abstimmung nationaler Interessen?

Mehr als die Hälfte der deutschen Sportorganisationen (53,2%) gibt an, in Bezug auf die Europäische Union sich in höherem Maße aktiv in bilateralen Kontakten mit Organisationen aus anderen EU-Staaten oder in multilateralen Netzwerken zu engagieren (Tab. 13).

Organisationstyp	Intensivierung Gremienaktivität	Bi-/ multilaterale Konsultation
Olympische Fachverbände	2 von 20	12 von 20
Nicht-olympische Fachverbände	1 von 10	6 von 10
Überfachliche Dachorganisationen	1 von 15	5 von 15
Professionelle Ligaverbände	0 von 2	2 von 2

Tab. 13: Übersicht zur interessenpolitischen Aktivität

Die Ergebnisse geben dazu Anlass die europäischen Verbandsstrukturen in ihrer Funktion zu differenzieren. Während sie ihre Eigenschaft als formale Orte der kollektiven Entscheidungsfindung beibehalten, kommt es zu einer Entgrenzung ihrer Funktion als Ort politischer Diskurse. Die Politikformulierung und Entscheidungsvorbereitung verlagert sich in die Peripherie der formalen Organisationsstrukturen. Hier gewinnt die politische Macht einzelner Organisationen eine zunehmende Bedeutung: Während in europäischen Verbandsstrukturen der politische Wettbewerb zwischen den nationalen Verbänden durch ein institutionalisiertes Stimmrecht geregelt ist, begünstigen im Vorfeld der Entscheidung geführte informelle Konsultations-, Abstimmungs- und Verhandlungsprozesse große und politisch einflussreiche Organisationen. Konsequenz solcher Ergebnisse ist eine steigende Bedeutung von Politiknetzwerken am Rande formalisierter institutioneller Strukturen. Gleiches gilt für die Aspekte taktischer Verhandlungen, wie sie in Kapitel 4.2.2 beschrieben wurden.

19.1.5. Wahrnehmung europapolitischer Themen in der Sportpolitik

Werden die bisher ermittelten Einstellungen der deutschen Sportorganisationen gegenüber dem grundsätzlichen Einfluss der Europäischen Union auf die Entwicklung des Sports und seiner Verbände hin betrachtet, ergibt sich ein diffuses Bild. Beide Aspekte werden deshalb getrennt voneinander betrachtet. Der Grund ist, dass Europäisierungseffekte in der Sportentwicklung nicht zwangsläufig zu Konsequenzen in den Verbänden führen müssen. Die Entgrenzung des Sports in vielfältige Erscheinungs- und Organisationsformen führt dazu, dass sich der gemeinschaftspolitische Einfluss nicht zwangsläufig in den selbst definierten Tätigkeitsprofilen der nationalen Sportverbände abbilden muss.

Hat die Politik der Europäischen Union Bedeutung für die Sportentwicklung?

Die Möglichkeit eines nachhaltigen Einflusses geht von der Tatsache aus, dass die Europäische Union mit ihrer Sportpolitik instrumentelle Ziele verfolgt. Während der Sport für die EU ein Mittel zum gesellschaftspolitischen Zweck darstellt, liegt der Antrieb verbandlicher Sportentwicklung primär im Selbstzweck des Sports. Die Sportentwicklung wird damit politisch aus zwei unterschiedlichen Perspektiven und nach voneinander abweichenden Prinzipien betrieben. Abbildung 54 gibt einen Überblick darüber, welche Reichweite die deutschen Sportverbände von der Union in der Sportentwicklung erwarten. Eine Bewertung der Qualität dieser Einfluss ist aus forschungsökonomischen Gründen nicht abgefragt worden und bietet damit Anlass für vertiefende Untersuchungen.

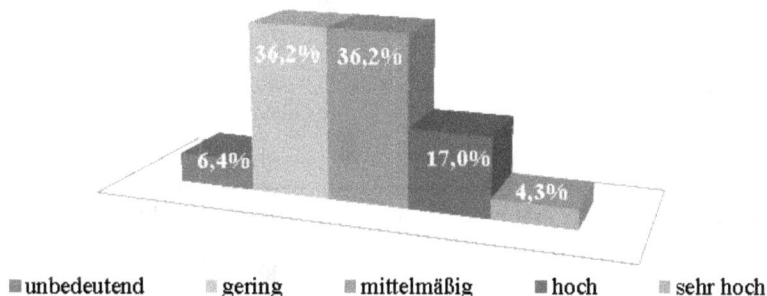

unbedeutend   gering   mittelmäßig   hoch   sehr hoch

Abb. 54: Prognostizierter Einfluss der EU-Sportpolitik auf die Sportentwicklung

Im Ergebnis sehen die deutschen Verbände zum gegenwärtigen Zeitpunkt durchschnittlich eine geringe bis mittelmäßige Bedeutung der Gemeinschaftspolitik in der zukünftigen Sportentwicklung. Wird berücksichtigt, dass die Union sich als sportpolitischer Akteur in einem frühen Entwicklungsstadium befindet und eine kohärente Strategie erst in den Anfängen steckt, erscheint für die Zukunft ein Szenario steigender Bedeutung der Europäischen Union als sportpolitische Institution möglich. Die Voraussetzungen dafür sind jedoch noch nicht entwickelt, so dass mögliche Einflüsse sich ebenfalls noch nicht konkret abzeichnen bzw. prognostizieren lassen. Die relativ homogenen Durchschnittsbewertungen der verschiedenen Organisationstypen (Abb. 55) belegen dies.

266

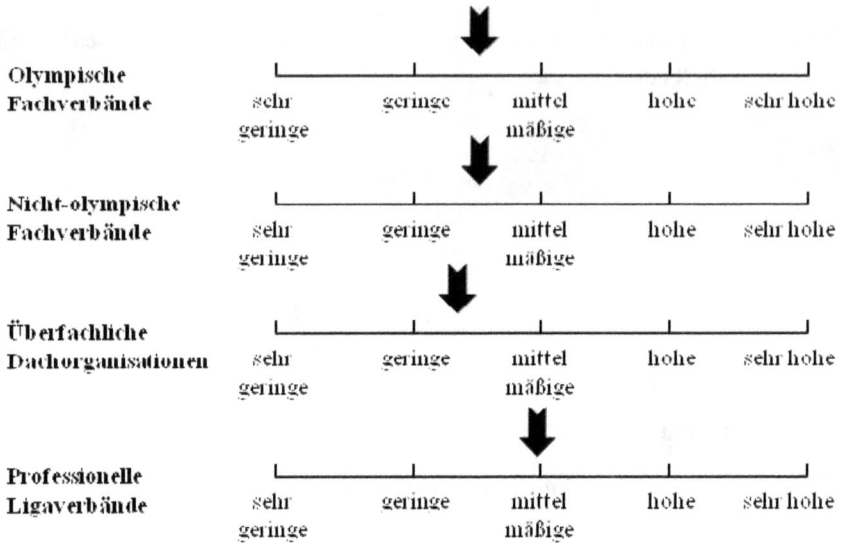

Abb. 55: Einschätzung der politischen Bedeutung der EU in der Sportentwicklung

Eine organisationsspezifische Differenzierung der Einschätzungen zeigt nur eine geringe Abstufung zwischen überfachlichen Verbänden, olympischen wie nicht-olympischen sowie professionellen Ligaverbänden. Die in den Durchschnittswerten nicht abzubildenden positiven wie negativen Ausreißer in den Beurteilungen deuten darauf hin, dass die EU punktuell nachhaltige Impulse für die Sportentwicklung erzeugen kann. Mit der Entscheidung des EuGH im Fall Bosman wurde ein solcher Fall in Kapitel 13.1.1 dargestellt. Gesamtsystemisch jedoch, ist die Sportpolitik der Europäischen Union im gegenwärtigen Stadium von nachrangiger Bedeutung. Aufgrund der Komplexität europäischer Gemeinschaftspolitik besteht die Möglichkeit, dass die tatsächliche Auswirkung der Europäischen Union als sportpolitisch relevante Institution unterhalb der Wahrnehmungsschwelle der Sportorganisationen bleibt. Zum anderen besteht die Möglichkeit, dass die Wirksamkeit der EU in einem Bereich des Sports eintritt, der nicht zum „Kerngeschäft" der Verbände gehört. Wie die deutschen Organisationen den unmittelbaren Einfluss der Union auf ihre jeweilige Organisation bewerten, ist aus diesem Grund ein separater Gegenstand der Organisationsanalyse.

Hat die Politik der EU Bedeutung für die Organisationsentwicklung?

Das Ergebnis ist jedoch ein ähnliches. Auch im Hinblick auf die Organisationsentwicklung im deutschen Sport kommt es zu einer als mittelmäßig eingeschätzten Bewertung, mit abschwächender Tendenz (Abb. 56).

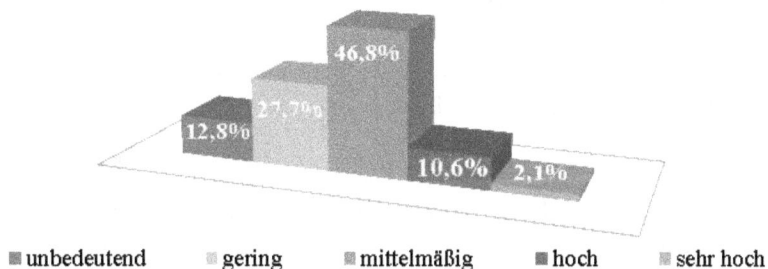

unbedeutend   gering   mittelmäßig   hoch   sehr hoch

Abb. 56: Bedeutung der EU für die Organisationsentwicklung nationaler Verbände

Dieser allgemeine Befund lässt sich auch hier anhand der Organisationstypen unterscheiden. Es zeigen sich Abweichungen in den Einschätzungen zur Sportentwicklung und der unmittelbaren Effekte auf die einzelnen Verbandstypen (Abb. 57).

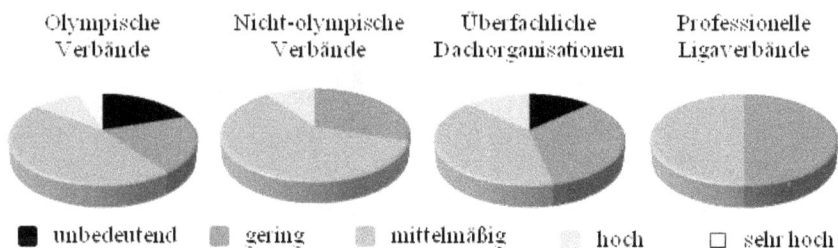

Olympische Verbände   Nicht-olympische Verbände   Überfachliche Dachorganisationen   Professionelle Ligaverbände

unbedeutend   gering   mittelmäßig   hoch   sehr hoch

Abb. 57: Bedeutung der Europäischen Union für die Organisationsentwicklung im Sport

Inwieweit sich die allgemeinen und auf die einzelnen Verbandstypen bezogenen Ergebnisse in Konsequenzen für die verbandliche Sport- und Organisationsentwicklung widerspiegeln, wird im Folgenden thematisiert.

19.1.6. Konsequenzen europapolitischer Themen für die Sport- und Organisationsentwicklung

Der allgemein als schwach eingeschätzten politischen Wirksamkeit der EU-Sportpolitik steht, in der Fokussierung auf einzelne Themen, eine hohe spezifische Bedeutung entgegen. Erkennbar wird dies, anhand des Interesses deutscher Sportorganisationen an der EU-Sportpolitik sowie deren einzelner Inhalte und thematischen Entwicklungen. Dabei wird nicht der objektive Effekt, sondern die abstrakte und subjektive Einschätzung in den Blick genommen.

Wie ausgeprägt ist das Interesse an EU-bezogenen Inhalten und Entwicklungen?

Wie Abbildung 58 zeigt, ist das allgemeine Interesse an der Entwicklung europäischer Sportpolitik und ihrer einzelnen Themen höher als die unmittelbare Betroffenheit durch die EU. Lediglich ein knappes Fünftel der deutschen Sportverbände zeigt „sehr geringes" bis „geringes Interesse" an der Union, während 42,5% von ihnen in „hohem" bis „sehr hohen" Maß an euroapolitischen Entwicklungen interessiert sind.

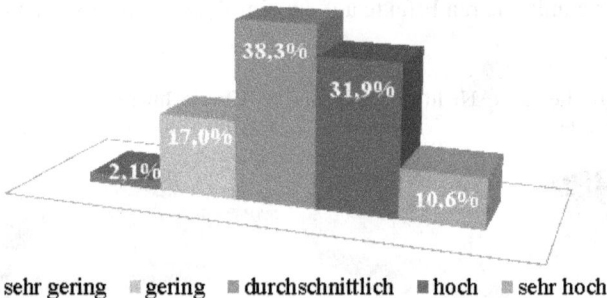

■ sehr gering   ■ gering   ■ durchschnittlich   ■ hoch   ■ sehr hoch

Abb. 58: Interesse deutscher Sportorganisationen an sportpolitischen Entwicklung und Themen in der EU

Die einzelnen Organisationstypen lassen sich in eine Rangfolge bringen. Am, stärksten ausgeprägt ist das Interesse bei den Landessportbünden, dem DOSB sowie der DSJ. Nach den überfachlichen Dachorganisationen des deutschen Sports folgen die olympischen Spitzenverbände. Die professionellen Ligaverbände sind aufgrund ihrer Spezialisierung auf die kommerziellen Profisportarten zwar nicht mit den anderen Sportverbänden vergleichbar. Für sie ist lediglich ein spezifischer Ausschnitt an europapolitischen Themen aus dem Binnenmarkt- und Wettbewerbsrecht von Relevanz. Deshalb geben sie bezogen auf die gesamte EU-Sportpolitik ein unterdurchschnittliches Interesse an.

Um die grundsätzlichen Aussagen über das Interesse an den seitens der EU angestrebten Entwicklungen im Politikfeld Sport zu spezialisieren, wird die Frage zugespitzt. Im Folgenden werden spezifische Themen auf ihre Relevanz hin abgefragt.

Gibt es europapolitische Themen, die verbandspolitische Relevanz besitzen?

Die Kategorisierung sportpolitischer Entwicklungen auf europäischer Ebene fällt aufgrund der vielschichtigen Verflechtung des Sports zu anderen Politikfeldern der Union schwer. Deshalb wurden die von der Kommission definierten Handlungsfelder (www.ec.europa.eu/sport, 04.07.2011) verwendet, um die deutschen Sportorganisationen hinsichtlich relevanter Inhalte zu befragen. Zur Bewertung ihrer Relevanz stand eine Punkteskala von 1 (= geringe Bedeutung) bis 5 (sehr große Bedeutung) zur Verfügung. Tabelle 14 enthält mit der Anzahl der Nennung einzelner Themenfelder eine quantitative Einschätzung über deren Relevanz. Die Bewertung einzelner Themen und Inhalte anhand der Punkteskala fügt den Einschätzungen eine qualitative Dimension hinzu. So ist neben der Reichweite europapolitischer Themen im Sport zugleich ihre Bedeutsamkeit für die deutschen Sportverbände dargestellt.

Entgegen der öffentlichen Wahrnehmung sind es nicht die auf wirtschaftliche, steuerliche oder wettbewerbsrechtliche Regulation bezogenen Themen, die in quantitativer Hinsicht das spezifische Interesse der Sportverbände dominieren. Lediglich zwei Themenfelder – „Doping" und „Unterstützung durch die öffentliche Hand" – sind diesbezüglich von allgemein hoher Bedeutung. Während Doping den Sport in seinem normativen Kern – soziale Fairness und Glaubwürdigkeit durch Authentizität von Leistung – bedroht, betrifft die Ausrichtung und Steuerung öffentlicher Sportförderung die Finanzierung des verbandlich organisierten Sports. Beide Aspekte zielen auf existenzielle Grundlagen nationaler Sportsysteme ab. Mit Abstrichen kann auch dem Thema „Medien" in Bezug auf die Vermarktung von Übertragungsrechten zur Finanzierung von Sportorganisationen eine hohe quantitative und qualitative Bedeutung zugesprochen werden.

Themenfelder	Nennungen (Häufigkeit)	Durch-schnitts-bewertung
Allgemeine und berufliche Bildung	13	3,85
Außenbeziehungen	3	4,00
Bekämpfung von Rassismus und Gewalt	5	4,40
Binnenmarkt	2	5,00
Doping	21	4,19
Ehrenamt	16	4,06
Fans	3	3,67
Freizügigkeit von Sportlern	8	4,00
Gesundheit	11	3,82
Kontrolle staatlicher Beihilfen	1	4,00
Kriminalität	2	4,50
Lizenzvergabesysteme für Vereine	4	4,25
Medien	9	4,11
Regionale Entwicklung	12	4,36
Privatfinanzierung	1	3,00
Schutz von Minderjährigen	4	3,75
Soziale Integration und Chancengleichheit	12	3,83
Steuern	7	3,71
Sportberater	1	4,00
Transfers	2	4,50
Umwelt	11	4,18
Unterstützung durch die öffentliche Hand	13	4,08
Wettbewerbsrecht	6	4,50
Wirtschaftsdaten	-	-

Tab. 14: Bedeutung europäischer Themenfelder für nationale Verbände

Gleichermaßen auffallend ist die hohe quantitative wie qualitative Bedeutung europapolitischer Themen, die sich durch einen starken sozialgesellschaftlichen Bezug auszeichnen. Hieraus ist eine, wenn auch indirekte, Bedeutung der Europäischen Union für die Rahmenbedingungen eines „Sport für alle" abzuleiten. Gleichzeitig lässt sich eine Anpassung der Organisationspolitik an die veränderte Bedeutung und den instrumentellen Charakter des Sports in der gesellschaftlichen Entwicklung diagnostizieren: Themenfelder wie „Gesundheit", „soziale Integration und Chancengleichheit", „allgemeine und berufliche Bildung" oder „regionale Entwicklung" werden nach einem weiten Sportverständnis als relevante organisationspolitische

270

271

Handlungsfelder benannt und implizieren eine Öffnung der verbände gegenüber gesellschaftlichen Entwicklungen.

Zusammengefasst steht eine hohe quantitative sowie qualitative Bedeutung weitreichende und nachhaltige Relevanz eines europapolitischen Themenfelds im Sport. Inhalte, denen ein hoher qualitativer, jedoch ein vergleichsweise geringer quantitativer Rang zugeordnet wird, signalisieren eine im Einzelfall hohe Bedeutung. Diese ist jedoch nicht repräsentativ.

Einschätzungen über die Relevanz einzelner sportpolitischer Themen sind zweckmäßige Indikatoren thematischer Schwerpunkte, die von der europäischen Ebene aus in das nationale Sportsystem hineinwirken. Da es sich jedoch um intersubjektive Beurteilungen handelt, sind sie eng an das Vorwissen über und die Erwartungshaltung gegenüber der Europäischen Union geknüpft. Beide Aspekte gilt es deshalb als weiterer Faktor eine Organisationsanalyse einzubeziehen.

Welchen Kenntnisstand haben die nationalen Verbände über die EU erworben?

Gerade im Hinblick auf die Europäische Union kommt dem Politikwissen in den Organisationen eine entscheidende Bedeutung zu. Es hilft Entwicklungen frühzeitig zu erkennen und in Bezug auf ihre Folgen einzuschätzen. Wie Abbildung 59 zeigt, attestiert sich die Mehrheit der deutschen Sportverbände ein mittelmäßiges Wissen über das politische System der EU und die Entwicklung ihrer Sportpolitik.

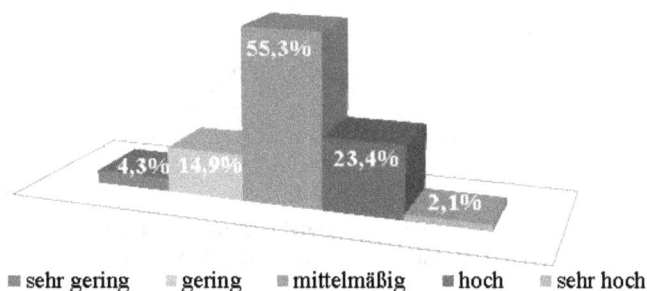

Abb. 59: Kenntnisstand deutscher Sportorganisationen in Bezug auf die Europäische Union und ihre Sportpolitik

Die Tatsache, dass die deutschen Sportverbände die Außenvertretung der Interessen des deutschen Sports an den DOSB delegiert haben, stellt die Frage nach dem notwendigen Grad an Politikwissen über das die einzelnen Organisationen verfügen müssen. Eine solche Diskussion – die letztlich auf die Subsidiarität des deutschen Sportsystems abzielt – übersteigt im Zusammenhang mit dieser Arbeit jedoch deren Rahmen. Die Differenzierung der Ergebnisse nach den einzelnen Verbandstypen kann jedoch die weiterführende Grundlage für einen Ansatz hierfür bieten: Mehr als ein Viertel der Organisationen nehmen für sich ein „hohes" bis „sehr hohes" Wissen über die sportpolitischen Zusammenhänge und Funktionsweisen in Europa in Anspruch. Diese Gruppe von zwölf Organisationen wird von sechs olympischen (50%), 5 Dachorganisationen (41,6%) und einem nicht-olympischen Verband (8,4%) gebildet. Auf der anderen Seite des Spektrums sind es neun Organisationen, die „sehr geringe" bis „geringe" Kenntnisse über die EU entwickelt haben. Sie setzt sich aus drei olympischen (33,3%), zwei Dachorganisationen (22,2%) sowie vier nicht-olympischen Spitzenverbänden (44,4%) zusammen.

Mit Blick auf mögliche Ursachen kann einerseits die reaktive Aneignung von Politikwissen aufgrund der notwendigen Auseinandersetzung mit Gemeinschaftspolitik und -recht analysiert werden. Gleichzeitig kann ein zweiter Erklärungszusammenhang über die proaktive Aneignung zum konstruktiven Umgang mit einem veränderten politischen Handlungskontext hergestellt werden. Abbildung 60 tut dies, indem der Wissensstand betroffener Organisationen mit dem von Verbänden verglichen wird, die bisher keine unmittelbaren Berührungspunkte mit der Europäischen Union angaben.

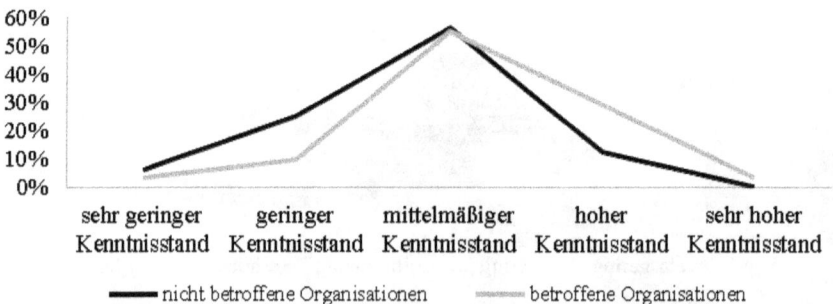

Abb. 60: Zusammenhang zwischen Betroffenheit und Kenntnisstand über die EU

Die Interpretation lässt vermuten, dass bei fehlender Betroffenheit ein geringerer Anreiz zum proaktiven Erwerb von Politikwissen besteht. Dieses Ergebnis wird in

Tabelle 15 näher betrachtet, indem der Grad des angegebenen Interesses an Inhalten und Entwicklungen der EU-Sportpolitik mit dem jeweiligen Kenntnisstand über die EU verglichen wird. Mit dieser Gegenüberstellung wird ein Indikator definiert, mit dem reaktive und proaktive Strategien zur Aneignung von Politikwissen verglichen werden können.

Wissen Interesse	sehr ge- ring	gering	mittelmäßig	hoch	sehr hoch
sehr gering	-	-	2,1%	-	-
Gering	2,1%	4,2%	8,5%	2,1%	-
Mittelmäßig	2,1%	6,4%	27,7%	4,2%	-
Hoch		2,1%	12,8%	14,8%	2,1%
sehr hoch	-	-	2,1%	6,4%	-

Tab. 15: Gegenüberstellung des organisationsspezifischen Interesse und des Politikwissen hinsichtlich der EU

Die Diagonale der Matrix deutet ein ausgeglichenes Verhältnis zwischen dem Interesse der einzelnen Organisationen und ihrem Wissen über die EU an. Im vorliegenden Fall entspricht dies einem Anteil von 46,7% der Verbände. Die links der Diagonalen zu kumulierenden Werte fassen jenen Anteil an Organisationen zusammen, die ihr Interesse höher als ihren Kenntnisstand einschätzen. Dies sind über die einzelnen Kategorien 34%. Entsprechend liegt rechts der Diagonalen der Anteil an Verbänden, die ihren Kenntnisstand höher als ihr Interesse ansiedeln. Ihr Anteil beträgt 19%.

Entsprechend der beiden Zusammenhänge kann für die deutschen Sportorganisationen ein eher reaktives Verhalten im Politiklernen über die Europäische Union angenommen werden. Gekoppelt mit bereits diskutierten Analyseergebnissen, wie beispielsweise der stärkere Orientierung europäischer Sportpolitik an der Realisierung gesamtgesellschaftlicher Interessen im Sport sowie ihre verhältnismäßig geringe Bedeutung für die Sport- und Organisationsentwicklung, erscheint dieses Analyseergebnis und die empirische Herleitung plausibel.

274

19.1.7. Zukunftserwartungen

Abschließend wurden die deutschen Sportorganisationen um eine prognostische Entwicklung hinsichtlich der zukünftigen Entwicklung der EU-Sportpolitik gebeten. Bezugspunkt waren die erwarteten Konsequenzen des Vertrages von Lissabon und die durch Artikel 6 und 165 AEU-V an die Europäische Union übertragenen Kompetenzen. Die einzelnen Items sowie die durchschnittliche Einschätzung ihrer Entwicklung zeigt Abbildung 61.

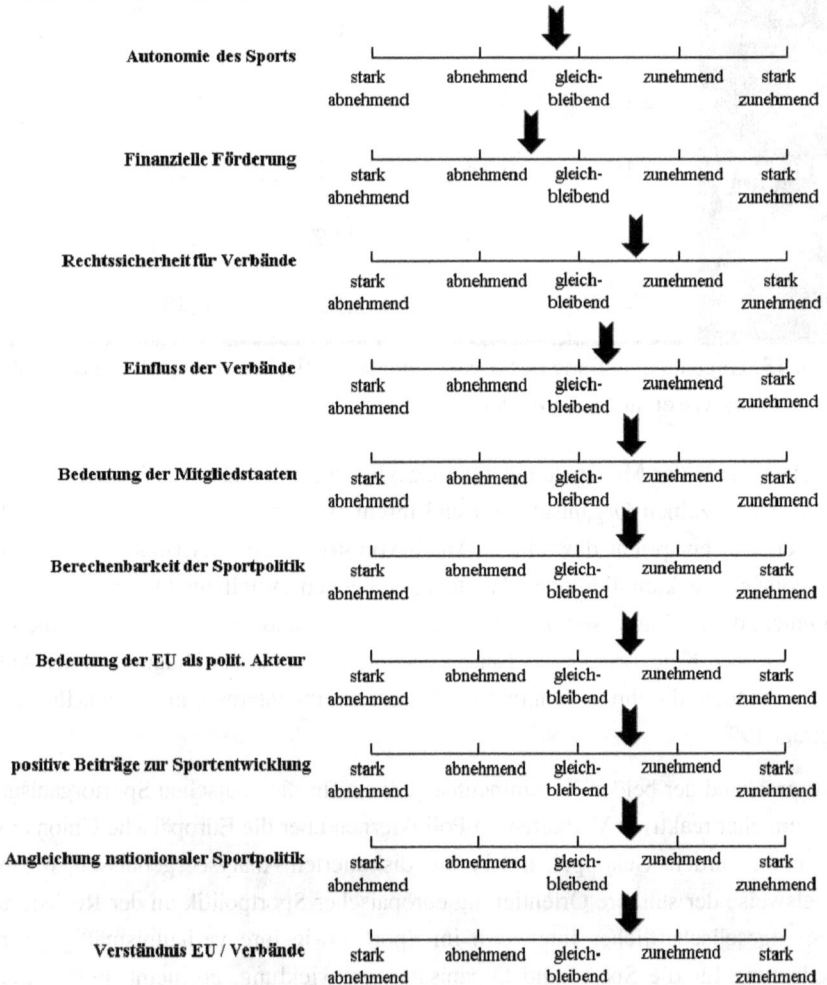

Abb. 61: Szenarische Einschätzung der Entwicklung der Sportpolitik der EU

Zusammengefasst lässt sich über die Einschätzungen folgendes Fazit ziehen: Generell wird im Zusammenhang mit einem zunehmenden EU-Engagement im Sport mit einer geringen Veränderung des eigenen Handlungskontextes gerechnet. In Bezug auf die einzelnen Aspekte dieses Zukunftsszenarios ergeben sich folgende Aussichten: Während für die eigene Autonomie weder positive noch negative Aussichten formuliert werden, wird ein zukünftiger Einflussverlust der Sportverbände auf die europäische Sportpolitik erwartet. Der dort erwartete Rückgang an Einfluss wird als Zugewinn institutioneller Eigenständigkeit der Europäischen Union verbucht. Da gleichzeitig die Erwartung geäußert wird, dass auch die nationalen Regierungen weniger Einfluss auf die Gemeinschaftspolitik im Sport haben, resultiert dies in einer gesteigerten Bedeutung supranationaler Politik im Sport. Kommission, EuGH und Parlament gewinnen in diesem Szenario an Bedeutung. Folglich kommt es zur Annahme einer leicht zunehmenden Harmonisierung nationaler Sportpolitik mit denen der übrigen Mitgliedstaaten und ihrer Sportsysteme. In der prognostizierten Erhöhung der Rechtssicherheit für Sportverbände kann ein Zusammenhang mit einer erwarteten Verbesserung des gegenseitigen Verständnisses zwischen nationalen Sportorganisationen und der Union gesehen werden.

Ging es in der Prognose zukünftiger Entwicklung in der Sportpolitik der Union um erwartete Effekte, wurde im Anschluss das von den nationalen Sportorganisationen entworfene Zukunftsszenario zur Bewertung gestellt. Hierfür standen fünf Kategorien von „nicht wünschenswert" bis „wünschenswert" zur Verfügung (Abb. 62).

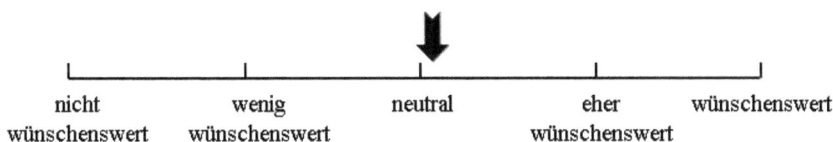

Abb. 62: Bewertung des von den nationalen Verbänden entworfenen Szenarios

Die grundsätzlich indifferente Einschätzung über die zukünftige Qualität europäischer Sportpolitik muss letztlich im Gesamtkontext der Interpretation der Organisationsanalyse gesehen werden. Kurze Entwicklungsgeschichte, fehlende Erfahrungswerte sowie teils geringe Relevanz europäischer Sportpolitik bei grundsätzlicher Betroffenheit resultieren, zum gegenwärtigen Zeitpunkt, in der Schwierigkeit einer abgesicherten Prognose über europäischer Politikentwicklung im Sport und ihrer Folgen.

Kapitel 20:
Expertenanalyse zu den Europäisierungseffekten im Sport

Die repräsentative Organisationsanalyse diente der quantitativen Bestandsaufnahme von Europäisierungseffekten und der Einstellung deutscher Sportverbände gegenüber der EU und deren Sportpolitik. Im Ergebnis offenbart sie zwar eine Veränderung der sportpolitischen Bedingungen in Deutschland und damit einhergehende Reaktionsprozesse der Verbände. Insgesamt gehen von den dabei identifizierten Europäisierungseffekten jedoch keine nachhaltigen Veränderungen aus. Dies ist in erster Linie der verhältnismäßig jungen Entwicklungsgeschichte der Europäischen Union als sportpolitischer Akteur zuzuschreiben.

Mit der Übertragung formaler Kompetenzen befindet sich die Europäische Union seit dem Vertrag von Lissabon jedoch in einem Entwicklungsprozess. Dieser zeichnet den Weg von einer primär rechtspolitischen hin zu einer sportpolitischen Institution nach. Begründet wird dieser Wandel durch einen politischen Lernprozess. Er vollzieht sich über die Einsicht in die instrumentellen Potenziale von Sport und Bewegung für die Gemeinschaftspolitik. Mit der Verknüpfung gesundheits-, sozial- und wirtschaftspolitischer Kompetenzen ist sie potenziell in der Lage, sich zukünftig eine strategische Bedeutung für die Sportpolitik und -verbände zu erarbeiten.

Gegenwärtig versucht sie jedoch noch ihre Rolle als sportpolitischer Akteur und Impulsgeber zu finden. Der Ausgang dieses Prozesses ist derzeit nur schwer abzuschätzen. Der gegenwärtige Entwicklungsstand europäischer Sportpolitik, der Wille der Mitgliedstaaten zur Stärkung der sportpolitischen Kompetenz der EU sowie die Rolle von Kommission und Parlament bieten zum momentanen Zeitpunkt lediglich einen unklaren Ausblick.

Mit dem Ziel einer qualitativer Einschätzung zum gegenwärtigen Stand und einer darauf aufbauenden zukünftigen Entwicklung der EU-Sportpolitik wurden Interviews mit Experten aus dem Bereich des Sports, der Politik, der Europäischen Union und mit Vertretern der Wissenschaft geführt.

20.1. Grundlagen und Bedingungen der Expertenanalyse

Um ein möglichst breites Spektrum an Perspektiven in die Entwicklung eines Zukunftsszenarios europäischer Sportpolitik einzubeziehen, wurden Experten aus Sportorganisationen, Europäischer Union, Bund, Ländern und der Wissenschaft befragt. Aufgrund der zugesagten Anonymität und Vertraulichkeit der Expertenaussagen können aus dem empirischen Material lediglich gemeinsame Perspektiven abstrahiert werden. Die fehlende Möglichkeit der darstellenden Auswertung des Datenmaterials nach den Prinzipien der empirischen Inhaltsanalyse, reduziert den Anspruch der qualitativen Expertenbefragung auf die Identifikation zentraler Entwicklungslinien über inter-subjektive Übereinstimmung von Aussagen innerhalb bestimmter Fragestellungen. Um den wissenschaftlichen Anforderungen an die empirische Sozialforschung gerecht zu werden, wurden die Standards der qualitativen Inhaltsanalyse (vgl. Mayring 2010) für die Auswertung der Experteninterviews berücksichtigt.

Aus den Sportorganisationen konnten Repräsentanten der europäischen Dachorganisation ENGSO, dem Deutschen Olympischen Sportbund sowie aus Landessportbünden gewonnen werden. Der Bereich der Europäischen Union umfasst Vertreter der Kommission, des Parlaments, Europäischen Gerichtshofes. Hinzu kommen nationale Experten aus dem Bundesministerium des Inneren sowie aus für den Sport zuständigen Landesministerien. Neben sämtlichen Gemeinschaftsorganen ist damit auch die Repräsentanz der für Sport zuständigen nationalstaatlichen Institutionen gewährleistet. Aus der wissenschaftlichen Sicht konnte die Expertise nationaler Sport- und Politikwissenschaftler einbezogen werden.

Ziel war es, die jeweiligen Experten zum einen rückblickend sportpolitische Entwicklungen und ihre aktuellen Konsequenzen schildern zu lassen, um darauf aufbauend mögliche Szenarien für die Zukunft zu projizieren. Den einzelnen Interviews ein gemeinsamer problemzentrierter Leitfaden zu Grunde. Das grundlegende Erkenntnisinteresse der historischen Rückschau, Bestandsaufnahme und Zukunftsprognose bildet den Ausgang für eine Ausdifferenzierung der einzelnen Fragen.

20.2. Differenzierung der Fragekategorien

Im Folgenden werden, ähnlich der Organisationsanalyse, verschiedene Erkenntnisinteressen in verschiedene Fragen an die Experten konkretisiert.

20.2.1. Bestandsaufnahme institutioneller Einflüsse der EU

Gilt es, den Einfluss der Europäischen Union auf die institutionellen Rahmenbedingungen des nationalen Sportsystems näher zu beleuchten, muss neben den Verbänden auch der Staat betrachtet werden. Vor allem der Bund ist aufgrund seiner Außenvertretungskompetenz für die nationalen Interessen Teil des politischen Systems der Europäischen Union. Aufgrund des föderalistischen Aufbaus der Bundesrepublik, sind die Länder darin zwar formal nicht gleichberechtigt eingeschlossen, über die binnenstaatlichen Regelungen der Bund-Länder-Kompetenzen jedoch mittelbar in die Gestaltung der EU-Sportpolitik einbezogen. Entsprechend gilt es, zum einen die Bedeutung der Union für den organisierten Sport zu klären und zum anderen den Einfluss der der Union auf die Sportpolitik von Bund und Ländern zu thematisieren. In beiden Fällen stellt sich die Frage nach Indikatoren für einen institutionellen Wandel. Hierfür müssen die spezifischen Charakteristika des Politikfelds Sport in der Europäischen Union sowie deren Profilierung als sportpolitischer Akteur berücksichtigt werden. Beides wurde in Teil C erarbeitet. Besonderes Augenmerk gilt dabei dem europäischen Mehrebenensystem. Zusammenfassend gilt es in den Expertenbefragungen die institutionellen Einflüsse auf das nationale Sportsystem im Kontext folgender Fragen zu thematisieren:

- ∞ *Welche Bedeutung hat die EU für den organisierten Sport?*
- ∞ *Welche Bedeutung hat die EU für die Sportpolitik von Bund und Ländern?*
- ∞ *Wie ist die EU als sportpolitischer Akteur zu charakterisieren?*
- ∞ *Welche Bedeutung hat Sport für die EU?*
- ∞ *Unterscheiden sich sportpolitische Perspektiven im Mehrebenensystem?*

20.2.2. Konsequenzen institutioneller Einflüsse

Analog zur Organisationsanalyse muss einer differenzierteren qualitativen Bestandsaufnahme auch die Einschätzung von Konsequenzen und Perspektiven durch die Experten folgen. Im Fall der institutionellen Rahmenbedingungen nationaler Sportpolitik geraten dabei vor allem die Autonomie des verbandlich organisierten Sports sowie das subsidiäre Verhältnis zwischen Staat und Sportverbänden in den Mittelpunkt. Ansatz hierfür ist die Frage nach der Funktion beider Akteure in der Sportpolitik. Die Sportentwicklung ist dabei ebenso wenig zu vernachlässigen, wie der Aspekt einer sich verändernden Beziehung zwischen Staat, Markt und Zivilgesellschaft. Die Entgrenzung des Sportverständnisses und damit auch der politischen Bezüge des Sports zu staatlichen und wirtschaftlichen Bereichen stellt Fragen nach seiner gesellschaftlichen Funktion. Sie sind eng mit jenen nach dem politischen Mandat der Verbände als zentrale Institutionen sportpolitischer Interessenvertretung verbunden. Hintergrund ist die Zunahme und Heterogenität der sportpolitischen Organisationslandschaft und die ansteigende Durchdringung klassischer Handlungsfelder der Verbände durch neue Stakeholder. Vor dem Hintergrund des Einverbandsprinzips im europäischen Sport geht es dabei konkret um die Inklusion heterogener Interessengruppen in die Verbandsstrukturen. Letztlich sind es folgende Blickwinkel, über die Herausforderungscharakter und Entwicklungspotenziale mit den Experten erörtert werden:

∞ *Verändert sich die politische und gesellschaftliche Rolle der Verbände?*
∞ *Was bedeuten Autonomie und Subsidiarität in der EU-Sportpolitik?*
∞ *Wie unterscheidet sich Sport als Politikfeld in EU und Nationalstaat?*
∞ *Verursacht die EU institutionelle Veränderungen im nationalen Sportsystem?*

20.2.3. Bestandsaufnahme der sportpolitischen Prozesse in der EU

Die besondere institutionelle Grundlage der EU-Sportpolitik stellt die Frage nach Besonderheiten, die den europapolitischen vom binnenstaatlichen Politikprozess unterscheiden. Angesichts einer Anzahl von aktuell 27 Mitgliedstaaten findet sich innerhalb der Union eine Vielzahl nationaler Sportsysteme, die sich in ihrem Sportverständnis, der Bedeutung von Leistungs- und Spitzensport sowie des Verhältnisses zwischen Staat und Verbänden unterscheiden. Ein geteiltes und gemeinsam entwickeltes Verständnis von Sport, seiner gesellschaftlichen Funktion und Beziehung zur Europäischen Union gibt es nicht.

Wird mit der Sportpolitik der Anspruch formuliert, die Europäische Union zu einem politischen Akteur mit strategischer Bedeutung für die Sportentwicklung in den Mitgliedstaaten zu entwickeln, müssen sportkulturelle und strukturelle Unterschiede überwunden werden. Dies kann mangels legislativer Kompetenz der Union nur über die Art und Weise des sportpolitischen Prozesses geschehen. Damit treten Fragen nach einem europäischen Konzept zur Governance des Politikfelds Sport in den Fokus. Hierbei sind der Ansatz eines wirtschaftspolitisch regulierenden und eines gesellschaftspolitisch gestaltenden als Charakteristika zu berücksichtigen. Jeder Ansatz offenbart spezifische Politikstile und Instrumente zur Koordination politischer Prozesse. Daher wird den Experten hierzu folgende Frage gestellt:

∞ *Welche Politikstile und Instrumente kennzeichnen die EU-Sportpolitik?*

20.2.4. Konsequenzen für die Interessenvertretung des organisierten Sports

Treten neben die kontinentalen und nationalen Sportverbände neue Akteure mit eigenen politischen oder rechtlichen Befugnissen, verändert sich das politische Machtgefüge innerhalb des Politikfelds. Es kommt zu einer dezentralen Verteilung politischen Einflusses auf verschiedene Stakeholder. Folglich rücken mögliche Konsequenzen dieser neuen hybriden Akteursstrukturen für die Vertretung nationaler Verbandsinteressen in das Forschungsinteresse in den Fokus.

Als eine Konsequenz des sportpolitischen Prozesses auf europäischer Ebene zeichnet sich auf der einen Seite ein stärkerer politischer Wettbewerb nationaler Sportsysteme um Einfluss auf die Meinungsbildung der Europäischen Union sowie die Partizipation an förderpolitischen Maßnahmen ab. Auf der anderen Seite ist ein Mindestmaß an gegenseitiger Assoziierung notwendig, um die Interessen des Sports erfolgversprechend gegenüber der EU zu vertreten. Dies führt zu der Frage:

∞ *Welche strukturellen und strategischen Aspekte bedingen EU-Lobbying?*

20.1.5. Bestandsaufnahme des Einflusses der Europäischen Union auf die Entwicklung sportpolitischer Inhalte

Die Organisationsanalyse hat der Europäischen Union auf der einen Seite einen geringen systemischen Einfluss auf die Sportentwicklung attestiert. Zugleich konnten einzelne Themen identifiziert werden, die aus Sicht der deutschen Sportverbände Relevanz besitzen. Aufgrund der fehlenden Legislativkompetenz ist die Europäische Union gezwungen über ihre Problemlösungsfähigkeit in thematischen Ansätzen den Mehrwert ihrer Sportpolitik nachzuweisen. Mit dem Weißbuch Sport und der Mitteilung zur Entwicklung einer europäischen Dimension des Sports hat die Kommission einen entsprechenden problemorientierten Ansatz entwickelt. Das Parlament ist ihr in dieser Strategie gefolgt, hat diese teilweise sogar noch intensiviert. Mit dem Arbeitsplan der Sportminister haben schließlich auch die Mitgliedstaaten dafür gesorgt, dass ausgewählte Themen des Sports durch die Union besetzt und zu einer politischen Strategie entwickelt werden.

Über die Experten wird eine Einschätzung über den Einfluss einzelner Themen für die nationalen Sportsysteme und deren Verbände abgefragt. Vor dem Hintergrund der Frage nach der inhaltlichen Richtung, die in der EU-Sportpolitik zukünftig zu erwarten ist, werden Konsequenzen im Hinblick auf die Sportentwicklung unter folgender Fragestellung thematisiert:

∞ *Wurde sportpoltischen Themen durch die EU eine neue Dynamik verliehen?*

20.1.6. Konsequenzen sportpolitischer Themen der Europäischen Union

Den europapolitischen Vorstellungen über Sport liegt ein weites und gleichzeitig instrumentelles Verständnis zu Grunde. Europäische Sportpolitik – sofern sie sich nicht auf die Regulierung der wirtschaftlichen Aspekte des Sports bezieht – wird durch vielfältige wohlfahrtspolitische Bezüge zu anderen EU-Politikfeldern entwickelt.

Der historische Ursprung und normative Kern des Funktionsverständnisses von Sportverbänden liegt in wettkampf- und leistungsorientierten Prämissen. Sportgeschichtlich haben sich die Verbände den gesellschaftlichen Entwicklungen und dem sich wandelnden Sportverständnisses angepasst, in dem sie die neu entstehenden gesellschaftlichen Bezüge anschlussfähig zu ihrem Selbstverständnis gemacht haben.

Die Konsequenz von unterschiedlichen Perspektiven auf ein und denselben Gegenstand führt zur Auseinandersetzung über das politische Deutungsmonopol von Sport, seines Status in der Gesellschaft und die Rollenverteilung zwischen staatlichen, marktorientierten und zivilgesellschaftlichen Institutionen im Sport. Voraussetzung ist, dass alle beteiligten Akteure Einflusspotenziale auf den Sport und seine politische Gestaltung besitzen. Dies ist für die EU, die Mitgliedstaaten sowie die europäischen und nationalen Sportverbände gegeben, so dass mögliche Herausforderungen und zukünftige Entwicklungen im Sport und in seinen Verbänden unter folgenden Gesichtspunkten zu thematisieren sind:

∞ *Wie entwickelt sich der sportpolitische Bezug zu anderen Politikfeldern?*
∞ *Ändert sich mit der politische Bedeutung des Sports die Rolle der Verbände?*
∞ *Müssen Sportorganisationen ihr Selbstverständnis verändern?*

20.1.7. Politiklernen und Organisationsentwicklung

Wird von Europäisierung der Sportpolitik ausgegangen, stellt sich die Frage nach Voraussetzungen und Anforderungen des Politiklernens zur Anpassung an die neuen Gegebenheiten. Die Fähigkeit der Verarbeitung von sich verändernden Rahmenbedingungen innerhalb einer Organisation ist zwar ein grundsätzlicher Bestandteil der Organisationsentwicklung. Die Tatsache, dass als Folge einer zunehmenden Entgrenzung des Sports auf europäischer Ebene eine Vielzahl neuer Stakeholder in das Politikfeld eingetreten ist und die Europäische Union einen sportpolitischen Gestaltungsanspruch verfolgt, bietet die Möglichkeit, Fragen nach dem Politiklernen und der Organisationsentwicklung nationaler Sportverbände vor einem konkreten Hintergrund zu stellen: Die Europäische Union und ihre Sportpolitik sind ein Beispiel für sich wandelnde Kontextbedingungen im Tätigkeitsfeld der Sportorganisationen. Im Fall der EU sind diese an den gesellschaftlichen Wandel des Sports und seine sportpolitischen Konsequenzen geknüpft. Beide Aspekte finden sich, wenn auch durch die Autonomie der Verbände und das partnerschaftliche Verhältnis von Staat und Sportverbänden abgeschwächt, auf der nationalen Ebene wieder.

Auch im nationalen Sportsystem kommt es durch eine veränderte gesellschaftliche Bedeutung des Sports zu institutionellen Wandlungsprozessen in der Sportpolitik. Während es im professionellen Sport zu einer Ausgliederung von Abteilungen zivilgesellschaftlicher Sportvereine in wirtschaftsrechtliche Gemeinschaften mit beschränkter Haftung (GmbH) kommt, führen Individualisierungsprozesse in der Gesellschaft zur einer gesteigerten Bedeutung des privaten Sektors in der informellen Organisation von Sport und Bewegung. Auch der Staat entwickelt im sozialpolitischen Bereich ein neues Verhältnis zum Sport, dass von (neo-)korporatistischen Bezügen zwischen staatlichen und zivilgesellschaftlichen Institutionen geprägt ist.

Fragen nach der Verarbeitung der im Zusammenhang mit dieser Arbeit identifizierten Herausforderungen sind deshalb grundsätzlich an der Europäischen Union orientiert. In einem abstrakteren Zusammenhang steht die Europäische Union jedoch symbolisch für einen Wandel der institutionellen Rahmenbedingungen im Politikfeld Sport und der grundlegenden Aspekte der Organisationsentwicklung insgesamt. Zusammenfassend ergeben sich folgende Leitfragen:

∞ *Welche zentralen Herausforderungen entstehen durch die EU?*
∞ *Auf welche Weise muss in der Organisationsentwicklung reagiert werden?*
∞ *Welche Fähigkeiten müssen nationale Sportorganisationen besitzen?*
∞ *Welche zukünftigen Erwartungen ergeben sich für die Sportpolitik der EU?*

20.3. Durchführung und Auswertung

Die insgesamt 16 Experteninterviews haben im Zeitraum vom bis 9. Mai bis 24. Juni 2011 stattgefunden. Sie wurden als persönliche Befragung („face-to-face") am Arbeitsort der jeweiligen Experten durchgeführt. Entgegen der Planung und Vorbereitung konnte die Perspektive der europäischen Fachverbände nicht berücksichtigt werden, da die geplanten Termine (eigentlicher Termin und Ersatztermin) von dem entsprechenden Experten zunächst zu- und kurzfristig wieder abgesagt werden mussten. Allen Interviews lag ein allgemeiner Katalog an Leitfragen zu Grunde. Damit handelt es sich bei ihnen um teilstandardisierte Interviews, mit denen die Reihenfolge und Formulierung der Fragen auf die jeweilige Expertise des Interviewpartners abgestimmt werden kann. Dies ermöglicht die mit den Experteninterviews angestrebte Exploration des Themenfeldes und einzelner Schwerpunkte (vgl. Lamnek 1995). Den Fragen an die Experten lagen verschiedene Perspektiven zu Grunde. Sie finden sich in Verbindung mit der jeweiligen Funktion in Tabelle 16.

Perspektive	Funktionen hinsichtlich der analytischen Durchdringung
Reflektion	Entwicklung und szenarische Durchdringung
Diskussion	Argumentative Auseinandersetzung mit Expertenaussagen
Charakter	Beschreibung spezifischer Eigenarten
Ursprung	Identifikation von auslösenden Effekten
Prozesse	Identifikation von zentralen Entwicklungen
Wirkung	Identifikation von outcomeeffekten
Abweichungen	Szenarische Entwicklung möglicher outcomeeffekten
Richtungen	Mehrperspektivische Durchdringung der Expertenaussagen
Ziel	Verlässlichkeit durch Fundierung der Expertenaussagen
Hindernisse	Konfrontation mit möglichen Gegenargumenten

Tab. 16: Übersicht der verschiedenen Perspektiven der Experteninterviews und ihre Funktionen

Mit linearen, zirkulären und reflexiven Fragen kamen drei grundsätzliche Fragetechniken zum Einsatz. Dabei dominieren offene über geschlossene Fragen. Die Dauer der Experteninterviews variierte zwischen 60 und 120 Minuten. Inhalte der Gespräche wurden am Wortlaut transkribiert und auf diese Weise an die Schriftsprache angenähert. Das Ergebnis wurde anhand der Tonaufnahmen abschließend auf seine Korrektheit überprüft.

Vor dem Hintergrund einer rekonstruktiven empirischen Politikfeldanalyse (vgl. Gläser & Laudel 2010) war das Erkenntnisziel der Experteninterviews die explorative Extraktion von Informationen, die Ursachen- und Wirkungszusammenhänge zwischen der EU-Sportpolitik und den Handlungsbedingungen nationaler Sportorganisationen aufdecken.

Zur analytischen Aufbereitung der Daten kommen die Verfahren der Strukturierung und anschließenden inhaltlichen Typisierung des empirischen Materials zum Einsatz. Die qualitativ-empirische Forschung ist im vorliegenden Fall jedoch auch Einschränkungen unterlegen. Zunächst ist hierbei die nicht erfolgte Auswertung der empirischen Daten aus der sozialwissenschaftlich-hermeneutischen Perspektive zu nennen. Sie konnte aus forschungsökonomischer Sicht nicht erfolgen. Hinsichtlich der Interpretation konnten jedoch Querbezüge zu den Ergebnissen der Organisationsanalyse hergestellt werden. Die Ergebnispräsentation folgt deshalb nicht dem Konzept einer diskursiven Interpretation, sondern einer synthetischen Zusammenfassung der Experteninterviews.

20.4. Ergebnispräsentation

Die Präsentation der Ergebnisse erfolgt entlang einzelner Teilkapitel. Ihre Gliederung orientiert sich an den aufgeworfenen Fragestellungen der Abschnitte 20.1.1 bis 20.1.7. Im Folgenden wird das in den einzelnen Interviews gewonnene empirische Material auf seine wesentlichen Inhalte reduziert und in zentrale Aspekte abstrahiert.

20.4.1. Bestandsaufnahme institutioneller Einflüsse der EU

Die Bestandsaufnahme über die Einschätzungen des institutionellen Einflusses der Europäischen Union auf das nationale Sportsystem beginnt mit der Frage, nach der Bedeutung der Union EU für den verbandlichen organisierten Sport?

Welche Bedeutung hat die EU für den organisierten Sport?

Nach übereinstimmender Einschätzung der befragten Experten zieht die Europäische Union ihre sportpolitische Bedeutung in erster Linie aus dem Einfluss des Gemeinschaftsrechts. Dieser Einfluss resultiert jedoch nicht aus einem expliziten Regulierungsanspruch. Er entsteht vielmehr implizit, infolge der Instrumentalisierung der Vorrangstellung europäischen gegenüber nationalen Rechts. Die Akzeptanz der Union als höhere rechtliche Ordnung ist dabei deutlich von ihrer politischen Dimension zu unterscheiden. Diese Differenzierung ist jedoch nicht ohne Probleme, da die diffuse primärrechtliche Grundlage des Sports in der EU per se zu einem unscharfen politischen Profil der Union führt. Hinzu kommt, dass sich der Sport als politisches Objekt im Laufe der Zeit erst inhaltlich und später strukturell entgrenzt hat. Die Vielzahl dem Sport zugewiesener gesellschaftlicher, staatlicher und wirtschaftlicher Funktionen geht deshalb mit einer Pluralisierung seiner politischen Deutungskontexte einher. In ihrer politischen Positionierung muss die Union die Komplexität des Sports berücksichtigen. Eine klar erkennbare Profilierung wird dadurch erschwert. Hierin ist auch die Ursache dafür zu sehen, dass die nationalen Sportorganisationen der EU im Bereich des Freizeit- und Breitensports nur eine geringe Bedeutung zuweisen.

Dass mit dieser Wahrnehmung gleichzeitig eine Vernachlässigung der Europäischen Union in der verbandlichen Interessenvertretung einhergeht, kann auch mit der Erwartungshaltung der Verbände zusammenhängen: Die EU-Sportpolitik kennt, entgegen des etablierten Förderansatzes deutscher Sportpolitik, keine institutionelle Förderung der organisierten Sportbewegung. Zudem hat sie in ihrer Entwicklung (noch) nicht das Niveau weit entwickelter Sportsysteme erreicht, so dass nationale Sportsysteme nur in geringem Maße von ihr profitieren. Da die monetären Förderungsanreize entsprechend niedrig und die Bedingungen zu ihrer Inanspruchnahme komplex sind, neigen nationale Verbände tendenziell dazu, die europäische Sportpolitik als öffentlichkeitswirksame Symbolpolitik zu bewerten.

Hinzu kommt, nach Ansicht der Experten, dass die aktive Rolle der Gemeinschaftsorgane bei der Durchsetzung europäischen Rechts oftmals als Eingriff in die autonome Sphäre des organisierten Sports verstanden wird. Das bedeutet, dass die Risiken des Autonomieverlustes zum gegenwärtigen Entwicklungsstadium der EU-Sportpolitik offenkundig die möglichen Vorteile einer europäischen Dimension des Sports überwiegen. Aus Sicht der nationalen Verbände lässt sich damit die in der Organisationsanalyse festgestellte geringe politische Bedeutung der Union begründen. Ob es sich bei der Union für sie um einen Mit- oder Gegenspieler handelt, kann auf Basis der Expertenaussagen jedoch nicht beantwortet werden. Die von Verbandsvertretern geäußerte Wahrnehmung, die Sportpolitik der Europäischen Union nicht mitgestalten, jedoch ihre Konsequenzen tragen zu müssen, gibt allerdings einen tendenziellen Hinweis für die Antwort auf diese Frage. Beide Einschätzungen haben systemische Konsequenzen, die aus verbandspolitischer Sicht mit einem schleichenden Legitimations- und Einflussverlust der Europäischen Union in der Sportpolitik benannt werden.

Der Wettbewerb zwischen der EU, den Mitgliedstaaten und den Sportverbänden um politischen Einfluss und die sportpolitische Interpretationshoheit trägt wesentliche Züge eines machtpolitischen Verteilungskampfes. Es trägt dazu bei, dass sich der gestalterische Ansatz der Sportpolitik in der EU nur langsam entfaltet. Die Politisierung der europäischen Bürokratie scheint, aus Sicht der übrigen Stakeholder, hierbei eine wichtige Rolle zu spielen. Die europäische Kommission hat als exekutive „Hüterin der Verträge" vor allem in den Zeiten vor dem Lissabon-Vertrag auch die Rolle eines politischen Akteurs gespielt. Auch wenn diese mit den Bestimmungen des Lissabon-Vertrages eingehegt wurde, ist dadurch ein Setting entstanden, in dem jeweils eigene supranationale, intergouvernementale, nationalstaatliche sowie verbandspolitische Interessen existieren. Diese Situation ist für das Verhältnis von Mitgliedstaaten und Europäischer Union keine neue. Die Sportverbände waren bisher durch das Prinzip eines Verbandes pro Sportart und ihre Autonomie vor einer solchen Wettbewerbssituation jedoch weitgehend geschützt. Die Entwicklung eines transnationalen Ansatzes von Sportpolitik fällt ihnen daher deshalb schwer, weil er neben unterschiedlichen Perspektiven auf sachpolitische Themen auch normative und machtpolitische Verteilungskonflikte überwinden muss.

Die Europäische Union zielt aufgrund ihrer beschränkten Handlungskompetenz im Sport auf eine partizipative Politikgestaltung. Sie macht das Angebot der freiwilligen Einbindung von Sportorganisationen in die politische Willensbildung. Einerseits erleichtert dies die Legitimation ihrer Politik. Andererseits ermöglicht es die Programmierung und Strukturierung sportpolitischer Prozesse und damit die Bindung ihrer Interaktionspartner an ihre politischen Ziele. Die Koordinationsleistung der Europäischen Union ist vor allem auf die strukturelle Öffnung der Sportverbände gegenüber einem weiten Sportverständnis und den vielfältigen außerverbandlichen Interessen im Sport gerichtet. Verbandliche Strukturen basieren historisch auf engeren, stärker leistungs- und wettkampfbezogenen Sportverständnis, so dass vor allem die Kommission hier aktiv einen Transformationsprozess betreibt. Sie sieht hierin explizit keinen Eingriff in die Autonomie der Sportverbände, sondern definiert ihr Vorgehen als politisches Angebot, die Verbände bei der Anpassung an die gewandelte gesellschaftliche Bedeutung des Sports zu unterstützen. In Anbetracht der Heterogenität nationaler Sports und -kulturen ist dies jedoch schwierig, für die Realisierung dieses Ziels jeweils unterschiedliche Bedingungen gelten.

Dadurch, dass die Union die Kontinentalverbände des Sports als Repräsentanten der Interessen des Sports in Europa ansieht, weist sie diesen die Aufgabe der Aggregation des gemeinsamen politischen Willens der nationalen Sportverbände zu. Europäische Dachverbände werden aus dieser Perspektive zu politischen Arenen, in denen Formen des zwischenstaatlichen politischen Wettbewerbs und der Assoziierung wechseln. Viele der kontinentalen Sportverbände lassen sich plakativ als prinzipiell „schwache Strukturen mit starken Akteuren" beschreiben. In ihnen sind die Akteursbeziehungen zwar formalisiert, der politische Willensbildungsprozess jedoch oftmals informalisiert. Als Folge fehlender Formalisierung des politischen Wettbewerbs zwischen nationalen Sportverbänden besteht die Gefahr einer ungeregelten Konkurrenz zwischen ihnen, die das von der Union angestrebte Ziel gefährdet. Europäische Verbände können gegenüber ihren Mitgliedern jedoch auch über ein hohes Maß an Eigenständigkeit verfügen. Dies ist meist in mitgliederstarken Sportarten, wie etwa dem Fußball, der Fall. Insgesamt variiert die Durchsetzungsmacht der Kontinentalverbände gegenüber ihren Mitgliedern jedoch erheblich.

Die Kontinentalverbände stellen in der Frage des Austarierens ihres eigenen Einflusses auf die Europäische Union und der Berücksichtigung der Interessen ihrer Mitglieder damit selbst eine Herausforderung für den Prozess der Gemeinschaftsbildung dar. Über die Akquise und Vergabe finanzieller Ressourcen sind sie in der Lage, auf ihre Mitglieder einzuwirken. Europäische Sportverbände sind deshalb nicht nur als strukturelle Klammer zur Aggregation heterogener Interessen aus den nationalen Sportsystemen, sondern als in Teilen eigenständige Akteure im politischen Prozess zu sehen. Grundsätzlich erfahren europäische Organisationstrukturen durch die EU eine Aufwertung ihres politischen Status, so dass sie sich gegenüber ihren Mitgliedern emanzipieren können. Das daraus resultierende Dilemma zwischen Prinzipalen und Agent wird zudem dadurch verstärkt, dass ein Großteil der Mitglieder europäischer Kontinentalverbände Organisationen aus Nicht-EU-Staaten sind, die prinzipiell ein geringeres Interesse an der EU und ihrer Politik haben.

Welche Bedeutung hat die EU für die Sportpolitik von Bund und Ländern?

Während der Bund sich im Rahmen seines Auftrages der gesamtstaatlichen Repräsentation im Bereich des Leistungs- und Spitzensport politisch verantwortlich sieht, tun dies Länder und Kommunen primär im Bereich des Freizeit- und Breitensports. Mit der gesellschaftlich gewandelten Bedeutung von Sport, zeigt sich in der nationalen Sportpolitik jedoch zunehmend eine diffuse Abgrenzung sportpolitischer Kompetenzen von Bund und Ländern.

Was die institutionelle Bedeutung der Europäischen Union angeht, wird durch sie idealerweise eine intergouvernementale Politikarena begründet, in der staatliche Akteure losgelöst von institutionellen Restriktionen und Pfadabhängigkeiten der nationalen Sportsysteme staatliche Sportpolitik entwickeln können. Der transnationale Charakter ermöglicht die Diffusion unterschiedlicher nationaler Ansätze und gestattet auf diese Weise zwischenstaatliche Lernprozesse. Umgekehrt sind es die nationalen Strategien, die auf europäischer Ebene zu einem intergouvernementalen Konsens gebracht werden müssen und dadurch die europäische Willensbildung beeinflussen.

Prinzipiell handelt es sich bei der Union um eine zusätzliche staatliche Handlungsebene im Bereich des Sports. Da diese stärker vom Einfluss der Sportverbände gelöst ist, besteht eine größere Möglichkeit eigenständige Ansätze auf europäischer Ebene zu entwickeln. Auf diese Weise sind sie dem Zugriff nationaler Interessen weiter entzogen und die politische Verantwortung sowie eventuelle Verluste im nationalen Stimmenmarkt können durch Inszenierung von Schuldzuweisungen („blame game") an die Europäische Union externalisiert werden. Die Bedeutung der Union liegt damit auch darin, dass politische Diskurse auf der europäischen Ebene als Argumentationshilfe in der nationalen Sportpolitik instrumentalisiert werden können. Dies gilt jedoch sowohl für Bund und Länder wie für die Sportverbände.

Als einflussreicher Aspekt auf Bund und Ländern wird von den Experten die faktenbasierte Politikentwicklung der Europäischen Union genannt. Die Unterlegung von Entscheidungsgrundlagen mit Fakten dient der Objektivierung und Problemorientierung sportpolitischer Maßnahmen. Mit einem evidenzbasierten modus operandi ist eine Umstellung von einer normative geprägten input- zu einer outputlegitimierten Förderung des Sports verbunden. Übereinstimmend prognostizieren die Experten, dass Tendenzen zur Evaluierung von staatlicher Förderpolitik genauso steigen werden, wie die auf objektiven Fakten gestützte Argumentation in der Politikformulierung.

Grundsätzlich wird in Bund und Länder die Funktion der Europäischen Union jedoch in der einer Unterstützungsebene gesehen. Entsprechend sind die Bedeutungszuweisungen und Erwartungen: Politische Zurückhaltung von Kommission und Parlament bei der Einflussnahme auf die intergouvernementalen Debatten der Mitgliedstaaten und Umsetzung der daraus resultierenden Beschlüsse. Für die Kommission ist vor allem die Rolle eines interessenpolitischen Maklers vorgesehen. Dass sie diese unpolitisch ausfüllt, wird jedoch nicht nur aufgrund ihrer bisherigen Rolle in der Historie europäischer Sportpolitik als Idealvorstellung bewertet. Als Exekutivorgan verfügt sie durch ihren diskretionären Handlungsspielraum über Möglichkeiten ihren Einfluss gegenüber nationalen Interessen geltend zu machen. Die politische Praxis in der Union zeigt, dass die Kommission als politischer Unternehmer die Grenzen ihrer Handlungsfreiheit austestet, offensichtliche Konflikte mit den Mitgliedstaaten jedoch zum Schutz ihrer Eigenständigkeit meidet.

Die Entwicklung einer gemeinsamen Sportpolitik durch die Mitgliedstaaten folgt in der Einschätzung der Experten einer Logik, wie sie für Konkordanzsysteme charakteristisch ist. Die auf europäischer, nationaler und regionaler Ebene parallel verlaufenden sportpolitischen Entwicklungen werden aus Sicht von Bund und Ländern vielfach jedoch (noch) als voneinander abgekoppelt wahrgenommen. Primäre Ursache dafür ist, dass es zwischen den Gemeinschaftsorganen, Bund, Ländern und Sportverbänden (ebenfalls noch) keine kongruenten Vorstellungen über Ziel und Funktion einer EU-Sportpolitik gibt. Zusätzlich erfährt die Sportpolitik der Europäischen Union eine emotionale Wahrnehmung, wenn sie etablierte Strukturen oder Verfahren des nationalen Sportsystems mit Alternativen konfrontiert beziehungsweise in Frage stellt.

Die föderalen Strukturen deutscher Sportpolitik führen auf europäischer Ebene zu einem strukturellen Dilemma: Während der Bund aufgrund seiner Außenvertretungskompetenz die Interessen Deutschlands in und gegenüber der EU vertritt, sind die sportpolitischen Kompetenzen vor allem bei den Bundesländer angesiedelt. Während der Bund lediglich über das Mandat zur gesamtstaatlichen Repräsentation im Bereich des Spitzensports fördernd tätig ist, obliegt den Ländern und ihren Kommunen die Zuständigkeit für den Freizeit- und Breitensport. Für beide Ebenen gilt das Autonomie- und Subsidiaritätsprinzip, so dass ein Großteil sportpolitischer Entscheidungsbefugnisse im Sinne der Autonomie des Sports bei seinen Verbänden und Vereinen liegt. Hinzu kommt, dass der professionelle Spitzensport eine Sonderrolle einnimmt und aufgrund seiner Eigenschaft als privatwirtschaftlicher Sektor prinzipiell nicht zum politischen Aufgabenspektrum von Bund und Ländern gehört. Er findet sich immer häufiger in eigenständigen institutionellen Strukturen wieder. Diese sind zunehmend loser mit den Verbänden und Vereinen gekoppelt, aus denen sie hervorgegangen sind.

Bezogen auf die institutionelle Struktur nationaler Sportpolitik, wird mit der Europäischen Union eine weitere Differenzierungsebene eingezogen. Da die Sportpolitik der EU quer zu einer Vielzahl an Politikfelder läuft, kommt es häufig zu einer Verflechtung mit den Zuständigkeiten von Bund und Ländern. Letztlich ergeben sich daraus indirekt auch Auswirkungen auf das föderale Setting binnenstaatlicher Sportpolitik. Zur ihrer Verarbeitung hat sich eine Netzwerkstruktur gebildet, deren Knotenpunkte durch das Bundesministerium des Inneren (BMI), die für Sport zuständigen Länderministerien sowie den Deutschen Olympischen Sportbund und seine Landessportbünde gebildet werden. Alle Akteure üben darin eine intermediäre Funktion aus: Das Bundesministerium des Inneren ist der institutionelle Vertreter Deutschlands im Sportministerrat. Auf horizontaler Ebene obliegt ihm dadurch die Koordination sportpolitisch relevanter Aspekte der Gemeinschaftspolitik zwischen den übrigen Bundesministerien. Zwei weitere Funktionen übernimmt das BMI gegenüber den Bundesländern: Erstens, informiert es diese über sportpolitische Entwicklungen in der Union. Zum anderen vermittelt es als institutioneller Vertreter die Interessen der Bundesländer an die Gemeinschaftsorgane. Auf Länderebene wird die Sportministerkonferenz (SMK) zum zentralen Gremium der Meinungs- und Willensbildung. Sie hat durch die Sportpolitik der Europäischen Union eine funktionale Erweiterung ihres Aufgabenspektrums erfahren. Innerhalb der SMK ist das Land Rheinland-Pfalz zentraler Interaktionspartner des Bundes in europapolitischen Fragen. Eine ähnliche Funktion wie gegenüber den Bundesländern übernimmt das BMI gegenüber dem Deutschen Olympischen Sportbund. Letzterem kommt formal die Aufgabe der kollektiven Interessenvertretung seiner Mitglieder im internationalen Kontext zu. Im Dialog mit seinen Landessportbünden fehlt dem DOSB jedoch eine mit den Bundesländern vergleichbare Netzwerkstruktur. Die Landessportbünde als regionale Dachverbände des organisierten Sports verfügen gegenwärtig weder untereinander, noch gegenüber ihren Mitgliedsorganisationen über spezifische etablierte Strukturen, zur Thematisierung europapolitischer Fragestellungen. Als intermediärer Akteur im Netzwerk zwischen Europäischer Union, den Bundesländern sowie dem organisierten Sport praktiziert der Bund eine Strategie der aktiven Ein-

bindung in den Prozess der politischen Positionierung. In den Phasen der Willensbildung und Politikformulierung delegiert das BMI dazu seine nationale Vertre-
tungskompetenz, je nach Zuständigkeitsbereich und Expertise, an Akteure der Länder sowie des organisierten Sports. Es behält jedoch in jedem Fall seine Entschei-
dungsrechte.

Das föderale Prinzip deutscher Staatlichkeit führt dazu, dass Abstimmungsprozesse
über das sportpolitische Agieren der Bundesrepublik auf europäischer Ebene Teil
nationaler Politikprozesse werden. Auch wenn Bund und Länder ein partnerschaftliches Verhältnis verbindet, bietet die europäische Ebene Potenziale für eine institutionelle Konkurrenz. Ihre Möglichkeit basiert auf potenziellen Konflikten zwischen
den Interessen des Inhabers der Außenvertretungskompetenz, dem Bund, und den
Interessen der primär für den Sport zuständigen nationalstaatlichen Institutionen,
der Länder. Diese Konstellation betont den zunehmenden Netzwerkcharakter staatlicher Sportpolitik. Er wird noch deutlicher, wenn die Sportverbände als Akteure
mit hoher Eigenständigkeit in die Aggregation einer gemeinsamen nationalen Position zur Sportpolitik der Europäischen Union einbezogen werden.

Grundsätzlich treten Bund und Länder gegenüber der EU als Koalitionäre auf. Ihr
Ziel ist der Schutz des Status quo für das nationale Sportsystem. Der EU wird zwar
eine unterstützende Funktion für die sportpolitischen Rahmenbedingungen in den
Mitgliedstaaten zugebilligt. Geht ihr Gestaltungsanspruch aus Sicht von Bund und
Ländern über diesen Status hinaus, üben sie eine Vetofunktion aus. Dafür gilt folgendes Prinzip: Es wird versucht, sportpolitische Kompetenzen gegenüber der Union zu verteidigen und deren Tendenz der informellen Kompetenzaneignung zu
unterbinden. Dies fällt dem Bund aufgrund seiner institutionellen Einbindung in die
EU wesentlich leichter als den Ländern. Sein Interesse gesamtstaatlicher Repräsentanz ist primär auf die Optimierung des leistungssportlichen outputs der nationalen
Sportler und Verbände ausgelegt. Die Union zeigt hieran kein politisches Interesse,
sondern orientiert sich stärker in Richtung der sozialgesellschaftlichen Dimension
des Freizeit- und Breitensports, die auf Länderebene verortet sind. Entsprechend ist
das Engagement von Bund und Ländern in der Entwicklung einer europäischen
Dimension in der Sportpolitik abwartend und reaktiv. Die Tatsache, dass das deutsche Sportsystem im zwischenstaatlichen Vergleich als relativ weit entwickelt gilt
und von der europäischen Ebene deshalb lediglich ein geringer Mehrwert erwartet
wird, festigt diese Strategie. Daher eignet sich der Sport im europäischen Gesamt-

kontext zur Vergabe von politischen „Dankesschulden" durch Mitgliedstaaten mit leistungsstarken Sportsystemen, die später in Bereichen von spezifischem Interesse eingelöst werden. Während der Bund vornehmlich als strategischer Akteur agiert, sind die Bundesländer intensiver in die operativen Belange der Sportentwicklung und ihres politischen Managements verflochten. In einigen Ländern führt dies zu engen Netzwerken und einem aktiven Verhältnis zwischen Landessportbünden und -regierungen.

Inwieweit sich die Länder auf der europäischen Ebene engagieren, hängt von den kalkulierten Transaktionskosten für ein solches Engagement und dessen erwartetem Nutzen ab. Entsprechende Einschätzungen werden primär im Rahmen der Sportministerkonferenz getroffen. Aufgrund des geringen förderpolitischen Anreizes, fällt die Entscheidung oft negativ aus und begründet so die zuvor beschriebenen passive Beobachterrolle. Für die Strategie der Bundesländer lässt sich die Herstellung einer Anschlussfähigkeit des Sports an die Kriterien ressourcenstarker Förderprogramme als wichtiges Kriterium ihrer Strategie herausarbeiten. Zu nennen sind hier vor allem Programme aus dem Fonds für regionale Entwicklung (EFRE) und dem Europäischen Sozialfonds (ESF). Diese gleichgelagerten Interessen machen die Bundesländer auf europäischer Ebene zu potenziellen Koalitionspartnern für Landessportbünde, die ihren Schwerpunkt in der Entwicklung, Bereitstellung und Absicherung von politischen Rahmenbedingungen des Sports für die Gesamtbevölkerung haben.

Wie ist die EU als sportpolitischer Akteur zu charakterisieren?

In ihrer grundsätzlichen Beschreibung der Europäischen Union sind sich die Experten einig: Die Union sei als Konstrukt zur Bearbeitung sportpolitischer Herausforderungen entworfen, die Mitgliedstaaten und Sportorganisationen nicht allein im nationalen Kontext oder ohne staatliche Unterstützung lösen können. Diese Sichtweise lässt sich aus der Perspektive der Gemeinschaftsorgane weiter differenzieren: Die Europäische Union versteht sich selbst als ein Problemlösungsmechanismus, der durch die Förderung von Kooperation, Mediation von Interessenkonflikten sowie finanzieller wie politischer Förderung von Sport und seiner positiven Entwicklung einen ergänzenden Beitrag zur Sportentwicklung leistet. Aus diesem Auftrag leitet die Union auch ihre Überwachungsfunktion im Sport ab, die Kommission und Europäischem Gerichtshof die Rolle als Wettbewerbshüter und Bewahrer von

Grundrechten zuweisen. In der Konsequenz zeigt sich die Union als ein hybrider Akteur in einem Politikfeld, das je nach Themenbereich für die dort agierenden Stakeholder unterschiedliche politische Bedeutungen besitzt und sich entsprechend ausdifferenziert.

Ihr hybrider Charakter lässt sich anhand des Einflusses der EU auf den Sport stärker herausarbeiten: Seit der Ministerrat mit dem Vertrag von Lissabon die Politikformulierung und Entscheidung wahrnimmt, ist ihre formale gestiegen. Die konkordanzdemokratischen Züge des Sportministerrates sowie der im Vergleich zu anderen Politikfeldern nachrangige Stellenwert des Sports führen jedoch zu geringen Erwartungen an die Union. Die Kommission profitiert von dieser Wahrnehmung und nutzt den daraus entstehenden Handlungsspielraum Sie tut dies vor allem über das agenda-setting und arbeitet dabei an den Schnittstellen des Sports zu weiteren europäischen Politikfeldern. Dies geschieht stets unter Betonung ihrer Neutralität und Objektivität, da sie ihre Legitimation formal nicht aus der Erfüllung politischer Forderungen, sondern aus ihrem bürokratischen Herrschaftsauftrag ableitet. An dieser Stelle kann die bereits zuvor genannte Politisierung bürokratischer Funktionen der supranationalen Exekutive in einen Interessengegensatz zu den Mitgliedstaaten geraten. Während die Kommission zwecks Ressourcen- und Einflussmaximierung den Ausbau ihrer sportpolitischen Kompetenzen anstrebt, sind die Mitgliedstaaten wie auch die Sportverbände um die Begrenzung des supranationalen Einflusses bemüht. In diesem Spannungsfeld entsteht das Bild der Union als vermeintlich ineffektive und ineffiziente sportpolitische Institution. Die Kritik an der Effektivität entsteht dabei weniger als Folge einer unzureichenden sportpolitischen Aktivität, als hinsichtlich einer im Sinne der Verbände nicht bedarfsgerechten Zielformulierung der EU-Sportpolitik.

In Bund und Ländern wird die Effektivität eines sportpolitischen Beitrages der Europäischen Union eher mit einer zukünftigen Erwartungshaltung verknüpft. Die EU wird grundsätzlich als ein institutioneller Rahmen gesehen. In ihm soll es möglich werden, die Eigenheiten nationaler Sportsysteme zu schützen und gleichzeitig strategische Impulse für einen Mehrwert nationalstaatlicher Sportpolitik zu entwickeln. Aufspüren, Aushandeln und Entwickeln von Gemeinsamkeiten bedeuten einen integrativen Prozess. Die drei Aspekte bilden sowohl den Kern, als auch die Grenze nationalstaatlicher Erwartungen. Die Komplexität und zeitliche Dauer konsensbildender Prozesse tragen dazu bei, einen Eindruck schwerfälliger Politikentwicklung zu vermitteln.

In einer zusammenfassenden Charakterisierung muss die Union in ihrem Entwicklungsstatus beschrieben werden. Die primärrechtliche Grundlage des Lissaboner Vertrages hat es ihr ermöglicht, zukünftig eine proaktivere Rolle einzunehmen. Mit der Absicht zur Wahrung autonomer Verbandsstrukturen, der Achtung subsidiärer Beziehungen sowie transparenter Politikentwicklung geht die Union eine Selbstverpflichtung ein. In Anbetracht der verschiedenen Deutungszusammenhänge des Autonomie- und Subsidiaritätsbegriffs in den einzelnen Mitgliedstaaten sowie des Selbstverständnisses der EU als politischer Begleiter von Transformationsprozessen wird ihre funktionale Rolle im Rahmen politischer Lernprozesse zukünftig konkreter zu entwickeln sein. Die Bedeutung des Sports in der Gesellschaft wird diesen Prozess mit prägen.

Welche Bedeutung hat Sport für die EU?

Sport hat einen besonderen politischen Status. Zum einen bietet er sich aus Sicht der Beobachter aus der nationalen Ebene als Handlungsfeld an, indem die regulative Funktion der supranationalen Organe im Sinne des europäischen Vertragswerks wahrgenommen werden kann. Zum anderen wird Sportpolitik zu einem symbolischen Nachweis einer an transnationaler zivilgesellschaftlicher Entwicklung sowie sozialer Fürsorge orientierten Politik. Letzteres geschieht mit Blick auf die angestrebte Stärkung der Bürgernähe der Union. In der zunehmenden Trennung des Sports in einen nach wirtschaftlichen Prinzipien zu regulierenden und einen nach zivilgesellschaftlichen Werten zu entwickelnden Bereich, zeigt sich seine institutionelle Dissoziation in zwei zunehmend loser miteinander verkoppelte Funktionssysteme. Die Ursachen liegen sowohl in der Sportentwicklung selbst, als auch in der politischen Motivation zur Nutzung seiner instrumentellen Potenziale.

Die Bedeutung des Sports in diesen beiden Kontexten ist unterschiedlich. Grundsätzlich gilt jedoch in beiden Fällen, dass der Sport für die Europäische Union eine hohe Sichtbarkeit bewirkt, die Menschen unabhängig von ihrer Nationalität emotional erreicht. Die Kommunikation ihrer funktionalen Leistung gegenüber den Mitgliedstaaten und deren Bürgern wird der Union dadurch erleichtert. Dennoch lohnt eine weitere Differenzierung: Die sportpolitische Bedeutung des professionellen Sports liegt für die EU primär in der Wahrung wettbewerbsrechtlicher Grundsätze.

Als Bewahrer der Grundrechte von Minderheiteninteressen hat die EU erheblich zur Öffnung verbandlicher Strukturen zugunsten des gesamten Spektrums an betroffenen Stakeholdern geführt. Ziel ist die sichtbare Durchsetzung demokratischer Partizipations- und Einflussmöglichkeiten aller involvierten Akteure. In seiner sozialen Dimension besitzt Sport für die Union daher einen ausgeprägt instrumentellen Charakter. Auf der lokalen Ebene organisierter Freizeit- und Breitensport bietet das Gefühl sozialer Gemeinschaftserlebnisse: Die hohe gesellschaftliche Bedeutung und affektive Bindungskraft soll durch seine europäische Förderung zur Stärkung der Identifikation der Unionsbürgerinnen und -bürger mit der EU genutzt werden. Auf diese Weise erlaubt der Sport die Möglichkeit direkter Kommunikation. In nahezu allen anderen Politikfeldern kommuniziert die EU indirekt über die Mitgliedstaaten. Über die organisierte Sportbewegung Europas mit ihrer hohen nationalen, regionalen und lokalen Reichweite sowie ihres hohen Organisationsgrades bietet sich der Europäischen Union die Perspektive der Teiletablierung einer transnationalen (Organisations-)Gesellschaft. In Anbetracht des demokratischen Defizits ihres politischen Systems ist dieses Potenzial vor allem für die supranationalen Organe ein erstrebenswertes politisches Ziel. Sport besitzt in seiner sozialen Dimension darüber hinaus verschiedene instrumentelle Qualitäten und genießt als bildungs-, gesundheits-, beschäftigungspolitisches wie sozial-integratives Instrument eine steigende Wertschätzung. Aus diesem Grund definiert die Union für sich den Auftrag einer politischen Verantwortung für den Sport.

Auf europäischer Ebene hat die institutionelle Differenzierung des Sports in eine wirtschaftliche und eine soziale Dimension zu einer Fragmentierung seiner Politikfeldstrukturen geführt. Vor allem in der sozialen Dimension haben sich anhand verschiedener Themen unterschiedliche Politikarenen herausgebildet, die durch wechselnde Akteure und voneinander zu unterscheidende institutionelle Kontexte geprägt sind. Die dort ausgehandelten Entscheidungen stellen oft einen Minimalkonsens zwischen den heterogenen Interessen der Beteiligten dar. Das deutsche Sportsystem ist dagegen durch eine weit weniger offene, dafür aber engere Beziehung zwischen Staat und Sportverbänden geprägt. Dies hat etablierte und gegenseitig akzeptierte Rollenerwartung geformt, die für beide Seiten zu einer geringeren Wahrscheinlichkeit eines Minimalkonsenses führt. Auf dieser Basis hat sich sporthistorisch ein gemeinsamer Deutungskontext der Aufgaben und Funktion von Sportpolitik entwickelt. In ihr verzichten Bund und Länder weitestgehend auf inhaltliche Gestaltungsansprüche und überlassen diese als Teil der Autonomie des

Sports den Verbänden. Infolge dessen kommt es bei Interessengegensätzen zwischen der Europäischen Union und dem Selbstverständnis der nationalen Sportbewegung zu einer Kritik an der adäquaten Anerkennung der gesellschaftlichen Bedeutung des Sports und seiner Organisationen. Sportorganisationen sehen sich im eigenen Interesse in der Verantwortung, die selbst definierte soziale Bedeutung ihrer Organisationen gegenüber der Union zu kommunizieren.

Wird zur Verallgemeinerung die Bedeutung des Sports für die Europäischen Union abstrahiert, ergibt sich folgendes Bild: Das Politikfeld Sport hat einen prinzipiell instrumentellen Nutzen. Kann in ökonomischen Zusammenhängen die Funktion als „Hüterin der Verträge" nachgewiesen werden, zeigt es sich in seiner sozialen Dimension als ein hilfreiches, aber nicht zwingend notwendiges Feld zur Verknüpfung mit übergreifenden strategischen Zielen der Gemeinschaft. Die Zukunft dieser Bedeutung ist schwer zu prognostizieren, denn die Entwicklung der Sportpolitik ist auch in der EU in hohem Maße ressourcenabhängig. Erfahrungen aus den Mitgliedstaaten zeigen jedoch in eine Richtung: Je nach Wirtschafts- und Finanzlage wird der Sport als wohlfahrtstaatliches Politikfeld eine Auf- oder Abwertung erfahren, so dass die Interessenpolitik der Sportverbände einem zunehmenden Druck ausgesetzt sein wird, den Sport und seine Organisationen in Zeiten knapper Ressourcen als förderungswürdig zu legitimieren.

Unterscheiden sich sportpolitische Perspektiven im Mehrebenensystem?

Als zentrale Unterschiede wurden die Strukturen der nationalen Sportsysteme sowie die unterschiedlichen Sport- und Bewegungskulturen in den Regionen Europas erkannt. Sie stellen zentrale Bruchlinien in der Entwicklung einer gemeinsamen Sportpolitik in Europa dar. Neben den verschiedenen Ebenen lassen sich auch in seiner Beziehung zu Staat, Markt und Gesellschaft jeweils unterschiedliche Perspektiven auf den Sport herausarbeiten. Die Experten bestätigen damit das, was die Cleavage-Theorie in Anlehnung an Lipset & Rokkan (1967) als zentrales Element politischer Entwicklung definiert: gesellschaftliche Konfliktlinien. Aufgrund des Fehlens einer europäischen Zivilgesellschaft begründet die Heterogenität der nationalen Gesellschaften in Europa eine Vielzahl an potenzieller Cleavages, die den Inkrementalismus zum charakteristischen Merkmal der Zusammenführung unterschiedlicher Sichtweisen machen.

Aber auch die institutionelle Bezugsebene, auf der die jeweiligen Akteure agieren ist prägend. Grundsätzlich sind die Interessen der supranationalen Gemeinschaftsorgane auf Europa bezogen. Der Zugang über das Binnenmarkt- und Wettbewerbsrecht hat innerhalb der Kommission eine primär wirtschaftsrechtliche Perspektive auf den Sport geprägt, die erst allmählich durch die Auseinandersetzung mit den Mitgliedstaaten, den Sportverbänden und dem Parlament um eine gesellschaftliche ergänzt wurde. Die Ziele nationaler Verbände sind primär auf den nationalen Kontext ausgerichtet. Das deutsche Sportsystem zeigt dies, da jede Ebene des politischen Systems ihre Entsprechung in der Struktur der deutschen Verbändelandschaft findet. Folglich spielt der gesamteuropäische Bezug ihres Handelns in der nationalen Verbandspolitik eine nachrangige Bedeutung. Gestärkt wird diese Aussage dadurch, dass der Deutsche Olympische Sportbund sowie die Spitzenverbände der einzelnen Sportarten sich bei ihrer Interessenvertretung idealtypisch an den unmittelbaren Handlungskontexten ihrer Mitglieder orientieren. Daraus folgt, Europa und ein „europäisches Gemeinwohl" werden in der deutschen Verbändelandschaft auch aus diesem Grund nicht als primäre Gestaltungsebene im Rahmen verbandlicher Aufgaben wahrgenommen. Letztlich ist es jedoch genau diese europäische Gemeinwohlorientierung, die als entscheidender Faktor die Anschlussfähigkeit nationaler Sportverbände an eine europäische Sportpolitik herstellt.

Eine weitere Bruchlinie offenbart sich bei der Unterscheidung zwischen dem Spitzensport und einem „Sport für alle". Nicht nur, das ersterer aufgrund seiner Kommerzialisierung stärker aus einer regulativen Perspektive betrachtet wird. Aufgrund der starken Verbindung des Spitzensports zu nationalen, regionalen und lokalen Identitäten sowie geringer entwickelter Bezüge zu sozialpolitischen Themen wie Gesundheit, soziale Integration oder zivilgesellschaftlichem Engagement steht er weniger im politischen Fokus der Union.

Dennoch sind die nationalen Verbände nicht nur durch den Einfluss des Gemeinschaftsrechts in ihrem Handeln eng an die EU gebunden. Aufgrund der ihr fehlenden Kompetenz, auf den im lokalen, regionalen und nationalen Kontext organisierten „Sport für alle" zuzugreifen, übernehmen die auf verschiedenen Ebenen des nationalen Sportsystems agierenden Organisationen die Funktion intermediärer Akteure. Die strukturbedingten Differenzen in der sportpolitischen Sichtweise führen zur Notwendigkeit der Verständigung über die normativen Prämissen, mit denen alle Beteiligten ihre Interessen verfolgen. Aufgrund der Vielzahl von Stakeholdern und deren heterogenen Interessen wird dies zu einem mittel- bis langfristigen Prozess, der sich über die bereits benannten inkrementelle Entwicklungsfortschritte vollzieht.

Hinsichtlich der zivilgesellschaftlichen Funktion des organisierten Sports ist es vor allem die Rolleninterpretation der Sportorganisationen, die sich zwischen der Europäischen Union und dem nationalen Sportsystem unterscheidet. Während die verbandliche Selbstorganisation im nationalen Kontext ein politisches Ziel an sich darstellt, strebt die Europäische Union nach der Aktivierung der verbandlichen Leistung für eine transnationale Gemeinschaftsbildung. Als Schlussfolgerung ergibt sich, dass die Instrumentalisierung des Sports mit einer Korporatisierung sozialpolitischer Leistungen durch die Union in Verbindung zu bringen. Da es sich bei den hierfür in Frage kommenden Verbänden um Wahlgemeinschaften handelt, sind diese jedoch nur bedingt durch die Europäische Union verpflichtungsfähig.

Ein weiterer Unterschied im Verständnis über die institutionelle Ausgestaltung der sportpolitischen Entwicklung liegt im multi-Stakeholder-Ansatz der Kommission gegenüber dem in den Mitgliedstaaten praktizierten Einverbandsprinzip. Während die Kommission alternative Organisationsmodelle, wie etwa im Radsport[41] oder im Tennis[42], als legitime Formen der Governance im Sport akzeptiert, haben im nationalen Kontext die Verbände eine privilegierte Position als kollektive Interessenvertreter des Sports etabliert. Wie unterschiedlich dabei die Beziehungen zwischen Sportverbänden und Staat in den einzelnen Mitgliedstaaten sein können, zeigt das Beispiel Frankreichs. Dort werden Sportorganisationen durch staatliche Stellen lizenziert und mit der Organisation und Entwicklung des Sports „beauftragt". Folglich unterscheiden sich auch die nationalen Perspektiven auf die Prinzipien der Autonomie und Subsidiarität.

---

[41] Im internationalen Profiradsport, der seinen historischen Ursprung und die wichtigsten Märkte in Europa besitzt, ist die Bedeutung von freiwilligen Verbänden zugunsten kommerzieller Organisationen zurückgegangen. Vereinigungen der Veranstalter von Radsportwettbewerben sowie Besitzer von Rennställen haben als zentrale Stakeholder einen zunehmenden Einfluss im Governancemodell des professionellen Radsports bekommen.

[42] Im Tennis sind sowohl der Männer- als auch der Frauenbereich durch Vereinigungen der Spieler bzw. Spielerinnen geprägt. Während die Association of Tennis Professionals (ATP) neben der Vermarktung des Profi-Tennis die Weltrangliste führt, ist dies im Frauenbereich die Women's Tennis Association (WTA). Oberhalb der beiden Vereinigungen steht der internationale Dachverband, die International Tennis Federation (ITF)

Bestimmte Unterschiede haben sich jedoch als überwindbar gezeigt. Die Experten stimmen mit der Einschätzung überein, dass akute Krisenphänomene des Sports in der Lage sind, Gegensätze in mitgliedstaatlichen Interessen zu überwinden und die Konzentration auf gemeinsame Interessen herbeizuführen. Somit erscheint der Interaktionsmodus des Problemlösens als effektivste Form europäischer Sportpolitik. Das Beispiel der Gründung der World Anti-Doping Agency (WADA) zeigt dies. Die Übereinstimmung der Mitgliedstaaten in der Bewertung der Gefahr, die Doping für die Integrität des Sports und die Gesundheit der Sportler bedeutet und der Mehrwert, den ein gesamteuropäisches Handeln bei der Gefahrenbewältigung bieten kann, sind zentrale Aspekte, über die gemeinsame Interessen definiert und kontroverse Sichtweisen überwunden werden. Zu berücksichtigen ist dabei, dass vor allem die Lösung thematisch klar definierbarer Herausforderungen im Sport gemeinsames Handeln fördert. So liegt der Gewinn durch gemeinsames Handeln dort oftmals über dem rein nationaler politischer Initiativen. Kommt es bei der Abwägung des Abtretens von Kompetenzen an die Union oder verringerten individuellen Einflusses auf kollektive Entscheidungen gegenüber dem zu erwartenden Nutzen zu einer positiven Bilanz, sind Grundlagen für eine europäische Sportpolitik im Modus der positiven Koordination gegeben. Das Themenfeld Sport und Gesundheit erscheint aus Expertensicht mittelfristig als ein Politikbereich, in dem eine solche Entwicklung zu erwarten ist.

20.4.2. Konsequenzen institutioneller Einflüsse

Unter den zuvor diskutierten Ergebnissen der Bestandsaufnahme ergibt sich unter Berücksichtigung der gewandelten gesellschaftlichen Bedeutung und politischen Rezeption von Sport die Frage nach möglichen Folgen.

Verändert sich die politische und gesellschaftliche Rolle der Verbände?

Aus der Perspektive der europäischen Exekutive hat die Nutzung des Sports als Instrument europäischer Sozialpolitik und die angestrebte Aktivierung der seiner zivilgesellschaftlichen Organisationen für die Entwicklung einer europäischen Dimension des Sports haben Konsequenzen für die Positionierung der Verbände gegenüber der Gesellschaft. In Folge der Beteiligung an gemeinschaftspolitischen Prozessen, werden sie an deren Prinzipien gebunden. Transparenz und demokratische Partizipation werden als gemeinschaftliche Prämissen auf die Sportverbände übertragen. Nehmen diese das, ihnen aufgrund ihrer hohen gesellschaftlichen Inklusion und Reichweite zugedachte, Mandat als Repräsentanten der zivilgesellschaftlichen Sportbewegung wahr, tragen sie eine deutlich stärkere gesamtgesellschaftliche Verantwortung. Sie besteht in der repräsentativen Abbildung der heterogenen Vielfalt an Interessen innerhalb ihrer Strukturen, die zu ihrer demokratischen Legitimation und Repräsentationsmacht als kollektiver Vertreter des Sports führen kann.

Auch wenn zuvor festgestellt wurde, dass die EU verschiedene Formen der sportpolitischen Governance akzeptiert, entwickelt sie in der gesellschaftlichen Dimension ihrer Sportpolitik eine teil-korporatistische Beziehung zu den zivilgesellschaftlichen Verbänden in Europa. Ein zentraler Vorteil der Einbindung in die Politikformulierung liegt in der Nutzung der fachlichen Expertise der Verbände und der von ihnen formal ausgehenden demokratischen Legitimation.

Was bedeuten Autonomie und Subsidiarität in der EU-Sportpolitik?

Von Seiten der Europäischen Union wird die Wahrung der verbandlichen Autonomie sowie die Achtung des Subsidiaritätsprinzips als Selbstverständlichkeit formuliert. Die Wahrnehmung der Verbände weicht von dieser Einschätzung ab, so dass sich vermuten lässt, dass zwischen der europäischen und nationalen Ebene Unterschiede im Verständnis der beiden Begriffe bestehen. Die Experten aus dem Bereich der Gemeinschaftsorgane formulieren bei der Interpretation der beiden Begriffe eine prinzipielle Übereinstimmung mit den verbandlichen Prämissen: Die EU verzichtet auf eine Regulierung und politische Einflussnahme auf die Ausgestaltung der autonomen Sphäre gesellschaftlicher Interessen. Sie beschränkt sich darauf, die Einhaltung der mit dem europäischen Primär- und Sekundärrecht beschlossenen Prinzipien auch im Sport zu überwachen und eine Angebotspolitik zur Begleitung der verbandlichen Entwicklung im Sport zu betreiben.

Die Ursache für die aus den Sportverbänden geäußerte, abweichende Einschätzung kann im Zusammenhang mit den zuvor skizzierten Wandlungsprozessen des Sports erklärt werden. Während sich diese im nationalen Kontext innerhalb eines historisch entwickelten sportpolitischen Werte- und Normenkonsens vollzog und auf diese Weise durch das geteilte Verständnis einer Autonomie des Sports vor dem Einfluss Dritter geschützt werden konnte, zeigt sich auf europäischer Ebene eine andere Situation: In der Union fehlt ein solches, von allen Politikfeldakteuren geteiltes Autonomieverständnis. Die europapolitische Interpretation des Sports ist je nach Politikfeld, in das sich der Sport hinein entwickelt hat, situativ und kontextbezogen. Für den organisierten Sport heißt das, dass die Aufrechterhaltung seines Autonomieanspruchs argumentativ zu legitimieren ist. Diese Notwendigkeit wird umso größer, je weiter dieses Interesse außerhalb des Selbstzwecks von Sport liegt. Die EU verdeutlicht damit die Problematik der Abgrenzung dieses Selbstzwecks gegenüber den zunehmend verfolgten instrumentellen Fremdzwecken, in deren Zusammenhang Sport in zahlreichen institutionell variierenden Kontexten thematisiert wird.

Die hybride Verteilung von politischen Zuständigkeiten über das europäische Mehrebenensystem sowie das nationale Interpretationsmuster verbandlicher Autonomie sorgen für eine komplexe Situation. Einzelne Teile des Tätigkeitsfeldes der Sportverbände werden durch die europäische, andere durch die nationale oder die subnationale Ebene reguliert oder politisch beeinflusst. Die Schnittstellen zwischen den einzelnen Ebenen bergen potenzielle Konflikte für die subsidiären Beziehungen zwischen der Europäischen Union, den Mitgliedstaaten und den Sportverbänden.

Die Interpretation ihres gesellschaftlichen, politischen und rechtlichen Status erfolgt oftmals in selbst definierten Vorstellungen der Verbände über ihre Autonomie und ihren Beitrag zur gesellschaftlichen Entwicklung. Sportverbände können dabei in einer selbstreferenziellen, primär normativ geführten Argumentation gefangen sein. Durch die veränderten Umweltbedingungen sind mit dem Sport auch seine Organisationen neuen Anforderungen ausgesetzt: Die Aufrechterhaltung und Ausdehnung des politischen Einflusses der Verbände zur Maximierung ihrer Mitgliederinteressen führen zu Anpassungsdruck, in dem die Legitimation nicht mehr auf die gemeinnützig definierten Organisationsstrukturen selbst zielt, sondern auf die Ziele und Effekte ihres Organisationshandelns gegenüber der Gesellschaft und dem sie vertretenden Staat. Sportverbände besitzen als intermediäre Organisationen dadurch nicht nur neue gesellschaftliche Rechte, ihnen sind durch die Inanspruchnahme weiterer Gesellschaftsbereiche zur Gewinnung von Ressourcen für die Sportentwicklung auch zusätzliche politische und rechtliche Pflichten auferlegt.

Wie unterscheidet sich Sport als Politikfeld in EU und Nationalstaat?

Auch wenn im bisherigen Verlauf schon zahlreiche Unterschiede europäischer und nationaler Sportpolitik identifiziert wurden, lohnt sich die detailliertere Fokussierung auf den Aspekt der sportpolitischen Kultur. Sie kann als institutionelles Setting beschrieben werden, das sowohl die normativen Prämissen als auch die strukturellen Bedingungen von Sportpolitik beinhaltet. Trotz seines abstrakten Charakters erscheint der politische Begriff für die sozialwissenschaftliche Betrachtung von Grundlagen politischen Handelns von besonderem Interesse. Mit dem Verhältnis zwischen öffentlichen und privaten Akteuren und der institutionellen Organisationsstruktur des Sportsystems geraten dabei zwei Aspekte in den Mittelpunkt. Aus dieser Perspektive wurden mit den Experten mögliche Szenarien zukünftiger Entwicklungen thematisiert.

Während die sportpolitische Kultur im deutschen Sportsystem durch eine direkte Reziprozität[43] zwischen Bund und Ländern auf der einen sowie den Verbänden auf der anderen Seite eine verlässliche Erwartungshaltung zwischen den Akteuren etabliert, sind die Akteursbeziehungen in der EU weitaus weniger stabil und erwartungssicher. Dies ergibt sich vor allem daraus, dass sie nicht auf einem verstetigten, bilateralen Vertrauens- und Austauschverhältnis basieren. Hinzu kommt, dass während es auf der nationalen Ebene eine liberale Regulierungs- und zurückhaltende Interventionspolitik gegenüber dem Sport gibt, sich die europäischen Gemeinschaftsorgane in einer proaktiveren Rolle mit einem stärkerem Gestaltungs- und Einflussanspruch zeigen. Vor allem die Kommission und das Parlament treten mit eigenen Zielvorstellungen als aktive Spieler in die sportpolitische Arena ein. Sie verhalten sich darin als strategische Akteure und suchen nach Mitspielern mit vergleichbaren Interessen.

Das zweite Abgrenzungsmerkmal ist die institutionelle Struktur des Politikfelds. Die direkte Reziprozität auf nationaler Ebene stärkt die Position der Verbände. Sie werden in Deutschland als elementarer Bestandteil der Zivilgesellschaft und aufgrund ihrer Bedeutung für das bürgerschaftliche Engagement in einer demokratischen Gesellschaft politisch hoch geschätzt. Sportpolitik wird deshalb primär zwischen den gemeinnützig agierenden Sportverbänden sowie dem Bund bzw. den Ländern entwickelt. Die politisch bedeutsame Position der Verbände und Vereine

---

[43] Allgemein besagt die Reziprozitätsregel, dass politische Akteure, wenn sie von Dritten materielle Ressourcen oder politische Unterstützung erhalten, motiviert sind, dafür eine Gegenleistung zu erbringen. Reziprokes Verhalten bedeutet, auf einen Gefallen hin mit einer Handlung zu reagieren, die den Gefallen ausgleicht. Die Erwartung der Akteure, die sich zunächst unterstützend oder fördernd zeigen, ist, dass in der Folge der Hilfe oder des Gefallens die Wahrscheinlichkeit erhöht ist, dass sich das Gegenüber in Zukunft ebenso verhalten wird. Es entwickelt sich eine normative Vorstellungen, die Reziprozitätsnorm. (Lexikon für Psychologie und Pädagogik, www.lexikon.stangl.eu/507/reziprozitaet/, 05.08.2001)

übernimmt gleichzeitig den Schutz ihrer und die weitgehende Schließung der sportpolitischen Arena vor den Interessen Dritter. Die primär auf instrumentelle Ziele
ausgerichtete Politik der Union fokussiert dagegen anstelle des zivilgesellschaftlichen Selbstzwecks der sportverbandlichen Strukturen die Effizienz und Effektivität
ihrer wohlfahrtspflegerischen Performanz. Dies führt zu offeneren Zugängen zu
sportpolitischen Themen. Durch die so veränderten Opportunitätsstrukturen kommt
es zur Beteiligung vielfältiger Interessen und ihrer Vertreter. In der Folge führt dies
dazu, dass sich die europäische Sportpolitik über die jeweils beteiligten Akteure
innerhalb einzelner Inhalte spezialisiert und stärker als im nationalen Kontext themenspezifische Strukturen herausbildet. Diese Entwicklung erklärt die von Ver-
bandsseite oft beklagte fehlende Homogenität der netzwerkartigen und damit flexib-
len Sportpolitik der Europäischen Union und der Vielzahl ihrer politischen Arenen.
Zu berücksichtigen ist, dass eine thematisch fragmentierte EU-Sportpolitik in geringerem Ausmaß dazu in der Lage ist, nachhaltige und weitreichende Wandlungsprozesse auf nationale Sportsysteme auszuüben. Die über thematische Bereiche
definierte Politikfeldstruktur kommt euroskeptischen Akteuren im Sport daher entgegen, da nicht nur Europäisierungseffekte eingehegt, sondern auch Strategien zur
interessenpolitischen Einflussnahme gezielter entwickelt werden können.

Die Sportentwicklung und ihre inhaltliche Entgrenzung stellen die Frage, ob die auf
europäischer Ebene festgestellte Tendenz zur Entwicklung themenspezifischer
politischer Arenen auf die nationale Sportpolitik übertragbar ist? Wenn überhaupt,
lassen sich in einzelnen Fällen sehr schwach ausgeprägte Wünsche nach der Öffnung der Sportpolitik gegenüber anderen als den verbandlichen Akteuren erkennen.
Sie beschränken sich jedoch auf die staatlichen Akteure. Das partnerschaftliche
Verhältnis zwischen Staat und Verbänden sowie die darauf basierende politische
Kultur des nationalen Sportsystems sind (noch) in der Lage, den Status quo des
deutschen Sportsystems zu schützen. Die Ausdifferenzierung politischer Interessen
und ihrer gesellschaftlichen Repräsentanz außerhalb von Verbandsstrukturen ist
jedoch kein ausschließlich europäisches Phänomen. In der Folge sind Tendenzen
der Öffnung des Politikfelds für andere als die verbandlichen Akteure latent vorhanden, indem die Schnittstellen des Sports mit anderen Politikfeldern für deren
Akteure Zugang zur sportpolitischen Arena bieten.

Verursacht die EU institutionelle Veränderungen im nationalen Sportsystem?

Potenzielle, durch die EU-Sportpolitik ausgelöste Veränderungen des nationalen Settings von Sportpolitik müssen auch in den Aussagen der Experten in politische und rechtliche Einflüsse getrennt werden. Der geringe Entwicklungsstand eines kohärenten Ansatzes europäischer Sportpolitik führt dazu, dass politische Einflüsse auf der nationalen Ebene gegenwärtig als gering erachtet werden. Anders sieht dies im Fall der rechtlichen Rahmenbedingungen von Sport aus. Hier hat das Gemeinschaftsrecht zu nachhaltigen Einflüssen geführt. Zahlreiche Verbandsvorschriften und Statuten mussten an die europarechtlichen Anforderungen angepasst werden. Die Strukturbedingungen nationaler Verbände haben sich so zum einen durch veränderte Rechtsgrundlagen im staatlichen Kontext sowie als indirekter Einfluss über die Modifikation transnationaler Regelwerke der europäischen Sportorganisationen gewandelt.

Da das Gemeinschaftsrecht Teil nationalen Rechts ist, entfaltet es unabhängig vom Sport seine Wirkung als übergeordnete Rechtsordnung. Immer dann, wenn europäische Sportorganisationen Veränderungen ihrer institutionellen Prinzipien und Verfahrensweisen vorgenommen haben, zeigte sich zudem ein zeitlich versetzter spillover-Effekt in die nationalen Verbände. Das Beispiel der für rechtswidrig erklärten und mit dem EU-Recht harmonisierten Transferstatuten des europäischen Fußballverbandes UEFA hat in seiner Folge zu national unterschiedlichen Reaktions- und Anpassungsstrategien der Verbände geführt.

Verallgemeinernd ist deshalb festzuhalten, dass das Gemeinschaftsrecht seine Wirkung nicht unmittelbar, sondern über die Rahmenbedingungen von Sport entfaltet. So sind es etwa die europäische Richtlinien zur Verwertung von Medienrechten oder die zur Regulierung des Glücksspielmarktes in den Mitgliedstaaten, die über ihre Bedeutung bei der Finanzierung des gemeinnützigen wie professionellen Sportsektors sportrelevante Effekte nach sich ziehen. Gleiches gilt auch für Verbandsstatuen, mit denen die Sportverbände den Zugang zu ihren Wettbewerben reglementieren sowie Verstöße gegen die Wettbewerbsregeln sanktionieren. Betreffen sie unionsbürger- oder arbeitsrechtliche Implikationen, fungiert das Gemeinschaftsrecht auch hier als übergeordnete Ordnung. Auf diese Weise wird die EU durch ihre Rechtsetzungskompetenz stets ein in der Organisationsentwicklung zu berücksichtigender Faktor bleiben. Durch die Ausgestaltung entsprechender Anpassungsprozesse ist, aus Sicht der Experten, eine Politisierung des Sports in den Nationalstaaten möglich.

Für den geringen politischen Einfluss der Union, können nach Ansicht der Experten zwei Aspekte hauptverantwortlich gemacht werden: Zum einen fehlt der Union durch Artikel 6 AEU-V eine legislative Kompetenz für den Sport, so dass sie lediglich über „weiche" und unverbindliche Politikinstrumente verfügt. Zum anderen wirkt die starke Interessenverflechtung im binnenstaatlichen Verhältnis zwischen Staat und Sportverbänden als Katalysator. Die auf gleichgelagerten Interessen basierenden partnerschaftlichen Beziehungen zwischen Bund, Ländern und Sportverbänden sind in der Lage, von der Europäischen Union ausgehende Impulse im nationalen Kontext abzuschwächen oder zu verstärken. In Bezug auf diese Eigenschaft kann die Intensivierung einer europapolitischen Interaktion zwischen Bund und Ländern sowie zwischen Staat und Sport als indirekter Europäisierungseffekt angesehen werden. Auf staatlicher Ebene sind der deutsche Föderalismus und seine spezifische Ausprägung im Sport als strukturelle Herausforderung in der Koordination zwischen Bund und Ländern zu sehen. Das aktuell durch Bund (BMI), Länder (SMK) und DOSB gebildete Politiknetzwerk zur Verarbeitung sportpolitischer Impulse „aus Europa" wird vor allem aus Sicht der Experten aus regionalen Kontexten zukünftig stärker als bisher weitere subnationale Akteure einbeziehen müssen. Die Notwendigkeit entsteht dann, wenn EU-Sportpolitik sich stärker auf die förderpolitische Instrumentalisierung des lokalen, also auf kommunaler Ebene organisierten „Sport für alle" konzentrieren sollte.

Mit der Möglichkeit des politischen Lernens existiert ein weiterer Aspekt, der in der Lage ist, Europäisierungseffekte auf die nationale Ebene zu übertragen. Die steigende Bedeutung des Sports als politisches Instrument sowie die Auseinandersetzung mit der instrumentellen EU-Sportpolitik bieten hierfür Anknüpfungspunkte.

Grundsätzlich wird von der Europäischen Union nach übereinstimmender Ansicht der Experten weniger Innovation als die Angleichung des Entwicklungsstandes der mitgliedstaatlichen Sportsysteme zu erwarten sein. Konvergente Effekte sind vor allem in der förderpolitischen Grundlage des Sports denkbar. Während die deutsche Förderpolitik – vor allem im Bereich des „Sports für alle" – einer inputorientierten Legitimation folgt, zeichnet sich die europäische Sportförderung durch einen outputorientierten Kosten-Nutzen-Ansatz aus. Mit ihm werden geförderte Projekte im Hinblick auf die angestrebten Effekte evaluiert.

Die Europäische Union steht für eine evidenzbasierte Förderpolitik gegenüber ihren Mitgliedern. Auf diese Weise ist sie in der Lage, von Erfahrungen aus den Mitgliedstaaten zu lernen und zu profitieren. Aber auch Bund und Länder können als teilnehmende Akteure für eine effizientere Förderpolitik im Sport auf Ebene der Europäischen Union lernen.

20.3.3. Bestandsaufnahme der Besonderheiten des sportpolitischen Prozesses auf EU-Ebene

Zur Bestandsaufnahme weiterer Besonderheiten stellt sich die Frage nach spezifischen Merkmalen im europapolitischen Prozess des Sports. Ihre Identifikation und Beschreibung können dabei helfen, Anforderungen an eine Interessenvertretung des Sports auf europäischer Ebene herauszuarbeiten.

Welche Politikstile und Instrumente kennzeichnen die EU-Sportpolitik?

Aufgrund der vielfältigen Interessen im Sport entsteht das Problem ihrer repräsentativen Inklusion. Dieses strukturelle Dilemma fördert jedoch einen konsultativen Politikstil, mit dem die Europäische Union zur Entwicklung von Empfehlungen für die Mitgliedstaaten auf die Einbindung möglichst vieler Beteiligter angewiesen ist. Als strategischer Akteur mit diskretionärem Handlungsspielraum, nutzt sie die zwischen Assoziierung und Konkurrenz variierenden Beziehungen der verschiedenen Politikfeldakteure. Sie sondiert Partner, die sie als Repräsentanten bereichsspezifischer Interessen in die europäische Politikgestaltung einbezieht. Der Netzwerkcharakter der EU-Sportpolitik ist dadurch wesentlich ausgeprägter, als er es in der deutschen Sportpolitik ist. Inwieweit die Kommission in Zusammenarbeit mit dem Rat der Sportminister in der Lage ist, über die von ihr ausgesprochenen Empfehlungen Anreize zur Politikentwicklung in den Mitgliedstaaten anzuregen, ist gegenwärtig noch nicht absehbar. Aussichtsreich erscheint diese Strategie nach Meinung der Experten jedoch, wenn sie mit dem Instrument der finanziellen Förderung gekoppelt wird. Ein Schwerpunkt eines monetären „europäischen Mehrwerts" durch die Förderung von Kooperationen zwischen Sportverbänden sein. Diese werden grenzüberschreitenden Charakter haben und transnationale Politiknetzwerke hervorbringen. Sofern diese in der Lage sind, bewährte Praktiken für die Sportentwicklung hervorzubringen, können solche Netzwerke modellbildenden Charakter für die nationale wie subnationale Ebene haben.

Der auf den zuvor genannten Prinzipien entwickelte Politikstil der EU lässt sich abschließend in zentralen Eigenschaften zusammenfassen. Sie ergänzen die gemeinschaftspolitischen Grundsätze der Partizipation, Konsultation und Konsensorientierung: Erstens, die Union betreibt eine Angebotspolitik. In ihr kommt es, zweitens, zu einem ständigen Austarieren politischer Forderungen aus den nationalen Sportsystemen, der Notwendigkeit zur Regulierung der wirtschaftlichen Dimension sowie Eigeninteressen in der Ausgestaltung der sozialen Dimension von Sport. Vor diesem Hintergrund ergibt sich eine Analogie zu den strukturellen Bedingungen der Sportministerkonferenz, in der die Bundesländer ebenfalls ohne legislative Kompetenz für den Sport auf den Sport bezogene Politik betreiben – sich in ihrem Gestaltungsanspruch jedoch vergleichsweise selbst bescheiden. Auf Länderebene ist dieses föderative Politiknetzwerk in seinen Strukturen gegenüber gesellschaftlichen Lobbygruppen jedoch wesentlich deutlicher geschlossen, als es auf der europäischen Ebene der Fall ist. Für die Sportpolitik in den deutschen Bundesländern kann deshalb eine deutlich größere Kohärenz festgestellt werden. In der Union hat sich in vor allem in der Anfangsphase europäischer Sportpolitik der Eindruck einer Politikentwicklung nach dem garbage-can-Modell (vgl. Cohen, March & Olsen 1972) entwickelt, dem zufälligen Zusammenwirken von fluiden Akteurskonstellationen, politischer Probleme und einer „kritischen Masse" an gleichgelagerten Interessen, die letztendlich sportpolitische Entscheidungen hervorbringen.[44]

---

[44] Das garbage-can-Modell beschreibt Politikformulierungs- und Entscheidungsfindungsprozesse in Organisationsstrukturen. Zentral sind die Begriffe der „problematic preferences", „unclear technology" und „fluid participation". Generelle Annahmen sind, dass an politischen Prozessen Beteiligte erst in seinem Verlauf ihre Probleme erkennen sowie Präferenzen und Ziele entwickeln und situativ wechseln können („problematic pereferences"). Den politischen Akteuren steht zu wenig Kontext- und Sachwissen zur Verfügung, um kohärente und konsistente Strategien zu entwickeln, weshalb sie ein unterentwickeltes Verständnis über die Mittel und Zwecke zur Problemlösung verfügen. Sie erwerben Kenntnisse nach dem trial-and-error-Prinzip, sind aufgrund ihres mangelnden Kontext- und Sachwissens oft nicht in der Lage kausale Zusammenhänge kognitiv zu erkennen („unclear technology"). Potenziert wird das Problem einer rationalen Entscheidungsfindung durch die wechselnden Konstellationen und Intentionen der am politischen Prozess Beteiligten („fluid participation"). Individuelles Engagement und spezifische Interessen können daher weitreichenden situativen Einfluss auf Politikformulierung und Entscheidungsfindung nehmen. Das Zusammenspiel der drei Aspekte führt zu Situationen, die bestimmte Entscheidungen begünstigen. Mit Problemen, möglichen Lösungen, Teilnehmern und dem Einfluss ihrer politischen Präferenzen sowie Entscheidungsgelegenheiten kennzeichnen vier voneinander unabhängige dynamische Einflussfaktoren die Politikentwicklung.

Politikprozesse nach dem garbage-can-Modell sind vor allem für die frühe Phase europäischer Sportpolitik nachvollziehbar. Das Fehlen einer konsistenten Strategie- und Zielsetzung, die isolierte und selektive Behandlung hoch emotionalisierter und medial aufmerksam begleiteter Themen sprechen dafür. Im fortgeschrittenen Stadium ist durch die heterogene Interessenlage aller involvierten Akteure sowie themenspezifische policy-streams auch weiterhin das Potenzial für situative Entscheidungsprozesse gegeben.

Von Experten aus den nationalen Sportverbänden wird zudem festgestellt, dass die starke Personenbindung der Sportpolitik in der Europäischen Union strukturell zwar stabilisierend wirkt, im Entscheidungsprozess jedoch zu einer Dominanz bestimmter Eliten führen kann. Nationale Sportorganisationen beklagen aus den genannten Gründen die fehlende Ausgewogenheit dieser Politik und haben Schwierigkeiten, sich ihrer Form anzupassen.

Bereits zuvor wurde festgestellt, dass im nationalen Kontext eingeübte Verhaltensmuster gegenüber der Union nicht greifen. Anpassungsprozesse an die EU werden zusätzlich erschwert, da mit den Bezügen des Sports zu verschiedenen Bereichen ihrer Politik auch die Interaktionspartner auf Seiten der Gemeinschaftsorgane wechseln. Zusammengefasst bedeutet dies, dass die Politikfeldstruktur einen hybriden Stil prägt und dabei die Verstetigung von Interaktionsbeziehungen und den daraus resultierenden Aufbau von gegenseitigem Vertrauen erschwert.

20.4.4. Konsequenzen für die Interessenvertretung des organisierten Sports

Der diagnostizierte Mangel an Erwartungsunsicherheit gegenüber der EU ist in Bezug auf die verbandliche Interessenpolitik von zentraler Bedeutung. Die entsprechenden interessenpolitischen Konsequenzen aus der Expertenbefragung werden im Folgenden aufbereitet.

Welche strukturellen und strategischen Aspekte bedingen EU-Lobbying?

Durch die Form der Zentralisierung politischer Kommunikation über die europäischen Verbände sucht die Kommission nicht nur nach einem eindeutig identifizierbaren Ansprechpartner. Sie geht mit dieser Strategie von der traditionellen Pyramidenstruktur und der subsidiären Beziehungen zwischen den einzelnen Ebenen des europäischen Sportsystems aus.

Aus der Perspektive nationaler Verbände zeigt sich die strukturelle und inhaltliche Komplexität der Europäischen Union als restriktiver Faktor für ihre Lobbyarbeit. Viele sind zudem nicht in der Lage, gegenüber der EU konkrete sportpolitische Interessen zu formulieren. Grund ist der in den vielfach ehrenamtlichen Leitungsstrukturen deutscher Sportverbände entstehende Mangel an Ressourcen, mit denen ein systematisches Monitoring sowie eine Folgenabschätzung europäischer Politik betrieben werden kann. Verbandliches Lobbying gegenüber der EU basiert letztlich auf einer Kalkulation, die Kosten und Nutzen subjektiv abwägt. Im Einzelfall führt dies nach Ansicht der Experten überwiegend zur peripheren und zufälligen Wahrnehmung europapolitischer Prozesse.

Trotz der für einzelne Verbände oft zu hohen Anforderungen, bestehen nach Expertenmeinung mehrere strategische Optionen, mit denen sie ihre Interessen gegenüber der Union bekunden können. Diese sind grundsätzlich dadurch gekennzeichnet, dass die Interessenvertretung delegiert wird. Das EU-Lobbying nationaler Sportverbände ist deshalb in der Regel eine Form der indirekten Einflussnahme. Dabei kommen mehrere Akteure als Repräsentanten in Frage: Zum einen sind dies der Bund und die Länder, die als institutionelle Vertreter unmittelbaren Einfluss auf die EU-Sportpolitik haben. Die Verlagerung des politischen Abstimmungsprozesses zwischen den staatlichen Institutionen und den Sportverbänden in den nationalen Kontext macht europäische Sportpolitik damit in Teilen zu einem binnenstaatlichen Prozess. Bezogen auf die Modellierung des politischen Systems nach Easton bedeutet dies: Die Verbände können ihre politische Unterstützung der nationalen Regierung gegen die Vermittlung ihrer sportpolitischen Interessen auf europäischer Ebene eintauschen. Bereits mit der Drohung eines potenziellen Entzugs ihrer Unterstützung generiert der organisierte Sport mit seinen knapp 27 Millionen Mitgliedschaften als bedeutender Teil der nationalen Zivilgesellschaft politischen Einfluss. Das gegenwärtig partnerschaftliche Verhältnis zwischen Staat und Sportverbänden in Deutschland macht eine solche Situation aktuell jedoch weitgehend verzichtbar.

Die Aktivierung der europäischen Sportverbände für die eigenen Interessen ist eine weitere Möglichkeit indirekter Einflussnahme. Sie ist jedoch mit der Einschränkung verbunden, dass nationale Interessen innerhalb der europäischen „Sportfamilie" abgestimmt werden müssen. Da die Gremien der Kontinentalverbände den Einfluss durch Entscheidungsregeln begrenzen, ist die Notwendigkeit von Kompromissen und Konzessionen wahrscheinlich. Erfolgversprechender zeigt sich deshalb die

Strategie, die europäischen Verbände als Entscheidungsarenen zu nutzen. Die Auslagerung der Politikformulierung in die informelle Peripherie erlaubt es großen Verbänden, nationale Interessen stärker durch den Einfluss der eigenen Organisation zu schützen und erhöht die Erfolgsaussichten bei einer kollektiven Entscheidung.

Als potenzielle Koalitionspartner bei der Interessenvertretung kommen nicht nur andere nationale Sportverbände in Frage, wie folgendes Beispiel zeigt: Die Diskussion um die Einführung einer EU-Richtlinie über den Einsatz von Pflanzenschutzmitteln[45] hat neben dem Sport auch Akteure aus der Landwirtschaft, chemischen Industrie und Landschaftspflege betroffen. Die gemeinsame, wenn auch jeweils unterschiedliche, Betroffenheit kann zu einem verbindenden Element von sektorübergreifenden Interessenkoalitionen werden. Als issue-Netzwerke sind diese zwar lediglich temporär, durch die Bündelung der Ressourcen unterschiedlichster Akteure aus verschiedenen Gesellschaftsbereichen jedoch wirkungsvoller als ein alleiniges Vorgehen der Sportorganisationen.

Verbände an der Schnittstelle zwischen europäischer und nationaler Politik stehen bei der Außenvertretung nationaler Positionen vor einer besonderen Herausforderung. Werden im nationalen Kontext Interessen noch durch ein verhältnismäßig homogenes Sportverständnis geklammert, entfällt dieses auf europäischer Ebene weitgehend. Sollen dort Interessen konsensfähig zusammengeführt werden, kommt es mit hoher Wahrscheinlichkeit zu einer Einigung auf dem kleinsten gemeinsamen Nenner. Oftmals wird dieser lediglich um den Preis eines hohen Abstraktionsgrads gemeinsamer Positionen erreicht.

Das Beispiel der Richtlinie über den Einsatz von Pflanzenschutzmitteln zeigt nach Ansicht der Experten, dass sich die Strategie der Interessenpolitik gegenüber der Union jeweils themenspezifisch ausrichtet. In der Konsequenz müssen sich die zur strategischen Einflussnahme auszuwählenden Kanäle, genau wie die jeweilige politische Argumentation, immer neu am individuellen Problem orientieren. Sportpolitische Interessenvertreter müssen aufgrund der hohen Bedeutung von Netzwerken in der EU vor allem soziales Kapital entwickeln, um von anderen als glaubwürdig, verlässlich und kompetent wahrgenommen zu werden. Eine auf diesen Kriterien basierende Reputation stärkt den Einfluss auf politische Entscheidungsträger weit-

---

[45] Quelle: http://ec.europa.eu/food/plant/protection/evaluation/borderline_de.htm, 26.8.2011

aus stärker als eine normative, sektorbezogene Argumentation hinsichtlich spezifischer Interessen.

Die Kommunikation ausgeprägter Expertise und die Fähigkeit zur Emotionalisierung von Politik erlauben zudem auch hoch spezialisierten, verhältnismäßig kleinen Interessenorganisationen Einfluss auf die europäische Politikentwicklung. In der Konsequenz entwickelt sich der Faktor Expertise, neben dem der Repräsentanz, zu einem gleichberechtigen Einflussfaktor auf die Gemeinschaftspolitik. Das Beispiel der aus den verbandlichen Strukturen ausgegliederten Profiligen verdeutlicht dies. In einem klar umrissenen Handlungsfeld können Organisationen wie etwa die Deutsche Fußballliga (DFL) konkrete Politikbereiche der Union für ihre Interessenvertretung identifizieren. Aufgrund ihrer Spezialisierung auf die Vermarktung und Organisation des Profifußballs sind sie in der Lage, mit ihrer bereichsspezifischen Expertise wesentlich zielgerichteter Einfluss auf die EU-Politik zu nehmen. Auf diese Weise wird es auch für Minderheiteninteressen möglich, an Politikprozesses auf europäischen Ebene zu partizipieren; ausreichende Ressourcen vorausgesetzt.

Die primär ehrenamtlichen verbandlichen Strukturen sind auf Stabilität und Kontinuität ausgerichtet. Sie besitzen dadurch eine strukturelle Trägheit, die kurzfristige, temporäre und differenzierte Anpassungen an veränderte Umweltbedingungen erschwert. Das deutsche Sportsystem wird in Europa als weit entwickelt und in vielfacher Hinsicht als Referenzmodell betrachtet. Aufgrund der vorausschauenden Gründung des EU Büros des deutschen Sports 1993 gilt dies auch für den Umgang mit der Europäischen Union. Aus dieser Rolle erwächst gegenüber der Union sowie den mitgliedstaatlichen Sportsystemen ein bestimmtes Einflusspotenzial. Die hohe Abstraktion europäischer Sportpolitik begünstigt handlungsschnelle und -starke Akteure als „opinion leader". Voraussetzung für ein strategisches Euro-Lobbying ist die Verfügbarkeit einer übergeordneten Strategie für den Umgang mit der Europäischen Union. Diese beinhaltet mehrere Aspekte: Grundsätzlich bedarf es der Formulierung einer Erwartungshaltung gegenüber der EU, als auch der Definition einer eigenen Rolle innerhalb des Sports, gegenüber Union, dem Staat und der Gesellschaft. Aufgrund der jungen sportpolitischen Entwicklungsgeschichte und der hohen Wahrnehmungsschwelle der verbandspolitischen Bedeutung der EU, liegen für die Organisationsentwicklung deutscher Sportorganisationen in dieser Hinsicht, noch Potenziale.

20.4.5. Einfluss der EU auf die Entwicklung sportpolitischer Inhalte

Auch wenn die sportpolitische Reichweite der Europäischen Union durch Artikel 165 des AEU-V auf ergänzende Maßnahmen begrenzt ist, stellt sich die Frage, ob und wenn ja, in welchem Maße die Sportentwicklung durch sie beeinflusst wird?

Wurde sportpoltischen Themen durch die EU eine neue Dynamik verliehen?

Nach Expertenmeinung bezieht sich die Bedeutung der EU weniger auf tatsächliche Maßnahmen, sondern speist sich aus zukünftigen Erwartungen in folgenden Themenfeldern:

∞ Organisation und Finanzierung des Sports

∞ Gesundheit

∞ Fairness und Teilhabemöglichkeiten im Sport

∞ Soziale Integration durch Sport

Ein besonderes Augenmerk liegt auf dem Aspekt der Kommerzialisierung des Spitzensports und der Professionalisierung seiner Strukturen. Beides steht in einem Spannungsverhältnis zu seinem gemeinnützigen gesellschaftspolitischen Mandat. Die Organisationsstrukturen des professionellen Sports basieren nicht mehr auf dem traditionellen Selbstzweck sportverbandlicher Organisation. Die Vermarktung von Sport zur Genese finanzieller Ressourcen nimmt eine immer größere Bedeutung für die Wettbewerbsfähigkeit im Leistungssport ein, so dass sie einer wirtschaftlichen Tätigkeit entspricht und zunehmend aus ihren ursprünglichen Verbandsstrukturen herausgelöst wird. Die gemeinnützigen Strukturen des Sports sind zu ihrer Aufrechterhaltung daher immer stärker auf öffentliche Mittel und die finanzielle Solidarität des Profisports angewiesen. Die Vermarktung von medialen Verwertungs- und kommerziellen Markenrechten sowie der Urheberrechtsschutz sind dabei die zentralen Themen. Gleiches gilt für die Regulierung des Glücksspielmarktes, der historisch als wichtige Finanzierungsquelle der Sportverbände gilt. Entscheidend für den politischen Umgang mit Sportwetten ist die Wahrung der Integrität des Sports. Seine Reputation und die seiner Leitungsstrukturen wurden im Laufe des wachsenden globalen Wettmarktes wiederholt durch Manipulationen beschädigt. Europäische Union wie Sportverbände betrachten den Sport als grenzübergreifendes Kulturgut und erwarten gegenseitige Unterstützung bei der Bekämpfung von Spiel- und Wettmanipulationen.

Ein weiteres Thema der EU mit verbandspolitischer Relevanz ist die gleichberechtigte Teilhabe aller am Sport. Grundsätzlich bedeutet dies Transparenz und Partizipationsmöglichkeiten für alle im Sport involvierten Akteure. Dies soll innerhalb verbandlicher Strukturen gleichzeitig zu einem System von checks-and-balances führen, das den demokratischen Prinzipien in den Verbänden neue Gültigkeit verschafft.

Mit der Frage nach öffentlichen und privaten Finanzierungsmodellen gerät letztlich die Diskussion um die politischen Rechte und Pflichten sowie die gesellschaftliche Verantwortung der Sportverbände in den Fokus. In dieser Hinsicht sind aus den Expertenmeinungen einzelne Themen herauszugreifen: In Verbindung mit dem gesundheitspolitischen Ziel einer stärkeren Bewegungsförderung und der Entwicklung einer Strategie zum Umgang mit dem demographischen Wandel in Europa wird eine stärkere Partizipation von Menschen im Sport angestrebt. Ein besonderes Augenmerk wird dabei auf dem Thema des Diversity Managements – der Vermeidung sozialer Diskriminierung von Minderheiten und der Wertschätzung individueller Verschiedenheit – liegen. So wird auch im Sport erwartet, dass hinsichtlich ihres Geschlechts, Alters oder Lebensstils, ihrer Ethnie oder Religion sowie ihrer sexuellen Orientierung oder aufgrund einer eventuellen Behinderung benachteiligten Bevölkerungsgruppen der Zugang zu Sport und Bewegung erleichtert wird. Insofern hebt sich der sportpolitische Ansatz des Diversity Managements von der vor allem in der deutschen Sportpolitik betriebenen sozialen Integration durch Sport ab.

Der von den Mitgliedstaaten ausgehandelte Lissaboner Vertrag ordnet Sport explizit in einen erziehungspolitischen Kontext ein. Dies weist darauf hin, dass diese Richtungsentscheidung den kollektiven Willen der Mitgliedstaaten abbildet. Konkret bedeutet dies, dass die Europäische Union Themen aus der nationalen Sportentwicklung in ihren Mitgliedstaaten aufnimmt und politisch weiterentwickelt. Sie ist immer dann in der Lage, damit Einfluss auf die nationale Sportpolitik zu nehmen, wenn eine „kritische Masse" transnationaler Bedeutung überschritten wird und auf diese Weise einen sportpolitischen Handlungsdruck auf die Sportminister erzeugt. Die Kommission ist dazu fähig, eine solche Entwicklung kommunikativ zu unterstützen. Aufgrund ihres beschränkten Zugriffs ist die dabei erzielte Wirksamkeit jedoch eng an die freiwillige Umsetzung entsprechender Empfehlungen durch die Mitgliedstaaten gebunden.

20.4.6. Konsequenzen sportpolitischer Themen der EU für den Sport und seine Organisationen

Die Union zeichnet sich in ihrem sportpolitischen Ansatz durch eine Instrumentalisierung des Sports und seine weitreichende Verflechtung mit gesellschaftspolitischen Themen aus. Die daraus resultierenden Konsequenzen sind Gegenstand des folgenden Teilkapitels. Die sektorielle Abgrenzung des Sports zu seiner Umwelt gestaltet sich zunehmend schwieriger. Die Europäische Union ist ein Symbol für den vernetzten Charakter der daraus resultierenden Sportpolitik. Ihr Einfluss wird über die gesellschaftlichen Rahmenbedingungen des Sports mittelbar wirksam. Dies ist in der Organisationsentwicklung so zu berücksichtigen, dass verbandliches Lobbying thematisch differenziert entwickelt wird.

Wie entwickelt sich der sportpolitische Bezug zu anderen Politikfeldern?

Im Rahmen der europäischen Gemeinschaftspolitik wird Sport, nach Mehrheit der Expertenaussagen, als ein Anhang an andere Politikfelder betrachtet. Dies führt aktuell zu einer geringen Kohärenz und Eigenständigkeit des Politikfelds Sport. Die Kompatibilität zu nationalen wie europäischen Förderprogrammen fordert von den Verbänden eine Orientierung an einzelnen Themen aus unterschiedlichen europäischen Politikbereichen. Indem sie versuchen, eine Anschlussfähigkeit herzustellen, schränken sich Sportverbände im Sinne formaler politischer Handlungsfreiheit zur Akqusie finanzieller Ressourcen oder Erlangung politischen Einflusses freiwillig ein. Die Abhängigkeit von externen Ressourcen und die organisationspolitische Handlungsfreiheit bedingen sich an dieser Stelle gegenseitig.

Die Verflechtung von Sport mit anderen Politikbereichen bietet jedoch auch Chancen, die für die Sport- wie Organisationsentwicklung produktiv genutzt werden können. Die Aussagen aus den Sportverbänden legen nahe, dass bei den Verbänden aufgrund des geringen Entwicklungsstadiums europäischer Sportpolitik jedoch noch weitgehende Unklarheit über Chancen und Risiken einer Öffnung gegenüber der von der Europäischen Union betriebenen Politik herrscht.

Ändert sich mit der politische Bedeutung des Sports die Rolle der Verbände?

Neben den Pflichten, die dem Sport als Teil wirtschaftlichen Lebens auferlegt werden, kommt es vor allem zur Notwendigkeit ihrer Politikfähigkeit; sowohl für ihre Mitglieder als auch in ihrer Rolle als potenzieller Partner anderer Interessengrup-

316

pen. Auf europäischer Ebene verstärken die differenzierte Politikfeldstruktur und die verhältnismäßig offenen Opportunitätsstrukturen diese Herausforderung.

Sofern die Verbände den von ihnen beanspruchten Status als kollektive Vertreter der Sportbewegung aufrechterhalten wollen, ist eine hybride Rolle in staatlichen, wirtschaftlichen sowie zivilgesellschaftlichen Zusammenhängen notwendig. Die verbandspolitische Programmatik muss durch Politiklernen stetig mit den umweltbedingten Anforderungen abgeglichen werden. Der lange propagierte Anspruch des geschützten Status der Gemeinnützigkeit gegenüber wirtschaftsrechtlichen Pflichten und organisationsexternen – oft als vermeintlich sportfern wahrgenommenen – Interessen ist unter den gewandelten Umweltbedingungen des Sports, nach Ansicht der Experten aus EU und Mitgliedstaaten, nicht mehr wie bisher aufrecht zu erhalten: Sport ist in vielen Verbänden nicht mehr nur Selbstzweck, sondern wird mit Fremdzwecken verflochten. Kommerzielle Wertschöpfung, Gesundheits- oder Bildungsförderung durch Sport sind Beispiele dafür. Mit Bezug auf die gesellschaftliche Entwicklung kommt es, sofern Verbände ihre politische Bedeutung und Zukunftsfähigkeit absichern wollen, zur Notwendigkeit der Öffnung von geschlossenen Organisationstrukturen, um sich mit den neuen gesellschaftlichen Realitäten auseinanderzusetzen und der Anerkennung neuer Rechte und Pflichten. Partizipation von Mitgliedern sowie Offenheit gegenüber externen Interessen sind zentrale Voraussetzungen, um die Rolle als intermediärer Akteur zwischen politischem System und gesellschaftlichen Interessen zu bewahren. In der Neuausrichtung ihrer politischen Rolle kann es zu Konflikten mit dem historisch gewachsenen Selbstverständnis der Sportverbände kommen. Die politische Konkurrenz zu anderen Akteuren kann zu Veränderungen führen. Dies geschieht meist, um die politische Anschlussfähigkeit und damit den Fortbestand der Organisation zu sichern. Dieser Schritt kann oft mit dem Bruch etablierter Traditionen einhergehen.

Müssen Sportorganisationen ihr Selbstverständnis verändern?

Der multi-Stakeholder-Ansatz in der EU-Sportpolitik schmälert den Einfluss einzelner Organisationen zugunsten einer breiten Beteiligung verschiedener Interessen an der Politikfeldentwicklung. Die Experten erwarten dadurch einen zunehmenden politischen Wettbewerb um die Legitimation (sport-)politischer Forderungen und die Ansprüche auf Mitbestimmung.

Aufgrund der instrumentellen Bedeutung des Sports müssen seine Organisationen gegenüber der Europäischen Union daher zu lernenden Organisationen werden. Neben dem Kern ihres historischen Aufgaben- und Tätigkeitsprofils, dem Wettkampf- und Leistungssport, müssen sie eine Kompatibilität zu den übergeordneten europäischen Politikzielen herstellen, um mit ihren Forderungen Gehör zu finden. Sie benötigen dafür, stärker als zuvor, Wissen über die Organisationsumwelt und den Umgang mit dieser.

Die dabei geforderte Mehrperspektivität auf den Sport sowie die Reflektion seines gesellschaftlichen Bedeutungswandels vor dem Hintergrund der eigenen Ziele, definiert neben dem originären Selbstzweck des Sports sekundäre Ziele. Die Förderung von Gesundheit oder sozialer Integration stehen exemplarisch für Möglichkeiten, mit denen die zurückgehende Bedeutung leistungs- und wettkampfsportlicher Aktivität kompensiert und die Sportverbände äußeren Wandel und eigene Entwicklung gestalten können.

Die Förderung des Sports durch die EU wird stets an einen notwendigen Beitrag der geförderten Organisationen zur europäischen Gemeinschaftsbildung gebunden sein. Hierfür müssen nationale Verbände ihre binnenorganisatorische Perspektive zugunsten eines auf die gesellschaftlichen Anforderungen ausgerichteten Blicks erweitern. Die Eigenschaft einer lernenden Organisation macht die Entwicklung und das Management von Wissen über den Sport für den Sport zu einer Priorität in der Organisationsentwicklung. Hierbei sind nicht nur nationale Gegebenheiten als Voraussetzungen für politische Lösungen zu berücksichtigen. Die in Anbetracht der vielfältigen Erscheinungsformen des modernen Sports entstehende Komplexität kann durch das Lernen aus Erfahrungen anderer Akteure („lesson drawing") oder der Übertragung bewährter Praktiken („policy transfer") erleichtert werden. Der Austausch zwischen den Mitgliedstaaten, den Sportverbänden und weiteren Stakeholdern muss als ein Mehrwert für die nationale Organisations- und Politikentwicklung angesehen werden.

Das Prinzip selbstlernender Strukturen wird auf europäischer Ebene jedoch lediglich dort für sinnvoll erachtet, wo es zur Interessenkongruenz zwischen allen beteiligten Akteuren kommt bzw. diese bereits existiert. Es wird prinzipiell von allen befragten Experten auch für den nationalen Kontext als politisch erstrebenswertes Ziel angesehen. Vor allem die auf nationaler und regionaler Ebene agierenden Organisationen sollten sich, ihrem Konstruktionsprinzip als „bottom-up"-Strukturen entsprechend, im Sinne von dialogischen Strukturen für ihre Mitglieder öffnen. Als Nutzen wird eine effektivere Art der Politikentwicklung erwartet, die sich auf eine repräsentativere und demokratisch stärker legitimierte Grundlage bezieht. Nationale und regionale Spitzenorganisationen können so bei der Befähigung ihrer Mitglieder als politikfähige Akteure eine verantwortungsvolle Rolle übernehmen.

Die skizzierten Veränderungen in Rolle und Selbstverständnis der Sportorganisationen bilden die Grundlage zur Ermittlung konkreter Herausforderungen, die die Europäische Union an politische Lern- und Entwicklungsprozesse im Sport stellt.

20.4.7. Politiklernen und Organisationsentwicklung

Die Bestandsaufnahme und Ermittlung entsprechender Konsequenzen für die Dimensionen der polity, politics und policy des europäischen Sports sind nun abgeschlossen, so dass sich die Frage nach Auswirkungen auf das Politiklernen und die Organisationsentwicklung stellt. Zuvor werden hierfür anhand der aus Expertensicht als konkret empfundenen Herausforderungen die entsprechenden Bezugspunkte ermittelt.

Welche zentralen Herausforderungen entstehen durch die EU?

Als größte Herausforderung für den organisierten Sport wird sein Umgang mit der Kommerzialisierung identifiziert. Die Gültigkeit des Gemeinschaftsrechts wird mit Blick auf die EU dadurch zu einem wichtigen Maßstab, der die Autonomie des Sports in diesem Bereich definiert. Sportorganisationen müssen sich dieser Verrechtlichung ihres Handlungsraums öffnen und benötigen zur Verarbeitung der Implikationen des Gemeinschaftsrechts ein hohes Maß an europarechtlicher Expertise. Grundsätzlich erschweren die komplexen Politikfeldstrukturen den Informationserwerb, mit dem politische Folgeabschätzungen der EU geleistet werden können. In der Konsequenz entsteht die Herausforderung in der notwenigen Professionalisierung der Verbände und ihrer europäischen Politikfähigkeit.

Die Union hat die europäischen Dachorganisationen als akzeptierte und legitimierte Gesprächspartner in ihrem politischen Status aufgewertet. In der Folge ergibt sich für nationale Sportorganisationen ein stärkerer Anreiz als bisher, nationale Verbandsvertreter in europäische Gremien zu entsenden. Diese sind innerhalb der Strukturen des Sports in der Lage, nationale Interessen auf europäischer Ebene mit größerem Einfluss zu vertreten. Auch dies wird als Herausforderung für nationale Verbände definiert.

Auf das gesamte sportpolitische Spektrum bezogen, bildet die EU in ihrer Sportpolitik letztlich das ab, was auch die aktuelle Sportentwicklung von den Verbänden verlangt: Durch grenzüberschreitende und sektorübergreifende Entwicklungen sind sie für ihre eigene Zukunftsfähigkeit herausgefordert, ihr Handeln stärker am gesellschaftlichen, politischen und wirtschaftlichen Umfeld auszurichten. Deutlich wird dies unter anderem auch daran, dass der Nachweis einer Notwendigkeit zum Schutz der Besonderheiten des Sports nach Ansicht der Europäischen Union prinzipiell eine „Bringschuld" der Verbände ist. Genauso sind politische Forderungen der Verbände deshalb nicht eng auf den Sport, sondern immer in Verbindung mit ihrem Beitrag für eine europäische Gesellschaft zu begründen. Der Druck auf die Argumentations- und Legitimationskraft der Sportorganisationen steigt auf diese Weise. Die Aneignung einer intersektoralen Politikfähigkeit wird für Sportorganisationen so zu einem zentralen Thema. Sie erfordert jedoch einen erheblichen Ressourcenaufwand, so dass die Bündelung und Spezialisierung von Kompetenzen zum Erwerb der entsprechenden Expertise eine strategische Herausforderung für die Gesamtheit des nationalen Sportsystems ist.

Für deutsche Sportverbände ist vor allem bedeutsam, dass die Sportpolitik in der Europäischen Union in weit verzweigten, oftmals intersektoralen Netzwerken betrieben wird. Dabei sind vor allem die häufig wechselnden Akteure und ihre je nach Thema unterschiedlichen Rollen als Herausforderung an interessenpolitische Strategieentwicklung zu sehen. Die auf europäischer Ebene zu vollziehende Gewöhnung an ein netzwerkartiges Politikmanagement kann zukünftig auch im Nationalen von Nutzen sein. Dies gilt besonders dann, wenn der im Zusammenhang mit Good Governance genannte Aspekt der Verantwortlichkeit (accountability) sowie die Prinzipien der Subsidiarität und Autonomie zu thematisieren sind. Dem DOSB wie den Landessportbünden kommt hierbei eine zentrale Rolle zu. Sie sind nicht nur strukturelle Knotenpunkte des organisierten Sports, sondern bilden auch die Schnittstelle zum politischen System.

Auf welche Weise muss in der Organisationsentwicklung reagiert werden?

Die Europäische Union stellt durch ihre Sportpolitik drei konkrete Fragen an die organisierte Sportbewegung und fordert die Verbände dadurch auf, sich selbst und ihre Sportpolitik zu reflektieren: Die erste Frage bezieht sich auf die Definition ihrer Autonomie und verlangt neben einem entsprechenden Verständnis eine darauf aufgebaute Argumentationsstrategie zu ihrer Begründung. Zweitens, stellt sich vor dem Hintergrund der zunehmenden Nutzung des Sports als politisches Instrument die Frage nach der Korporatisierung, also der Notwendigkeit zur Erbringung von verbandlichen Leistungen für Dritte, um sich gegenüber der Europäische Union oder den Nationalstaaten zu legitimieren. Als dritter Punkt erfordert die Sportpolitik der Europäischen Union eine Bewusstseinsbildung über die zivilgesellschaftliche Leistung, die der organisierte Sport im Sinne des sozialen Eigenwerts seiner Selbstorganisation erbringt.

Die Anpassung an ein weites Sportverständnis, das neben dem traditionellen Leitungs- und Wettkampfsport zunehmend alltagsorientierte Bewegungsformen und -kulturen beinhaltet, ist dabei ein zentraler Aspekt im politischen Lernprozess. Zu diesem gehört auch die Flexibilität und Spezialisierung von Organisationsstrukturen hinsichtlich der verschiedenen Ziele zu überprüfen.

Informelles Lernen und Szenarioanalysen zur Folgenabschätzung europäischer Politik auf die eigene Organisation werden, von den Experten einhellig, als zentrale Instrumente für den politischen Lern- und innerorganisatorischen Entwicklungsprozess angesehen. Beides setzt eine aktive Informationssuche und responsive Offenheit gegenüber der Organisationsumwelt voraus. Es stellt jedoch auch hohe Anforderungen an die Leistungsfähigkeit verbandlicher Strukturen.

Netzwerke sind ideale Strukturen, in denen sportpolitische Akteure voneinander lernen und die daraus entstehenden Synergien nutzen können. Voraussetzung zum erfolgreichen Agieren in Netzwerken ist jedoch die Schaffung von professionellen Strukturen, in denen Informationen aufgenommen, aufbereitet und kommuniziert werden können. Für die nationalen Sportorganisationen bietet das partnerschaftliche Verhältnis zu Bund und Ländern Zugang zu europapolitischer Expertise, mit deren Hilfe die Funktionsweise des politischen Systems durchdrungen und eine gemeinsame Strategie abgestimmt werden kann. Vor allem die Landessportbünde können die Vertretungen ihrer Bundesländer in Brüssel als Schnittstelle in das politische System nutzen und als Netzwerkpartner entwickeln.

Welche Fähigkeiten müssen nationale Sportorganisationen besitzen?

Sportorganisationen müssen sich in ihrer eigenen Entwicklung am gesellschaftlichen Wandel orientieren („monitoring"). Sie sollten in der Lage sein, gesellschaftliche Entwicklungen zu erkennen, ihre Bedeutung für die Sportentwicklung und die daraus resultierenden Konsequenzen für sich selbst abzuschätzen („impact assessment"). Voraussetzung für einen solchen planvollen Prozess ist die vorherige kohärente und konsistente Definition von Visionen, Prioritäten, Strukturen und Strategien zur Erreichung der gesteckten Ziele. Organisationsentwicklung muss sich damit aus der Fähigkeit einer innen- und einer außenorientierten Betrachtungsweise speisen. Entsprechend müssen sich nationale Sportorganisationen in Europa über einen weiten gesellschaftlichen und politischen Kontext reflektieren. Dieser schließt zwecks Absicherung von Ressourcen die Anschlussfähigkeit an die öffentliche Politik mit ein. Genauso beinhaltet er auch die innenorientierten Mitgliederinteressen. Als kollektive Akteure müssen Sportverbände damit „zwei Sprachen sprechen", um ihre Interessen nach außen zu vertreten und nach innen die Organisationsziele gegenüber ihren Mitgliedern zu begründen. Fähigkeiten zum Dialog werden damit zu zentralen Eigenschaften verbandlichen Handelns. Die Knappheit an Ressourcen zur Professionalisierung von Strukturen und der strategischen Entwicklung einer Außenvertretungsstrategie kann durch Kooperation kompensiert werden. Zum einen besteht die Möglichkeit der internen Mobilisation der Mitglieder für einen (Teil-)Beitrag. Zum anderen kann durch die Initiierung oder Beteiligung an Netzwerken eine Koalition aus Interessen zur Bündelung von Ressourcen genutzt werden. Beides setzt die Fähigkeit zu Kompromiss, Konsens und Verhandlung voraus.

Welche zukünftigen Erwartungen ergeben sich für die Sportpolitik der EU?

Entsprechend der Bedeutung des Gemeinschaftsrechts für die Handlungsfreiheit von Sportorganisationen wird dieses als Teil nationaler Rechtsprechung weiterhin eine zentrale Referenz für das Handeln der Sportverbände sein. Die mit der sportbezogenen Auslegung des EU-Rechts befassten Gemeinschaftsorgane sind dabei lediglich durch die Aufforderung zur Berücksichtigung der besonderen Merkmale, der auf freiwilligem Engagement basierenden Strukturen sowie der sozialen und pädagogischen Funktion (Artikel 165 AEU-V) gebunden. Eine Konkretisierung dieser Besonderheiten wird nicht als Aufgabe der Union empfunden, so dass der organisierte Sport selbst für die Konformität seiner Strukturen und Praktiken sorgen muss. Das europäische Primär- und Sekundärrecht sowie das sportbezogene „case law" werden von Seiten der EU-Institutionen als ausreichende Leitlinien für die Bewältigung dieser Aufgabe betrachtet. Dies verlangt den Verbänden jedoch ein hohes Maß an Selbstreflektion und Ausgestaltungskompetenz ab. Die erhoffte rechtliche Absicherung ihrer etablierten Strukturen konnte mit der primärrechtlichen Verankerung des Sports im europäischen Vertragswerk nicht realisiert werden.

Die nicht in Erfüllung gegangene Erwartung einer finanziellen Förderung der qua Satzung auf Freiwilligkeit und Demokratie basierenden Verbandsstrukturen lenkt den Blick auf die förderpolitische Dimension der EU-Sportpolitik: Solange ein für die nationalen Sportverbände relevantes Fördervolumen nicht realisiert wird, wird dem Gemeinschaftsrecht im Einfluss auf den Sport eine größere Bedeutung als der eigentlichen Sportpolitik zu prognostizieren sein. Sollte die Union in der Zukunft über relevante Finanzmittel zur Sportförderung verfügen, könnte sie durch eine kompetitive Vergabe die Beziehung der Sportverbände zu ihr verändern. Deren Bestreben nach der finanziellen Förderung des Sports wäre in einen neuen Kontext einzuordnen. Konkurrieren sie bei der Akquise europäischer Finanzmittel mit anderen gesellschaftlichen Akteuren, würde dies eine Verschlechterung des Status quo der Sportverbände bedeuten. Zudem müsste berücksichtigt werden, dass die Förderung sportpolitischer Ziele der Union stets mit der instrumentellen Programmierung des Weges der Zielerreichung verbunden und somit in der Lage ist, politische Handlungsspielräume der Geförderten einzuschränken.

Welche sportpolitische Entwicklungsdynamik von der EU zukünftig erreicht wird, ist nach Expertenaussage, maßgeblich von der Rolle der Gemeinschaftsorgane abhängig. Die eingeschränkten finanziellen Anreize sowie der Transfer sportpolitisch relevanter Kompetenzen von der Kommission auf den Ministerrat limitieren die Möglichkeiten des supranationalen agenda-settings. Auch wenn Kommission wie Parlament um die inhaltliche Ausgestaltung der EU-Sportpolitik bemüht sein werden, vertreten seit dem Vertrag von Lissabon vor allem die Mitgliedstaaten den Anspruch, sportpolitische Themen zu besetzen und diese mit dem organisierten Sport in Europa zu diskutieren. Dies hebt die Bedeutung der unterschiedlichen sportpolitischen Kulturen der Mitgliedstaaten als limitierende Faktoren in der Entwicklung eines transnationalen Konsenses hervor. Systemrelevante Effekte europäischer Sportpolitik auf die Mitgliedstaaten sind unter den gegebenen Bedingungen daher unwahrscheinlich, jedoch nicht auszuschließen. Dies gilt vor allem im Hinblick auf öffentlichkeitswirksame Krisenphänomene des Sports, die ähnlich wie grenzüberschreitende Wirtschafts- und Finanzkrisen in der Lage sind, einen einigenden Handlungsdruck zu erzeugen.

TEIL E: Bilanz und Ausblick

Die Bilanzierung der Politikforschung zur Sportpolitik der Europäischen Union fasst auf Basis der einzelnen Untersuchungen innerhalb dieser Arbeit die zentralen Ergebnisse zusammen und reflektiert sie vor dem Hintergrund politiktheoretischer Grundlagen.

Kapitel 21:
Inhaltliche Reflektion der Forschungsergebnisse

Basis für die Reflektion der Ergebnisse sind die politikfeldanalytischen Teile C, D und E. Als erstes erfolgt eine Bilanzierung der zweiteiligen empirischen Politikfeldforschung aus Teil E. Diese wird anschließend mit den in Kapitel 17.2 angestellten theoretischen Vorüberlegungen verknüpft.

21.1. Zusammenfassung und Bilanzierung der Organisationsanalyse

Gegenwärtig ist die politische Relevanz der Europäischen Union für die deutschen Sportverbände gering. Zwar wird anerkannt, dass die EU Auswirkungen auf die Sportentwicklung hat. Diese erscheinen jedoch als nicht ausreichend, um eine nachhaltige Auseinandersetzung mit der Union in der Organisationsentwicklung zu bewirken. Für das Gemeinschaftsrecht gilt diese Einschätzung nicht. Von ihm gehen durch seine Inkorporation in die nationale Rechtsordnung starke Europäisierungseffekte aus, die sich auf die organisatorischen Rahmenbedingungen der Sportverbände auswirken.

Die in der deutschen Verbandslandschaft identifizierten Auswirkungen einer EU-Sportpolitik sind differenziert zu betrachten und unterscheiden sich je Aufgabenfeld und Typ einzelner Organisationen. Deutlich hervorzuheben ist, dass sich vor allem der Deutsche Olympische Sportbund und die Landessportbünde mit dem Einfluss der Europäischen Union auseinandersetzen müssen. Dies ergibt sich aus der hohen Bedeutung des Gemeinschaftsrechts für die Rahmenbedingungen der verbandlichen Organisation des Sports. Dieses Feld bildet gleichzeitig den Aufgabenkern der nationalen und regionalen Dachorganisationen. Spitzenfachverbände sind aufgrund ihres sportfachlichen Profils dagegen vergleichsweise weniger betroffen. Auch sie müssen jedoch noch einmal untereinander differenziert werden: Verbände mit olympischen Sportarten unterscheiden sich von nicht-olympischen Verbänden. Als Ursache sind der tendenziell stärkere Kommerzialisierungsgrad und die Vermarktung des starken öffentlichen und medialen Interesses am olympischen Sport identifiziert worden. Einen Sonderfall bilden die professionellen Ligaverbände, die aufgrund ihrer wirtschaftlichen Tätigkeit aus den gemeinnützigen Verbandsstrukturen herausgelöst und in hohem Maß durch die Gesetzgebung des Binnenmarkts reguliert werden. Generell gilt deshalb: Wo Sport seinen Selbstzweck zugunsten ökonomischer Zwecke aufgibt, wird er primär als wirtschaftsrechtliches Objekt reguliert. Als Teil sozialen Lebens in Europas Gesellschaften fällt der Sport prinzipiell aus dem Zuständigkeitsbereich der Union heraus, sieht sich jedoch in seiner Beziehung zu anderen Politikfeldern europapolitischen Einflüssen ausgesetzt.

Das allgemeine Ziel der Europäischen Union liegt in der Vermittlung eines Verständnisses von Sportpolitik als grenzüberschreitende, europäische Gesellschaftspolitik. Bei den nationalen Verbänden kommt es in diesem Zusammenhang jedoch zu einer wertenden Wahrnehmung, dass die EU dabei weniger die Interessen des organisierten Sports unterstützt, als dass sie über diesen versucht, ihre eigenen sozialpolitischen Ziele umzusetzen. Die Instrumentalisierung des Sports bedeutet für das nationale Sportsystem die Herausforderung den Eigenwert des Sports und seiner zivilgesellschaftlichen Organisationen zu etablieren und zu legitimieren.

Die Relevanz europapolitische Ziele und ihrer Inhalte ist im deutschen Sport jedoch nur in seltenen Fällen hoch genug, um institutionelle Anpassungsprozesse zu bewirken. Eine klare Richtung, in die sich die europäische Sportpolitik entwickelt, ist aufgrund ihrer kurzen Historie noch nicht erkennbar. Folglich kommt es bei den deutschen Verbänden in vielen Bereichen, in denen die Auswirkungen der Europäischen Union auf die eigenen Rahmenbedingungen eingeschätzt werden sollen zu neutralen Bewertungen. Gleiches gilt in Bezug auf die Selbsteinschätzung des eigenen Kenntnisstands über die Union sowie das Interesse an europapolitischen Themen. Die Herausforderung für die nationalen Sportverbände liegt darin, bei begrenzten institutionellen Kapazitäten und vergleichsweise geringer politischer Relevanz trotz allem zu einer fundierten Risiko- wie Potenzialabschätzung zu kommen. Da viele, zunächst sportferne erscheinende Themen als Einfluss auf die organisatorischen Rahmenbedingungen verbandspolitische Bedeutung bekommen können, ist die Europäische Union trotz ihrer vermeintlich geringen sportpolitischen Relevanz nicht unbedeutend für die Verbände. Beispiele wie die Entscheidungen des EuGH in den Fällen Walrave & Koch, Bosman oder Meca-Medina & Majcen zeigen dies.

Aus der Organisationsanalyse lassen sich als Bilanz Indikatoren herausarbeiten, die auf eine steigende Bedeutung der Europäischen Union für die soziale Dimension des Sports hindeuten. Diese sind vor allem themenbezogen, denn über die Ausgestaltung umwelt-, gesundheits-, sozial- oder steuerpolitischer Rahmenbedingungen eröffnen sich der EU Möglichkeiten auf die Entwicklung nationaler Sportorganisationen Einfluss auszuüben.

Die nationalen Sportsysteme stehen im Umgang mit dem demographischen und sozialen Wandel vor der Herausforderung die Konsequenzen hinsichtlich ihrer Programmatik zu verarbeiten, so dass sich perspektivisch zunehmende Schnittmengen zur europäischen wie nationalen Sozialpolitik ergeben. In welchem Maß die Union die daraus entstehenden Einflusspotenziale realisieren kann, wird von der Höhe finanzieller Ressourcen zur Unterlegung eines förderpolitischen Ansatzes in ihrer Sportpolitik abhängen.

Im Gegensatz zu dem erwarteten Bedeutungsgewinn transnationaler Themen sorgt das unscharfe Profil der Union als sportpolitischer Akteur jedoch für Unsicherheit bei den Verbänden. Nicht nur die Tatsache, dass mit Kommission, Parlament und Sportministerrat eine Vielzahl an Organen mit unterschiedlichen Zielsetzungen sportpolitische Entwicklungen vorantreibt, sorgt für eine diffuse Erwartungshaltung der Verbände gegenüber der Europäischen Union. Die Entscheidungen des EuGH, die Paradigmenwechsel in der Verbändelandschaft hervorgerufen haben, haben die Vertrauensbildung der Sportverbände gegenüber der Union zudem nachhaltig beeinträchtigt. In der Konsequenz kommt es zu einer Zurückhaltung in der direkten Interaktion mit ihr. Es wird sich ihr über Umwege, sogenannte „institutional venues", genähert: Politische Interessen werden von den Verbänden vor allem indirekt auf die europäische Ebene vermittelt, so dass es zu einer politischen Distanz zwischen der Europäischen Union und den nationalen Sportsystemen kommt. Aufgrund ihrer Rolle als Agent verbandlicher Interessen wird die Bedeutung von Bund und Ländern sowie des Deutschen Olympischen Sportbundes und den Landessportbünden als aufgewertet.

Trotz des Delegierens der Vertretung eigener Belange, besteht die sportpolitische Herausforderung für die nationalen Verbände darin, in der Lage zu sein, ihre Interessen in verschiedenen institutionellen Kontexten gegenüber den von ihnen beauftragten Akteuren zu vermitteln. Neben einer Politikfähigkeit zum Agieren in politischen Netzwerken sind hierfür auch verbandliche Ressourcen zu mobilisieren. Da dies vielen, vor allem, kleineren Verbände nicht möglich ist, übernimmt der Deutsche Olympische Sportbund die nationale Außenvertretung des deutschen Sports. Er nimmt damit eine dem subsidiären Prinzip gemäße Aufgabe. Auf der Ebene der Bundesländer übernehmen die Landessportbünde eine analoge Aufgabe. Der besondere politische Status des DOSB ergibt sich aus seiner Position an der Schnittstelle des deutschen Sportsystems zur Europäischen Union sowie den Sportsystemen anderer Mitgliedstaaten.

Hinsichtlich der europäischen Dachverbände lässt sich herausarbeiten, dass sie von den nationalen Spitzenverbänden primär als Entscheidungsarena und weniger als transnationales Forum zur sportpolitischen Meinungsbildung gesehen werden. Diese erfolgt deutlich stärker in multilateralen Netzwerken verschiedener nationaler Verbände. In solchen unterformalisierten institutionellen Kontexten sind große und ressourcenstarke Verbände aus hoch entwickelten Sportsystemen zwar bevorteilt, müssen jedoch zur formalen Absicherung ihres Einflusses durch die europäischen Gremien ein Mindestmaß an Konsens-, Kompromiss- und Verhandlungsfähigkeit besitzen. Die Organisationsanalyse konnte zeigen, dass dort, wo Veränderungen in den Beziehungen zwischen den nationalen Sportverbänden registriert wurden, diese in Richtung einer stärkeren Kooperation weisen. Als ursächlich kann als Begründung hierfür der „lange Schatten der Europäischen Union" angenommen werden: Dort, wo Belange des Sport unmittelbar mit dem Zuständigkeitsbereich der EU in Berührung kommen, werden Kompromisse und Konsenslösungen im Vergleich zu einer durch die Union „diktierten" Lösung als lohnenswerter betrachtet. Die daraus resultierende transnationale Interaktion ermöglicht politisches Lernen und ist dadurch in der Lage, auf die nationalen Verbände zurückzuwirken.

Die Europäische Union übt auch, wenn auch bisher nur schwach, einen Anpassungsdruck auf das gesamte nationale Sportsystem aus. So lässt sich bei den Verbänden eine Wahrnehmung feststellen, die feststellt, dass Bund und Länder die Europäische Union als Möglichkeit nutzen, ihre eigene Sportpolitik weiterzuentwickeln. Zum aktuellen Zeitpunkt ist die EU trotz allem nicht in der Lage, mehr als einen indirekten Effekt auf das nationale Sportsystem zu erzielen. Die zwischen Staat und Sportverbänden geteilten sportpolitischen Werte bilden einen normativen Kern, auf den die Sportpolitik der Union bis jetzt politisch kaum Einfluss nehmen kann. Die hohe Bedeutung des Selbstzwecks zivilgesellschaftlicher Organisation in

Sportvereinen und -verbänden und daraus resultierende liberale staatliche Haltung bilden die Katalysatoren für die von der EU-Sportpolitik ausgehenden Effekte.

Sowohl die an gesellschaftliche Wandlungsprozesse gekoppelte Sportentwicklung als auch die sportpolitische Entwicklung der Europäischen Union können zu unterschiedlichen Szenarien für das Verhältnis zwischen europäischer und nationaler Sportpolitik führen. Kommt es auf der europäischen Ebene durch gemeinsames Lernen oder durch finanzielle Anreize zu einer Konvergenz nationaler Strategien in der Sportentwicklung und ihres politischen Managements, kann eine stärkere Wechselwirkung zwischen europäischer und nationaler Sportpolitik erwartet werden. Sie würde in einem solchen Fall mit einer Überwindung vermeintlicher Gegensätze einhergehen. Dies erscheint vor allem für die Bewältigung von Krisenphänomenen im Sport als denkbar. Mit Gründung der World Anti-Doping Agency findet sich ein entsprechendes Beispiel für eine solche These. Gelingt es den Mitgliedstaaten im Sportministerrat gleichgelagerte Interessen zu einem eigenen kohärenten Ansatz zusammenzufügen, kann von diesem diskursiven Prozess ein Impuls zur „Emanzipierung staatlicher Sportpolitik" ausgehen. Diese kann zu Auswirkungen auf das partnerschaftliche Verhältnis von Staat und Sport führen und die bereits identifizierten Effekte zusätzlich verstärken. Kommt es dagegen zu Konflikten um die Verteilung politischer Kompetenzen oder monetärer Sportförderung, kann es zur Verhärtung der Gegensätze zwischen europäischer Sportpolitik und nationalem Sportsystem kommen.

21.2. Zusammenfassung und Bilanzierung der Expertenanalyse

Zur Beurteilung des Verhältnisses zwischen organisiertem Sport und Europäischer Union ist die Unterscheidung der Bedeutungskontexte „Recht" und „Politik" entscheidend. Mithilfe der Expertenaussagen gelingt es, beide voneinander abweichenden Bedeutungskontexte qualitativ voneinander abzugrenzen: Während der rechtliche Einfluss als passiver Bereich indirekt über die Rahmenbedingungen verbandlicher Organisation in den Sport hineinwirkt, zeigt sich der politische als dynamischer, unmittelbar auf den Sport bezogener Bereich, in dem die Europäische Union einen zunehmenden Gestaltungsanspruch entwickelt. Die Gültigkeit des Gemeinschaftsrechts als übergeordneter Ordnungsrahmen wird von Bund, Ländern und Sportverbänden grundsätzlich akzeptiert. Dies trifft auf die Legitimierung des Gestaltungsanspruches deutlich weniger zu. Begründet wird dies durch voneinander abweichende europäische und nationale Perspektiven auf den Sport. Die Tatsache, dass etablierte Strukturen und Handlungsmuster in nationalen Sportsystemen durch die Europäische Union mithilfe ihrer Sportpolitik in Frage gestellt werden, wird subjektiv als Verletzung des Autonomie- und Subsidiaritätsprinzips wahrgenommen. Unabhängig davon, ob dies objektiv so ist, ergibt sich in der Erarbeitung und Umsetzung ihrer sportpolitischen Ziele eine besondere Herausforderung für die Europäische Union. Der hohe Abstraktionsgrad ihrer Positionierung im Politikfeld Sport erfordert von ihren Organen eine anspruchsvolle Übersetzungsleistung in die nationalen Sportsysteme, so dass auch die EU-Sportpolitik an nationale Gegebenheiten angepasst werden muss. Das dieser Schritt noch nicht vollzogen ist, lässt sich auf Seiten der nationalen Verbände eine wahrgenommene Distanz zwischen der EU-Sportpolitik und der verbandlichen Realität feststellen. Sie lässt sich aus Sicht der Verbände dadurch erklären, dass die Union in nicht ausreichend wahrnehmbaren Maß die Interessen der nationalen Sportverbände aufgreife und prinzipiell eigene Ziele verfolge. Dadurch, dass die Europäische Union nicht den durch die Sportverbände repräsentierten gesellschaftlichen Interessen entspreche, verliere sie als sportpolitische Institution – aus nationaler Perspektive – in der Konsequenz an demokratischer Legitimation. Die Unterschiedlichkeit normativer Prämissen und inhaltlicher Ziele sind sowohl Ursache als auch Folge des erschwerten Prozesses zur Entwicklung eines gemeinsam getragenen sportpolitischen Ansatzes. Die Akzeptanz der EU als legitime sportpolitische Institution wird vom Nutzen ihrer Politik für die Organisationsentwicklung der nationalen Verbände abhängig sein. Dieser „europäische Mehrwert" zeichnet sich gegenwärtig noch nicht ab, wird zukünftig jedoch vor allem von zwei Faktoren abhängen: Einer wird die Problemlösungsfähigkeit der Union sein. Zu nennen sind in diesem Zusammenhang in erster Linie Themen wie die Unterstützung des organisierten Sports im Anti-Doping-Kampf oder die Bekämpfung illegaler Sportwetten. Als zweiter Faktor ist die Förderung gegenwärtiger Strukturen und Ziele der verbandlich organisierten Sportbewegung zu nennen. Der nachhaltigste Effekt auf eine veränderte Wahrnehmung der nationalen Verbände wird der finanziellen Förderung der Strukturen des Sports zugeschrieben. Dieser Ansatz entspricht jedoch nicht der Zielsetzung der europäischen Sportpolitik, die primär projektbezogen und weniger in Bezug auf institutionelle Strukturen fördert. Langfristig spielen jedoch auch die von einem weiten Sportverständnis getragenen gesellschaftspolitischen Ziele der Union eine Rolle: Hinsichtlich des gesellschaftlichen Bedeutungswandel von Sport bieten sie den Verbänden eine politische Anschlussfähigkeit an finanzielle Förderströme aus anderen Politik-feldern und zum anderen Entwicklungspotenziale zur Ansprache breiterer Bevölke-rungsgruppen, abseits des Wettkampf- und Leistungssports.

Bei ihrer eigenen Positionierung gegenüber der Europäischen Union müssen die nationalen Verbände sowohl auf ihre Einbindung in die europäischen wie nationa-len Organisationsstrukturen des Sports achten. Diese „doppelte föderative Einbin-dung" kann für sie, als intermediäre Akteure, zum Dilemma der gleichzeitigen Assoziierung und Konkurrenz in unterschiedlichen institutionellen Kontexten füh-ren. Dies muss jedoch nicht ausschließlich negative Folgen haben. Durch ihre stra-tegische Position können intermediäre Akteure auch profitieren, denn die Notwen-digkeit zur Aggregation unterschiedlicher Interessen begünstigt nicht nur politi-schen Wettbewerb, sondern eröffnet durch iterative Kommunikation in verschiede-nen politischen Arenen auch Prozesse wechselseitigen Lernens.

Über das föderative Prinzip in der Organisation des Sports werden ebenfalls poten-zielle Auswirkungen auf die Politik von Bund und Ländern möglich. Grundsätzlich wird die Europäische Union als zusätzlicher Aspekt in das föderale Bund-Länder-Verhältnis integriert. Mit Blick auf die europäische Ebene eint beide das Ziel der Bewahrung des Status quo für das nationale Sportsystem und seine Verbände. Dies macht sie auf zwischenstaatlicher Ebene prinzipiell zu Beobachtern der sportpoliti-schen Entwicklung der Union. Gleichzeitig ermöglicht das rein zwischenstaatliche Politiknetzwerk aus EU-Mitgliedstaaten den Austausch von Informationen und die Ergänzung nationaler Sportpolitik durch bewährte Praxis aus anderen europäischen Staaten. Synergien entstehen für die staatlichen Institutionen dann, wenn sich euro-päische Programme und nationale Ziele gegenseitig ergänzen.

Da die Länder im Vergleich zum Bund über die grundsätzliche Kompetenz in sportpolitischen Fragen verfügen, lohnt sich die Fokussierung der Bedeutung „Eu-ropas" für die Bundesländer. Zunächst fällt auf, dass die EU-Sportpolitik explizite Bezüge zu Themen der regionalen Entwicklung, der sozialen Integration und Chan-cengleichheit oder der allgemeinen und beruflichen Bildung herstellt. Diese drei Bereiche, vor allem jedoch die regionale Entwicklungs- und Bildungspolitik, befin-den sich im Hoheitsbereich der Bundesländer. In den Schnittstellen zur intersektora-len Sportpolitik der Europäischen Union besteht die Möglichkeit, dass sich dadurch für die Länder neue Handlungsfelder eröffnen, in denen sie sich – auch gegenüber dem Bund – als eigenständige europapolitische Akteure entwickeln können. Im

Netzwerk mit den regionalen Sportorganisationen bietet unter solchen Umständen zudem die Nutzung der EU-Sportpolitik für die Sportentwicklung in den Bundesländern an. Auf diese Weise können europäische Fördermittel akquiriert und Strategien der regionalen Entwicklung mit einem Sportbezug ergänzt werden. Für die Landessportbünde, als regionale Dachorganisationen, ergibt sich durch die Koppelung regionaler und europäischer Politik eine Aufwertung ihres Status als politischer Akteur. Wird der Blick wieder zurück auf die Sportpolitik der Europäischen Union und ihre Effekte auf das nationale Sportsystem gerichtet, so ist sie innerhalb des soeben skizzierten Szenarios in der Lage, über die Verflechtung des Sports mit ihren förderpolitischen Programmen EFRE oder ESF sozialpolitische Rahmenbedingungen zu beeinflussen. Der „europäische Mehrwert" läge bei einem solchen Szenario in dem instrumentellen Beitrag europäischer Sportpolitik zur gesellschaftlichen Entwicklung.

In Bezug auf ihre politische Strategie, zeichnet sich die Europäische Union als politischer Unternehmer aus. Immer auf der Suche nach Anbindung ihrer Sportpolitik an Entwicklungen in den Mitgliedstaaten, spürt sie Handlungsbedarfen nach und richtet ihre Aktivitäten auf diese aus. Vor allem durch die Fähigkeit der Problemlösung versucht sie, ihren sportpolitischen Einfluss auszubauen. Dabei ergibt sich eine systemimmanente Kontrollfunktion: Die supranationalen Gemeinschaftsorgane versuchen, durch proaktive Ansätze den Ausbau ihres diskretionären Handlungsspielraums gegenüber den Mitgliedstaaten zu erreichen. Die Mitgliedstaaten wiederum sind bemüht, die Eigenständigkeit von Kommission und Parlament auf das ihnen zugedachte Maß an Unterstützung zu begrenzen. Auf der einen Seite erleichtert der unverbindliche Charakter zwischenstaatlicher Diskurse die gemeinsame Politikkoordination und ermöglicht politische Lernprozesse. Auf der anderen Seite ist aufgrund der mitgliedstaatlichen Vetofunktion jedoch weniger Innovation, als die Angleichung struktureller und inhaltlicher Entwicklungsstandards in den Sportsysteme der Mitgliedstaaten zu erwarten. Unter Berücksichtigung der differenzierten Bedeutung des Sports in der EU und ihren eingeschränkten Möglichkeiten der Politikgestaltung ergeben sich für die Sportpolitik der Europäischen Union zwei zentrale Funktionen: Eine symbolische und eine instrumentelle.

Der europäische Integrationsprozess verfolgt historisch das Ziel der Angleichung von Lebensbedingungen in den einzelnen Mitgliedstaaten. Der den Gemeinschaftsorganen hierfür übertragene ordnungspolitische Auftrag reicht daher implizit auch in den Bereich des Sports hinein. Mit ihrer regulativen Intervention in die ökonomische Dimension des Sports erbringen Kommission und Europäischer Gerichtshof die ihnen aufgetragene Leistung. Der Sport ist hierfür eine öffentlichkeitswirksame Sphäre. Auf ihn bezogenes Handeln verdeutlicht nicht nur die Performanz der Europäischen Union, denn unter der wohlfahrtstaatlichen Maxime des Schutzes von Minderheiten, der Herstellung sozialer Gerechtigkeit und verbesserter Teilhabe nutzt die Union das Handlungsfeld Sport zur Legitimation ihres politischen Daseins. Sport als sozialpolitisches Instrument zu nutzen, ist ebenfalls Teil einer solchen sozialen Fürsorgefunktion. Der Mehrwert eines überstaatlichen Politikansatzes bezieht sich, im Gegensatz zu den auf Basis des Primärrechts getroffenen Entscheidungen des EuGH, zum jetzigen Zeitpunkt stärker auf Zukunftserwartungen als auf bereits nachweisbare Resultate.

Der instrumentelle Charakter europäischer Sportpolitik ist jedoch in einem weiteren Kontext zu interpretieren: Die Verflechtung des Sports mit anderen Politikfeldern erhöht nicht nur die kommunikative Reichweite der EU. Die Anbindung an eine europäische Sozial-, Bildungs- oder regionale Entwicklungspolitik bedeutet, dass Sport in unterschiedlichen Deutungskontexten thematisiert wird. In der Konsequenz führen die getrennt voneinander verfolgten Funktionen europäischer Politik zu einer Verstärkung der strukturellen Dissoziation verschiedener Sinninhalte des Sports. Dabei wird nicht nur die zunehmende Distanz zwischen dem (professionellen) Spitzensport und dem vielen Sinnperspektiven folgenden „Sport für alle" deutlich. Sport hat aufgrund seiner instrumentellen Bedeutung im europäischen Kontext keinen aus sich selbst heraus gerechtfertigten Eigenwert. Die bis zum in Kraft treten des Lissabon Vertrages an einzelne Themen gebundene politische Deutung von Sport erschwert deshalb die Entwicklung eines zusammenhängenden und führt stattdessen eher zu einem additiven Sportverständnis und einer Vielzahl politischer Arenen, die sich nur schwer als klar abgrenzbares Politikfeld klammern lassen.

Nicht nur, dass mit unterschiedlichen Deutungen das Aufgaben- und Funktionsverständnis von Sportpolitik variiert, auch die Anzahl der mit sportbezogenen Themen befassten Akteure und die Vielfalt ihrer politischen Interessen erhöht sich. Letztlich ist es die Konzentration auf Sachthemen, die die Einigung auf gemeinsame Sichtweisen und Ziele durch die Konzentration auf klar abgrenzbare Sachfragen erleichtert. Ein von allen sportpolitischen Akteuren in Europa geteiltes Aufgabenverständnisses europäischer Sportpolitik bleibt deshalb auch für die Zukunft unwahrscheinlich. Die EU hat jedoch die Möglichkeit aus dieser vermeintlichen Schwäche eine Stärke zu machen: Ihre Chancen liegen in der inhaltlichen Definition eines geschärften Profils, das sich aus der konkreten Benennung von einzelnen grenzüberschreitenden Schwerpunktthemen und der Konzentration auf ihre problemorientierte Bearbeitung ergibt.

Dass die Entwicklung eines einheitlichen, die Grenzen der einzelnen Mitgliedstaaten überschreitendes Verständnis über Aufgabe und Funktion der Europäischen Union im Sport eine dauerhafte Herausforderung darstellt, lässt sich exemplarisch an den unterschiedlichen Auffassungen über die Rolle der Sportverbände verdeutlichen: Im deutschen Sportsystem ist, aufgrund der hohen Bedeutung zivilgesellschaftlicher Selbstverwaltung, die Autonomie der Vereine und Verbände als ein Selbstzweck identifiziert worden. In liberaler Haltung verzichten Bund und Länder prinzipiell auf politische Interventionen. Anders ist dies in der Europäischen Union, in der die Rolle der Sportverbände eine eher instrumentelle ist. Über die Einbindung in die Gemeinschaftspolitik versucht die Union die Sportverbände in Europa als intermediäre Organisationen zu aktivieren. Über die Sportverbände und -vereine sollen die Bürgerinnen und Bürger erreicht werden, so dass die Strategie der Gemeinschaftsorgane letztlich als ein Versuch zum Aufbau einer transnationalen Organisationsgesellschaft bezeichnet werden kann.

Das genannte Beispiel steht exemplarisch dafür, dass es nicht nur zwischen der EU und den nationalen Sportsystemen Unterschiede gibt. Gleiches gilt für den zwischenstaatlichen Vergleich der Sportsysteme in den gegenwärtig 27 Mitgliedstaaten. Die Europäische Union und ihre Sportpolitik machen deshalb deutlich: Das Nebeneinander verschiedener sportpolitischer Deutungskontexte führt dazu, dass sich das zuvor durch einen einzelnen sportpolitischen Akteur gehaltene Deutungs- und Organisationsmonopol zunehmend auflöst. Aufgrund vielfältiger Interessen und gesellschaftlicher Einbindungen des Sports ergeben sich im Politikfeld dadurch veränderte Opportunitätsstrukturen. Sie stellen sich als Netzwerke dar, die auch anderen als den verbandlichen Akteuren den Zugang zur sportpolitischen Arena gewähren und auf diese Weise zunehmend gleichberechtigt neue Organisations- und Repräsentationsformen der Sportbewegung darstellen.

Grundsätzlich ist festzuhalten: Ändern sich Deutungskontexte von Sport, stellen sich auch an die Sportverbände neue Anforderungen zur Ausgestaltung ihrer historisch am Leistungs- und Wettkampfsport orientierten Rolle. Neben der inhaltlichen

Dimension der Sportentwicklung sind dies vor allem die Transparenz und Offenheit als gesellschaftlicher Akteur, die als wichtige Kriterien gelten. Dieser allgemeine Anspruch wird durch die Selbstbeschreibung der Sportverbände als kollektiver Repräsentant des Sports gefestigt. Unter diesen Bedingungen kommt der Abbildung vielfältiger Interessen sowie ihrer repräsentativen Aggregation eine besondere Bedeutung verbandspolitischer Governance zu. In Bezug auf die Europäische Union steht für die Verbände an dieser Stelle eine Entscheidung an: Um anschlussfähig an die EU-Sportpolitik zu bleiben, bedarf es einer Öffnung gegenüber aktuellen gesellschaftlichen Entwicklungen.

Die Bedeutung dieser strategischen Ausrichtung kann folgendermaßen verdeutlicht werden: Darauf abzielend, die zivilgesellschaftlichen Strukturen des organisierten Sports für die Entwicklung einer transnationalen Gesellschaft zu aktivieren, öffnet die Europäische Union ihre eigenen Systemstrukturen. Sie ermöglicht damit jenen Akteuren Zugang zu politischen Prozess der Meinungsbildung und Politikformulierung, die sie für demokratisch legitimiert und kompatibel mit ihrer Zielsetzung sieht. Konkret ist dies die olympische Bewegung, die historisch auf einem pädagogischen Geist der Völkerverständigung und individuellen Vervollkommnung durch Sport basiert und so die formulierten Kriterien erfüllt. In abgewandelter Form gilt dies auch für die European Non-Governmental Sports Organisation (ENGSO), die als Netzwerkorganisation auch nicht-olympische nationale Dachsportverbände einbezieht. Übernehmen Sportverbände durch die – freiwillige – Einbindung in die Aufgabenerfüllung politischer Systeme gesamtgesellschaftliche Verantwortung, verlassen sie ihren Selbstzweck. Fragen der Autonomie und Subsidiarität müssen dabei neu gestellt und beantwortet werden. Dort, wo Organisationen mehr als nur den Selbstzweck in Angebot, Organisation und Durchführung von Sport verfolgen, sehen sich Sportverbände veränderten Rahmenbedingungen gegenüber. Ihre autonome Handlungsfreiheit muss dann anhand der jeweiligen gesellschaftlichen Rechte und Pflichten neu bestimmt werden. Die Herausforderung liegt darin, dass rechtliche und politische Zuständigkeiten, an denen sich die Sportverbände dabei ausrichten müssen, unterschiedlich verteilt sind. Die pauschale Interpretation sportverbandlicher Autonomie und Subsidiarität wird dadurch erschwert. Vielmehr bestimmen sie sich über ihren institutionellen Bezug zu Europäischer Union, dem Nationalstaat sowie seine Regionen und Kommunen.

Sowohl in der Organisationsanalyse wie auch in der Expertenbefragung wurde deutlich, dass der politische Einfluss der Europäischen Union auf den deutschen Sport gegenwärtig relativ gering ist. Als Grund wurde vor allem die fehlende Kohärenz eines sportpolitischen Ansatzes auf europäischer Ebene benannt. Aus Sicht von Bund, Ländern und Verbänden ergibt sich ein weiteres Argument: Aufgrund seines hohen Entwicklungsstandes besteht der Anreiz für das deutsche Sportsystem zur Aufnahme europapolitischer Impulse vor allem in der Akquise zusätzlicher Ressourcen. Die Identifikation inhaltlicher Entwicklungspotenziale ist dagegen weniger von Interesse. Das Fehlen eines europäischen Sportförderprogramms und der hohe bürokratische Aufwand zum Nachweis der Förderwürdigkeit des Sports in den verschiedenen europäischen Politikfeldern sorgen jedoch dafür, dass Aufwand und Nutzen diesbezüglich als unverhältnismäßig eingeschätzt werden.

In Bezug auf das Gemeinschaftsrecht stellt sich die Situation folgendermaßen dar: Da das EU-Recht aufgrund seiner unmittelbaren und direkten Gültigkeit in der Lage ist, die organisatorischen Rahmenbedingungen des Sports auf nationaler Ebene zu verändern, ist der sportrechtliche Aspekt der Europäischen Union für die Verbände wesentlich relevanter als ihre politische Dimension. Auch hier ergibt sich durch die Expertenaussagen eine Konkretisierung: In Anbetracht der Entwicklung des Sports und seiner vielfältigen Bezüge zur Gesellschaft kommt dem rechtlichen Status von Sport dabei jedoch eine hohe politische Bedeutung zu. Gezeigt hat sich dies anhand des Falles Bosman und seines Einfluss auf die Transferbestimmungen. Sie haben im Teamsport zu nachhaltigen Effekten in der Förderung des leistungssportlichen Nachwuchses und der Finanzierung geführt. Letzteres gilt auch für die wettbewerbsrechtliche Regulierung von Medienrechten sowie des Glücksspielmarktes. Auch die verbandliche Regulierung des Zugangs zu Sportwettkämpfen oder die Sanktionierung von Dopingmissbrauch hat durch den Einfluss des Gemeinschaftsrechts zu nachhaltigen politischen Diskursen und Entwicklungen in der nationalen Sportpolitik geführt.

Zusammengefasst hat die Europäische Union zum gegenwärtigen Zeitpunkt eine damit eine diffuse Bedeutung für die nationalen Sportorganisationen. Der „Schatten der Europäischen Union" wird jedoch auch in der Zukunft latent auf den nationalen Verbänden liegen. Beispiele aus weniger entwickelten Sportsystemen in Ost- und Südeuropa zeigen durch deren aktives Engagement im Bemühen um die Akquise europäischer Fördermittel und Partizipation am Wissen etablierter „Sportnationen" eine zentrale Richtung für die sportpolitische Funktion der EU. Sie liegt in der Angleichung der Lebensbedingungen in den einzelnen EU-Staaten. Für den Sport bedeutet dies die Förderung der gleichberechtigten Teilhabe aller Menschen am Sport sowie den Schutz von Minderheiteninteressen im Sport.

Eine Erweiterung der sportpolitischen Kompetenzen der Union und der daraus resultierende Einsatz „härterer" Politikinstrumente als sie Finanzierung und Argumentation darstellen, sind jedoch wenig wahrscheinlich. Hierzu müsste die Bereitschaft der Mitgliedstaaten zur Übertragung weiterer Kompetenzen steigen. Dennoch besteht die Möglichkeit, dass über langfristige Lernprozesse durch grenzüberschreitende Kommunikation und Interaktion transnationale Impulse in das nationale System diffundieren und dort für neue Entwicklungen sorgen. Auch die Sportentwicklung selbst kann über grenzüberschreitende Krisenphänomene Argumente für einen Wandel normativer Prämissen nationaler Sportpolitik und damit eine gestärkte Funktion der Union sorgen.

Grundsätzlich müssen sich die Sportverbände mit der Europäischen Union auf einen neuen, hybriden Typus von sportpolitischem Akteur einstellen, der in den Schnittstellen des Sports zu anderen Gesellschaftsbereichen gestaltend agiert. Der Fokus liegt dabei nur mittelbar auf der Veränderung verbandspolitischer Zielstellungen. Vielmehr versucht die Union durch ihre Arbeit an den Schnittstellen von Sport und Gesellschaft die Verflechtung mit anderen Politikfeldern zu betreiben und so den gesellschaftlichen Wandel im Sport zu begleiten. Da sie dabei versucht, ihren politischen Einfluss auszubauen entspricht sie dem handlungstheoretischen Konzept eines politischen Unternehmers. In dieser Beschreibung liegt der prinzipielle Unterschied im Sportverständnis der Europäischen Union und dem nationalen Sportsystem. Die Union ist in ihrer historischen Entwicklung ein bewusst gestalteter politischer Mechanismus für die Vernetzung sektoraler politischer Themen. Dies gilt auch für den Sport. In Deutschland wurden der Sport und seine freiwilligen Organisationsstrukturen dagegen seit 1945 als unpolitischer Sektor behandelt. Zu berücksichtigen ist jedoch, dass beide Rollenmuster an unterschiedlichen Entwicklungsstadien und Realitäten des Sports ansetzen und sich durch unterschiedliche Schwerpunkte auszeichnen. Während der realpolitische Ansatz der Europäischen Union einen starken Bezug zwischen der Sportentwicklung und gesellschaftlichem Wandel herstellt, zeichnet sich die nationale Sportpolitik durch eine vergleichsweise stärkere wertepolitische Sichtweise aus.

In Anbetracht der inhaltlichen Entgrenzung von Sport und der Konkurrenz sportpolitischer Deutungskontexte müssen sich die Verbände an veränderten Realitäten orientieren. Eine zukunftsorientierte Organisationsentwicklung verarbeitet im Idealfall die Anforderungen eines gewandelten Sportverständnisses und das traditionelle Selbstkonzept der Verbände als kollektiver Repräsentant des Sports. Diese Herausforderung bedeutet im nationalen Kontext jedoch keinen kausalen Zwang zur einer grundlegenden institutionellen Neuausrichtung. Sie erfordert jedoch eine Positionierung. Fragen der gesellschaftlichen Bedeutung des Sports müssen mit solchen des organisationsspezifischen Selbstverständnisses gekoppelt und schlussendlich allgemein mit Aspekten der Korporatisierung und gesamtgesellschaftlichen Leistungserbringung in politischen Systemen diskutiert werden.

21.3. Verknüpfung theoretischer und empirischer Politikfeldforschung

Bei der Antwort auf die Frage, ob es sich bei der Europäischen Union um eine politische Herausforderung für nationale Sportorganisationen handelt, können die im Rahmen dieser Arbeit entwickelten theoretischen Einsichten mit den Ergebnissen der empirischen Politikfeldanalyse verknüpft werden. Zur Charakterisierung der Europäischen Union in sportpolitischen Zusammenhängen kann sie als ein „agent of change" definiert werden. Die Union bildet nicht nur den Rahmen für sportpolitische Kooperation und gegenseitiges Politiklernen. Als Agent europapolitischer Ziele ist es vor allem die Kommission, die über ihre Politikentwicklung politischen Wandel anstrebt. Europäische Sportpolitik unterscheidet sich gerade aufgrund dieses Anspruchs, erstens, in ihrer Wahrnehmung des Sports, zweitens, in der Definition öffentlicher Aufgaben und Interessen in der Sportpolitik sowie, drittens, in der Funktionszuschreibung an die gemeinnützigen Sportverbände vom nationalen Deutungskontext. Ihre politische Vision wird von einer Vorstellung zivilgesellschaftlicher Selbstverwaltung getragen, die die autonomen Sportorganisationen als intermediäre Akteure einer transnationalen politischen Gemeinschaft sieht und ihr im Sinne einer gesamtgesellschaftlichen Verantwortung Rechte und Pflichten zuweist.

Den Sport selbst betrachtet die Europäische Union in erster Linie losgelöst von seinen organisatorischen Zusammenhängen. Ihr sportpolitisches Engagement ist eng gekoppelt mit spezifischen Zielen aus ihren weiteren Zuständigkeitsbereichen. Als Beispiele wurde die Regulierung der wirtschaftlichen Dimension des Sports herausgearbeitet. Für sie wurden Zusammenhänge mit den auf Fairness und Chan-

338

cengleichheit beruhenden Prinzipien des europäischen Wettbewerbs- und Binnenmarktrechts oder die instrumentelle Einbindung der organisierten Sportbewegung
im Bereich der Beschäftigung, sozialer Angelegenheiten, regionalpolitischer Entwicklung, Gesundheits- und Verbraucherschutz, bildungs- und jugendpolitischer
Fragestellungen sowie der Umwelt- und Außenpolitik thematisiert.

Strategisches Ziel europäischer Sportpolitik ist die indirekte Beeinflussung gesellschaftlichen Handelns. Es geht dabei darum, die institutionellen Träger der Sportbewegung vom Nutzen einer europäischen Vision für den Sport zu überzeugen. Die
Konstruktion der Europäischen Union als institutioneller Rahmen zur Koordination
einzelstaatlicher Interessen führt dabei zwangsläufig zu Interdependenzen zwischen
der Entwicklung europäischer Sportpolitik und nationaler Sportsysteme. Im institutionellen Setting der Union treffen die verschiedenen sportpolitischen Kulturen der
Mitgliedstaaten aufeinander. Es entsteht ein politischer Raum, in dem Gemeinsamkeiten und Gegensätze nicht nur identifizierbar werden, sondern auch ausgebaut
bzw. verringert werden können. Die besondere Herausforderung liegt dabei in der
Art und Weise, wie die heterogenen sportpolitischen Ansätze aus den Mitgliedstaaten, ihren Sportsystemen sowie den auf europäischer Ebene agierenden Sportverbänden zusammengeführt werden (Kemp & Loorbach 2006: 112). Für die an diesem Prozess Beteiligten stellt sich dabei die Frage:

> „What are the everyday politics of such an enterprise? When and how are the
> goals of transition management subject to critical scrutiny, and by whom?
> Equally important, who wins and who loses out as transitions are guided in
> one direction but not another?" (Shove & Walker 2007: 3)

In der Ergänzung nationaler Sportpolitik um eine europäische Dimension geht es
letztlich zwangsläufig um die Umverteilung von Einfluss, da ein neuer Akteur in
bestehende Strukturen integriert wird. Grundproblem der Europäischen Union ist
dabei ihre begrenzte Legitimation zur Definition eines kollektiv verbindlichen Leit-
bildes im Bereich der Sportpolitik und der darauf basierenden Ergänzung bzw.
Koordination nationaler Politik, denn

> „there is a politics to the very processes of abstraction involved in defining
> something to manage (the 'it', or system) and to the implication that there
> are managers of the 'it' who sit outside 'its' boundaries and who can apply
> management tools including levers, niche-building machinery, and engineer-

ing devices from a privileged, knowledgeable and above all, external position. The process of abstracting the 'it' in question - the policy, the goal, the
system - from its historical and contemporary environment is not just a tech-
nical matter of analysis but a political, constructed and potentially contested
exercise in problem formulation." (Shove & Walker 2007: 3)

Die Europäische Union ist als eigenständiger Akteur zunächst außerhalb des nationalen Sportsystems zu sehen und muss deshalb zur Genese und Aufrechterhaltung
politischer Unterstützung, eine Anschlussfähigkeit zu den normativen Prämissen
nationaler Sportkultur besitzen. Konkret bedeutet dies, dass sie nachgefragte Inhalte
für die nationale Sportpolitik entwickeln muss (vgl. Kemp & Rotmanns 2004: 151).
Auf europäischer Ebene mündet die Aggregation nationaler Interessen in einen
multi-level-Stakeholder-Ansatz, in dem die EU eine Rolle als Vermittler anstrebt.
Ihrem Handeln liegt ein weites Sportverständnis zu Grunde, das nicht nur die Verbände als politische Interaktionspartner definiert, sondern auch alternative Repräsentationsformen einbezieht. Die Rolle der Union ist jedoch nicht immer die eines
„ehrlichen Maklers", da die mit der Politikentwicklung betrauten bürokratischen
Strukturen im Bemühen um die eigene Daseinsberechtigung und die Ausweitung
ihres diskretionären Handlungsspielraums sich zunehmend selbst politisieren. Als
Konsequenz agiert vor allem die Kommission als strategischer Akteur und politischer Unternehmer.

Aufgrund ihrer geringen Erfahrung und des Fehlens eines kohärenten Sport- und
Politikverständnisses in der Union, tun sich die Gemeinschaftsorgane gegenwärtig
noch schwer, zu erkennen, welche gemeinschaftspolitischen Ansätze kompatibel zu
den sportpolitischen Gegebenheiten in den Mitgliedstaaten sind. Ihre kurzfristige
Aufgabe wird es sein, herauszufinden, auf welche Weise wechselseitige Bezüge
zwischen europapolitischen Zielen im Sport und den Interessen innerhalb nationaler
Sportsysteme zum beiderseitigen Nutzen korrespondieren können.

Durch die Vielzahl auf europäischer Ebene thematisierter Interessen kommt es
naturgemäß zu unterschiedlichen Meinungen über die Richtung, in die sich eine die
Sportpolitik der EU entwickeln soll. Dabei ist es wichtig zu bedenken, dass die
normativen Prämissen der jeweiligen nationalen Sportverbände durch die kulturelle
wie strukturelle Einbettung in ihre heimischen Sportsysteme geprägt sind. Die europäischen Dachverbänden könnten hier in eine moderierende Rolle hineinwachsen;

ihre Strukturen den institutionellen Rahmen für ein politisches Forum des organisierten Sports bilden.

Sollen nun abschließend die Rolle und der Charakter der Europäischen Union als sportpolitischer Akteur mit dem Anspruch eines „agent of change" bilanziert werden, ergibt sich folgendes Profil:

> „Compared with 'normal' modernist policy makers, transition managers are explicitly aware of the fact that they are handling complex problems and uncertain processes involving multiple, multi-level stakeholders. They are also aware that they are caught up in a cycle of problem-definition, intervention and response. Such complexities are to some degree accommodated in the framework of 'reflexive governance', this being a discourse and an approach that acknowledges and responds to the processes of globalisation and that recognises the increasing extent and range of actors involved in the organisation of daily life. A system orientation, when combined with ideas of reflexive governance, implies not one moment of intervention, following which managers stand back and await the desired result, but a constant, continual dynamic in which further adjustments are required as environmental conditions change, these changes being, in part, the outcome of previous interventions. Feedback, monitoring and circuits of action and reaction are integral to this overall scheme." (Shove & Walker 2007: 5)

Entsprechend dieser Rollendefinition erscheint die aus der theoretischen Politikfeldanalyse abgeleitete strategische Eigenschaft europäischer Sportpolitik als gerechtfertigt. Ihre Wirkung auf die Sportsysteme der Mitgliedstaaten wird erst in einem längerfristigen Zeithorizont zu erwarten sein. Die Grundlagen dafür werden jedoch aktuell gelegt, so dass die Sportpolitik der Europäischen Union differenziert bewertet werden muss. Diese Feststellung ist deshalb wichtig, weil die Ergebnisse der empirischen Politikfeldanalyse zunächst nahelegen, dass die Europäische Union ihre Rolle als „agent of change" gegenwärtig lediglich suggeriert. Die Einschätzung einer solchen „illusion of agency", wie sie von Rip (2006) beschrieben wird, erscheint nach Lage der empirischen Ergebnisse statthaft, weil die Europäische Union über ihre Politik weder in der aktuellen Wahrnehmung der deutschen Sportorganisationen, noch nach den Ergebnissen der Expertenanalyse einen nachhaltigen, systemrelevanten Einfluss auf die nationale Sportpolitik auszuüben scheint. Diese auf die Gegenwart bezogene Schlussfolgerung kann jedoch nicht linear in die Zukunft projiziert werden. Gegenwärtig führt die abstrakte Vision einer europäischen Dimension zu einer Entfremdung zwischen der Union als Motor der sportpolitischen Integration in Europa und realpolitischen Alltag in den Verbänden. Aktuell fehlen der EU sowohl die politischen Kompetenzen als auch ausreichende Ressourcen, um diese Distanz zu überwinden. Als Konsequenz verlagert sie ihre sportpolitische Einflussnahme. Dies geschieht durch Konzentration ihres politischen Handelns auf die indirekte Beeinflussung kognitiver und struktureller Grundlagen nationaler Sportpolitik, deren Wandlung sich naturgemäß langfristig vollzieht.

Hierzu kommen vor allem weiche Politikinstrumente wie das der Finanzierung, Programmierung und Strukturierung politischer Prozesse zum Einsatz. Sie können anhand des Beispiels der Einbeziehung des Sports in die Förderprogramme anderer Politikfelder und einer Bindung der Geförderten an die Programmatik europäischer Politikziele verdeutlicht werden. Verfahren wie der soziale Dialog im Profisport sind darüber hinaus als institutioneller Rahmen in der Lage, die Interaktion zwischen verschiedenen Stakeholdern des Sports zu programmieren und zu strukturieren. Insgesamt überwindet die Sportpolitik der Europäischen Union, angelegt als iterativer Kommunikationsprozess, durch ihre Problemorientierung nicht nur die verschiedenen Ebenen, sondern auch sektorale und territoriale Grenzen des Sports.

Europäische Sportpolitik reicht damit über sämtliche Ebenen des nationalen Sportsystems. Bei der Frage nach geeigneten Partnern zur Vertretung sportverbandlicher Interessen innerhalb der Union erscheinen Bund und Länder als naheliegende Vertreter. Als Folge der föderalen Kompetenzverteilung zwischen Bund und Ländern wird die Abstimmung einer nationalen Position in der europäischen Sportpolitik in den nationalstaatlichen Kontext verlagert. Im Umkehrschluss bedeutet dies, dass Bund und Länder durch ihre institutionelle Einbettung in das politische System der Europäischen Union als sportpolitische Akteure auf nationaler Ebene aufgewertet werden. Eine solche Entwicklung wäre in der Lage, die Beziehung zwischen Staat und Sportverbände zusätzlich zu politisieren. Gleiches gilt für die Tatsache, dass die Umsetzung der EU-Sportpolitik innerhalb der Mitgliedstaaten erfolgt und damit eine zusätzliche Diskursebene für Bund, Ländern und Sportverbände bildet.

Vor dem Hintergrund der Organisationsanalyse erscheint es zweckdienlich, die Expertenaussagen zur Bedeutung der EU für die Entwicklung staatlicher Sportpolitik zusammenzuführen: Auch wenn die intergouvernementale Sportpolitik in Europa bei Bund und Ländern zu einem Lern- und Entwicklungseffekt führen kann, erfolgt politisches Lernen dort selektiv und immer auf die binnenpolitischen Ziele nationaler Sportpolitik bezogen. Nach der Diktion der Überlegungen Sabatiers zur der normativen Prägung politischen Handelns lernen Bund und Länder unter einer „biased perception". Eine tiefgreifende Veränderung der institutionellen Grundlagen nationaler Sportpolitik ist unter den aktuell gegebenen Bedingungen deshalb nicht zu erwarten. Für die Relativierung möglicher Europäisierungseffekte auf das nationale Sportsystem wird ein weiterer Grund genannt: Die Rolle, die Bund und Länder in Europa als Advokaten nationaler Interessen spielen, ist begrenzt. Die Begrenzung und Selbstbeschränkung des Staates erklärt sich aus der deutschen Geschichte.

Als Folge der Instrumentalisierung des Sports und seiner Verbände durch den Nationalsozialismus begründete die nach 1945 eingenommene Haltung eine bewusste Staatsferne und „Entpolitisierung". Die europapolitische Funktion von Bund und Ländern konzentriert sich deshalb formal auf die Rolle des institutionellen Vetospielers zur Wahrung des Status quo im deutschen Sport. Die Selbstbeschreibung von Aufgaben, Funktionen und Rollenverständnis von Experten aus dem staatlichen Sektor führt zu dieser Annahme. In Bezug auf sein EU-Lobbying agiert der deutsche Sport über seinen Dachverband daher auch primär als eigenständiger Akteur. Die initiative Gründung des Brüsseler EU-Büros 1993 verleiht ihm neben seinem Status als „first mover" in den Schnittstellen des Sports mit der Europäischen Union eine Reputation als starker und einflussreicher Akteur im sportpolitischen Netzwerk Europas.

Trotz der vorherigen Relativierung lohnt sich ein perspektivischer Blick auf die Rolle von Bund und Ländern in der europäischen Sportpolitik. Hier sind es vor allem die Arbeitsgruppen des Sportministerrates, die den staatlichen Institutionen langfristig eine alternative Arena zur Entwicklung ihrer Sportpolitik bieten. Dies gilt vor allem für die Bundesländer, die Deutschland aufgrund ihrer verfassungsrechtlichen Zuständigkeit dort vertreten. Aus Sicht der EU wäre die Folge eine primär regionale und eine nachrangige nationale Bedeutung ihrer Sportpolitik. Die Voraussetzungen für eine Regionalisierung der EU-Sportpolitik sind gegeben, denn die Einrichtung einer dauerhaften und spezifisch auf die Union ausgerichteten Arbeitsgruppe der Sportreferentenkonferenz versetzt die 16 Bundesländer in die Lage, europapolitische Impulse aufzunehmen und im Falle eines Mehrwerts in die eigene Politikentwicklung einzuflechten. Jüngstes Beispiel ist die Aufnahme des Sports in die Förderprogramme des Europäischen Fonds für regionale Entwicklung (EFRE) sowie des Europäischen Sozialfonds (ESF). Ein weiteres Beispiel ist die Entwicklung europäischer Leitlinien für körperliche Aktivität, die die öffentliche Gesundheitspolitik um Maßnahmen zur Unterstützung gesundheitsfördernder körperlicher Betätigung ergänzt. Inwieweit ein solches Szenario in der Lage ist, auf der nationalen Ebene Einfluss auf das Zusammenspiel von staatlichen Institutionen und Sportverbänden zu nehmen, lässt sich aktuell nicht abschließend bewerten. Die Sportpolitik der EU ist von ihrer Anlage her strukturell jedoch in der Lage, gemeinsame Entwicklungspotenziale und Krisenphänomene im Sport zu identifizieren und damit eine zwar schwache, aber durchaus vorhandene agenda-setting-Funktion für den nationalen sportpolitischen Diskurs.

Das von der Union verfolgte Ziel der politischen Nutzung des Sports wurde im Verlauf der Arbeit mehrfach als ein zentrales Element europäischer Sportpolitik herausgearbeitet. Sie findet sich bei genauerer Analyse punktuell auch in der Politik von Bund und Ländern. Dort ist ebenfalls das Bestreben zu erkennen, die Sportorganisationen in die Entwicklung der Bürgergesellschaft einzubeziehen. Nicht nur die Responsivität der Verbände gegenüber gesellschaftspolitischen Zielen des Staates, auch ihre Fähigkeit zur pro-aktiven Entwicklung des Sports in gesellschaftlichen Zusammenhängen wird ihre Zukunft und Rolle im politischen System maßgeblich beeinflussen. Zwei Situationen lassen sich diesbezüglich skizzieren: Erstens, sind sowohl die Europäische Union als auch Bund und Länder in der Lage, über die Verteilung förderpolitischer Ressourcenströme Schwerpunkte in der Sportentwicklung zu setzen. Die Herstellung einer Anschlussfähigkeit an die förderpolitischen Ziele dient der Absicherung von Ressourcen zur Aufrechterhaltung systemischer Strukturen in deutschen Sportverbänden. Die sowohl von Sportverbänden wie staatlichen Institutionen zur Beschreibung ihres Verhältnisses genutzte Begrifflichkeit des partnerschaftlichen Verhältnisses suggeriert, dass in Deutschland eine weitgehende Einigkeit von „Staat und Sport" über die sportpolitischen Ziele besteht. Zweitens, können gesellschaftliche Akteure über Responsivität gegenüber gesellschaftlichen Bedürfnissen Einfluss auf das politische System sichern. Über die repräsentative Inklusion gesellschaftlicher Interessen festigen Sportorganisationen ihre Rolle als intermediäre Akteure zwischen Staat und Gesellschaft. Hieraus bezieht der organisierte Sport letztlich seine politische Rolle und gesellschaftliche Bedeutung. In Bezug auf die Europäische Union muss der organisierte Sport diese Zugänge erst öffnen und anschließend ausgestalten. Auch der Anspruch als kollektiver Interessenvertreter muss begründet legitimiert werden. Inwieweit eine politische Anschlussfähigkeit institutionelle Grundlagen verbandlichen Handelns beeinflusst, wird die entscheidende Frage zur Ausgestaltung der eigenen Autonomie bzw. der Einschränkung verbandlicher Handlungsfreiheit durch die Abhängigkeit von externen Ressourcen sein.

Auch wenn die Europäischen Union gegenwärtig in ihrem sportpolitischen Einfluss eingeschränkt ist, zeigt ihre Politik eine Strategie auf, wie das Politikfeld Sport von einem sektoriellen zu einem gesellschaftlich vernetzten Bereich transformiert werden kann. Sie wird durch einen Wandel von der strukturellen Subvention zur „einbindenden Förderung" bei der Verwirklichung gesamtgesellschaftlicher Ziele charakterisiert. Der aus einer solchen Politik entstehende Korporatisierungseffekt ist für Sportverbände Chance und Risiko zugleich. Er muss innerhalb der Organisationsentwicklung stets in Bezug auf das eigene Verständnis von Subsidiarität und Autonomie diskutiert werden. Innerhalb der Verbände käme es bei zunehmender Korporatisierung konsequenter Weise zu einer Relativierung ihres Selbstzwecks. Dieser würde zunehmend zugunsten einer Ausrichtung zum Zweck der gesamtgesellschaftlichen Leistungserbringung abgelöst. Dies führt nicht nur dazu, dass sich sportpolitische Interessen nicht mehr aufgrund ihrer sektoralen Eigenlogik, sondern im Wettbewerb mit anderen politischen Belangen rechtfertigen lassen müssten. Sport ist, in einem solchen Szenario, nicht mehr nur sportpolitisch zweckorientiert. Sport ist in einem weiten gesellschaftspolitisch betrachtet dann zunehmend ein Mittel zum Zweck. Bereits jetzt werden die Förderfähigkeit und Förderwürdigkeit des Sports und seiner Verbände als Folge des gesellschaftlichen Wandels zu zentralen Begriffen in der Beziehung zwischen staatlichen Institutionen und Sportverbänden.

Gleiches gilt für den Diskurs über die Notwendigkeit der Bestimmung einer gesamtgesellschaftlichen Leistungserbringung durch Verbände und Vereine, die ihre Entwicklung an folgenden Prinzipien ausrichten:

> „Die Orientierung an bedarfswirtschaftlichen Zielen ist dabei das leitende Prinzip der Wirtschaftsform, d.h. Ziel der Produktion ist die Deckung eines spezifischen Bedarfs und nicht die Erwirtschaftung eines Ertrags. Dieser Bedarf kann sich an jenem der Mitglieder oder auch von Dritten orientieren, wobei Leistungen, die für Dritte erbracht werden, stets mit den Zielen der

Vereinigung und insofern mit den Interessen der Mitglieder korrespondieren." (Braun 2009: 3)

Die Politik der Europäischen Union und die Bemühung der Verbände um die Integration des Sports in die EU-Förderprogramme geben einen Ausblick auf eine mögliche Zukunft der sportpolitischen Debatte im Spannungsfeld von staatlichen, wirtschaftlichen und zivilgesellschaftlichen Interessen. In einer komplexen sozialen Umwelt, wie sie den Sport heute umgibt, stellt sich den Vereinen und Verbänden eine neue Herausforderung. Sie besteht in der stärkeren Einbeziehung von Entwicklungen in ihrem Umfeld. Konkret bedeutet dies: Zum einen muss Sport in einem weiteren Deutungskontext als dem des verbandlich organisierten gedacht werden. Zum anderen müssen gemeinnützige Organisationen in ihrer Vermittlerrolle zwischen Staat und Gesellschaft als strategische Akteure neue politische Arenen für sich erschließen und vormals dem Einfluss Dritter entzogene mit neuen Stakeholdern teilen.

Vor allem in der Europäischen Union wird den nationalen Sportverbänden ein ausgeprägtes Bewusstsein über den Bezug des Sports zu anderen Politikfeldern abverlangt. In einer solchen Situation ließe sich auch die im Laufe der Arbeit formulierte Vermutung aufrechterhalten, dass es zu einer veränderten Interpretation von Autonomie und Subsidiarität des organisierten Sports kommen kann. Dessen Verflechtung in die gesellschaftliche Entwicklung führt auf europäischer Ebene dazu, dass Möglichkeiten und Grenzen eigener Handlungsfreiheit nicht aus dem historisch-normativen (Selbst-)Verständnis des nationalen Sportsystems übertragen werden können. Dort, wo sich der Selbstzweck des Sports und seiner zivilgesellschaftlichen Strukturen zu dem eines politischen Instruments wandelt, wird die politische Handlungsfreiheit über die Orientierung an externen Bedarfen neu definiert. Ob und wie der Sport in diesen Bereich agieren möchte, bedarf einer bewussten Entscheidung.

Gilt es, die Aussagen der Experten zusammenfassend zu bilanzieren, ist Folgendes festzuhalten: Die Sportentwicklung und ihre politische Rezeption auf der nationalen Politikebene ist das entscheidendere Merkmal für die Entwicklung im nationalen Sportsystem. Die EU-Sportpolitik ist zu einem Teil dieser Rezeption und zu einer an Einfluss gewinnenden „Randbedingungen" geworden. Dies der Tatsache geschuldet, dass die Union über einen realpolitischen Ansatz Zugang zum Sport sucht und sich dabei an der empirischen Wirklichkeit der Sportentwicklung orientiert. Wurde die Kommission zuvor bereits als politischer Unternehmer identifiziert, greift seit 2010 jedoch auch der Rat der Sportminister zunehmend transnationale Herausforderungen im Sport auf. Auf diese Weise werden politischen Diskurse eröffnet, die einem anderen Ansatz als die nationale Sportpolitik folgen und als eine „Außensicht" auf den Sport bezeichnet werden können. So verstanden, kann die EU mit ihrer Sportpolitik als „experimentelle Arena" betrachtet werden. Die Ergebnisse der in ihr stattfindenden Interaktionen sind in ihrer Umsetzung für die Mitgliedstaaten zwar nicht verbindlich. Zeigen sich jedoch Perspektiven zur Weiterentwicklung nationaler Sportpolitik, kann die Europäische Union über politische Lehr- und Lerneffekte als verstärkender Faktor auf mitgliedstaatlicher Ebene angestrebter Entwicklungen fungieren. Vereinzelt können auch initiierende Impulse von der EU ausgehen. Die EU wird damit zu einer zusätzlichen, jedoch nicht im hierarchischen Sinn übergeordneten Ebene, Ebene sportpolitischer Problemformulierung, Argumentationsführung und Zielformulierung. Europäische Sportpolitik nimmt aufgrund ihres strategischen Charakters vielfach Entwicklungen in nationalen Sportsystemen voraus und bietet damit so einen Ausblick auf zukünftige Entwicklungen und ihre politischen Konsequenzen im Sport. Beispiele wie die Regulierung der Kommerzialisierung des Sports, der strukturellen Finanzierung des Freizeit- und Breitensports in den Mitgliedstaaten sowie die Debatte der Leistungsverpflichtung von Freiwilligenorganisationen des Sports gegenüber dem politischen System sind entsprechende Beispiele.

Werden die auf die Europäische Union bezogenen Ergebnisse nun zur Verallgemeinerung abstrahiert, zeigt sich für das Verhältnis des Sports zu Staat, Markt und Zivilgesellschaft in Europa Folgendes: Der Handlungsspielraum nationaler Sportverbände wird wesentlich von einer gewandelten Realität des Sports und einem sich verändernden Verhältnis zu den neu in die sportpolitische Arena eingetretenen Akteuren abhängen. Beides führt in Anbetracht der Dynamik, mit der sich die Gesellschaft und die politische Koordination ihrer Entwicklung entfalten dazu, dass der Sport nicht mehr als stabiles geschlossenes, sondern als einem ständigen Wandel unterliegendes soziales System anzusehen ist. Traditionelle und auf Kontinuität ausgelegte Formen gesellschaftlicher Organisation müssen sich in diese neuen Gegebenheiten, die mit der Europäischen Union beispielhaft sichtbar werden, einfinden. Die wachsende gesellschaftliche Dimension des Sports und das zivilgesellschaftliche Vertretungsmandat der Verbände verlangen deshalb Flexibilität und eine Bereitschaft, sich mit anderen Blickwinkeln auseinanderzusetzen, häufig aber auch das eigene Handeln strategisch richtig und schnell zu justieren.

Kapitel 22:
Theoretisch-methodische Reflektion

Das Ziel der vorliegenden Politikfeldanalyse war die Erarbeitung und Aufbereitung von sachlich-inhaltlichen Informationen über die Europäische Union und ihre Sportpolitik. Von Interesse waren dabei die Konsequenzen, die sich daraus für die nationalen Sportorganisationen ergeben. Für sie wurde der Begriff der Europäisierungseffekte gewählt. Es wurde deutlich, dass neben den Verbänden auch Bund und Länder auf europäischer Ebene als wichtige sportpolitische Akteure auftreten und in die Analyse einzubeziehen sind. Parallel zur der daran anschließenden, verwertungsorientierten Politikfeldanalyse verfolgte die Forschungsarbeit den untersuchungsmethodischen Anspruch eines theoretischen Beitrages zur Auseinandersetzung mit der politischen Dimension des Sports.

Die gering entwickelten Grundlagen zu diesem Thema erforderten die grundlegende Konzeption eines analytischen Rahmens. Der hierfür ausgewählte Entwurf eines politischen Systems nach David Easton bietet über die Systematisierung konstitutiver Bestandteile von Politik nicht nur ein Set an analytischen Begriffen, mit denen sie als spezifische Form sozialer Systeme in vergleichende Kategorien differenziert werden kann. Über die konzeptionellen Definitionen Input, politisches Systems, output sowie feedback und ihre jeweiligen Differenzierungen konnten auch empirische Zugänge zur Differenzierung unterschiedlicher politischer Regelsysteme der europäischen und nationalen Ebene strukturiert werden. Über die jeweiligen Subkategorien und ihre analytischen Implikationen war es letztlich möglich, systemische wie politikfeldspezifische Transformationseffekte innerhalb institutioneller Settings, politischer Prozesse und inhaltlicher Entwicklungen nachzuzeichnen.

Besonders herauszuheben ist der konzeptionelle Begriff der intermediären Akteure. Im Zusammenhang mit seiner funktionalen Einordnung in den Gesamtzusammenhang politischer Systeme eröffnet er einen strukturellen Zugang zur Auseinandersetzung mit zwei sportpolitischen Fragestellungen, deren gegenwärtige und zukünftige Bedeutung mit der vorliegenden Arbeit als zentrale Herausforderungen für den organisierten Sport dargestellt wurden: Erstens, die Legitimierung der gesellschaftlichen Funktion der gemeinnützigen Sportverbände als kollektive Interessenvertreter des Sports und intermediäre Akteure zwischen Staat und Zivilgesellschaft. Zweitens, die Gewährleistung einer nach demokratischen und subsidiären Prinzipien gestalteten Selbstorganisation des Sports bei zunehmender Entgrenzung sportpolitischer Interessen und einer Pluralisierung von Stakeholdern, kurz: eine Anpassung der verbandlichen Governance an veränderte Opportunitätsstruktur im von ihnen bearbeiteten Politikfeld. Letztlich entstehen die konkreten Herausforderungen für die Organisationsentwicklung von Sportverbänden jedoch erst dann, wenn die einerseits nach außen – Sicherung des politischen Einflusses – und andererseits nach innen gerichteten Funktionen – Aggregation von Mitgliederinteressen zur kollektiven Willensbildung – zusammengedacht werden.

In einem durch die inhaltliche und strukturelle Entgrenzung des Sports gekennzeichnet Handlungskontext wird die politische Meinungsbildung in kollektiven Akteursstrukturen erschwert. Dieses Dilemma wurde als Rivalität zwischen Einfluss- und Mitgliederlogik herausgearbeitet. Für die Sportverbände bedeutet dies, neben den Interessen der Mitglieder auch das gesellschaftliche Umfeld zu beobachten und in die Entwicklung der eigenen Organisation einzubeziehen. Dies kann, bei der Vermittlung zwischen der „Innen-" und der „Außenwelt" verbandlicher Strukturen, zu einem Verhandlungsdilemma[46] führen. Die Gefahr besteht dann, wenn notwendige Maßnahmen zur Sicherung politischen Einflusses im politischen System von den Interessen der Mitglieder abheben. Eine Möglichkeit zur Überwindung von Entscheidungsblockaden in kollektiven Strukturen ist die Anwendung einer mehrheitsdemokratischen Entscheidungsregel. Eine andere ist das Konsensprinzip. Die Anwendung des Mehrheitsprinzips ist zwar in der Lage, Entscheidungsblockaden aufzulösen. Die Notwendigkeit der Fügung unterlegener Interessen beinhaltet Potenziale zur institutionellen Spaltung kollektiver Strukturen.

Grundsätzlich ist die Fähigkeit zur repräsentativen Meinungsbildung durch eine möglichst konsensdemokratische Inklusion von Stakeholderinteressen für die Verbände der Schlüssel zur Legitimation eines Anspruchs auf politischen Einfluss. Sie gestaltet sich innerhalb einer pluralistischen Gesellschaft und der daraus resultierenden Vielzahl politischer Anspruchsgruppen und der Heterogenität ihrer Interessen als zunehmend schwierig. Kapitel 3.5 hat sich dieser Thematik ausführlich gewidmet und die Aspekte der funktionalen Gestalt und der Verhaltensdimension als Gegenstand einer organisationstheoretischen Betrachtungsweise von Sportverbänden benannt. Als zentrales Element für die Auseinandersetzung mit der Verhaltensdimension kollektiver Akteure wurde dabei das Prinzipal-Agenten-Theorem erkannt. Werden dessen Implikationen aus der Perspektive der Diskussion um die

---

[46] Teil A, Kapitel 4.2.2

Rivalität von Einfluss- und Mitgliederlogik betrachtet, erschließt sich die Relevanz beider organisationstheoretischer Ansätze vollständig. Bei aller Notwendigkeit zur Anpassung an gewandelte Realitäten im Sport führt die Freiwilligkeit der Mitgliedschaft zu einer institutionellen Einhegung der Selbständigkeit kollektiver Akteure. Der Sport ist hierbei besonders zu betrachten, da das Einverbandsprinzip keine Wahlmöglichkeiten für die Mitgliedschaft in verschiedenen Verbänden erlaubt. Die Mitglieder von Sportverbänden können ihren Dachorganisationen zwar nur bedingt mit Abwanderung, effektiver jedoch mit dem Entzug politischer Unterstützung und Legitimation drohen (vgl. Hirschmann 1974).

Neben dem Prinzipal-Agenten-Theorem und der Einfluss- bzw. Mitgliederlogik sind es vor allem Überlegungen aus der Transaktionskostentheorie, über deren Verhaltensannahmen die Verteilung von Handlungsressourcen und Kompetenzen zur Präferenzbildung in kollektiven Akteursstrukturen analysiert werden kann. Die dafür getroffenen Annahmen beziehen sich auf die begrenzte Rationalität, den Opportunismus und die Risikoneutralität im Handeln politischer Akteure.

Die Effizienz und Effektivität von Verbänden hängt wesentlich von der Interaktion ihrer Mitglieder ab. Auch wenn der Geist einer „Einheit in Vielfalt" die Koordinationskosten für die einzelnen Mitglieder miniert, kann es in verbandlich institutionalisierten Beziehungen zu sozialen Abhängigkeiten zwischen ihnen kommen. Eine Folge kann das opportunistische Verhalten von stärkeren gegenüber schwächeren Akteuren sein, so dass die kollektiven Effizienzvorteile gemeinschaftlichen Handelns reduziert werden können. Im Sinne des subsidiären Konstruktionsprinzips gilt es solche Effekte zu vermeiden. Dies beinhaltet neben einer Debatte über die Korporatisierung der Leistungserstellung der Freiwilligenorganisationen im Sport auch die Entwicklung partizipativer und dialogischer Strukturen, die über die Umwandlung hierarchischer Beziehungen zu hybriden Netzwerkstrukturen im Idealfall wechselseitige Lern- und Anpassungsprozesse ermöglichen.

Dort, wo die Komplexität moderner Gesellschaften die Grenzen des systemtheoretischen Ansatzes von David Easton aufzeigen, bietet der akteurzentrierte Institutionalismus einen Ausweg. Anknüpfend an die Theorie des Neo-Institutionalismus (vgl. Senge & Hellmann 2006, Hasse & Krücken 2005) gilt die Annahme, dass Institutionen, also auf Verhaltensregulation und Erwartungssicherheit zielende Regelsysteme (vgl. Czada 1995), Einfluss auf die Möglichkeiten und Grenzen des Handelns politischer Akteure ausüben. Der akteurzentrierte Institutionalismus hebt die Bedeutung einzelner Akteure in den zuvor diskutierten kollektiven Strukturen hervor. Durch die Fokussierung der am politischen Prozess beteiligten Akteure und ihrer Bindung an gemeinsame wie individuelle soziale Kontexte verschiebt sich die analytische Perspektive vom mechanistischen Strukturalismus des „political lifes" nach Easton auf den dynamischen Zusammenhang von strukturellen wie normativen Institutionen, Akteuren und ihren über Interaktion definierten Konstellationen.

Politisches Handeln ist aus Sichtweise des akteurzentrierten Institutionalismus deshalb nicht nach einem mechanistischen Prinzip zu modellieren, weil es nicht alleine durch strukturelle Aspekte prädestiniert wird. Die reflexive, kognitive Auseinandersetzung von politischen Akteuren mit ihrer Systemumwelt ist ein ebenso wichtiger Aspekt. In Bezug auf das handelnde Subjekt geraten dessen jeweilige Fähigkeiten, Handlungsressourcen und Präferenzen als analytische Kategorien in den Mittelpunkt einer interaktionsorientierten Politikfeldforschung. Alle drei differenzieren sich sowohl in Bezug auf den sozialen Kontext politischer Akteure, als auch gegenüber anderen Stakeholdern innerhalb des Politikfelds aus. Die Akteurzentrierung institutioneller Theorien hilft bei der Analyse der Wirkung einer veränderten empirischen Realität im Sport. Dies gilt besonders hinsichtlich der Rückwirkungen, die der gesellschaftliche Wandel im Sport auf die Rolle der Verbände hat. Die Europäische Union und ihre Sportpolitik sind dabei, die Ergebnisse dieser Differenzierung über ihren multi-Stakeholder-Ansatz zu institutionalisieren. Auf diese Weise wird ein neuer politischer Handlungskontext geschaffen. (Abb. 63).

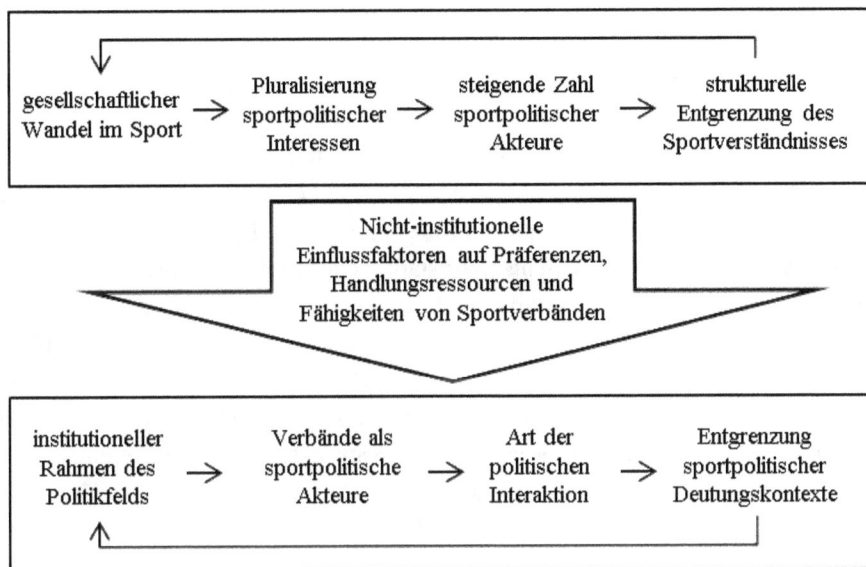

```
┌─────────────────────────────────────────────────────────────────────────────┐
│  gesellschaftlicher    Pluralisierung      steigende Zahl      strukturelle   │
│  Wandel im Sport   →  sportpolitischer  →  sportpolitischer  → Entgrenzung des│
│                        Interessen           Akteure          Sportverständnisses│
└─────────────────────────────────────────────────────────────────────────────┘

              Nicht-institutionelle
         Einflussfaktoren auf Präferenzen,
           Handlungsressourcen und
         Fähigkeiten von Sportverbänden

┌─────────────────────────────────────────────────────────────────────────────┐
│  institutioneller     Verbände als         Art der            Entgrenzung     │
│  Rahmen des       →  sportpolitische   →  politischen     →  sportpolitischer │
│  Politikfelds         Akteure              Interaktion        Deutungskontexte │
└─────────────────────────────────────────────────────────────────────────────┘
```

Abb. 63: Analytisches Modell des akteurzentrierten Institutionalismus zum institutionellen Wandel des Politikfelds Sport (modifiziert und erweitert nach Mayntz & Scharpf 1995: 45)

Mit der vorliegenden Arbeit wurde die Wechselwirkung zwischen der institutionellen Struktur europäischer Sportpolitik und dem Handeln politischer Akteure nachvollzogen. Dabei wurden ein- sowie wechselseitige Lernprozesse zwischen allen den Beteiligten als wesentliches Merkmal herausgearbeitet. Die Spezifik dieser Interaktion ergibt sich aus den schwach ausgeprägten institutionellen Strukturen Politikfelds. In ihnen agiert eine Vielzahl an Akteuren, die gerade aufgrund der schwachen Politikfeldstrukturen Bedeutung für deren Ausgestaltung bekommen.

Als Folge der hybriden Verteilung sportrelevanter Kompetenzen zwischen Europäischer Union, Mitgliedstaaten und Verbänden, sind die verschiedenen Stakeholder auf eine gemeinsame Politikproduktion angewiesen. Hierzu ist ein iterativer Kommunikationsprozess notwendig, in dem den Beteiligten Mehrperspektivität, die Entwicklung sozialen Kapitals und politische Lernfähigkeit abverlangt werden. Die Konzeption des advocacy coalition frameworks ist durch die analytischen Begriffe des „core belief" (normativer Kern), „policy core" (themenspezifischer Kern) und der „secondary aspects" (sekundäre Aspekte, z.B. Handlungsstrategien und -taktiken) in der Lage, die konstitutiven Aspekte politischer Lernprozesse zu erfassen. Auf diese Weise konnte es gelingen, die kognitive Dimension politischen Wandels analytisch akteurbezogen hervorzuheben: Für die Europäische Kommission konnte gezeigt werden, dass es unter Berücksichtigung grundlegender gemeinschaftspolitischer Zielstellungen im thematischen Kern ihres belief systems zur Ausdifferenzierung ihrer sportpolitischen Betrachtungsweise gekommen ist. Der Wandel von der wirtschaftsrechtlichen Regulierung hin zur gesellschaftspolitischen Gestaltung sowie die Entwicklung eines stärker dialogischen Politikstils verweisen auf die Veränderung der als politische Handlungsstrategien und -taktiken bezeichneten sekundären Aspekte. Eine ähnliche Entwicklung kann auch für den EuGH bei der sportbezogenen Interpretation des Gemeinschaftsrechts festgestellt werden. Im Rahmen der fallweisen Entscheidungen wurden Zweck- und Verhältnismäßigkeit strittiger Aspekte in der rechtsgeschichtlichen Entwicklung des Sports auf der europäischen Ebene zunehmend mehrperspektivisch, d.h. sowohl aus der Innensicht des Gemeinschaftsrechts als auch aus der Außenperspektive des Sports, bewertet. Die Wandlung in der sportpolitischen wie -rechtlichen Position von Kommission wie EuGH ist an die Interaktion mit den Mitgliedstaaten sowie der organisierten Sportbewegung geknüpft. Beide Gemeinschaftsorgane haben ihr belief system an den von Seiten der Mitgliedstaaten und Sportverbände vorgebrachten politischen und gesellschaftlichen Argumente reflektiert und perspektivisch neu ausrichten können. Für die Mitgliedstaaten lässt sich auf diese Weise ebenfalls eine veränderte Beziehung zur Europäischen Union nachzeichnen. Die skeptische Haltung gegenüber einem sportpolitischen Gestaltungsanspruch der Union wandelte sich zum begrenzten Willen der Übertragung unterstützender sportpolitischer Kompetenzen auf die europäische Ebene. Der sportpolitischen Performanz der Union wurde eine flankierende, unterstützende Funktion zugedacht, deren Ausgestaltung – anders als innerhalb des nationalen Sportsystems – dem unmittelbaren Einfluss der Sportverbände formal entzogen wurde. Die Sportverbände selbst tun sich bei der Anpassung ihres Sportverständnis und eigenen Aufgabenprofils an die Zielvorstellung der Europäischen Union schwerer als die staatlichen Instanzen. Begründet ist dies vor allem auf einem starken Einfluss des normativen Kerns verbandlicher Selbstorganisation. Er lässt die Autonomie und Selbstbestimmung sportpolitischer Ziele zu einem dominanten Aspekt in der Entwicklung spezifischer politischer Fragestellungen werden. Die Entstehung konkurrierender politischer Deutungskontexte, wie sie in der Sportpolitik der Europäischen Union durch die Formulierung eigener Zielstellungen entstehen, führt daher zu einer Wahrnehmung der Einschränkung historisch des gewachsenen Handlungsspielraums der Verbände, aus dessen Erfahrungen die Definition von verbandlicher Autonomie und Subsidiarität vorgenommen wird.

Die veränderten institutionellen Grundlagen der EU-Sportpolitik lenken den Blick jedoch noch auf einen weiteren theoretischen Bezugspunkt: Den Aspekt der Governance. Er wird in der vorliegenden Arbeit als Erweiterung der Betrachtung politischer Prozesse aus der Perspektive des akteurzentrierten Institutionalismus verwendet. Dieser Verwendung liegt ein Verständnis politischer Prozesse als Verfahren zur kollektiven Willensbildung und Entscheidung sowie der Frage nach ihrer Koordination zu Grunde. Die Koppelung des Governance-Ansatzes mit dem der advocacy coalition ermöglicht die Verarbeitung der für die europäische Ebene identifizierten Veränderungen in den strukturellen, funktionalen und instrumentellen Aspekten des Regierens, Steuerns und Koordinierens (vgl. Benz 2004: 15) politischer Prozesse im Sport. Die funktionale Koppelung beider Ansätze lässt sich weiter begründen: Als theoretischer Ansatz zur Erklärung der kollektiven Regelung gesellschaftlicher Sachverhalte greift die Governance auf Annahmen aus der politischen Steuerungstheorie zurück. Durch die Erweiterung des akteurzentrierten Paradigmas und seine Einbettung in ein kollektives Regelsystem wird es so möglich, Erklärungen für die Behandlung komplexer Sachverhalte zwischen Staat, Markt und Zivilgesellschaft zu geben: Deren charakteristisches Merkmal ist die Fragmentierung und anschließende Integration verschiedener Prinzipien der Koordination (z.B. Wettbewerb, Tausch, einseitige Machtausübung, Verhandlung, Vertrauen, ein- sowie wechselseitiger Anpassung), das Fehlen eines eindeutig zuzuordnenden Steuerungszentrums sowie die Auflösung eines unitaristischen Verständnisses politischer Akteure im Allgemeinen und des Staats im Speziellen (vgl. Mayntz 2005, 2006, Benz 2004).

Als Steuerungssubjekt sportpolitischer Entwicklungen besitzt die Europäische Union lediglich eine schwache Durchsetzungsmacht, so dass sie bei der Verfolgung ihrer Ziele auf Kooperation angewiesen ist. Dieser Status kann der Union auch im Politikfeld Sport zugeschrieben werden. Auf europäischer Ebene weist der Sport deshalb die Eigenschaft eines Verhandlungsnetzwerkes auf. In ihm werden neue Formen der kollektiven Interaktion auf Grundlage einer veränderten empirischen Realität des Sports entwickelt und erprobt.

Gerade für den Bereich des Sports kann dieses analytische Instrument von großem Nutzen sein. Als Folge eines entgrenzten Sportverständnisses sowie sich damit verändernden Aufgaben, Funktionen und Rollen der verschiedenen politischen

Akteure lösen sich eindeutig definierbare Steuerungszentren auf und „weiche Formen" der Koordination gewinnen zusammen mit der individuellen Politikfähigkeit der Akteure an Bedeutung: Während die Autonomie der Sportverbände ihnen den uneingeschränkten Einfluss auf die Entwicklung des Sports zubilligt, sind sie als Folge seiner zunehmenden Verflechtung in verschiedenste gesellschaftliche Bereiche mit dem Gestaltungs- und Regelungsanspruch staatlicher wie anderer zivilgesellschaftlicher Institutionen konfrontiert. Die daraus entstehenden Interdependenzen definieren neue Möglichkeiten und Grenzen verbandlicher Handlungsmacht. Ihre Bewältigung kann in Konstellationen multilateraler Abhängigkeiten zwischen den Politikfeldakteuren lediglich über weiche Formen der wechselseitigen Koordination erfolgen.

Die sich andeutende Auflösung verbandlicher Repräsentationsmonopole verändert ihre Handlungsgrundlage. Die Verteilung sportpolitischer Interessen über die Sektoren Staat, Markt und Zivilgesellschaft lässt die löst die vormals deutlichen sektoralen Grenzen verbandlicher Handlungs- und Durchsetzungsmacht zunehmend auf. Folglich eignen sich Konzepte wie das der Netzwerk-Governance um die veränderten institutionellen Rahmenbedingungen im Sport auf die Konsequenzen für die Sportverbände zu analysieren: Die Aneignung von spezifischen Handlungskompetenzen, wie der Verhandlungs-, Kompromiss- und Problemlösungsfähigkeit zur Anpassung an eine veränderte soziale Ordnung. Unter Einbeziehung und Differenzierung der gesellschaftlichen Organisationsprinzipien Hierarchie (Staat), Wettbewerb (Markt) und Gemeinschaft (Zivilgesellschaft) gelingt es, verschiedene Modi und Formen in der Koordination sportpolitischer Prozesse zu trennen und politische Regelungsinstrumente zu identifizieren. Die Arbeit hat diesbezüglich mit dem sozialen Dialog im professionellen Sport ein exemplarisches Beispiel genannt und bietet damit einen Ausblick auf zukünftige Entwicklungen, die sich auch in der nationalen Sportpolitik zur Bewältigung komplexer sportpolitischer finden könnten. Aber auch für die binnenorganisatorischen Strukturen der Sportverbände bietet der Governance-Ansatz eine analytische Perspektive: Die Frage, wer steuert und wer wird gesteuert, ist in der subsidiären Ordnung des deutschen Verbändesystems ein ständig auszutarierendes Prinzip. Die im Rahmen dieser Arbeit geführte Diskussion um Einfluss- und Mitgliederlogik in kollektiven Akteursstrukturen hat dies gezeigt.

In Bezug auf die empirische Politikfeldanalyse differenziert sich die Arbeit in die beiden jeweils eigenständigen Teilstudien der Organisationsanalyse sowie der interviewgestützten Expertenanalyse. Auch wenn die Expertenanalyse die Ergebnisse der Organisationsanalyse bestätigt, ist in Bezug auf ihren forschungsmethodischen Mehrwert folgendes zu betonen: Wie die Bilanzierung der aufgeworfenen Szenarien zu den Europäisierungseffekten im Sport zeigt, liegt ihr Schwerpunkt weniger auf der Identifikation von Widersprüchen und Diskrepanzen zu den Ergebnissen der theoretischen Politikfeldforschung. Die aus der theoretischen Vorarbeit abgeleiteten Szenarien sind demnach nicht als Hypothesen zu betrachten. Vielmehr können über die explorative Auseinandersetzung mit ihnen drei inhaltliche Aspekte herausgearbeitet werden: Erstens, liegt der Anreiz eines transnationalen Ansatzes europäischen Sportpolitik primär in der Erzielung eines Mitnahmeeffektes in Bezug auf die finanzielle Förderung bestehender Sportstrukturen. Die nationale Strategie wird durch eine ökonomisch-rationale Kalkulation von Risiko und Nutzen eines Engagements in der EU-Sportpolitik abgewogen. Entgegen des strategischen Ansatzes der Europäischen Union verfolgen nationale Sportorganisationen eine kurz- und mittelfristig angelegte Strategie der Nutzenmaximierung und folgen dabei prinzipiell grundlegenden Überlegungen der politischen Ökonomie. Zweitens, zeigt sich für föderale Sportstrukturen eine potenzielle Konkurrenz in der Verteilung binnenpolitischer Kompetenzen. Diese ließ sich als Folge der Expertenanalyse in zweierlei Konsequenzen differenzieren: Die erste bezieht sich auf die Ebene der Bundesländer. Diese werden aufgrund ihrer verfassungsrechtlichen Kompetenz als europapolitische Akteure gegenüber dem Bund aufgewertet. Aufgrund seiner Außenvertretungskompetenz ist letzterer jedoch eine zentrale Schnittstelle in der Vermittlung zwischen der europäischen und regionalen Ebene innerhalb der Union. Auf Seiten des organisierten Sports konnte eine vergleichbare Situation für die Landessportbünde herausgearbeitet werden. Ihre Position innerhalb des deutschen Sportsystems wird dadurch aufgewertet, dass die EU-Sportpolitik durch die gesellschaftspolitische Instrumentalisierung des Sports zunehmend auf dessen regionale und lokale Organisationsebene ausgerichtet wird. Der Deutsche Olympische Sportbund findet seine europapolitische Rolle in der Eigenschaft als institutionelle Außenvertretung der deutschen Sportverbände und agiert ähnlich dem Bund in einer Schnittstellenposition. In Bezug auf die operative Umsetzung und Gestaltung der Sportentwicklung verfügen die an der Basis handelnden regionalen und lokalen Sportorganisationen über eine höhere Bedeutung als der strategisch agierende Deutsche Olympische Sportbund. Drittens, zeigt sich, dass das antizipative Vorgehen und die Institutionalisierung von Strukturen zur Beobachtung europäischer Sportpolitik dem deutschen Sport einen strategischen Vorteil innerhalb der europäischen Sportbewegung verliehen haben. Aufgrund des „first mover"-Effektes hat dieser sich über den DOSB in vielen Fällen als „opinion leader" entwickelt. Mit diesem Status geht eine Reputation innerhalb politischer Netzwerke einher, die dem deutschen Sport auch innerhalb der Sportbewegung Europas einen herausgehobenen Status verleiht.

Kapitel 23:
Reflektionen über die Forschungsarbeit als Ausblick

Die Europäische Union ist grundsätzlich als eine strategische, durch die systemische Veränderung sozialer Handlungskontexte hervorgerufene Herausforderung für nationale Sportorganisationen zu definieren. Auch wenn sich diese Einschätzung gegenwärtig noch nicht durch die realpolitische Rezeption widergespiegelt, basiert der Herausforderungscharakter auf zwei strategisch relevanten Entwicklungen. Sie sind kausal miteinander verknüpft. Die erste liegt in der Sportentwicklung und der veränderten gesellschaftlichen Bedeutung des Sports. Die zweite ist die diesem Wandlungsprozess geschuldete Ausgestaltung und Zielstellung in der europäischen Politikentwicklung. Innerhalb des Mehrebensystems der EU sorgt sie langfristig – primär durch ihren rechtlichen und sekundär durch ihren politischen Einfluss – für Wandlungsprozesse in der nationalen polity des Sports. Veränderte institutionelle Grundlagen, vor allem die Öffnung von Organisationsstrukturen gegenüber organisationsexternen Interessen und ihren Vertretern, verändern nicht nur die politischen Einfluss- und Interaktionsmuster in der Sportpolitik. Sie sind darüber hinaus auch in der Lage, durch ihren Pluralismus ein breiteres Spektrum an inhaltlichen Entwicklungen im Sport zu initiieren.

Die in der theoretischen Aufarbeitung des politischen Mehrebenensystems der EU verwendete Metapher eines Marmorkuchens steht für die Auflösung sektoraler und nationaler Grenzen und die parallel dazu verlaufende Vernetzung von Strukturen, Prozessen und Inhalten europäischer, nationaler und regionaler Politik. Was für den politischen Raum allgemein gilt, zeigt sich im Speziellen auch im Sport. Dort kommt es zu einer Auflösung sektoraler Grenzlinien: Die Entgrenzung des traditionell an Wettkämpfen und physischem Leistungsvermögen orientierten Sportverständnisses hat sich zu einer weiten, vielfältige Spiel-, Sport- und Bewegungsformen umfassenden Definition von Sport gewandelt. Die Dissoziation normativer Prämissen und Motive in Bezug auf den Sport hat nicht nur zu seiner Ausdifferenzierung in verschiedene Funktionssysteme geführt. Sie hat ebenfalls eine breite Anschlussfähigkeit des Sports an vielfältige Politikbereiche hergestellt. Im selben Entwicklungsprozess hat sich die Anzahl an Repräsentanten sportpolitischer Interessen erhöht. Damit einhergehend sieht sich das historische Deutungs- und Strukturmonopol der Sportverbände durch neue Stakeholder herausgefordert.

Als sportpolitischer Akteur entspricht die Union in ihrem Aufgaben-, Funktions- und Zielverständnis dem gewandelten Sportverständnis. Sie nutzt zum einen die instrumentellen Potenziale des Sports für die Verfolgung übergeordneter strategische Politikziele. Zum anderen steht sie mit Blick auf ihren historischen Ursprung für die Angleichung und Verbesserung von Lebensverhältnissen innerhalb ihrer Mitgliedstaaten. Hierzu drängt sie auf die Durchsetzung der von den Mitgliedstaaten beschlossenen politischen Werte- und Normenverständnisses – und sucht hierfür einen möglichst breiten gesellschaftlichen Zugriff, den ihr der Sport aufgrund seines hohen gesellschaftlichen Organisationsgrades bietet.

Die Europäische Union und ihre Sportpolitik können damit in den Zusammenhang mit dem Modell des „transition management" (vgl. Kemp & Loorbach 2003; Loorbach 2007; Shove & Walker 2007) gebracht werden. Es definiert sich als politische Begleitung einer maßgeblichen funktionalen Umstellung gesellschaftlicher Bereiche. Die Rolle der Union als sportpolitischer Akteur entspricht dieser Programmatik. Sie basiert auf einem iterativen Prozess der Problemdefinition, Willensbildung, Entscheidungsfindung und Umsetzung. Stakeholderpartizipation wird zu einem zentralen Element einer feedbackbasierten Evaluation, aus deren Konsequenz sich politische Ziele ändern und neu ausgerichtet werden können. Europäische Sportpolitik zeigt zudem eine weitere Parallelität zum transition management, in dem die langfristige Nachhaltigkeit kurzfristigen Effekten präferiert wird. Sie verfolgt über ihren Prozess das Ziel der Eröffnung neuer Einsichten, die als evidenzbasierte Erfahrungen Effektivität und Effizienz politischer Entscheidungen steigern soll. Die Tatsache strategischer Langfristigkeit führt zu Entwicklungsschritten, deren Ergebnisse oftmals unterhalb der öffentlichen Sichtbarkeitsschwelle liegen. Dieser Inkrementalismus der EU-Sportpolitik begünstigt über ihre Selektivität und Kleinteiligkeit jedoch die gewünschte Reflektion von Politik und ihren outcomes als bewährte Praxis.

Die Entwicklung der Sportpolitik der Europäischen Union wie ihrer systemischen Einflüsse auf das nationale Sportsystem sind deshalb als offener Prozess in einem langfristigen Zeitstrahl zu betrachten. Die Ergebnisse der vorliegenden Politikfeldanalyse können als Orientierungswissen für den Umgang mit sich langfristig wandelnden Struktur- und Prozessbedingungen im Sport genutzt werden. Durch die erweiterte Anzahl an Akteuren im Sport und die dadurch veränderten Opportunitätsstrukturen des Politikfelds werden die zukünftigen Handlungsbedingungen in der Sportpolitik offengelegt. Auch wenn es nach gegenwärtigem Erkenntnisstand nicht zu einer einseitigen Anpassung nationaler Sportpolitik an die institutionellen Rahmenbedingungen der Europäischen Union kommen wird, so kann die Europäisierung nationaler Politik als Makroprozess Auswirkungen auf nationale Sportsysteme haben.

Literaturverzeichnis

Monographien & Sammelbände

Alemann, U. von & Forndran, E. (1995). *Methodik der Politikwissenschaft. Eine Einführung in Arbeitstechnik und Forschungspraxis.* Stuttgart [u.a.]: Kohlhammer.

Allison, L. (1993). *The Changing Politics of Sport.* Manchester: Manchester University Press.

Almond, G. A., Powel, G. B. & Mundt, R. J. (1996). *Comparative Politics: A Theoretical Framework.* New York, NY: HarperCollins College Publisher.

Anders, G., Mrzaek, J., Norden, G. & Weiß, O. (2004). *European integration and sport: selected papers of the 1st Conference of the European Association for Sociology of Sport.* Münster: LIT-Verlag.

Anderson, J. E. (1975). *Public Policymaking.* New York: Wadsworth.

Bauer, P. & Voelzkow, H. (2004). *Die Europäische Union - Marionette oder Regisseur?* Wiesbaden: VS Verlag für Sozialwissenschaften.

Baumgartner, F. & Jones B. D. (1993). *Agendas and Instability in American Politics.* Chicago: University of Chicago Press.

Beck, U. (1986). *Risikogesellschaft: auf dem Weg in eine andere Moderne.* Frankfurt a. M.: Suhrkamp.

Beichelt, T. (2009). *Deutschland und Europa. Die Europäisierung des politischen Systems.* Wiesbaden: VS Verlag für Sozialwissenschaften.

Benz, A. (2009). *Politik in Mehrebenensystemen.* Wiesbaden: VS Verlag für Sozialwissenschaften

Benz, A., Lütz, S., Schimank, U. Simonis, G. (2007). *Handbuch Governance.* Wiesbaden: VS Verlag für Sozialwissenschaften.

Berninghaus, S., Erhart, K.-M. & Güth, W. (2010). *Strategische Spiele: Eine Einführung in die Spieltheorie.* Heidelberg [u.a.]: Springer.

Blecking, D. (2010). *Der Ball ist bunt: Fußball, Migration und die Vielfalt der Identitäten in Deutschland.* Frankfurt a. M.: Brandes & Apsel.

Böhret, C., Jann, W. & Kronewett, E. (1988). *Innenpolitik und politische Theorie.* Opladen: Westdeutscher Verlag.

Bogusz, B., Cygan, A. & Szyszcak, E. (Hrsg.). *The Regulation of Sport in the European Union.* Cheltenham [u.a.]: Edward Elgar.

Braun, S. (2011). *Migration, Integration und Sport: Zivilgesellschaft vor Ort.* Wiesbaden: VS Verlag für Sozialwissenschaften

Corbett, R., Jacobs, F. & Shackleton, M. (1995). *The European Parliament.* London: Cartermill Publishing.

De Bosscher, M. Bingham, J., van Bottenburg, M. & De Knop, P. (2008). *The Global Sporting Arms Race: An International Comperative Study on Sports Policy Factors Leading to International Sporting Success.* Oxford: Meyer & Meyer.

De Vree, J. K. (1972). *Political Integration. The formation of theory and its problems.* Den Haag/Paris: Mouton.

Dieckert, J. & Wopp, C. (2002). *Handbuch Freizeitsport.* Schorndorf: Hofmann.

Dinter, S. (2001). *Netzwerke: eine Organisationsform moderner Gesellschaften?* Marburg: Tectum-Verlag.

Dye, T. S. (1976). *What Governments Do, Why They Do It And What Difference It Makes.* Tuscaloosa: University of Alabama Press.

Easton, D. (1965a). *A Framework for Political Analysis.* Chicago: Chicago University Press.

Easton, D. (1965b). *A Systems Analysis of Political Life.* New York: Wiley.

Easton, D. (1953). *The Political System.* New York: Knopf.

Ehrhart, K.-M. & Güth, W. (2010). Strategische Spiele: Eine Einführung in die Spieltheorie. Berlin [u.a.]: Springer-Verlag.

Eising, R. & Kohler-Koch, B. (1999). *The transformation of Governance in the European Union.* London: Routledge.

Esping-Andersen, G. (2009). *The three worlds of welfare capitalism.* Cambridge: Polity Press.

362

Faber, A. (2005). *Europäische Integration und politikwissenschaftliche Theoriebildung: Neofunktionalismus und Intergouvernementalismus in der Analyse*. Wiesbaden: VS Verlag für Sozialwissenschaften.

Fuhse, J. (2005). *Theorien des politischen Systems*. Wiesbaden: VS Verlag für Sozialwissenschaften.

Giddens, A. (1991). *Modernity and Self-Identity – Self and Society in the Late Modern Age*. Stanford: Stanford University Press.

Giering, C. (1997). *Europa zwischen Zweckverband und Superstaat: die Entwicklung der politikwissenschaftlichen Integrationstheorie im Prozess der europäischen Integration*. Bonn: Europa-Union-Verlag.

Gläser, J. & Laudel, G. (2010). *Experteninterviews und Inhaltsanalyse als Instrumente rekonstruierender Untersuchungen*. 4. Auflage. Wiesbaden: VS Verlag für Sozialwissenschaften.

Greenwood, J. (2007). *Interest representation in the European Union*. 2. edition, reviewed and updated. Basingstoke [u.a.]: Palgrave Macmillan.

Groeneveld, M., Houlihan, G. & Ohl, F. (2010) *Social capital and governance in European sport*. London: Routledge, p. 21-40

Groll, M. (2005). *Transnationale Sportpolitik: Analyse und Steuerungsansatz sportpolitischer Interaktionen*. Aachen: Meyer & Meyer.

Güldenpfennig, S. (1996a). *Sport: Kunst oder Leben?: Sportsoziologie als Kulturwissenschaft*. 1. Auflage. Sankt-Augustin: Academia-Verlag.

Güldenpfennig, S. (1996b). *Sport: Autonomie und Krise: Soziologie der Texte und Kontexte des Sports*. 1. Auflage. Sankt-Augustin: Academia Verlag.

Güldenpfennig, S. (1992). *Der politische Diskurs des Sports: zeitgeschichtliche Beobachtungen und theoretische Grundlagen*. Aachen: Meyer & Meyer.

Güldenpfennig, S. (1980). *Texte zur Sporttheorie und Sportpolitik: Breitensport-Entwicklung als Feld demokratischer Wissenschaft und Politik*. Köln: Pahl-Rugenstein.

Haas, E. (1958). The *Uniting of Europe. Political, Social and Economic Forces. 1950-1957*. Stanford: Stanford University Press.

Hartlieb, E. (2002). *Wissenslogistik: Effektives und effizientes Management von Wissensressourcen*, 1.Auflage. Wiesbaden: Dt. Univ.-Verlag.

Hasse, R. & Krücken, G. (2005). *Neo-Institutionalismus*. Bielefeld: Transcript-Verlag.

Hayes-Renshaw, F. & Wallace, H. (2006). *The Council of Ministers*. Basingstoke: Palgrave MacMillan.

Heinemann, K. (2007). *Einführung in die Soziologie des Sports*. 5. überarbeitete und aktualisierte Ausgabe. Schorndorf: Hofmann.

Heinemann, K. (2004). *Sportorganisationen: verstehen und gestalten*. Schorndorf: Hofmann.

Heinemann, K. (1998a). *Einführung in Methoden und Techniken empirischer Forschung im Sport*. Schorndorf: Hofmann.

Heinemann, K. (1998b). *Einführung in die Soziologie des Sports*. 4., völlig neu bearbeitete Auflage. Schorndorf: Hofmann.

Héritier, A. (2001). *Differential Europe: the European Union impact on national policymaking*. Lanham, Md. [u.a.]: Rowman & Littlefield.

Héritier, A. (1999). *Policy-Making and diversity in Europe: escaping deadlock*. Cambridge: Cambridge University Press.

Hirschman, A.O. (1974). *Abwanderung und Widerspruch*. Tübingen: J.C.B. Mohr.

Hix, S. (2005). *The Political System of the European Union*. Basingstoke [u.a.]: Palgrave Macmillan.

Horsch, A. (2005). *Institutionenökonomie und Betriebswirtschaftslehre*. München: Vahlen.

Howlett, M. & Ramesh, M. (2003). *Studying Public Policy: Policy-Cycles and Policy Systems*. Oxford: Oxford University Press.

Kohler-Koch, B. & Jachtenfuchs, M. (Hrsg.) (2003). *Europäische Integration*. Opladen: Leske + Budrich.

Jenkins, W. I. (1978). *Policy-Analysis: A Political and Organisational Perspective*. London: Martin Robertson & Co Ltd.

364

Jones, B. D. & Baumgartner, F. (2005). *The Politics of Attention. How Government Prioritize Attention*. Chicago: University of Chicago Press.

Keohane, R. O. (1984). *After hegemony: cooperation and discord in the world of political economy*. Princeton: Princeton University Press.

Knodt, M (2005). *Regieren im erweiterten europäischen Mehrebenensystem: internationale Einbettung der EU in die WTO*. Baden-Baden: Nomos.

König, T., Rieger, E. & Schmitt, H. (Hrsg.) (1996). *Das europäische Mehrebenensystem*. Frankfurt a.M.: Campus.

Kohler-Koch, B., Conzelmann, T. & Knodt, M. (2004). *Europäische Integration – Europäisches Regieren*. Wiesbaden: VS Verlag für Sozialwissenschaften.

Krogmann, M. (2001). *Sport und Europarecht*. Baden-Baden: Nomos Verlagsgesellschaft.

Kurz, D. (1990). *Elemente des Schulsports: Grundlagen einer pragmatischen Fachdidaktik*. 3. unveränderte Auflage. Schorndorf: Hoffmann.

Laffont, J.-J. (2002). *The theory of incentives: the principal-agent model*. Princeton: Univ. Press.

Lamnek, J. (1995). *Qualitative Sozialforschung. Bd. 1 Methodologie*. 3. korrigierte Auflage. Weinheim: Psychologie Verlags Union.

Langenberg, P. (2004). The Role of Memberstates in the European Union. In P.W. Meerts & F. Cede (Hrsg.). *Negotiating European Union*. Basingstoke. S. 51-70

Lasswell, H. D. (1956). *The Decision Process: Seven Categories of Functional Analysis*. College Park, MD: University of Maryland.

Lösche, P. (2002). *Fußballwelten: zum Verständnis von Sport, Politik und Gesellschaft*. Opladen: Leske + Budrich.

Loorbach, D. (2007). *Transition Management: New mode of governance for Sustainable Development*. Utrecht, Netherlands: International Books.

Maasen, S. & Weingart, P. (Hrsg.) (2005). *Democratization of Expertise? Exploring Novel Forms of Scientific Advice in Political Decision-Making*. Dordrecht: Springer.

March, J. G. & Olsen, J. P. (1989). *Rediscovering Institutions: The Organizational Basis of Politics*. New York: Free Press.

Marin, B. & Mayntz, R. (Hrsg.) (1991). *Policy-Networks. Empirical Evidence and Theoretical Considerations*. Frankfurt a.M.: Campus Verlag.

May, J. P. & Wildavsky, A. (1978). *The Policy-Cycle*. Beverly Hills, CA: Sage Publications.

Mayntz, R. (1977). *Soziologie der Organisation*. Reinbek: Rowohlt.

Mayntz, R. & Scharpf, F. W. (1995). *Gesellschaftliche Selbstregelung und politische Steuerung*. Campus Verlag: Frankfurt a.M.

Mayring, P. (2010). *Qualitative Inhaltsanalyse: Grundlagen und Techniken*. 11. aktualisierte und überarbeitete Auflage. Weinheim [u.a.]: Betz.

Mertin, E. (2009). *Sowjetisch-deutsche Sportbeziehungen im „Kalten Krieg"*. Sankt Augustin: Academia.

Meyer, T. (2000). *Was ist Politik?* Opladen: Leske + Budrich.

Michalowitz, I. (2004). *EU Lobbying - principals, agents and targets: strategic interest intermediation in EU policy-making*. Münster: Lit.

Miettinen, S. (2009). The Boundaries between Regulation and Commercial Exploitation. In S. Gardiner & R. Parrish (Hrsg.). *EU, Sport, Law and Policy*. The Hague: Asser Press. S. 137-149

Mitrany, D. (1943). *A working peace system: an argument for the functional development of international organization*. London: Royal Institute of International Affairs.

Mörth, U. (2003). *Organizing European cooperation: the case of armaments*. Lanham, Md. [u.a.]: Rowman & Littlefield.

Nugent, N. (2006). *The Government and Politics of the European Union*. Durham, N.C.: Duke University Press

Palayret, J.-M., Wallace, H. & Winand, P. (2006). *Visions, Votes and Vetoes. The Empty Chair Crisis and the Luxembourg Compromise Forty Years On*. Brüssel [u.a.]: Peter Lang.

Parrish, R. (2008). *The sporting exemption in European Union Law*. The Hague: T.M.C. Asser

Parrish, R. (2003). *Sports law and policy in the European Union*. Manchester. Manchester University Press.

Parsons, T. (1969). *Politics and Social Structure*. New York: Free Press.

Parsons, T. (1951). *The Social System*. New York: Free Press.

Peiffer, L. (2009). *Sport im Nationalsozialismus: zum aktuellen Stand der Forschung*. Göttingen: Die Werkstatt.

Poullet, E. & Déprez, G. (1976). *Struktur und Macht der EG-Kommission: die Kommission im System der Europäischen Gemeinschaft*. Bonn: Europa-Union-Verlag.

Rhodes, R. A. W. (1997). *Understanding Governance*. Buckingham and Philadelphia: Open University Press.

Riedl, L. & Czachay, K. (2002). *Bosman-Urteil und Nachwuchsförderung : Auswirkungen der Veränderung von Ausländerklauseln und Transferregelungen auf die Sportspiele*. Schorndorf: Hofmann.

Sabatier, P. (1999). *Theories of the Policy Process*. Boulder, Colorado [u.a.]: Westview Press.

Sabatier, P. (1993). *Policy change and learning: an advocacy coalition approach*. Boulder, Colo. [u.a.]: Westview Press.

Sandholtz, W. (1998). *European Integration and supranational governance*. Oxford: Oxford University Press.

Scharpf, F. (2006). *Interaktionsformen: akteurzentrierter Institutionalismus in der Politikforschung*. Opladen: Leske + Budrich.

Scharpf, F. (1997). *Games Real Actors Play: Actor-Centred Institutionalism in Policy-Research*. Boulder, CO: Westview.

Scharpf, F. (1985). *The joint-decision trap: lessons from German federalism and European integration*. Berlin: International Institute of Management.

Schmitz, C. & Zucker, B (2003). *Wissensmanagement.* Regensburg [u.a.]: Metropolitan Verlag.

Schmidt, M. G. (2004). *Wörterbuch zur Politik.* Stuttgart: Körner.

Schmitter, P. C. & Streeck, W. (1999). *The Organization of Business Interests: Studying the Associative Action of Business in Advanced Industrial Societies.* Köln: Max Planck Institute for the Study of Societies.

Schubert, K. & Bandelow, N. (2009). *Lehrbuch der Politikfeldanalyse 2.0.* München: Oldenbourg Verlag.

Schubert, K. & Klein, M. (2006). *Das Politiklexikon.* 4. aktualisierte Auflage. Bonn: Dietz.

Senge, K. & Hellmann, K.-U. (2006). *Einführung in den Neo-Institutionalismus.* Wiesbaden: VS Verlag für Sozialwissenschaften.

Stegbauer, C. (Hrsg.) (2009). *Netzwerkanalyse und Netzwerktheorie: ein neues Paradigma in den Sozialwissenschaften.* Wiesbaden: VS Verlag für Sozialwissenschaften.

Stone Sweet, A. (2002). *The institutionalization of Europe.* Oxford [u.a.]: Oxford University Press.

Tettinger, P. J. (2001). *Sport im Schnittfeld von europäischem Gemeinschaftsrecht und nationalem Recht : Bosman - Bilanz und Perspektiven.* Stuttgart: Boorberg.

Tömmel, I. (2008a). *Das politische System der EU.* 3., vollständig überarbeitete und aktualisierte Aufl. - München [u.a.]: Oldenbourg

Tömmel, I. (2008b). *Die Europäische Union: Governance und Policy-Making.* Wiesbaden: VS Verlag für Sozialwissenschaften.

Tömmel, I. (2006). *Das politische System der EU.* München: Oldenbourg.

Tömmel, I. (2002). *Die EU – eine politische Gemeinschaft im Werden.* Opladen: Leske + Budrich.

Tokarski, W. (2006). *Sportpolitik: Theorie- und Praxisfelder von Governance im Sport.* Köln: Sportverlag Strauß.

Tokarski, W. & Steinbach, D. (2001). Spuren: Sportpolitik und Sportstrukturen in der Europäischen Union. Aachen: Meyer & Meyer.

Tokarski, W. (1993). *Der Sport im zusammenwachsenden Europa: sportpolitische und sportfachliche Aspekte.* Köln: Strauß.

Tokarski, W., Petry, K., Groll, M. & Mittag, J. (2009). *A Perfect Match?: Sport in the European Union.* Ruscombe: Meyer & Meyer Sport.

Tokarski, W. & Petry, K. (2010). *Handbuch Sportpolitik.* Schorndorf: Hofmann.

Tokarski, W. & Petry, K. (1993). *Das Europa des Sports: Sport und Sportpolitik ohne Grenzen.* Köln: Strauß.

Webb, J. N. (2007). *Game Theory: decision, interactions and evolution.* London: Springer.

Weiß, O. (1999). *Einführung in die Sportsoziologie.* Wien: WUV.

Wessels, W. (2008). *Das politische System der Europäischen Union.* Wiesbaden: VS Verlag

Williamson, O.E. (1975). *Markets and Hierarchies. Analysis and Antitrust Implications.* New York: Free Press.

Wopp, C. (2006). *Handbuch zur Trendforschung im Sport: welchen Sport treiben wir morgen?* Aachen: Meyer & Meyer.

Würth, S. (2005). *Sport in Europa: Abstracts; 17. Sportwissenschaftlicher Hochschultag der Deutschen Vereinigung für Sportwissenschaft vom 22. - 24. September 2005 in Leipzig.* Hamburg: Czwalina.

Zimmerling, R. (1991). *Externe Einflüsse auf die Integration von Staaten. Zur politikwissenschaftlichen Theorie regionaler Zusammenschlüsse.* Freiburg/München: Alber.

Zürn, M. (2005). *Regieren jenseits des Nationalstaates: Globalisierung und Denationalisierung als Chance.* 2. Auflage. Frankfurt am Main: Suhrkamp.

Aufsätze in Sammelbänden und Zeitschriften

Axt, H.-J., Milososki, A. & Schwarz, O. (2007). Europäisierung – ein weites Feld. Literaturbericht und Forschungsfragen. In *Politische Vierteljahreszeitschrift*, Volume 48, Number 1, 136-149.

Balz, E. (2000). Sport oder Bewegung – eine Frage der Etikettierung? In: dvs-Informationen, Hamburg, 15, Heft 4, S. 8 - 12.

Benz, A. (2009). Combined Modes of Governance in EU Policymaking. In I. Tömmel & A. Verdun (eds.). *Innovative Governance in the European Union: The Politics of Multilevel Policymaking*. Boulder, CL: Rienner, p. 27-44

Benz, A. (2008). Entwicklung von Governance im Mehrebenensystem der EU. In I. Tömmel (Hrsg.). *Die Europäische Union: Governance und Policy-Making*. Wiesbaden: VS Verlag für Sozialwissenschaften.

Benz, A. (2007). Politischer Wettbewerb. In A. Benz, S. Lütz, U. Schimank & G. Simonis (Hrsg.). *Handbuch Governance*. Wiesbaden: VS Verlag für Sozialwissenschaften. S. 54-67

Benz, A. (2004). *Regieren in komplexen Regelsystemen: eine Einführung*. Wiesbaden: VS Verlag für Sozialwissenschaften.

Börzel, T. A. (2008). European Governance – Verhandlungen und Wettbewerb im Schatten der Hierarchie. In I. Tömmel (Hrsg.). *Die Europäische Union: Governance und Policy-Making*. Wiesbaden: VS Verlag für Sozialwissenschaften. S. 61-91

Börzel, T. A. (2005). European Governance – nicht neu aber anders. In G. F. Schuppert (Hrsg.) *Governance-Forschung – Vergewisserung über Stand und Entwicklungslinien*. Baden-Baden: Nomos. S. 72-94

Börzel, T & Risse, T. (2003). Conceptualizing the Domestic Impact of Europe. In K. Featherstone & C. M. Radaelli (eds.). *The Politics of Europeanization*. Oxford: Oxford University Press, p. 57-80.

Bomberg, E., Cram, L. & Martin, D. (2004). The EU's Institutions. In E. Bomberg & A. Stubb (Hrsg). *The European Union: How does it work?* Oxford: Oxford University Press, p. 43-68.

Branco Martins, R. (2009a). Regulation of Professional Football in the EU: The European Social Dialogue as a Basis for the Creation of Legal Certainty. In S. Gardiner, R. Parrish & R. Siekmann (eds.). *EU, sport, law and policy: regulation, re-regulation and representation.* The Hague: T.M.C. Asser, p. 317-338.

Branco Martins, R. (2009b). Agenda for a social dialogue in European professional football. In S. Gardiner, R. Parrish & R. Siekmann (eds.). *EU, sport, law and policy: regulation, re-regulation and representation.* The Hague: T.M.C. Asser, p. 345-400

Branco Martins, R. (2004). The Kolpak Case: Bosman Times Ten? Football fears the Arrival of Bosman, Bosmanovic and Osman. In *The International Sports Law Journal (ISLJ)* (2004), p. 26-27.

Braun, D. & Giraud, O. (2009). Politikinstrumente im Kontext von Staat, Markt und Governance. In Klaus Schubert / Nils Bandelow (Hrsg.). *Lehrbuch der Politikfeldanalyse 2.0.* München: Oldenbourg Verlag. S. 159-186

Braun, S. (2009). Assoziative Lebenswelt, bindendes Sozialkapital und Wahlgemeinschaften des Geschmacks. Arbeitspapier des Forschungszentrum für Bürgerschaftliches Engagement. Zugriff am 22.09.2011 unter http://www.forbe.de/download.html. Berlin: Humboldt-Universität zu Berlin.

Busch, K. (2003). Spill-over-Dynamik und Spill-back-Potenzial in der europäischen Währungsintegration – ein Beitrag zur Integrationstheorie. In Jachtenfuchs, M. & Kohler-Koch, B. (Hrsg.). *Europäische Integration.* Opladen: Leske + Budrich. S. 281-311

Cohen, M. D., March, J. G. & Olsen, J. P. (1972). A Garbage Can Model of Organizational Choice. *In Administrative Science Quarterly*, Vol. 17, No. 1 (Mar. 19972), 1-25

Conzelmann, R. (2009). Models for the Protection of National Representative Teams. In S. Gardiner, R. Parrish & R. Siekmann (eds.). *EU, sport, law and policy: regulation, re-regulation and representation.* The Hague: T.M.C. Asser, p. 215-225.

Czada, R. (1995). In D. Nohlen (Hrsg.): *Lexikon der Politik*, Bd. I. (Theorien der Politik), München: Beck-Verlag. S. 205-213.

Drolet, J.C. (2009). Extra Time: Are the new FIFA Transfer Rules Doomed? In S. Gardiner, R. Parrish & R. Siekmann (eds.). *EU, sport, law and policy: regulation, re-regulation and representation.* The Hague: T.M.C. Asser, p. 167-190

Brewer, G. (1974). The Policy Sciences emerge: To Nurture and Structure a Discipline. In *Policy Science* 5, 239-244.

DeLeon, P. (1999). The Stages Approach to the Policy-Process: What has it done? In P. Sabatier (ed.). *Theories of the Policy Process.* Boulder, Colo. [u.a.]: Westview Press, p. 19-32.

Döhler, M. (2007). Hierarchie. In A. Benz, S. Lütz, U. Schimank & G. Simonis (Hrsg.). *Handbuch Governance.* Wiesbaden: VS Verlag für Sozialwissenschaften. S. 46-53.

Foster, K. (1993). Developments in sporting law. In L. Allison (ed.). *The Changing Politics of Sport.* Manchester: Manchester University Press, p. 105-124

Garcia, B. (2010). The EU and Sport Governance: Between Economic and Social Values', in M. Groeneveld, B. Houlihan & F. Ohl (eds.) *Social capital and governance in European sport.* London: Routlegde, p. 21-40.

Garcia, B. (2009a). The New Governance of Football: What Role for the EU?. In S. Gardiner, R. Parrish & R. Siekmann (eds.). *EU, sport, law and policy: regulation, re-regulation and representation.* The Hague: T.M.C. Asser, p. 115-136.

Garcia, B. (2009b). Sport governance after the White Paper: the demise of the European model? In *International Journal of Sport Policy*, Volume 1, Number 3, November 2009, 267-284

Gläser, J. & Laudel, B. (2009). Wenn zwei das Gleiche sagen... Qualitätsunterschiede zwischen Experten. In A. Bogner, B. Littig & W. Menz (Hrsg.). *Experteninterviews: Theorien, Methoden, Anwendungsfelder.* Wiesbaden: VS Verlag für Sozialwissenschaften. S. 137-158

Grande, E. (2000). Multi-level-Governance: Institutionelle Besonderheiten und Funktionsbedingungen des europäischen Mehrebenensystems. In E. Grande & M. Jachtenfuchs (Hrsg.). *Wie problemlösungsfähig ist die EU?* S. 11-25

Granovetter, M. (1985). Economic Action and Social Structure. The Problem of Embeddedness, in: *American Journal of Sociology* 91 (3), 481-510.

Groll, M. & Hepp, F. (2010). Interessenvermittlung und Sport. Korporatismus in der Sportpolitik? oder: Staatlich bezahlte Autonomie des Sports? In *FIT – Das Wissenschaftsmagazin der Deutschen Sporthochschule Köln*. S. 34-39

Güldenpfennig, S. (2002). Plädoyer für eine Politikwissenschaft des Sports: Überlegungen zum Verhältnis von Sport, Ökonomie und Politik. In P. Lösche (Hrsg.). *Fußballwelten: zum Verständnis von Sport, Politik und Gesellschaft.* Opladen: Leske + Budrich. S. 65-86.

Haverkamp, N. & Willimczik, K. (2005). Vom Wesen zum Nicht-Wesen des Sports: Sport als ontologische Kategorie und als kognitives Konzept. *Sportwissenschaft* 35. Jg., 2005, Nr. 3, 271-290.

Heinelt, H. (2009). Politikfelder: Machen Besonderheiten von Policies einen Unterschied? In Klaus Schubert / Nils Bandelow (Hrsg.). *Lehrbuch der Politikfeldanalyse 2.0.* München: Oldenbourg Verlag. S. 115-130.

Heinelt, H. (2004). Governance auf lokaler Ebene. In A. Benz (Hrsg.). *Governance – Regieren in komplexen Regelsystemen.* Wiesbaden: VS Verlag für Sozialwissenschaften. S. 29-44

Houlihan, B. (2009). Mechanisms of international influence on domestic elite sport policy. In *International Journal of Sport Policy*, Volume 1, Number 1, March 2009, 51-69

Jann, W. & Wegrich, K. (2009). Phasenmodelle und Politikprozesse: Der Policy-Cycle. In Klaus Schubert / Nils Bandelow (Hrsg.). *Lehrbuch der Politikfeldanalyse 2.0.* München: Oldenbourg Verlag. S. 75-129.

Kemp, R. & Loorbach, D. (2006). Transition Management: a reflexive governance approach'. In J. P. Voss, D. Bauknecht & R. Kemp (eds.). *Reflexive Governance for Sustainable Development,* Cheltenham: Edward Elgar.

Kemp, R. & Rotmans, J. (2004). Managing the transition to a sustainable mobility. In B. Elzen, F. Geels & K. Green (eds.), *System Innovation and the Transition to Sustainability: Theory, Evidence and Policy.* Cheltenham: Edward Elgar.

Klaus, Stephan (2012). Wandel des Sportverhaltens – gewandeltes Raumverhalten: Perspektive einer urbanen Sport- und Bewegungsraumentwicklung. In R. S. Kähler & J. Ziemainz (Hrsg.). *Sporträume neu denken und entwickeln.* S. 139-150. 4. und

5. Jahrestagung der dvs-Kommission „Sport und Raum" 2010 und 2011 in Erlangen-Nürnberg bzw. Kiel. Hamburg: Czwalina.

Kleinfeld, R., Willems, U. & Zimmer, A. (2007). Lobbyismus und Verbändeforschung: Eine Einleitung. R. Kleinfeld, A. Zimmer & U. Willems (Hrsg.). *Lobbying: Strukturen, Akteure, Strategien*. S. 7-35. Wiesbaden: VS Verlag für Sozialwissenschaften.

Kornbeck, J. (2009). Anti-Doping in and beyond the EC`s White Paper on Sport. In S. Gardiner, R. Parrish & R. Siekmann (eds.). *EU, sport, law and policy: regulation, re-regulation and representation*. The Hague: T.M.C. Asser, p. 471-481.

Krasner, S. (1983). Structural causes and regime consequences: regimes as intervening variables. In: S. Krasner (Hrsg.). *International regimes*. Ithaca, NY: Cornell University Press.

Littig, B. (2009). Interviews mit Eliten – Interviews mit ExpertInnen: Gibt es Unterschiede? In *Experteninterviews: Theorien, Methoden, Anwendungsfelder*. Wiesbaden: VS Verlag für Sozialwissenschaften. S. 117-136.

Lipset S. M. & Rokkan S. (1967). Cleavage Structures, Party Systems and Voter Alignments. An Introduction. In: Lipset & Rokkan (Hrsg.): *Party Systems and Voter Alignments. Cross-National Perspectives*. New York: Free Press. S. 1-64

Lösche, P. (2002). Sport und Politik(wissenschaft): Das dreidimensionale Verhältnis von Sport und politischem System der Bundesrepublik Deutschland. In P. Lösche (Hrsg.). *Fußballwelten: zum Verhältnis von Sport, Politik, Ökonomie und Gesellschaft*. Opladen: Leske + Budrich. S. 45-63.

Kemp, R & Loorbach, D. (2003). Governance for sustainability through transition management. Paper für das *Open Meeting of the Human Dimensions of Global Environmental Change Research Community*, 16.-19. Oktober 2003 in Montreal, Canada

Luhmann, N. (1968). Soziologie des politischen Systems. In Niklas Luhmann (Hrsg.). *Soziologische Aufklärung 1*. Opladen: Westdeutscher Verlag, S. 154-177.

Marsh, J. & Olsen, M. (1984). The New Institutionalism: Organizational Factors in Political Life." *American Political Science Review¹ 78(3): 734-749.*

374

Matyja, M. (2007). Interessenverbände im Entscheidungsprozess der Europäischen Union. In R. Kleinfeld, A. Zimmer & U. Willems (Hrsg.). *Lobbying: Strukturen, Akteure, Strategien.* Wiesbaden: VS Verlag für Sozialwissenschaften. S. 148-280.

Mayntz, R. (1997). Politische Steuerung: Aufstieg, Niedergang und Transformation einer Theorie. In R. Mayntz (Hrsg.). *Soziale Dynamik und politische Steuerung.* Frankfurt a. M.: Campus. S. 263-292.

Mayntz, R. (2006). Governance Theorie als fortentwickelte Steuerungstheorie? In Gunnar Folke Schuppert (Hrsg.). *Governance-Forschung. Vergewisserung über Stand und Entwicklungslinien.* Baden-Baden: Nomos. S. 11-20.

Mayntz, R. (2005). Governance-Theorie als fortentwickelte Steuerungstheorie? In R. Mayntz (2009).*Über Governance: Institutionen und Prozesse politischer Regelung.* Frankfurt a.M.: Campus Verlag. S. 41-52.

Mayntz, R. & Scharpf, F. W. (1995). Der Ansatz des akteurzentrierten Institutionalismus. In Renate Mayntz / Fritz W. Scharpf (Hrsg.). *Gesellschaftliche Selbstregelung und politische Steuerung.* Campus Verlag: Frankfurt a.M.

Marshall J., & McLean, A. (1985). Exploring Organisation Culture as a Route to Organisational Change. In V. Hammond (Hrsg). *Current Research in Management.* London: Francis Pinter, p. 2-20

Meier, H. E. (2009). Emergence, Dynamics and Impact of European Sport Policy – Perspectives from Political Science. In R. Parrish (Hrsg.). *EU. Sport, Law and Policy: Regulation, Re-Regulation and Representation.* The Hague: Asser Press. S. 7-33.

Meier, H.E. (2008). Institutional complementarities and institutional dynamics: exploring varieties in European football capitalism. In *Socio-economic review.* Oxford: Oxford Univ. Press, Bd. 6.2008, 1 (Jan.), S. 99-133

Meuser, M. & Nagel, U. (2005). Experteninterviews – vielfach erprobt, wenig bedacht. Ein Beitrag zur qualitativen Methodendiskussion. In A. Bogner, B. Littig & Menz, W. (Hrsg.). *Das Experteninterview. Theorie, Methode, Anwendung.* VS Verlag für Sozialwissenschaften. S. 71-93

Monnington, T. (1992). Politicians and Sport: Uses and Abuses. In L. Alliston (eds.). *The Changing Politics of Sport.* Manchester: Manchester University Press. p. 125-151

Nakamura, R. (1984). The Textbook Policy Process and Implementierung Research. In *Policy Studies Review*, 7, 142-154

Ostrum, E. (1999). An Assessment of the Institutional Analysis and development Framework. In P. Sabatier (ed.). *Theories of the Policy Process.* Boulder, Colo. [u.a.]: Westview Press, p. 35-71

Pappi, F. U. & Henning, C. (2003). Die Logik des Entscheidens im EU-System. In M. Jachtenfuchs & B. Kohler-Koch (Hrsg.): *Europäische Integration.* Opladen. S. 287-315.

Patrick, G. (1984). Political Culture. In Sartori, G. (ed.): *Social Science Concepts: A Systematic Analysis.* London: Sage, p. 265-314.

Pfadenhauer, M. (2009). Das Experteninterview – ein Gespräch zwischen Experte und Quasi-Experte. In A. Bogner, B. Littig & W. Menz (Hrsg.). *Experteninterviews: Theorien, Methoden, Anwendungsfelder.* 3. Grundlegend überarbeitete Auflage. Wiesbaden: VS Verlag für Sozialwissenschaften. S. 99-116.

Puchala, D. J. (1972). Of Blind men, Elephants and International Integration. In *Journal of common market studies,* Bd. 10., 3, S. 267-284

Radaelli, C. (2003). The Europeanization of Public Policy. In: K. Featherstone & C, Radaelli (eds.). *The Politics of Europeanization.* Oxford: Oxford University Press, S. 27-56.

Radoux, J. (2009). Die Berücksichtigung der Besonderheiten des Sports in der Rechtsprechung des EuGH. In Bundesinstitut für Sportwissenschaft (Hrsg.). *EU-Weißbuch Sport: Aspekte zur zukünftigen Sportpolitik in der Europäischen Union.* Bonn: Hausdruckerei des Statistischen Bundesamtes. S. 55-60

Rip, A. (2006). A co-evolutionary approach to reflexive governance – and its ironies. In J.-P. Voss, D. Bauknecht & R. Kemp, R. (Hrsg.). *Reflexive Governance for Sustainable Development.* Cheltenham: Edward Elgar.

376

Ronge, V. (2006). Governance: Begriff, Konzept und Anwendungsmöglichkeiten im Sport. In W. Tokarski, K. Petry & B. Jesse (Hrsg.). *Sportpolitik: Theorie- und Praxisfelder von Governance im Sport.* Köln: Sportverlag Strauß. S. 9-20

Rosenau, J. N. (1992). Governance, Order and Change in World Politics. In J. N. Rosenau & E. O. Czempiel (eds.). *Governance without Government: order and Change in World Politics.* Cambridge: Cambridge University Press, p. 1-29

Sabatier, P. (1999). The Need for Better Theories. In P. Sabatier (ed.). *Theories of the Policy Process.* Boulder, Colo. [u.a.]: Westview Press, p. 1-17

Sabatier, P. (1988). An Advocacy Coalition Framework of Policy Change and the Role of Policy-Oriented Learning Therein, *Policy Sciences* 21: 129-168.

Scharpf, F. (2003). Politische Optionen im vollendeten Binnenmarkt. In B. Kohler-Koch & M. Jachtenfuchs (Hrsg.). *Europäische Integration.* Opladen: Leske + Budrich. S. 219-253.

Scharpf, F. W. (1973). Verwaltungswissenschaft als Teil der Politikwissenschaft. In F. W. Scharpf (Hrsg.). Planung als politischer Prozess: Aufsätze zur Theorie der planenden Demokratie. Frankfurt a.M.: Suhrkamp. S. 9-32.

Schimank, U. (2007). Elementare Mechanismen. In A. Benz, S. Lütz, U. Schimank & G. Simonis (Hrsg.). *Handbuch Governance.* Wiesbaden: VS Verlag für Sozialwissenschaften. S. 29-45

Schmitter, Philippe C. (1971): „A Revised Theory of Regional Integration", in: Lindberg, Leon N./Scheingold, Stuart A. (Hg.): *Regional Integration. Theory and Research*, Cambridge (Mass.): Harvard University Press, p. 232-264.

Schneider, V. (2009). Die Analyse politischer Netzwerke: Konturen eines expandierenden Forschungsfeldes. In Volker Schneider, Frank Janning, Philip Leifeld & Thomas Malang (Hrsg.) *Politiknetzwerke: Modelle, Anwendungen und Visualisierungen*, S. 7-27. Wiesbaden: VS Verlag für Sozialwissenschaften.

Schubert, K. (2009). Pragmatismus, Pluralismus und Politikfeldanalyse: Ursprünge und theoretische Verankerung. In K. Schubert & N. Bandelow (Hrsg.). *Lehrbuch der Politikfeldanalyse 2.0.* München: Oldenbourg Verlag. S. 39-70.

Schubert, K. & Bandelow, N. (2009). *Politikfeldanalyse: Dimensionen und Frage-stellungen*. Lehrbuch der Politikfeldanalyse 2.0. München: Oldenbourg Verlag. S. 4-21.

Shove, E. & Walker, G. (2007). *Caution! Transition ahead: politics, practice and sustainable transition management*. Lancaster University: Lancaster.

Siekmann, R. (2009a). Promoting the Social Dialogue in Professional Football in the New EU Member States. In S. Gardiner, R. Parrish & R. Siekmann (eds.). *EU, sport, law and policy: regulation, re-regulation and representation*. The Hague: T.M.C. Asser, p. 339-344

Siekmann, R. (2009b). *Study into the Possible Participation of EFPL and G-14 in Social Dialogue in the European Professional Football Sector*. In S. Gardiner, R. Parrish & R. Siekmann (eds.). *EU, sport, law and policy: regulation, re-regulation and representation*. The Hague: T.M.C. Asser. p. 417-456

Steiner, U. (2009). Verfassungsrechtliche Grenzen des Gemeinschafts- und nationa-len Handelns im Sport – Die Autonomie des Sports im Lichte des Artikel 9 des Grundgesetzes. In Bundesinstitut für Sportwissenschaft (Hrsg.). *EU-Weißbuch Sport: Aspekte zur zukünftigen Sportpolitik in der Europäischen Union*. Bonn: Hausdruckerei des Statistischen Bundesamtes. S. 61-68.

Szyszaczak, E. (2007). Is Sport Special? In B. Bogusz, A. Cygan & Szyszcak, E. (eds.). *The Regulation of Sport in the European Union*. S. 3-47.Cheltenham u.a.: Edward Elgar.

Tömmel, I. (2009). Modes of Governance and the Institutional Structure of the European Union. In I. Tömmel & A. Verdun (eds.). *Innovative Governance in the European Union: The Politics of Multilevel Policymaking*. Boulder, CL: Rienner. S. 9-23

Tömmel, I. & Verdun, A. (2009). Innovative Governance in the European Union. In I. Tömmel & A. Verdun (eds.). *Innovative Governance in the European Union: The Politics of Multilevel Policymaking*. Boulder, CL: Rienner. p. 1-9

Van Rompoy, B. & Pauwels, C. (2009). The Recognition of the Specificity of Sport in the European Commission's Article 81 EC Case law to Sports Media Rights. In S. Gardiner, R. Parrish & R. Siekmann (eds.). *EU, sport, law and policy: regula-tion, re-regulation and representation*. The Hague: T.M.C. Asser. p. 281-298

Van Schendelen, R. (2007). Trends im EU-Lobbying und in der EU-Forschung. In R. Kleinfeld, A. Zimmer & U. Willems (Hrsg.). *Lobbying: Strukturen, Akteure, Strategien.* Wiesbaden: VS Verlag für Sozialwissenschaften. S. 65-91.

Volkamer, M. (1984). Zur Definition des Begriffs „Sport". In: Sportwissenschaft, Schorndorf, 14 (1984) 2, S. 195 - 203.

Wald, A. & Jansen, D. (2007). Netzwerke. In A. Benz, S. Lütz, U. Schimank & G. Simonis (Hrsg.). *Handbuch Governance.* Wiesbaden: VS Verlag für Sozialwissenschaften. S. 93-105

Wathelet, M. (2009). Sport Governance and EU Legal Order: Present and Future. In S. Gardiner, R. Parrish & R. Siekmann (eds.). *EU, sport, law and policy: regulation, re-regulation and representation.* The Hague: T.M.C. Asser, p. 57-78.

Weatherill, S. (2009a). The influence of EU Law on sporting governance. In S. Gardiner, R. Parrish & R. Siekmann (eds.). *EU, sport, law and policy: regulation, re-regulation and representation.* The Hague: T.M.C. Asser, p.79-100.

Weatherill, S. (2009b). The White Paper on Sport as an Exercise in 'Better Regulation'. In S. Gardiner, R. Parrish & R. Siekmann (eds.). *EU, sport, law and policy: regulation, re-regulation and representation.* The Hague: T.M.C. Asser, p. 101-114.

Wessels, W. (2001). ‚Nice results': The Millenium IGC in the EU's Evolution. In *Journal of Common Market Studies,* 39(2): 197-219

Quellen

Bundesamt für Migration und Flüchtlinge (2011). *Integration durch Sport Fairness und Teamgeist vermitteln – Toleranz und Respekt fördern.* Paderborn: Bonifacius GmbH, Druck-Buch-Verlag.

Bundesministerium für Ernährung, Landwirtschaft und Verbraucherschutz (2008). *Nationaler Aktionsplan zur Prävention von Fehlernährung, Bewegungsmangel, Übergewicht und damit zusammenhängenden Krankheiten.* Berlin: Eurodruck.

Bundesministerium für Verkehr, Bau und Stadtentwicklung (2011). *Sportstätten und Stadtentwicklung.* ExWoSt-Informationen 38/1. Bonn: Bundesamt für Bauwesen und Raumordnung.

Deutscher Olympischer Sportbund (2007). *Stellungnahme des Präsidiums des DOSB zum „Weißbuch Sport".* Frankfurt am Main.

Deutscher Olympischer Sportbund (2002). *Einheit in Vielfalt: Dokumentation der Workshopreihe zum Leitbild des deutschen Sports.* Frankfurt am Main.

Deutscher Olympischer Sportbund (2000). *Leitbild des deutschen Sports.* Frankfurt am Main.

Europarat (1989). *Übereinkommen gegen Doping.* Straßburg

Europarat (2007). *Enlarged Partial Agreement on Sport.* Straßburg

Europäische Gemeinschaften (1991). *Mitteilung der Kommission an den Rat der Europäischen Union und das Parlament: Die Europäische Union und Sport.* Brüssel.

Europäische Kommission (2010a). *Entwicklung der europäischen Dimension des Sports.* Brüssel

Europäische Kommission (2010b). *Mitteilung der Kommission: Europa 2020 – Eine Strategie für intelligentes, nachhaltiges und integratives Wachstum.* Brüssel

Europäische Kommission (2010c). *Spezial Eurobarometer: Sport und körperliche Betätigung.* Brüssel

Europäische Kommission (2008). *EU-Leitlinien für körperliche Aktivität: Empfohlene politische Maßnahmen zur Unterstützung gesundheitsfördernder körperlicher Betätigung.* Brüssel.

Europäische Kommission (2007a). *Weißbuch Sport.* Brüssel.

Europäische Kommission (2007b). *Aktionsplan Pierre de Coubertin.* Brüssel

Europäische Kommission (2007c). *EU und Sport: Hintergrund und Kontext.* Brüssel.

Europäische Kommission (2007d). *Folgenabschätzung: Begleitdokument zum Weißbuch Sport.* Brüssel

Europäische Kommission (2001). *Weißbuch Europäisches Regieren.* Brüssel

Europäische Kommission (1999a). *Mitteilung der Kommission an den Ministerrat, das Europäische Parlament, den Wirtschafts- und Sozialausschuss sowie den Aus-*

380

schuss der Regionen über Plan für den Beitrag der Gemeinschaft zur Dopingbe-kämpfung. Brüssel.

Europäische Kommission (1999b). *Bericht der Europäischen Kommission an den Europäischen Rat im Hinblick auf die Wahrung der derzeitigen Sportstrukturen und die Wahrung der sozialen Funktion des Sports im Gemeinschaftsrahmen.* Brüssel.

Europäische Kommission (1998a). *Entwicklung und Perspektiven der Gemein-schaftsaktion im Sport.* Brüssel.

Europäische Kommission (1998b). *Das Europäische Sportmodell – Diskussionspa-pier der GD X.* Brüssel.

Europäische Kommission (1998). *Das Europäische Sportmodell.* Brüssel.

Europäische Kommission (1991). *Die Europäische Union und der Sport.* Brüssel.

Europäische Kommission (1985). *Weißbuch zur Vollendung des Binnenmarkts.* Brüssel

Europäische Union (2000b). *Charta der Grundrechte der Europäischen Union.* Brüssel.

Europäischer Gerichtshof für Menschenrechte (2010). *Europäische Menschen-rechtskonvention.* Strasburg.

Europäischer Rat (2000). *Schlussfolgerungen des Ratsvorsitzes vom 23. und 24. Mai.* Lissabon

Europäischer Rat (1998). *Europäischer Rat in Wien am 11. und 12. Dezember - Schlussfolgerung des Ratsvorsitzes.* Wien.

Europäisches Olympisches Komitee (2010). *Proposal for a future sport funding programme.* Brüssel

Europäisches Parlament (2010a). *The Lisbon Treaty and EU Sports Policy.* Straß-burg

Europäisches Parlament (2010b). *Erklärung des Europäischen Parlaments vom 16. Dezember 2010 über eine stärkere Unterstützung des Breitensports durch die Eu-ropäische Union.* Straßburg

Europäisches Parlament (2007a). *Bericht über die Zukunft des Profifußballs.* Straßburg

Europäisches Parlament (2007b). *Bericht über das Weißbuch Sport.* Straßburg

Europäisches Parlament (2000a). *Bericht über den Bericht der Kommission an den Europäischen Rat im Hinblick auf die Erhaltung der derzeitigen Sportstrukturen und die Wahrung der sozialen Funktion des Sports im Gemeinschaftsrahmen – Helsinki-Bericht zum Sport.* Straßburg

Europäisches Parlament (2000b). *Bericht über die Mitteilung der Kommission an den Ministerrat, das Europäische Parlament, den Wirtschafts- und Sozialausschuss sowie den Ausschuss der Regionen über den Plan für den Beitrag der Gemeinschaft zur Dopingbekämpfung.* Straßburg.

Europäisches Parlament (1993). *Bericht über die Rolle der EU im Bereich des Sports.* Straßburg.

Landessportbund Niedersachsen (2002). *Leitbild des Landessportbundes Niedersachsen: Mittendrin in unserer Gesellschaft.* Hannover

Rat der Europäischen Union (2011). *Entschließung des Rates und der im Rat vereinigten Vertreter der Regierungen der Mitgliedstaaten zu einem Arbeitsplan der Europäischen Union für den Sport.* Brüssel

UEFA (2006). *Meca-Medina: a step backwards for the European Sports Model and the Specificity of Sport?* Nyon.

UEFA (2007). *Sport should not be ruled by judges.* Nyon

Abbildungsverzeichnis

384

www.ingramcontent.com/pod-product-compliance
Lightning Source LLC
Chambersburg PA
CBHW071352290326
41932CB00045B/1513